LA VIDA
ABUNDANTE

E. Stanley Jones

PENIEL
BUENOS AIRES - MIAMI - SAN JOSÉ - SANTIAGO
www.peniel.com

Las citas bíblicas fueron tomadas de la Santa Biblia, Nueva Versión Internacional, a menos que se indique lo contrario.

EDITORIAL PENIEL
Boedo 25
Buenos Aires, C1206AAA
Argentina
Tel. 54-11 4981-6178 / 6034
e-mail: info@peniel.com
www.peniel.com

Diseño de cubierta e interior:
ARTE PENIEL • arte@peniel.com

Publicado originalmente en inglés con el título:
Abundant Living by E. Stanley Jones
1942 by Whitmore & Stone.
Abingdon Press, Nashville, TN, USA.

Jones, Stanley
La vida abundante. - 1a ed. - Buenos Aires : Peniel, 2010.
384 p. ; 15x23 cm.
Traducido por: Ronald Barba
ISBN 10: 987-557-245-4
ISBN 13: 978-987-557-245-4
1. Libros de Devoción. I. Barba, Ronald, trad. II. Título
CDD 242

Impreso en Colombia / Printed in Colombia

Prefacio

Todos pueden vivir una vida abundante. Lo importante en la vida es vivir, vivir bien y vivir adecuada y abundantemente. Aunque en esta era se conoce casi todo acerca de la vida, no se sabe cómo vivirla. No es suficiente saber *acerca* de la vida; debemos saber *cómo vivir* la vida. "He vivido de todo menos la vida", dijo un desilusionado hijo de este siglo. Podemos fragmentar la vida en las partes que la componen y explicar cada parte, pero luego fallar miserablemente al no poderlas unir nuevamente de manera que llegue a ser un todo coordinado y armonioso. Tenemos mucho análisis y poca síntesis.

La razón no es difícil de encontrar. Hemos disecado la vida y la hemos resecado en el proceso. Hemos cortado la flor de la vida en pedazos, pétalo por pétalo, y en el procedimiento hemos perdido su belleza. Le hemos entregado el cuerpo al médico, la mente al psiquiatra y el alma al ministro, tratando estas tres partes como si fueran tres entidades. Sin embargo, estas partes no están separadas. La vida es un todo. Usted no puede afectar a una parte sin afectar a las tres.

Los médicos difieren en su estimación del porcentaje de personas que pasan las enfermedades mentales y espirituales a sus cuerpos. En un grupo de médicos de Johns Hopkins, un psiquiatra dijo que el 40% de los casos que vienen a su clínica, son de origen mental y espiritual. Pero los cirujanos presentes insistieron en que el porcentaje probablemente era de un 60%. Un pastor amigo mío, mientras era examinado por un doctor muy competente, comentó: "Doctor, me gustaría tener un equipo para tratar con las personas que vienen a mí, como el equipo que usted tiene para tratar a las personas que vienen a usted". El doctor contestó: "El 40% de las personas que vienen a mí, antes deberían pasar a verlo a usted". Mientras él habla de 40%, un destacado neurólogo asegura un 80% y otro médico muy bueno habla de un 85%, con solo un 15% con problemas físicos. La Asociación Médica Norteamericana aprueba oficialmente la declaración del Dr. C. Raimer Smith en *Hygeia*, dada en junio de 1931 y afirma que el porcentaje está alrededor de un 50%.

Aquí entonces, tenemos valores estadísticos estimados que varían de un 40 a un 85% de personas que pasan sus enfermedades mentales y espirituales a sus propios cuerpos. ¿Pero y qué de aquellos cuyas enfermedades mentales y espirituales todavía no han afectado sus cuerpos de alguna manera obvia? El cuerpo humano a menudo es muy resistente. Puede resistir y deshacerse no solo de los microbios, sino también de las actitudes nocivas mentales y espirituales. Pero aunque estas desarmonías mentales y espirituales no puedan quebrantar el cuerpo, pueden dividir la personalidad y hacerla inefectiva e infeliz.

Un exitoso ingeniero en administración, un hombre que toma el control de la enfermedad financiera y vuelve a poner a los negocios sobre ruedas, me dijo que el 95% de las dificultades en un negocio enfermo, no está en el negocio, sino en las personas preocupadas. Ellos se confunden en sus vidas y pasan las confusiones internas a sus circunstancias externas. No pueden llevarse bien con ellos mismos y, por consiguiente, no pueden llevarse bien con otros. El espíritu muere además del negocio porque no hay ninguna cooperación verdadera. El negocio no puede ser encaminado correctamente hasta que las personas lo sean. En consecuencia, este hombre a menudo se sienta hasta pasada la medianoche para hablar con ejecutivos o jefes de departamentos sobre cómo conseguir salir de la confusión. Mientras hablan, perciben la necesidad de la religión, la necesidad de un poder más alto en el cual creer y del cual obtener recursos con el fin de obtener la liberación y la victoria. Cuando le cité lo anterior al encargado del personal de Bethelem Steel, me contestó con un aire meditativo: "Tiene toda la razón al decir que el 95% de las dificultades en un negocio está en las personas preocupadas. Yo también lo he visto así". El doctor Irving Fisher, el economista, afirma que de 5000 fracasos en los negocios en los que se investigó las causas de la caída, 2500 resultaron ser fracasos de personalidad. Estos 2500 eran suficientemente obvios como para ser identificados, sin embargo, ¿qué pasa con los otros fracasos de personalidad ocultos que no pudieron ser identificados? No son menos devastadores.

Entonces, ¿qué sucede con aquellos que aunque no están en una guerra abierta con ellos mismos y no fracasan exteriormente, de todas maneras, no viven a la altura de lo que se espera? Alguien describió a los copartícipes como la "gente submarginal que vive en una tierra submarginal". Sin embargo, no toda la gente submarginal está en la tierra marginal; muchos de ellos están en los novedosos suburbios de nuestras ciudades más grandes, son almas deslucidas que viven en mansiones. "He aprendido la manera de hacer dinero, pero todavía no he aprendido la manera de vivir", dijo un exitoso hombre de negocios con un suspiro mientras el recital musical en su casa llegaba a su fin, un recital que lo había levantado momentáneamente. Él había acumulado recursos físicos para suplir cualquier emergencia externa, solo para descubrir que la vida se había extendido detrás de su armadura física y le había asestado un duro golpe en su interior. Ahí no tenía ningún recurso para protegerse, porque estaba desprotegido en su punto vital.

Tal vez mis lectores están a punto de agarrarse la cabeza y decir: "Ya no abra más nuestras heridas. Las conocemos demasiado bien y ahora están en carne viva y están irritadas. Díganos cómo pueden ser curadas. Díganos *cómo*".

Esa última declaración hace eco de una carta que recibí: "No sé cómo encontrar a Dios de una manera en la que Él pueda darme fuerza espiritual y levantarme espiritualmente. ¿Cómo, cómo puedo encontrarlo?" Note que ella dice que quiere encontrar a Dios como algo más allá de un concepto o una creencia; quiere encontrar a Dios como una manera práctica de vivir, como alguien que da fuerza para poder vivir.

Este libro intentará poner el "cómo" dentro de la vida abundante. Las "escalas" que usaré, son el resultado de miles de entrevistas personales que he tenido con almas confundidas y derrotadas en el Oeste y en el Este. Las escalas han sido corregidas y mejoradas por las Comunidades Americanas, en donde por dos semanas, grupos de 150 personas seleccionadas realizaron corporativamente una disciplinada búsqueda de la vida abundante.

El plan de este libro seguirá al plan que fue usado en *La vida victoriosa*, del que es una continuación. Desde que escribí ese libro, pude ver de una manera más clara la relación íntima entre los estados de la mente y del alma y la salud física, y he tratado de explicar esa relación en mi libro anterior, *¿Es real el Reino de Dios?* Este libro intenta ser la parte aplicada de aquel. He tomado los fundamentos y los aplico aquí en la vida diaria.

Igual que en *La vida victoriosa*, trato de suplir una triple necesidad. Primero, está la necesidad de un libro de devocionales diarios para usarlo en la "hora de quietud", una página para cada día. Segundo, he resumido el estudio en unidades para cada día de la semana, cada tema tiene al menos un tratamiento de siete días. Esto hace posible que el libro pueda ser usado en grupos de estudio semanalmente. Tercero, lo he escrito como un libro común que puede ser leído de corrido. En otras palabras, he tratado el tema de la vida abundante en su totalidad, desde el peldaño más bajo de la escala hasta su aplicación en las relaciones sociales de la vida.

Si empiezo muy desde abajo y mi avance es mínimo, que el cristiano maduro sea paciente conmigo. Porque estoy persuadido de que nosotros, quienes hemos vivido nuestras vidas en una atmósfera cristiana, no nos damos cuenta de cuán absolutamente ignorantes son muchas personas inteligentes, cuando se enfrentan con el problema del significado de la fe cristiana y cómo conseguir aferrarse a su poder. Empiezo en donde los "paganos" viven y muchos de estos "paganos" están tanto dentro como afuera de la iglesia. El que es muy sociable también debe tener paciencia conmigo si empiezo enfatizando mucho lo personal en la primera parte del libro, porque la vida empieza con lo personal. Más adelante trataré con lo social que tal vez sea demasiado difícil de seguir para algunos . No intento separar lo personal de lo social, porque son una sola cosa; sino que por motivos de estudio, empiezo con lo primero. Tal vez mi postura puede ser resumida en estas palabras: "El cristianismo que no empieza con la persona, no empieza. El cristianismo que termina con la persona, termina".

Una palabra de precaución antes de iniciar nuestra búsqueda. Este libro trata con la vida abundante en todos sus aspectos; el aspecto físico, tanto como el aspecto moral, espiritual y social. Al tratar con lo físico, reconoce la función de la ciencia de la medicina y de la cirugía en cuanto a producir salud. Las técnicas dadas aquí con respecto a una vida física saludable, no tienen la intención de reemplazar, sino de complementar el trabajo de los médicos. Si bien es cierto que pasamos nuestras enfermedades mentales y espirituales a nuestros cuerpos, también es cierto que el cuerpo pasa sus dolencias al área mental y al área espiritual. Las entrelazan. Por consiguiente, si alguno de mis lectores está en duda con respecto a si sus dolencias están arraigadas en el área mental y espiritual o en la parte física, sería bueno hacerse un chequeo médico con un profesional competente.

Creemos que Dios sana el cuerpo en una o más de estas formas: (1) Por medio de la medicina; (2) de la cirugía; (3) de la nutrición científica; (4) del clima; (5) de la sugerencia mental; (6) a través de la liberación de los temores profundos, por medio de la liberación de resentimientos, egocentrismo y de las culpas; (7) por la acción directa del Espíritu de Dios sobre nuestros cuerpos y (8) por medio de la resurrección. Algunas dolencias tendrán que esperar por esa sanidad final, la resurrección, porque vivimos en un mundo mortal en donde el cuerpo está sujeto a un colapso en cualquier momento. En ese caso, no podemos simplemente padecer la enfermedad; podemos usarla. Podemos aplicarla a los propósitos de nuestras vidas y transformarla en carácter y éxito. Por consiguiente, si usted tiene una enfermedad corporal, tiene estas alternativas: Dios lo sanará a través de una o más de las primeras siete formas; o, si no, Él le dará el poder para usarla y para que sea provechosa hasta la cura final en la resurrección.

Pero este prefacio no debe terminar en lo físico, porque el propósito de este libro es la vida abundante en la totalidad de la persona y de la sociedad.

E. Stanley Jones

Índice

SEMANA 1 - DOMINGO

Génesis 1:1-3; Juan 1:1-5; Mateo 28:20

Nosotros empezamos la búsqueda

La vida nunca puede ser abundante a menos que tenga recursos abundantes. Es obvio que ningún organismo puede gastar más energía que la que acepta desde afuera. ¿Simplemente, de qué se compone "el afuera"? ¿Solo de la naturaleza y la sociedad humana? O, ¿existe algún "por encima de"? Muchos han decidido creer que no existe ningún "por encima de", al menos, que no hay nada con lo que puedan contactarse; por eso tienen una vida en cortocircuito en cuanto a "lo interno" y lo que está "alrededor". Pero para su desaliento, descubren que "lo interno" y lo que está "alrededor", en lugar de ofrecer recursos para la vida abundante, ofrecen resistencia a esa vida: "lo interno" está en un gran conflicto y "el afuera" es contradictorio. Los recursos están invertidos, se oponen.

Alguien dijo: "Si no tenemos dentro de nosotros lo que está por encima de nosotros, pronto nos rendiremos a lo que está alrededor nuestro". Llegamos a ser condicionados y alimentados por las circunstancias y crecemos débiles y anémicos en nuestro camino. Y si buscamos nuestros recursos interiores, encontramos que la fuente está seca. El profesor Hocking, hablando como filósofo, dice: "El hombre llega hasta un cierto punto en el que descubre que no tiene recursos en él para estar completo en sí mismo, en consecuencia permanece incompleto y frustrado". Allí sucede lo que un hombre capaz y sincero dijo: "Tengo la sensación de una gran soledad". "No estoy seguro –continuó– si mis acciones tienen algo grandioso en el fondo; si trabajo con algo significativo, o lo hago simplemente solo y sin sentido alguno, sin nadie que sostenga mi trabajo y sin nadie que me cuide". A un ateo se lo describe como "un hombre que no tiene ningún medio de apoyo invisible".

"La sensación de una gran soledad", es el frío pensamiento que pone sus heladas manos sobre nuestras esperanzas y sobre nuestros esfuerzos. ¿Podrían ser quitadas estas manos para que la sensación de una presencia cálida, viva y grandiosa, que está con nosotros y por nosotros, tome su lugar? Si es posible, entonces eso es exactamente lo que se necesita, el punto central. Porque si el punto central está vacío y sin ningún significado, entonces toda la vida se vuelve vacía y sin ningún significado. Pero si ese punto central está completo y lleno de significado, entonces toda la vida se vuelve significativa.

Oh, Presencia cálida, viva y universal, si existe tal presencia en este infinito inescrutable, ayúdame mientras empiezo en esta exploración, buscándote a ti y a tus recursos. Necesitaré tu ayuda incluso para inspirarme en cómo empezar con esta búsqueda, porque no estoy seguro de si estás ahí. Solo estoy seguro de esto: de que algo más allá de mí mismo debe estar allí. Por eso empiezo. Ayúdame. Amén.

SEMANA 1 - LUNES

Job 10:20-22; 23:1-3; 1 Corintios 15:16-19

¿Existe una presencia divina?

Ayer empezamos con la pregunta en cuanto a si existe una presencia divina en el universo, y terminamos diciendo que algo debe haber allí. Si allí no hay nada, entonces no tenemos ningún marco de referencia, ninguna estrella que pueda dirigir nuestra pequeña barca, de modo que somos lanzados de una ola de existencia vana y carente de sentido, a otra. Sin ninguna estrella y como resultado, ningún puerto. Vemos las consecuencias de perder a Dios; si perdemos a Dios, entonces perdemos el significado de la vida, el resultado final se desprende de ello. Porque si no hay ningún Dios que pueda dar valor, significado y propósito a la vida, entonces solo somos burbujas animadas que aparecen en la superficie cósmica, brillando en la luz del sol por un breve tiempo y luego estallan, dejando una asquerosa mancha húmeda en la superficie de las cosas. Y todo se ha terminado. O para cambiar la figura, "la vida es un niño irritable con quien se debe jugar hasta que se duerma". Si no hay ningún Dios, pasamos por "días ruidosos que no tienen ningún significado ni ningún fin". Una pesada ronda de nada.

Ahora sabemos que si perdemos nuestro cielo, pronto perderemos nuestra tierra. Un artista dijo de sus pinturas de la naturaleza: "Puedo obtener el cuadro correcto si tengo mi cielo correcto". Si usted puede aferrarse a Dios, o si Dios se aferra a usted, entonces el cielo es el correcto, todo cae en su lugar y absolutamente todo tiene significado.

Alguien dijo: "El hombre nunca ha sido el mismo desde que Dios murió. Le ha sido muy difícil". Sin duda alguna. Porque la vida se ha vuelto difícil, puesto que el cielo se ha vuelto de bronce. "A veces anhelo que Dios regrese", expresó un alma nostálgica.

Un moderno hombre de gran entendimiento habló de un sueño: "Soñaba –dijo este amigo– que te había visto en una cumbre y que nosotros, una gran multitud de nosotros, estábamos amontonados esperando ansiosamente lo que podrías llegar a decir. Podíamos ver que tus labios enmarcaban la palabra, pero no salía ningún sonido... ¡tratábamos de ayudarte diciendo la palabra que tus labios querían decir, pero nosotros también estábamos mudos! Y esa palabra era...". ¿Era Dios?

Oh, Dios, si hay un Dios, todavía tengo que decirte que me ayudes a tener en claro este asunto. Porque mi cielo está nublado. En las palabras de los marineros británicos: "Nuestros botes son tan pequeños y tu mar demasiado grande". Necesito una estrella que me guíe. Deja que las nubes se abran y déjame ver, déjame ver realmente. Amén.

SEMANA 1 - MARTES

Génesis 31:53; 27:35-36; 32:24-30

La desaparición gradual de Dios

¿Cómo ha desaparecido gradualmente Dios de la mente de nuestro tiempo? Bien, esta era, como niños irreflexivos, creyó que el mundo de juguete del bienestar material era un mundo suficiente; entonces Dios desapareció, sofocado por la preocupación. Como cuando un próspero neoyorkino con su esposa llegaron a la pequeña ciudad en donde habían crecido y él le dijo complacido: "Bien, este es el lugar de donde venimos, querida". Ella le contestó con una respuesta inesperada: "Sí y me pregunto a dónde hemos llegado". Ella sintió el vacío en medio de la abundancia.

El profesor Summer lo expresa de esta manera: "Nunca renuncié conscientemente a una creencia religiosa. Era como si hubiera puesto mis creencias en un cajón y cuando volví a buscarlas, el cajón estaba vacío".

A esta generación le había pasado lo que le pasó a las tres generaciones de Abraham, de Isaac y de Jacob. Jacob podía decir, *"el Dios de mi padre, el Dios de Abraham, el Dios a quien Isaac temía,"* (Génesis 31:42). Dios era el Dios de Abraham; se había arriesgado con él, "su amigo"; era un amigo íntimo, un amigo directo y verdadero. Pero en la generación siguiente, Dios no era "el Dios de Isaac", sino solo el *"el Dios a quien Isaac temía"*. Él se había alejado y se había vuelto alguien de segunda mano. A pesar de eso, Isaac se mantuvo en el "temor" del Dios de su padre. En la tercera generación, la generación de Jacob, el resultado de este alejamiento gradual de Dios se percibe en la decadencia moral de Jacob; apareció la podredumbre moral. Jacob robó la primogenitura de su hermano. Estaba preparado para aprovechar la oportunidad, sin tener en cuenta a Dios.

Lo mismo nos han sucedido a nosotros, nuestros antepasados tuvieron una experiencia personal con Dios a través del Avivamiento Evangélico. La generación siguiente se aferró a la iglesia de sus padres, pero Dios era solo el "temor", solo el resplandor de una fe que desaparecía. La tercera generación cosecha el resultado de una fe en decadencia que produce un decaimiento moral y una civilización decadente. Nuestra pérdida de Dios concluye en la decadencia moral. Nos derrumbamos moralmente, porque nos hemos derrumbado espiritualmente. Hemos perdido a Dios y, en consecuencia, hemos perdido la base de la moral. Jacob conoció a Dios a orillas del arroyo en su lucha de medianoche y emergió como un nuevo hombre. A menos que como lo hizo Jacob encontremos una renovación moral al encontrar a Dios, estamos arruinados.

Oh, Dios, yo sé que al haberte perdido, algunos acordes han desaparecido de mi sinfonía. La vida ha perdido su música; pero ahora veo un poco más allá. Veo que no tengo ninguna base para la acción, ningún mundo moral que tenga sentido sin ti. Debo encontrarte otra vez, como Jacob lo hizo. Amén.

SEMANA 1 - MIÉRCOLES

Deuteronomio 32:20; 10:38-39; Marcos 4:40; 11:22

No podemos vivir por un "no"

Ayer vimos que si Dios se va, la base de nuestro universo moral desaparece. El "detector de mentiras" ha demostrado que solo el 3% de los empleados en los comercios de ventas y que solo el 5% de los cajeros en los bancos fueron honestos cuando no hubo ningún control exterior para verificar el fraude. Supongamos que doblamos el porcentaje del "detector de mentiras"; así y todo, una nación que vive en este angosto margen de reservas morales se arrastra muy pesadamente en sus recursos y se acerca a una bancarrota moral. Antes de la guerra, nuestra cuenta del crimen pudo haber pagado nuestra deuda nacional en 2 años. Nuestra base moral está en decadencia. Debemos lograr que Dios vuelva. Pero, ¿podremos?

Creo que lo haremos, porque los semidioses que han tomado el lugar de Dios nos están defraudando. Si la razón no puede guiarnos hasta Él, entonces la desilusión puede llevarnos hasta Él, o incluso el dolor puede "arrojarnos a sus brazos". ¿Acaso hay alguna esperanza en la fe razonable? ¿Podemos ser creyentes con el consentimiento de todo nuestro ser, incluyendo a nuestras mentes? Creo que podemos, porque la situación se aclara para el hombre moderno.

El hombre moderno comienza a ver que no puede vivir como alguna vez lo pensó, sin fe hacia las otras personas. Las personas que vivieron en la negación, pronto descubrieron que estaban desilusionadas incluso de sus desilusiones. Tenían "tres sonrisas de desprecio para todo y tres gritos de aliento para nada". Y pronto descubrieron que no podían vivir por los desprecios, porque es una actividad pobre. Si fuéramos a la mesa cada día y miráramos la comida para luego darnos vuelta con gran desdén, podríamos marcharnos con esta actitud altanera por un tiempo, pero solo por un tiempo. Al final, el hambre nos llevaría a asegurar algo acerca de la comida y a actuar de acuerdo con nuestra afirmación. Somos seres positivos tanto física como espiritualmente y no podemos vivir en una negación. No podemos vivir por un "no"; debemos vivir por un "sí". Y ese "sí" debe ser Dios, o seremos defraudados.

El futuro del mundo está en las manos de los creyentes, porque los no creyentes no pueden actuar. Ellos sufren de una "parálisis de análisis". Solo pueden negar.

Oh, Dios, vengo a ti buscando una luz más clara. La luz aparece; veo que sin ti, mi universo se desploma. Contigo, tiene sentido; mis sumas salen bien. Ayúdame a encontrarte, a encontrar lo más importante. Amén.

SEMANA 1 - JUEVES

Job 38:31-33, 36; 42:1-6

¿El universo pudo haber sido creado por la casualidad?

La situación se aclara para el hombre moderno. Él ve cada vez más que debe declarar algún "sí" acerca del universo y que ese "sí" puede ser Dios. ¿Porque cómo este universo pudo aparecer por casualidad dentro de un orden cósmico que se extiende desde la molécula hasta la estrella más alejada y controla todo entre una cosa y la otra? ¿Y cómo este orden pudo surgir para permanecer "casualmente" por millones de años? Eso sería un milagro totalmente materialista; ¡el caos universal por casualidad da a luz un orden universal! Aquel que cree en eso debe escribir su "casualidad" con una "C" mayúscula queriendo decir: Dios. ¿Cuánto tiempo cree que necesitaría usted para arrojar un conjunto de caracteres o letras al aire para que al caer formen por casualidad una poesía? Le hice esa pregunta a un trabajador gráfico y me contestó: "Tanto usted como las letras se desgastarían primero".

Alguien averiguó cuantas casualidades se necesitarían para que el mundo fuera creado por casualidad, y los números dan la vuelta al mundo treinta y cinco veces. "Un número absurdo", dice el Dr. Millikan, el científico. Sir James Jeans descubrió que se necesitarían 100.000.000 de años para que 100.000 monos, al teclear al azar en 100.000 máquinas de escribir, escribiesen por casualidad las obras de Shakespeare. Y después de pasar por el problema de unir las letras, ¡no sabrían lo que las letras significan!

Cuando tomo un libro y veo que hay inteligencia en él, ¡porque a veces sucede!, entonces sé que detrás de las palabras hay una mente inteligente expresándose. Cuando miro el universo, entiendo que ese universo responde a la inteligencia y que puede ser estudiado inteligentemente. La inteligencia ha entrado en él, está en su misma estructura. Entonces la simple conclusión debe ser que detrás de esa inteligencia, que está incorporada en la estructura de las cosas, hay una mente inteligente, y puesto que esa inteligencia incorporada parece ser universal, tendré que escribirla con mayúsculas. Una Mente Universal.

Oh, Dios, ahora digo la palabra con más confianza, empiezo a verte a ti; ayúdame a actuar como tú. Tú comienzas a entrar en mi inteligencia. Ayúdame para que en este día tú puedas entrar en el resto de mi vida. Amén.

SEMANA 1 - VIERNES

Salmo 14:1; Juan 14:8-11; Isaías 8:19-20

¿La inteligencia de la no inteligencia?

Ayer vimos cuán imposible sería para lo no inteligente dar a luz lo inteligente. "De la nada, nada viene" es la ley universal. Pero aquí hay inteligencia, usted y yo la tenemos. ¿Esa inteligencia vino de la no inteligencia? Si es así, ese es un milagro materialista. La naturaleza dio a luz algo que no tenía. Le repito, usted y yo tenemos un propósito, podemos elegir. ¿Ese propósito provino de un universo sin objetivos? Esto también podría ser un milagro materialista. Como dijo alguien: "¿Vemos al tintero determinar escribir una Biblia? ¿Las piedras deciden agruparse para formar un Taj Mahal?" Si alguno no cree en Dios, está obligado a creer en un milagro, en aquello que condena en el creyente.

Supongamos que en el fin descubro que no hay ningún Dios, que la creencia en Dios fue un error. Aún así no lamentaría el haber estado aferrado a Dios, porque la vida funciona mejor con esta hipótesis. Las sumas de mi vida salen mejor; los resultados son superiores. El universo es significativo y mi vida es más feliz. Además, me levantaría en el fin para enfrentar al universo y decir: "Bien, pensaba algo mejor de usted; pensé que había inteligencia y ahora veo que no hay ninguna. Pensé que había propósito; pero ahora veo que el universo es falto de propósito. Me has decepcionado; soy superior a ti, porque he actuado sobre una hipótesis más alta que la que tú podrías sostener. Por consiguiente he sido superior. No puedo lamentar lo que fui".

Un profesor de ingeniería eléctrica, después de pasar del agnosticismo a la fe, lo expresa de la siguiente manera: "Si alguien puede demostrarme científicamente que esto que encontré no es verdad yo todavía tendría que creerlo, porque el universo no tiene sentido sin Dios". Estaba diciendo una verdad absoluta. El universo no tiene sentido sin Dios. Como dice Rousseau: "Si no existiera ningún Dios, tendríamos que inventar uno para mantener a la gente en sensatez".

Oh, Dios, me acerco a una fe en ti. La vida se acerca a mí incitándome a tener fe. La fe se vuelve ineludible. Y, sin embargo, no deseo escapar, porque sería huir de la sanidad, sería alejarme de la puerta abierta. Ayúdame a entrar. Amén.

SEMANA 1 - SÁBADO

Isaías 25:9; Malaquías 2:10; Isaías 40:28, 31

¿Dios en los vacíos inexplicables?

Mientras que el asunto de Dios comienza a aclararse, las dudas todavía persisten. ¿La doctrina de la evolución no ha hecho a Dios innecesario? ¿No han sido todas las cosas desarrolladas por fuerzas residentes? ¿No llena la ciencia cada vez más los vacíos inexplicables de la naturaleza, vacíos en los que acostumbrábamos poner a Dios?

Cometimos un error al poner a Dios en los vacíos inexplicables, porque la ciencia apareció y llenó estos vacíos. ¡Entonces Dios se había marchado! En lugar de poner a Dios en los vacíos, deberíamos ponerlo en la inteligencia, en el orden, en la confiabilidad, en el proceso, porque le pertenecen. ¡Esa inteligencia, ese orden, esa confiabilidad no pueden existir sin Él! El universo es disciplinado y confiable, porque Dios es un Dios disciplinado y confiable. Él trabaja por la ley y el orden y no por el capricho y la idea.

Acerca de la evolución. Cuando usted dice que las "fuerzas residentes" son capaces de producir el universo, preguntamos: ¿Cómo pueden las fuerzas residentes avanzar hacia un extremo inteligente sin ser inteligentes? ¿Hacia los extremos morales sin ser morales? ¡Usted pasa de contrabando a Dios en el proceso y luego dice que Él no es necesario! Sin embargo, Dios puede ser tan necesario para la evolución como para una creación definitiva. ¿Qué necesita una mayor inteligencia: impulsar de un solo golpe una bola de billar directamente hacia la tronera, o golpear una bola de billar, la cual a su vez golpea a otra y esa otra a otra y esa otra a otra, hasta que la última va hacia la tronera? Obviamente, el segundo golpe. De igual manera Dios crea algo que crea algo y todo avanza hacia un universo moral en el cual usted y yo estamos, no empujados desde atrás por fuerzas ocultas, sino llamados desde el principio por los ideales. Es un universo de libertad moral, en donde la propia evolución está en nuestras manos; podemos subir o bajar a elección. El marco de referencia ha sido creado, un marco en el cual lo más grande del mundo puede emerger por elección: el carácter.

Oh, Dios, empiezo a ver la escuela, el marco de referencia en el cual tengo que ganar o perder la batalla de la vida. El marco de referencia es duro, inflexible, exigente, pero estoy agradecido; porque aunque las reglas de la escuela son estrictas, trabajan para un fin: formar mi carácter. Ayúdame a obedecer y ayúdame a ganar. Amén.

SEMANA 2 - DOMINGO

Isaías 36:6-7; Job 31:24-28; 1 Pedro 1:24-25

Nuestras estacas se caen

La semana pasada vimos que si Dios se va, todo lo que es digno de consideración se va con Él. Todo carece de base, de permanencia y de significado final. Toda la situación está resumida en estas palabras: "*En aquel día afirma el Señor Todopoderoso, cederá la estaca clavada en el lugar firme; será arrancada de raíz y se vendrá abajo, con la carga que colgaba de ella. El Señor mismo lo ha dicho*" (Isaías 22:25).

Cuando la estaca de la civilización material sobre la cual hemos colgado todo es arrancada por el desorden económico y se desploma, todo lo que hemos colgado en ella, es decir nuestros planes, nuestras esperanzas, nuestros futuros, se derrumban con ella y caen estrepitosamente. Hemos colgado todo en la estaca equivocada, en la estaca insegura del dinero. Esa estaca debería haber sido Dios; porque mientras Él sostenga todo, aún en medio de la urgencia de las cosas, todo puede ser sostenido.

Uno de los hombres más ricos de una ciudad del medio oeste pensó en lo que le podía dar a su hija como herencia. Empezó con los valores financieros y luego continuó con todo lo que tenía en su lista, pero rechazó todos los legados materiales por considerarlos demasiado inseguros. Finalmente, eligió a la religión como lo único seguro en la herencia que podía darle a su hija, una conclusión interesante, porque él no era religioso. Pero había una dificultad con esa decisión, la niña no tomaría a la religión como una herencia. Para que la religión llegara a ser realmente suya, tendría que elegirla.

Pero en la actualidad no es fácil elegir una creencia, porque el clima intelectual ha cambiado de lo tradicional a lo científico. En el clima tradicional, usted simplemente tomaba lo que se pasaba de generación en generación sin hacer preguntas; pero en un clima científico, todo tiene que ser comprobado, porque la ciencia cree en el conocimiento comprobado. ¿Puede el conocimiento ser comprobado en las aulas de estudio y en las iglesias ser hipótesis no comprobadas? Este es un dualismo imposible y hace que la religión también lo sea para el hombre moderno.

Las estacas en las que hemos colgado a la civilización moderna, se caen. Estamos en el fin de lo que Sorokin llama una "sociedad materialista". Se ha rendido ante los hechos de la vida. Está llegando a la bancarrota. Cuando tomamos un nuevo centro –Dios– ¿será ese centro apto para la comprobación? ¿Se comprobará Él mismo para nosotros y se autentificará?

Oh, Dios, si te encuentro, quiero encontrarte con todo mi ser, porque sé que una fe que no sostenga a mi intelecto muy pronto, tampoco sostendrá mi corazón. Y quiero que ambas cosas sean sostenidas por ti. Ayúdame. Amén.

SEMANA 2 - LUNES

1 Tesalonicenses 5:21; Filipenses 4:8; Juan 7:17

La ciencia y la religión

Si es posible, debemos hacer nuestro camino hacia Dios a través de este clima científico. Ahora vemos con un poco más de claridad la relación entre la ciencia y la religión. La ciencia hace referencia a lo que puede ser pesado y medido, y la religión a lo que puede ser evaluado; una hace referencia a los aspectos cuantitativos de la vida y otra a los aspectos cualitativos.

La ciencia llega hasta la lágrima de una madre y la define en términos de su estructura física: agua, mucosidad o sal. Sin embargo, ¿es esa una definición adecuada de la lágrima de una madre? Difícilmente, dice la religión, porque existen ideas, emociones, valores y significados que usan la estructura física de la lágrima. La religión evaluaría esos imponderables. En consecuencia, es necesaria la respuesta tanto de la ciencia como de la religión para dar una definición adecuada sobre la lágrima de una madre.

Es verdad. Pero existe un problema: usted puede comprobar aquello que puede ser pesado y medido; ¿pero puede comprobar los valores? ¿Por qué no? Usted puede poner valores en la vida para ver lo que la vida hará con ellos. Puede probarlos por medio de la experiencia. Si los valores son reales, la vida los aprobará, los respaldará; pero si no son reales, se marchitarán, no serán capaces de hacer frente a la vida; el universo no los aprobará. Cuando usted vive por medio de ellos, pelea una batalla en la que perderá; esos valores lo defraudarán.

Estaba a punto de salir de una emisora cuando un locutor me siguió hasta el ascensor y me dijo: "Se supone que debo ser insensible porque escucho discursos todo el día, pero usted me llegó. Y el asunto es que mi vida se ha partido en el centro. El eje central en el cual me apoyaba se ha ido de mí. Enfrento una ruina interior y un hogar colapsado. Mis hipótesis sobre la vida no funcionaron. Las suyas parecen funcionar. Hábleme de ello". Le pude decir que la vida para mí, desde que me comprometí totalmente con Dios, es una amplia comprobación de mi hipótesis central en cuanto a la vida, todo lo confirma. Mi mundo de valores se mantiene válido ante las presiones de la vida. Esto funciona así.

Oh, Dios, quiero probar tu camino. Si estás, tú te revelarás a mí, porque todos los otros caminos me decepcionan; los momentos de alegría en esos caminos me dejan una resaca. Quiero algo que permanezca intacto en medio de los cambios, que tenga dulzura en medio de la tristeza y luz en medio de la oscuridad. Dame esto, por favor. Amén.

Gálatas 6:7-8; Romanos 1:19-20; 14:10

Los cinco pasos de la ciencia

¿Podemos comprobar nuestro conocimiento de Dios siguiendo los mismos pasos que emplea la ciencia para comprobar su conocimiento de las cosas que pueden ser pesadas y medidas? Hay cinco pasos en el método científico: *(1) la declaración del problema; (2) la formulación de la hipótesis más probable que hará frente a ese problema; (3) el experimento con esa hipótesis; (4) la comprobación de esa hipótesis en una escala amplia; (5) la coparticipación simple y sencilla de los resultados comprobados.*

¿Podemos dar los cinco pasos de este método y aplicarlos en la esfera de los valores? Primero, *la declaración del problema*. El problema es cómo vivir en un universo de esta clase y vivir bien. Es un universo moral y parece pronunciarse a favor de los asuntos morales. En este universo moral somos libres para elegir, pero no libres para elegir los resultados de nuestra elección, los resultados están en manos que no son las nuestras. Este universo moral no es algo que nosotros creamos a partir de nuestros tabúes y reglas, es algo que descubrimos, es algo "dado". Un padre le explicaba la Ley de la Gravedad de Newton y la atracción de los cuerpos, y su hijo preguntó: "Bien, papá, ¿qué era lo que sostenía juntas a las cosas antes de hacerse esta ley?" Así como Newton no creó la Ley de la Gravedad, sino que la descubrió; así también nosotros no creamos las leyes morales escritas en la composición de las cosas; las descubrimos. Y debemos aceptar estas leyes morales, así como debemos aceptar la Ley de la Gravedad. Si no, seríamos quebrantados. Nosotros no quebrantamos estas leyes morales; ellas nos quebrantan. Si vamos en contra de ellas, nos lanzarán hacia atrás sangrando, arruinados, destruidos. Estas leyes son ciegas al color. Si el hombre blanco, el hombre negro, el hombre amarillo o el hombre trigueño las desobedece, será quebrantado. Y también son ciegas a la religión. Si el cristiano o el agnóstico las viola, será quebrantado. Como lo expresa Sófocles:

> "Las leyes no escritas de Dios que conozco no cambian, no son de hoy ni de ayer, pero viven para siempre, tampoco el hombre las puede asignar al nacer".

Oh, Dios, veo que soy libre solo para obedecer. Debo aceptar tus leyes escritas en mí y en la composición de las cosas. Ayúdame en este día a empezar a encontrar mi libertad en la obediencia a ti. Muéstrame cómo empezar. Amén.

Lucas 17:20-21; Romanos 14:17; Hebreos 8:10

El Reino de Dios está dentro de usted

El tema central de mi libro anterior, *¿Es real el Reino de Dios?*, es la declaración de Jesús: "El Reino de Dios está en ustedes". Él dijo esto no a sus discípulos, sino a los fariseos, a la gente no convertida. ¿Está entonces el Reino de Dios en todos nosotros, los convertidos y los no convertidos?

Sí. Por supuesto es cierto que aquellos que han sido cambiados espiritualmente, "ven", "se someten", "entran" y "heredan" el Reino de Dios de una manera que los no cambiados no pueden lograr. Los cambiados se relacionan con las leyes del Reino y con el Dios del Reino y por eso reciben los recursos del Reino; la suma total de ese Reino trabaja con ellos y no contra ellos. Los que no han sido cambiados encuentran que el Reino está dentro de ellos, pero se oponen a él. En la persona cambiada, el Reino funciona como una realización personal y en el otro como una frustración personal. Pero está en ambos.

Las leyes de nuestro ser no son distintas a las leyes de Dios. Son las leyes de Dios. Estas leyes no son algo impuesto en determinada situación, sino que están escritas en la misma estructura de nuestro ser, en nuestros tejidos, en nuestras células nerviosas, en nuestro flujo sanguíneo, en la organización total de nuestra vida. Fuimos hechos para vivir de esa manera. Así como el ingeniero imprime determinadas instrucciones al construir un motor, y si ese motor las obedece funciona bien y armoniosamente; así también Dios ha impreso su Reino dentro de la estructura de nuestro ser. El Antiguo Testamento llama a esta impresión "hacer al hombre a su propia imagen". Si vivimos de acuerdo con ella, vivimos. Si no, no. El motor de una locomotora está hecho para correr por las vías férreas y si permanece en la vía encuentra su libertad, impulsa su carga y llega a su destino. Pero, si con el fin de obtener su libertad sale de las vías, el resultado no es la libertad, sino la ruina de sí mismo y de todos los involucrados.

Hay un motor hacia la libertad, hacia la eficiencia, hacia la vida plena, construido dentro de su ser y dentro del mío. Es el Reino de Dios, está dentro de usted.

Oh, Dios, te he buscado para que abras los cielos y desciendas, y ahora encuentro tus pasos dentro de mi propio ser. Has trazado el rastro de tus caminos en la constitución de mi ser. Has estado tan cerca y yo estuve en tu contra y pensaba que solo estaba yendo en contra de la ley. Perdóname. Amén.

SEMANA 2 - JUEVES

Hechos 9:5; Juan 3:13; Romanos 6:20-23

Trabajar en acuerdo o en contra del Reino

Ayer vimos que las leyes de nuestro ser son las leyes de Dios, la voluntad de Dios forjada en términos de nervios, tejidos y de un ser total y estructural. Entonces debemos llegar a esta impresionante conclusión: *no podemos rebelarnos contra Dios sin rebelarnos contra nosotros mismos*. Lo digo reverentemente: ¡Dios nos ha cautivado! No podemos escapar de Dios sin escapar de nosotros mismos. El resultado de la rebelión moderna contra Dios es este: los que decidimos que no podríamos vivir con Dios, encontramos que no podríamos vivir con nosotros mismos. Un pecador es alguien que literalmente es un problema para sí mismo. El infierno, que el hombre moderno expulsó del universo educadamente poniéndolo afuera de la puerta, ahora ha vuelto por la ventana en forma de neurosis, temores, inhibiciones, conflictos interiores y culpas. Ha tomado el control del centro de su ser. Por eso la contraparte de "El Reino de Dios está dentro de usted" es: "El reino del infierno está dentro de usted también". Obedezca al Reino de Dios dentro de usted y tendrá el cielo; desobedézcalo y tendrá el infierno; téngalo ahora mismo como una condición, como un estado mental.

El infierno y el cielo no son algo que Dios nos da soberanamente al final de nuestra vida terrenal. Son cosas que usted elige aquí y ahora. Cuando obedece al Reino de Dios, encuentra el cielo aquí y ahora, porque su otro nombre es "El Reino de los cielos". Si se lleva el cielo con usted al final de esta vida obtendrá el cielo, porque lo habrá traído con y en usted. Por otro lado, si lleva el infierno, obtendrá el infierno, porque también lo habrá traído con y en usted.

No sé en dónde están los lugares del cielo y del infierno, pero sé en dónde empiezan. El pecado es el principio del infierno: es ruptura, desintegración, enfermedad. Llévese en usted una vida en ese estado y obtendrá el lugar apropiado para esa vida. La bondad es el principio del cielo: es comunión, armonía, vida. Lléve eso en usted y obtendrá un lugar apropiado para ese estado.

El Reino de Dios funcionará con usted o contra usted según su obediencia o desobediencia a él.

Oh, mi Dios, ahora puedo decir "Mi Dios", porque así te reconozca o no, tú eres mi Dios, no puedo escapar de ti. Tampoco quiero hacerlo. ¿Puedo escapar de la vida? ¿De mí mismo? Voy hacia ti. Tómame. Amén.

SEMANA 2 - VIERNES

Hebreos 1:9, 11, 13; Proverbios 29:6; 28:16

Las leyes del Reino son automáticas

El hecho de que el Reino de Dios está dentro de nosotros es tan importante que debemos continuar explorándolo. Las leyes que están escritas en nosotros son automáticas. La acción y el resultado son uno. El resultado no es algo impuesto por Dios desde el exterior. Es algo inherente. El pecado y su castigo son uno y la misma cosa. El pecado literalmente es "perder el marco de referencia", perder aquello para lo que fuimos creados interiormente; y perder el marco es, por esa misma acción, pecar contra uno mismo.

Esa acción nos ha engañado en la actualidad. Hemos sido enseñados que Dios nos castiga por nuestros pecados de alguna extraña manera. Pero como ningún trueno de castigo vino después de nuestros pecados, pensamos que nada había pasado. Una pequeña niña lo expresaba de esta manera: "No damos gracias en nuestra mesa, ni oramos en ninguna forma, pero todavía no ha pasado nada". No mi pequeña, nada exteriormente, pero el deterioro interior, la decadencia que llegó cuando Dios fue dejado afuera, ese es el castigo. "Yo predico ahora tal como predicaba antes de cometer adulterio", decía un confundido ministro. Tal vez sí, pero el caos y el conflicto interior, la falta de respeto a sí mismo y el deterioro del carácter, ese fue el castigo.

"Una naturaleza ambiciosa es su propia perdición", dice en Proverbios, el castigo es inseparable de la actitud. Y esto era visto incluso en los tiempos antiguos: *"Como dice el antiguo refrán: "De los malos, la maldad"; por eso mi mano jamás se alzará contra usted"* (1 Samuel 24:13). El mal que traían en ellos era el mal en sí. El Antiguo Testamento habla de la prohibida barra de oro, símbolo de la codicia de Acán, como ese *"anatema en medio de vosotros"*. El mal es anatema, no porque Dios pronuncia juicio sobre ello, sino por su propia naturaleza; porque tiene las semillas de la decadencia en él.

Cuando usted hace lo correcto, esa acción es escrita en el Libro de la Vida. Porque tiene las semillas de la permanencia en sí misma. Cuando hace lo equivocado, esa acción es escrita en el Libro de la Muerte. Porque tiene las semillas de su propia ruina y de su muerte en sí misma.

Oh, mi Dios, empiezo a verte. Este universo moral empieza a cerrarse sobre mí. Debo aceptarlo. ¿Es un algo? o ¿Es un Tú? ¿Estás tú en estas mismas leyes? Y cuando las acepto, ¿te estoy aceptando a ti? Te quiero a ti, porque no soy un sujeto que ruega por una ley, sino un hijo que ruega por un Padre. Ayúdame. Amén.

SEMANA 2 - SÁBADO

Proverbios 22:8; 20:17; 10:2, 9

Caminar con las luces del semáforo

Lo opuesto a lo que estudiamos también es verdad: si la naturaleza de la realidad garantiza la inestabilidad del mal, garantiza también la estabilidad del bien. El mal, por su misma naturaleza, es inestable; el bien, por su propia naturaleza, es estable. El mal no puede existir a menos que exista el bien suficiente a su alrededor para hacerlo notar. Por lo tanto, cada mal que persiste tiene el bien suficiente en él para mantenerse a flote. Si fuera solo el mal, colapsaría. Existe el "honor entre ladrones"; si no lo hubiera, no podrían permanecer juntos el tiempo suficiente para saquearnos. El honor es el cemento que los mantiene unidos temporalmente. El dicho posterior dice: "Cuando los ladrones se pelean...", porque tarde o temprano ellos se pelean cuando el honor decae.

El Dr. Richard Cabot de Harvard dice: "Cuando usted dice la verdad, todo el universo está detrás de usted; cuando miente, el universo está contra usted". Porque el universo no está construido para el éxito de una mentira. Usted puede tratar de mantener juntas las mentiras con toda la habilidad e intriga posibles, pero finalmente se dividirán. Alguien lo dijo de esta manera: "Usted debe tener la buena voluntad de confiar en la naturaleza moral del universo que garantiza la inseguridad del mal".

Entonces, la discusión puede ser resumida en las palabras de un historiador: "Existe un hecho que la historia hace notar, la ley moral está escrita en todo". Es "La forma" impresa en la naturaleza de las cosas, la manera en la que fue hecha para funcionar; y si trata de funcionar de alguna otra forma, producirá su propia ruina.

Un amigo mío estaba a punto de cruzar una calle contra las luces del semáforo, cuando un hombre vestido con sencillez se adelantó a él y le dijo: "Mi amigo, si quiere vivir mucho, camine con las luces; si no quiere, entonces camine contra ellas". Esa es la lección de la vida: si usted quiere vivir bien, camine con las luces verdes que Dios ha colgado en la composición de todas las cosas. Si no lo hace, entonces camine en contra de las luces rojas de Dios y lastímese.

Oh, Dios, mi luz, te he buscado en el cielo. Tú estás ahí, pero veo que estás aquí también, en la misma naturaleza de las cosas. Ayúdame a andar entre tus luces verdes. Perdóname por haber andado contra tus luces rojas. Yo pensaba que solo te lastimaba a ti. Pero me lastimaba a mí mismo también. Amén.

SEMANA 3 - DOMINGO

Lucas 10:27-37

"El Reino de Dios está entre vosotros"

La semana pasada cerramos en el hecho de que "el Reino de Dios está dentro de usted". Pero hay otra traducción que dice: "El Reino de Dios está entre vosotros". ¿Cuál es la correcta? Probablemente Jesús usó ambas, porque ambas son profundamente verdaderas. Si el Reino de Dios está impreso en la constitución de todo nuestro ser, también está impreso en nuestras relaciones personales. Existe una manera de llevarse bien con nosotros mismos y existe la manera de llevarse bien con otras personas: esa es la manera de Dios. El Reino de Dios está *entre* vosotros.

Si usted trata de llevarse bien con otros de una forma diferente a la manera de Dios, no lo logrará. Sus relaciones se romperán. Trate de llevarse bien con su familia en base al deseo de dominar al resto. ¿Resulta? Habrá una rebelión furiosa y usted verá su propia frustración e infelicidad. Al tratar de dominar, usted está quebrantando la ley escrita en la constitución de las relaciones humanas. No, usted no quebranta la ley; sino que se quebranta a usted mismo en la ley.

La ley central de las relaciones humanas es explicada por Jesús: *"Amarás a tu prójimo como a ti mismo"*. Ahora bien, usted no necesita obedecer esa ley; no necesita amar a su prójimo como a usted mismo, pero si no lo hace, no podrá llevarse bien con su prójimo. Sus relaciones se romperán. Cuando usted no ama a su prójimo, no puede librarse de él; porque volverá a estar en sus manos como un problema y como un dolor. Amar al prójimo es una opción obligada como la opción de comer, usted no tiene que comer, pero si no come, no podrá vivir. No tiene que amar a su vecino, pero si no lo hace, no podrá llevarse bien con él. El Reino de Dios está entre vosotros, es la manera en la que nos llevamos bien con los otros.

El Dr. Alfred Adler, quien fuera el autor de la frase "complejo de inferioridad", atribuyó todo fracaso humano a la incapacidad para llegar a entender la verdad *"es mejor dar que recibir"*. ¿Por qué la vida se destruye si usted no ama a su prójimo como a usted mismo? Porque usted fue creado de esa manera.

Mi Padre, veo que tú eres Padre para tu familia. Tú me has creado de tal manera que no puedo llevarme bien conmigo mismo sin llevarme bien con el resto de la familia. Veo que debo vivir por medio del amor o vivir por medio de la pérdida. Ayúdame en este día a vivir por medio del amor. Amén.

SEMANA 3 - LUNES

Santiago 3:16-18; 4:1-3; Filipenses 3:19

El Reino funciona como una frustración personal

Ayer vimos que el Reino de Dios está entre nosotros, en la manera en que nos llevamos bien unos con otros, cuando nos llevamos bien. Vea la disolución de las relaciones humanas en una escala mundial. ¿Por qué se han disuelto? Por la simple razón de que hemos tratado de llevarnos bien con otras naciones basándonos en puro egoísmo. Eso quebrantó la ley del Reino que está entre nosotros. En consecuencia, las relaciones que había entre unos y otros se rompieron. Por consiguiente existen guerras. No podemos violar la ley del amor sin ser lastimados más de lo que podemos violar la ley de la gravedad. La ley de la gravedad sostendrá nuestros edificios si los construimos a plomo, pero esa ley los demolerá hasta el polvo si no lo hacemos de esa manera.

La gente pregunta, "¿Dónde está el Reino de Dios en esta guerra?" Como dijera alguien melancólicamente: "Me pregunto cuándo Dios vendrá a esta guerra para dar una mano". ¿Dónde está el Reino de Dios? Está aquí en medio de las frustraciones, funciona como una frustración. Puesto que no tomamos el Reino de Dios como nuestra realización colectiva, ahora debemos tomarlo como nuestra frustración colectiva. No podemos vivir de la forma en la que hemos vivido sin tener la clase de mundo que tenemos ahora. Cuando estamos en guerra con el Reino de Dios, estamos obligados a estar en guerra entre nosotros.

Suponga que hubiese sucedido lo opuesto. Suponga que nuestra rebelión colectiva contra Dios resulta en prosperidad, en paz, en progreso, en utilidad mutua. Entonces preguntaríamos: "¿Dónde está el Reino de Dios?" dado que su opuesto ha resultado ser tan bueno. El éxito de nuestra rebelión castigaría a nuestra fe con un golpe fatal. Pero esta clase de mundo desordenado corrobora todo lo que el cristiano representa. La rebelión contra Dios y el caos resultante funcionan como profecía y cumplimiento, como semilla y como fruto. No podemos vivir con principios colectivos egoístas sin tener un conflicto colectivo. El conflicto colectivo es la guerra.

El cristiano entonces tiene la llave para la situación, el Reino de Dios está entre nosotros. Vivamos colectivamente de acuerdo con él y viviremos; si no, colectivamente pereceremos, como ahora.

Oh, Dios, comienzo a sentir una sensación de culpa personal y colectiva. Tratamos de vivir en contra del universo y no de acuerdo con él, y ahora estamos enfrentandonos a él. Estoy enfrentándome a él, todos lo estamos. Levanto manos de súplica hacia ti para que me ayudes, sálvame. Amén.

SEMANA 3 - MARTES

Mateo 6:24; Josué 24:15; Deuteronomio 30:15-20

Formular una hipótesis

Ahora llegamos al final de nuestra discusión con respecto al primero de los cinco pasos del método científico: "La declaración del problema". El problema es cómo vivir y vivir bien en un universo de leyes morales, escritas en nosotros y escritas en la constitución de nuestras relaciones. No hemos vivido bien en ese universo moral. Hemos ido en contra de él y hemos recibido grandes daños interiores: culpas, miedos, inhibiciones, frustraciones y complejos. Si no, un sentimiento de imperfección, de algo que falta, de un vacío.

Ahora debemos ir hasta el segundo paso: "La formulación de una hipótesis para hacer frente a ese problema". La formulación de una hipótesis implica decisión. "¿Todas las cosas dependen de mi decisión? ¿Dios no elegirá por mí y me hace tomar esta decisión? Me gustaría que así fuera". Sin embargo, eso sería lo peor que podría hacer. De ese modo Él destruiría la fortaleza de la personalidad, destruiría la voluntad; y cuando la voluntad es destruida, nosotros somos destruidos: somos cosas en lugar de personas. "No hay nada más bueno que una buena voluntad; no hay nada más malo que una mala voluntad".

Cuando Dios creó a otra persona, tuvo que limitarse a sí mismo, tuvo que volver atrás, para dar aquello que daría lugar a la acción. Porque la esencia de la personalidad es la libertad. Era una acción peligrosa, terriblemente peligrosa, porque esa libre voluntad en acción puede echar a perder las cosas, puede romper su propio corazón, los corazones a su alrededor y también el de Dios.

Es verdad. Pero Dios se arriesga, así como un padre cuando trae un niño al mundo, porque el niño puede romper su propio corazón y el corazón de su padre. Pero Dios y el hombre que es padre dicen: "Entraré en esto y asumiré las consecuencias, los pecados de estas personas creadas serán míos, sus fracasos serán míos; pero también el progreso y el gozo de ellos serán míos. Lo lograremos juntos". Nada excepto el amor puede hacer que Dios y el hombre tomen ese riesgo. Si Dios no tuviera un fin glorioso, no se hubiera atrevido a crear. Se necesitó audacia para hacerlo.

Oh, Dios, veo que tengo que elegir. Yo me negaría a esa responsabilidad y te la pasaría a ti. Pero no puedo. Debo mantenerme firme y elegir. Ayúdame a tomar la decisión correcta, a tomar el camino correcto. Porque el futuro, tu futuro y mi futuro, están en esta hora de decisión. Ayúdame a elegir correctamente. Amén.

SEMANA 3 - MIÉRCOLES

Gálatas 2:21; Juan 4:34; 1 Corintios 16:13

Nuestra libertad complica el juego de Dios

En nuestra libertad, descansa el problema y la posibilidad de Dios. Nuestra libertad es un problema para Dios. Alguien lo dijo de esta manera: "Tenemos un tablero de ajedrez, con todas las figuras sobre él, que en lugar de estar hechas de madera, son de carne y sangre y con voluntades propias, son personas. Para Dios, el juego sería simple si las figuras fueran hacia donde Él quisiera que fueran. Pero supongamos que cuando Dios quiere hacer un movimiento en el juego en contra del mal, las figuras se niegan rotundamente y se rehúsan a moverse y al contrario, por decisión propia se mueven hacia otras posiciones sin prestar atención al jugador, es decir ignorando a Dios, eso complicaría el juego y lo arruinaría seriamente". Eso es lo que ha sucedido. Y ese es el problema de Dios.

Pero nuestra libertad es también su posibilidad. Supongamos que aquellas figuras aprendieran que el fracaso y la confusión vienen a través de los movimientos por cuenta propia y por rehusarse a cooperar con el jugador y que, por lo tanto, sufren si deciden no cooperar con el jugador. Luego, suponga que Dios y el hombre juegan correctamente el juego en cooperación, ¡y ganan! ¡Cuánto mejor es que ganar contra el mal jugando solo con peones de madera!

Usted y yo podemos cooperar con Dios, podemos alinear nuestras voluntades con la de Él, podemos hacer nuestra su sabiduría y podemos hacer que la victoria sea una victoria colectiva. ¡Qué posibilidad para Dios y para nosotros! Prefiero ser un hombre descontento que un gusano contento, porque ese descontento puede llevarme a sus pies. "Cuán bienaventurados son los nostálgicos, porque ellos volverán a casa", dice un proverbio alemán.

Un muchachito de 5 años, después de ver un programa de títeres, expresó su reacción al médico de esta manera: "Me alegra no ser un de esos que simulan ser personas, porque tienen que hacer lo que se les diga". El jovencito tenía razón, con todos los riesgos, todas las posibilidades para fracasar y con todas las aflicciones involucradas en la libertad, no queremos ser uno de esos "títeres simuladores". Preferiríamos ser personas reales, estar de pie y tomar nuestras decisiones con todas sus posibilidades para bien y para mal.

Oh, Dios, mi Padre, siento que ahora puedo empezar a llamarte de esta manera, porque quiero cooperar contigo. He estado haciendo movimientos absurdos y desastrosos por mi cuenta y he entrado en una confusión conmigo mismo y con otros, además de estropear el juego. Ayúdame a jugar tu juego. Amén.

SEMANA 3 - JUEVES

Salmo 19:1-6; Hebreos 1:10-12; 2:6-9

Cómo se revela Dios

Puesto que usted es un ser libre y puede elegir, ahora quiere elegir su hipótesis máxima. ¿Cuál será? Vamos directamente al tema: ¿conoce alguna hipótesis que sea mejor que Cristo? Deje que su mente limpie el horizonte de las posibilidades. Después de eliminar esta cosa y la otra, esta persona y la otra, ¿no se decide por Cristo como su mejor apuesta?

Lo más importante en nuestro universo moral es el carácter moral: si Dios puede ser encontrado en todo lugar, debe ser encontrado aquí. La más alta ilustración de carácter moral alguna vez visto en nuestro planeta, es Cristo. Si Dios puede ser encontrado en todo lugar, debe ser encontrado en lo más alto de nuestro universo moral: el carácter de Cristo. ¿Cómo puede Dios mostrarnos su carácter excepto a través del carácter moral perfecto?

El carácter de Dios importa. Porque como Dios es, así debemos ser nosotros; su carácter determina el nuestro. ¿Simplemente, cómo es Dios en su carácter? Busco a través de la naturaleza y llego a la conclusión de que Dios es ley. Estoy agradecido, pero quiero algo más allá de la ley. No soy un sujeto que pide una ley; soy un hijo que busca un Padre. La naturaleza no puede hablarme de mi Padre, no claramente. Tampoco la revelación perfecta puede venir a través del profeta o del maestro, porque la revelación, al pasar por ellos se limita y a veces se distorsiona debido al imperfecto medio de comunicación humano. Y tampoco la revelación puede venir completa a través de un libro, porque la literatura no puede elevarse más alto que la vida. La vida, que rodea a la literatura, encuentra satisfacción en la literatura. De otro modo el libro se ubicaría en el nivel de nuestra experiencia más alta. La única manera de obtener la revelación completa es a través de una vida, de un carácter que pueda mostrarnos cómo es el carácter de Dios. Ese carácter es Cristo, la vida humana de Dios, la parte de Dios que hemos sido capaces de ver. Entonces La Biblia no es la revelación de Dios; es el registro inspirado de la revelación. La revelación es Jesucristo. ¿Entonces Dios es como Cristo? ¡Sí, es! No puedo decir nada mejor.

Oh, Dios, comienzo a ver que tú vienes a mí en Cristo. Él parece ser esa aproximación personal del invisible hacia mí. Yo no le cerraría el paso a ese acercamiento., Oh, Dios te necesito, nada menos que a ti. ¿Cristo, te acercas a mí, para que yo pueda ir hacia ti? Entonces recíbeme, porque yo te recibo a ti. Amén.

Hebreos 1:1-3; Juan 1:1-5, 17-18; Hebreos 12:1-2

Dios es mi aventura

Ahora vemos que Dios no se manifestaría a nosotros si no es a través de otra identidad personal, de una persona en ambientes humanos, que hablaría el idioma que nosotros hablamos, un idioma humano. Jesús era Dios hablando el lenguaje del hombre en las calles, interpretando a Dios en términos comprensibles. Así como cuando usted se toma de mis palabras se toma también de mi pensamiento, cuando se toma de la palabra "Jesús", se está tomando del pensamiento "Dios". Ellos no compiten ni se imponen el uno sobre el otro. La palabra es el pensamiento disponible, al alcance de la mano, íntimo, humano.

"Dios está en la naturaleza, pero la naturaleza de Dios la encuentro en Cristo". ¡Y qué naturaleza! Si tuviéramos que pensar en la clase de Dios que me gustaría ver en el universo, pienso que debería ser como Cristo. Porque "Jesús está de pie, erguido en medio de lo caído, limpio en medio de lo manchado, viviendo entre los muertos, es el Salvador de los hombres".

Dijo el ciego George Matheson:

> "Hijo del Hombre, siempre que dudo de la vida, pienso en ti. Nada es tan imposible como el hecho de que tú estuvieras muerto. Puedo imaginar montañas que se evaporan, estrellas que se funden hasta quedar en solo humo, y ríos que se secan hasta vaciarse completamente, pero no percibo ningún límite en ti".

Sin duda, en Jesús encuentro un lugar en el universo que no me decepcionará, algo que es absolutamente seguro. Si en algún lugar puedo comprometer mi vida y confesar mis pecados es aquí; porque no solo es confiable, es también simpático, ama y protege.

Ese entonces, es el lugar de mi aventura. Mi aventura sería Dios y la clase de Dios que veo en Cristo.

Así como un planeta que se precipita por el espacio es solo un cometa en camino hacia la destrucción hasta que es capturado por algún sol central y empieza a girar alrededor de ese sol como su centro y su vida, así mi vida es un cometa sin rumbo que arde en su propia terquedad, hasta que se encuentra con la seducción y la atracción del amor de Cristo, hace un alto en ese camino mortal y empieza a girar para siempre alrededor de Él, alrededor de su sol central, alrededor de su vida.

Oh, Cristo, estoy tan agradecido porque tú eres Dios al alcance de la mano, Dios adaptándose a mi necesidad. No puedo escalar los cielos para encontrarte, porque estoy enlodado en mis temores y mis pecados. Tú vienes a mí. Y hay una respuesta dentro de mí. ¡Yo voy a ti! Te agradezco porque puedo ir a ti. Amén.

SEMANA 3 - SÁBADO

Mateo 27:3-5; Hechos 5:1-5

Atados a ramas muertas

Usted está al borde de la gran decisión. Pero antes de que lo haga, quisiera darle una palabra de advertencia. Tenga todo claro; no tolere puntos intermedios. La tentación será empezar a ser enteramente de Cristo y pronto dejarlo en cuanto se sienta un poco más aliviado. Tal como alguien dijo una vez: "Quieren sentirse un poco menos ancianos, para obtener un ligero rejuvenecimiento. No quieren nacer otra vez". No trate de hacer un hogar de un centro de reinserción social.

En la colina de oración de Sat Tal en el Himalaya, vi una vid extenderse hasta pegarse a un pino. Esa vid parecía tener un deseo vehemente para unirse a lo más alto. ¡Una mañana salí y vi que la vid había llegado! Había asegurado fuertemente sus sarmientos extendidos alrededor del árbol. Me gustó mucho. Pero a la mañana siguiente me entristecí al encontrarme con una catástrofe. Durante la noche, una tormenta había pasado rápidamente por las montañas y había arrancado a la vid de donde estaba tomada y allí estaba: patética, caída en tierra, todavía abrazada a una rama rota del árbol. ¡La rama se había quebrado y se había soltado! Pero el árbol en sí estaba bien, porque la vid se había tomado de una rama muerta y esa rama muerta se soltó del árbol. Si la vid se hubiera agarrado del tronco, ninguna tormenta la hubiese arrancado de ahí ni hubiera podido quebrar el árbol.

Muchos empiezan con una gran aspiración hacia el árbol, es decir hacia Dios y luego se detienen ante alguna rama muerta de la religión y se aferran a eso. Luego se detienen en una buena resolución y también se aferran; pero ninguna simple buena resolución puede sostener a nadie en medio de las tormentas de la vida. Otros se amarran a una institución, una cosa buena, pero no tan buena como para asegurar la vida de alguien. Tampoco lo hará ningún rito ni ninguna ceremonia; eso nos dejaría en medio de una crisis. Otros se aferran a algún ministro favorito y abrochan su fe en ese ministro. Ningún hombre es tan bueno como para ser el centro de la fe de alguien; podría decepcionar a cualquiera. Otros se aferran a ideas acerca de Dios en lugar de optar por conocerlo.

Tenga en claro quién es el tronco principal, Dios. No se detenga hasta llegar.

Oh, Dios, las dudas dentro de mí me hacen querer aferrarme a algún compromiso, a algo incompleto. Sálvame de esto. No quiero nada menos que a ti. Sé que algo menos, finalmente me decepcionará. Vengo a ti. Amén.

SEMANA 4 - DOMINGO

Isaías 1:18-20; 2 Timoteo 2:7; Proverbios 15:24

El primer paso hacia arriba

Ahora usted está listo, según creo, para poner su pie en la escalera y subir hacia la liberación y la victoria. Yo subiré por esa escalera muy, pero muy lentamente, porque el momento más grande de la vida ha llegado. El momento de la gran decisión ha llegado, una decisión que en el futuro decidirá por todas las otras decisiones, una decisión maestra. En la psicología existe lo que se llama "una decisión mayor", una decisión que no tiene que ser tomada una y otra vez cada día. Las decisiones menores se ajustan a ella y no al revés.

La escalera tendrá siete escalones. Será construida en torno al pensamiento "cambio de dirección", porque esa frase es una frase central en Las Escrituras.

Cambie en su mente su vida, la dirección de su vida y su espíritu. Mientras lo hace será tentado a estar a la defensiva, porque es difícil no defender los parámetros de su vida. Pero para ser implacablemente honesto, véase a usted mismo objetivamente y no acepte el hecho de defender alguna cosa equivocada en su vida. El primer paso hacia una completa salud mental y espiritual es la honestidad total. Ese horrible ego suyo, que tal vez está disfrazado con vestiduras de justicia, suplicará, se disculpará y pensará racionalmente. Ese ego tratará de mantener el trono en medio de los cambios insignificantes. Pero usted, enfoque su atención en usted mismo como el centro de sus dificultades. Será tentado a confesar sus pecados insignificantes y dejar intactos los pecados centrales. No obstante, nada duradero sucederá hasta que el centro de su dificultad, el "yo" equivocado, sea reemplazado por otro "yo", por Dios, como el centro de referencia, el centro desde el cual obtiene los mandamientos y las órdenes para su vida. Una hermosa y muy educada mujer, después de revisar su vida dijo con un suspiro: "Tenemos todo y nada". Todo en el camino de las comodidades externas, pero con un corazón vacío.

Usted recuerde al ciego que mendigaba al costado del camino, quien, cuando le dijeron que Jesús lo llamaba, *"arrojó su manto, se levantó de un salto"* y corrió a Jesús. Usted también debe arrojar todo lo que le impida acercarse a Cristo, sus deshonestidades interiores y sus deshonestidades externas también, sus resentimientos, sus relaciones sexuales equivocadas, sus actitudes egoístas, sí, su propio "yo". Y correr hacía Cristo.

Oh, Cristo, ¿a qué otro lugar podría correr? Si me alejara de ti, estaría alejándome de la vida, de la liberación, de la puerta abierta. Ayúdame a arrojar todo, aún a mi propio "yo" y a llegar a ti. Porque no podré vivir más conmigo mismo hasta encontrarte, mi verdadero "yo". Por eso vengo a ti. Amén.

SEMANA 4 - LUNES

Juan 11:28; Efesios 2:1-8

El segundo paso

Ayer usted puso su pie en la escalera de los siete escalones hacia la liberación y el poder. Confío en que ya ha dado ese primer paso. Cambie su vida en su mente, cambie de opinión. La palabra arrepentimiento en el Nuevo Testamento es "*metanoia*", que quiere decir un cambio de opinión. Debe haber un cambio completo de los valores de la vida, un completo cambio de opinión con respecto a lo que usted realmente quiere. La versión china del versículo *"Si alguno quiere venir en pos de mí, niéguese a sí mismo"* dice: "que se arroje fuera de sí mismo". Este ego obstinado, horrible y complicado debe ser expulsado, perdido, con el fin de encontrar a un ego nuevo, desenredado y cooperativo.

Ahora, usted debe ir hasta el paso siguiente: *vuélvase a Cristo.* Usted necesita un Señor y un Amo. Tal vez ha sido como aquel perrito que al buscar a su amo corría por un campo de fútbol. La gente lo llamaba desde todas direcciones; pero no había ninguna voz dominante, por lo que el perro estaba confundido. Usted ha escuchado muchas voces, como en la torre de Babel, que lo han llamado desde todas direcciones: la voz del dinero, de la pasión del sexo, del interés propio y del orgullo. Y está confundido, porque no hubo ninguna voz dominante. Ahora bien, por encima del estruendo está escuchando una voz. *"El maestro ha llegado y te llama"*. Usted escucha una voz que crece en autoridad. Siente que hay un destino en esa voz. Tiene algo que le pertenece, usted mismo. Y puede decidir qué hacer con usted mismo, puede decidir quién lo dominará. Un estudiante de ciencias, abriéndose camino en el laberinto de las opciones posibles, se levantó en mi reunión, subió a la plataforma y con la simpleza de un niño dijo: "Voy a decir 'Sí' a Jesús". Y seguía repitiéndoselo a sí mismo. Se transformó. Sobre ese simple puente del "Sí", salió del cenagal de la desesperación hacia la vida abundante. Y esta decisión ha funcionado a través de los años.

Tal vez usted ha intentado ser varios "yo" a la vez, sin que todos sus "yo" estuvieran organizados alrededor de una sola vida que domine dentro de usted. Un médico confundido y derrotado, con un lastimero clamor decía: "Trato de decidir por uno de estos 'yo', de tal manera que el resto de ellos pueda organizarse alrededor de él". Pero no. Páselos a todos a una voluntad dominante, a la voluntad de Cristo.

Oh, Dios, necesito un Maestro. Encadéname otra vez en la libertad; pon mis pies en la luz; pruébame en la integridad; tranquilízame al volver a cantar y llévame a la plenitud. En el nombre de Jesús. Amén.

SEMANA 4 - MARTES

Romanos 6:2, 5-6, 11-14

El tercer paso

Hemos llegado al tercer paso: *tener que venir a Cristo, cambiar y ver nuestra vida con sus ojos y romper decididamente con todo lo que Él no puede aprobar.*

He esperado intencionalmente esta etapa antes de pedir por el decisivo corte con todos los impedimentos, todas las barreras y todos los pecados; porque usted no puede verse a usted mismo hasta que pueda verse a través de los ojos de Cristo. Hasta este momento al compararse con usted mismo o con otras personas, ve que no ha salido tan mal. Pero ahora, al haber venido a Cristo, ve las cosas a través de sus ojos y la luz es muy diferente. Cosas que vistas en la penumbra de nuestros estándares anteriores no eran tan malas, ahora resultan intolerables. Deben irse. No pierda el tiempo.

En nuestro lugar de reunión, una mujer enterró en la arena a los pies de la cruz, una cajita que simbolizaba la tiranía de un hábito. Otra dijo que había enterrado sus temores y sus pecados en las estrellas, tan lejos de su alcance que no podría acceder a ellos otra vez. Así lo haga en la arena o en las estrellas, entiérrelos y en sus tumbas ponga la inscripción: "No hay resurrección".

En el mismo lugar a todos nos asignaron tareas manuales para hacer, la mía era levantar papeles. Mientras pasaban los días, descubrí que la conciencia de la gente cambió con respecto a arrojar papeles en todos lados. ¡Pero no lo suficiente! Porque muchos escondían los papeles debajo de los arbustos; ¡solo tenían conciencia suficiente para esconder los papeles, pero no la suficiente como para deshacerse de ellos! No permita que este asunto de librarse del pecado acabe solo en un estancamiento o en un compromiso; no se contente con una conciencia que esconde los pecados, en lugar de librarse de ellos. Vuelva a los escondrijos ocultos en donde ha guardado pecados, a los márgenes del subconsciente y sáquelos a todos, pero a todos. Ellos suplicarán, se excusarán, postergarán, pero sea implacable, sáquelos a todos y que no le quede ninguno.

Oh, Dios, he puesto mi mano en este arado y no intento mirar atrás. Voy del todo por Cristo. Esto no será ningún asunto a medias. No voy a pedir una cruz incompleta porque quiero tomar toda la cruz. Ayúdame a liberarme. En el nombre de Jesús. Amén.

Lucas 9:23-24; Romanos 12:1; 1 Tesalonicenses 5:23

El cuarto paso

Ahora hemos llegado al paso más importante de todos: *entréguese a Cristo, usted y todo lo que tiene.* Este es el punto crucial y si usted echa a perder esto, bloqueará el proceso. Entre dos personas no existe ningún amor sin una rendición personal del uno hacia el otro. Si uno de los dos niega lo esencial al otro, el amor es bloqueado; no aparecerá por más que trate con todo su ser de amar aún más allá de su corazón no rendido. Por lo tanto entre usted y Dios no puede haber ningún amor sin una rendición personal interior. No me refiero a la rendición de esto o de aquello, sino a la rendición de usted mismo, de su propia escencia.

Una brillante mujer llegó al fin de sus recursos. Su vida centrada en ella misma había funcionado a través de sus valores internos. Estaba en bancarrota. Vio claramente que el ego tenía que resignarse para poder encontrarse. Pero la lucha era grande. Siempre lo es. Cierto hombre lo expresó de esta manera: "Hubo muchas batallas libradas en grandes campos, pero nunca hubo una más difícil que aquella entre yo y mi ego en ese pequeño lugar". Le dije a esta mujer que la primera batalla era la más difícil, que se necesitaba el doble del poder que un avión necesita para poder despegar de la tierra como lo hace cuando tiene que volar. Inclinamos nuestros rostros para orar. Al final de esa oración ella abrió los ojos y dijo: "¡Pero estoy libre!" Había roto con la vieja vida. Y hubo una maravillosa liberación. Me dio su botella de whisky y su cigarrera de oro y me dijo: "No volveré a usarlos". También dejó sus pastillas para dormir. Había dejado todas sus muletas.

Por varios días esta mujer estuvo inmensamente feliz y luego, una nube. "Soy como una niña adoptada en una nueva familia; todo es hermoso pero me falta una cosa, no puedo ver el rostro de mi Padre". Y luego surgió un motivo para ello. Había dado su botella de whisky y su caja de cigarrillos en lugar de dar su vida. ¡Había tratado de comprar a Dios con estas cosas! Cuando vio lo que había sucedido, se apresuró a añadir su vida a la botella y la caja; ¿y luego vio el rostro de su Padre? ¡Sí y con total claridad! Y ahora es radiantemente feliz. Había perdido un ego complicado y gruñón, pero encontró uno unido, libre y feliz.

Oh, Dios, veo que no puedo comprarte, a ti, enamorado implacable. Tú quieres el altar más recóndito, yo mismo. Por eso dejo el lugar libre y te lo doy. Porque no tengo ningún derecho a estar en el trono. No soy Dios, tú lo eres. Por tanto, renuncio a todo y te doy el cargo supremo. Tú mandas. Yo obedezco. ¡Está hecho! Amén.

Marcos 11:22; 9:23; 11:24

El quinto paso

Ayer usted decidió que Dios debe tener el primer lugar. Alguien escribió a un gran escritor ruso: "Me parece que el hecho de ponernos en un segundo lugar es ponernos en el lugar más importante de la vida". A lo cual Turgenev contestó: "Me parece haber descubierto que lo que uno pone en primer lugar, es el problema más grande de la vida". Y en ese problema usted ha decidido que Dios y nadie más tendrá el primer lugar.

Ahora usted está preparado para el siguiente paso: *volverse a Él con confianza y con fe, y creer que lo recibirá y que usted lo recibirá a Él.* Después de haberle entregado lo suyo, usted tiene el derecho de aceptar lo que Dios tiene para darle: a sí mismo. Muchos fracasan en este punto. Porque siempre están dando pero no reciben nunca. Supongamos que usted tiene que hacer eso en una relación matrimonial, siempre dar sin permitir que su compañera le corresponda, ¿no se bloquearía la relación? Los latidos del corazón que se dan alternadamente en su relación con la pareja y con Dios son: "dar, tomar"; "dar, tomar". Si solo se da y no se toma del otro, el corazón dejará de latir; porque no puede latir de manera desequilibrada. Un gran cirujano lo expresaba de esta manera: "El cristianismo es pura receptividad. *A todos los que le recibieron, les dio el poder de ser llamados hijos de Dios*". Si usted está solo expulsando el aire sin tomarlo nuevamente, su respiración se detendrá.

Una joven cristiana, estudiante de sociología, inició la experiencia y ahora está viva con Dios. Ella lo resolvió de esta manera: "Hoy más que nunca, voy a dejar de buscar para permitir que Cristo entre en mi vida. Solo Él tiene la respuesta para la vida al darnos la vida misma, una vida abundante y verdadera y no cargada de falta de respuestas". "No cargada de falta de respuestas"; deje de pensar en su interior meditando en preguntas sin respuesta. Salga con una fe positiva y acepte el don de Dios. Él se ofrece a sí mismo. Tómelo. Porque en la persona de Dios, usted encontrará todo lo que necesita. Perdón, poder, comunión, motivación y energía para dar a otros, ¡Encontrará la Vida!

¡Dé ese paso ahora mismo!

Oh, Dios, mi Padre, este paso está tomado. Tú me tienes. Eso resume todo, porque ahora veo la otra verdad: Te tengo a ti. Me he perdido a mí mismo y te he encontrado. ¿Alguna vez podré dejar de estar eternamente agradecido? Permite que mi vida exprese gratitud cada día. Amén.

SEMANA 4 - VIERNES

Santiago 1:27; 2:1-4, 14-18

El sexto paso

Usted ha dado el paso más grande de todos. Se pregunta qué sucederá. Tal vez tendrá sus dudas y sus temores. Un joven fue a ver al Dr. Poling y le dijo: "Estoy arruinado. Stanley Jones me arruinó anoche en esa reunión. Todos los planes que yo tenía los rendí a Dios". "Gracias, Señor", contestó el Dr. Poling; "ahora Dios puede hacer algo con usted. Él puede rehacer su 'vida arruinada'". Ese es el punto: Dios sacude su vida hasta el polvo para reconstruirla, pero solo con su cooperación. Ahora, usted y Dios trabajan juntos.

Dé el sexto paso: *vuélvase y vea todas sus relaciones humanas y entre en ellas con Cristo.* Añada su relación con Cristo a todas estas relaciones. Esta relación básica no debe ser ajustada dentro de las otras relaciones, debe ser lo opuesto. Usted tiene seis relaciones importantes. (1) La Iglesia. Entre en ella. Con todas sus fallas, la Iglesia es la institución de servicio más grande del mundo, llena la Tierra con escuelas, hospitales, asilos de huérfanos, asilos para leprosos, etc., etc. La Iglesia tiene muchas críticas, pero no tiene ningún rival en la obra de la redención humana. Entre en ella y sea parte de esta confraternidad mundial. (2) El hogar. Haga entrar a Cristo en su hogar. Establezca el dar gracias en las comidas además de oraciones familiares. Empiece confesando sus pecados y no los de su pareja. (3) Su negocio. Haga de sus negocios una expresión exterior de su negocio más importante, servir a Dios. Usted no tiene interés en ningún negocio que no pueda expresar su negocio principal: servir a Dios. Cambie su negocio o cambie por algún otro. (4) Su clase y relaciones raciales. Ahora usted entra en una nueva sociedad, la sociedad del Reino de Dios. Esta sociedad es una sociedad sin clases, una sociedad no racial. Reforme toda relación que no se ajuste a esto. (5) Sus relaciones internacionales. Ahora usted ya no tiene enemigos porque ya no tiene rivalidad. Usted está para todos, incluyendo a los supuestos enemigos. (6) Su relación con quien está al lado suyo, en la escuela, en la tienda, en la oficina, con su prójimo. Testifique de lo que le ha sucedido. Gánelos.

Oh, Dios, empiezo a ver la grandeza de mi aventura. Nada hay que esté fuera del dominio del Reino, nada en lo que a mí respecta. Tú demandas una obediencia total en la totalidad de la vida. Y yo me rindo gustosamente a esa obediencia. Amén.

Marcos 1:35-36; Hechos 10:9; Efesios 6:18; 1 Tesalonicenses 5:17

El séptimo paso

Ahora hemos llegado al último de los siete pasos: *volverse a Dios cada mañana, establezca la hora de quietud.* Tal vez está aterrado por las ramificaciones de su nueva vida. ¿De qué manera será capaz de transformar todas estas relaciones? Debe conseguir recursos y puede encontrarlos en la hora de quietud. Muchos sienten que pueden vivir en un estado de oración, sin tener un tiempo establecido para la oración. Esto es un error.

Jesús sentía la necesidad de tres simples hábitos: (1) Tenía un tiempo para leer, "según era su costumbre"; (2) Salía hacia la montaña para orar, "según era su costumbre"; (3) Les volvía a enseñar, "según estaba habituado". Estos tres simples hábitos: la lectura y la meditación en La Palabra de Dios; el exponerse delante de Dios en la hora de la oración; y la enseñanza a otros, para transmitir lo que nosotros hemos encontrado, son tan básicos en la vida espiritual como dos más dos son cuatro en matemáticas. Si Él no podía estar bien sin estos hábitos, ¿cómo esperamos estar nosotros? Usted y yo necesitamos "la hora fuerte de la mañana, cuando el ánimo del día está en su mejor momento". Empiece el día correctamente y lo terminará correctamente.

Alguien me preguntó de qué manera yo mantenía mi vida espiritual, cuál era el secreto. Contesté que el secreto estaba en hacer dos cosas: primero, mantener mis horas de oración. Establecí ese hábito en la universidad. Ciertas horas no pertenecen al día, están fuera. Son para la obtención de recursos para el día. Si dejo caer esas horas, el día caerá con ellas. Estoy mejor o peor dependiendo de orar más o menos. Alguien describió un cierto lugar como, "un hogar en el campo en donde aquellos que han perdido la atmósfera y el margen espiritual a través del desgaste por el trabajo, pueden venir para encontrar descanso y un nuevo fortalecimiento". La hora de la oración es ese "hogar", en donde los que han perdido la atmósfera y el margen espiritual, pueden volver a obtener lo que han perdido. Repito, mis días se hunden si la hora de la oración se hunde. El segundo secreto es que siempre estoy luchando con una tarea que no puedo hacer, y lo hago deliberadamente. Esto me lleva nuevamente a ver los recursos de Dios. Entonces, la vida llega a ser lo que un joven decidió que su vida sería mientras miraba hacia arriba y escuchaba a Rufus Jones: "Simplemente voy a hacer de mi vida un milagro". Y lo hizo.

Oh, Dios, necesito tus silencios así como necesito la comida física. Dedico mi vida a ello. Que pueda decidir cortar mi comida física cada vez que corte mi comida espiritual. De este modo el alma y el cuerpo podrán ir juntos. Porque he decidido ver esto siempre y he decidido pagar el precio para hacerlo. Amén.

SEMANA 5 - DOMINGO

Lucas 13:3; Romanos 2:4; Hechos 2:38; 3:19

Revise su vida y vuelva hacia atrás

Este asunto de dar el paso inicial es tan importante que, si realmente no lo hace, el resto de la vida abundante será un libro cerrado para usted. Como alguien dijo de otro: "Él no tiene la combinación"; y si usted no la tiene, no podrá llegar hasta los seguros tesoros de Dios.

A riesgo de parecer tedioso, vamos a volver otra vez a pisar el mismo terreno, esta vez usando una escalera diferente. Porque sé que muchos pueden haber leído nuestro estudio de los pasos de la semana pasada, sin dar realmente los pasos señalados. Quisiera contener a esa última alma indecisa antes de continuar. ¡Porque lo que queda por delante es demasiado bueno y no podemos perderlo!

Usted recordará que avanzamos en nuestro camino a través de los cinco pasos del método científico (están en el día martes de la segunda semana). Nos hemos detenido en el segundo y tercer paso: eligiendo la hipótesis más probable y experimentando con ella. Hemos elegido a Cristo como la hipótesis más probable y ahora experimentamos con Él como la respuesta.

Esta escalera será aún más simple que la otra, usando nueve escalones sobre los cuales avanzar y salir.

Revisar. Véase a usted mismo con honestidad. Tal vez no encontrará tanto pecado como la falta de una vida divina.

> "Exteriormente espléndida como en la antigüedad, interiormente sin ninguna chispa, vacía y fría, su fuerza y su fuego se han desgastado hasta desaparecer, como una luna muerta ella aún brilla". –WILLIAM WATSON

O la vida puede estar en contradicción consigo misma: "las dulces campanas sonaban desafinadas". O usted puede sentir que no llega a ninguna parte. Un policía dijo: "No, no tome ese vagón porque no está enganchado en nada que vaya a alguna parte". Usted puede sentir que su vida está enganchada en algo que no lo está llevando a ninguna parte. Entonces demos el segundo paso: *vuelva atrás.* Arrepentirse es cambiar de rumbo. Usted ha ido en la dirección equivocada; ahora gire sobre sus talones y vuelva hacia atrás. No confiese los pecados de otras personas; confiese los suyos. Si empieza con usted mismo, entonces, como la preferencia puede engendrar preferencia, los demás confesarán sus pecados.

Oh, Dios, empiezo conmigo mismo. He sido un cobarde. He impuesto cosas sobre otros y los he culpado por mi condición. Yo soy culpable por lo que soy. Pero no voy a detenerme con un resentimiento inútil, he decidido cambiar. Honestamente, incluso amargamente, me arrepiento. Perdóname. Amén.

SEMANA 5 - LUNES

Lucas 15:11-32

Volver a Dios

Usted ha dado dos de los nueve pasos para la liberación. Ahora está dando el tercero: *volver.* El arrepentimiento es el lado negativo. El arrepentimiento lo libera para volver a Dios. Pero usted dice: "¿Me recibirá Dios tal como soy? ¿No debería ser un poco mejor, un poco más digno?" ¿Digno? Nadie puede serlo. Regrese a Dios con estas palabras en sus labios: "Tal como soy, sin ningún pretexto".

Un ministro iba en un tren. Era el único ocupante del vagón además de un joven que parecía estar muy incómodo. El joven se sentaba en un asiento y luego se levantaba y se sentaba en otro, levantaba un libro y luego lo dejaba caer otra vez. El ministro se acercó a él, se sentó a su lado y le preguntó cuál era el problema. El hombre era tan callado como una almeja. Pero al fin, el dique se rompió y contó esta historia: "Me escapé de mi casa y he estado fuera por mucho tiempo. Quiero regresar y le escribí una carta a mi padre preguntándole si podría recibirme nuevamente. Pero no ha habido ninguna respuesta. Así que le escribí a mi madre y le dije que no voy a esperar una respuesta, que voy a volver a casa y que si ellos quieren recibirme otra vez, deberán colgar un trapo blanco en el manzano que está cerca de las vías del tren, para que yo pueda verlo cuando pase por ahí. Si no veo el trapo blanco, lo entenderé y pasaré de largo. Ahora nos estamos acercando y tengo miedo de mirar, miedo de que el trapo blanco no esté ahí". El ministro le dijo al joven que no necesitaba mirar, que él lo haría en su lugar. El joven se sentó con los ojos cerrados y la mano del ministro sobre una de sus rodillas. Mientras se acercaban al lugar en donde estaba el árbol, la mano del ministro se cerró fuertemente en la rodilla del muchacho y dijo: "¡Mi muchacho, hay un trapo blanco en cada rama de ese árbol!"

Algo como eso le espera a usted que vuelve hacia Dios. Una bienvenida tan generosa, tan desbordante, que destruirá todas sus indecisiones, todos sus temores y todas sus dudas. Dé un paso hacia Él y Él dará dos pasos hacia usted.

"Pero cuando aún estaba muy lejos, su padre lo vio (...) y corrió (...) y le besó".

Oh, Dios, ¿cómo me atreveré a cerrar mis ojos delante de ti? No puedo, no lo haré. Y ahora vengo a ti, tal como soy. Si algo puede hacerse conmigo, entonces aquí me tienes. Estoy a tu disposición. He venido con todo lo que tengo. En el nombre de Jesús. Amén.

SEMANA 5, MARTES

Lucas 19:8-10; Juan 1:12-13; Romanos 5:1

Renunciar, restaurar y recibir

Ahora que usted ha dado el tercer paso, dé el paso siguiente: *renuncie.* En el centro de esta nueva vida hay un "no". Psicológicamente es la palabra más difícil de decir, "sí" es mucho más fácil. Pero usted tendrá que decir "no" a algunas cosas con el fin de decir "sí" a las cosas verdaderas. Entre los efectos de James Russell Lowell, se encontraron estas líneas:

> "Aquí yace una parte de J. R. L.,
> las cosas que no le permitían hacer el bien".

Un hombre le prometió a un pastor que no volvería a beber. Después del compromiso concretado, el hombre volvió tarde en la noche y dijo que necesitaba tener permiso para beber, porque de lo contrario moriría. El pastor le dijo que se fuera a casa y que se muriera, y continuó con su trabajo. Al día siguiente el hombre apareció con una nueva confianza en su rostro y dijo: "Morí anoche". Había muerto, pero un hombre nuevo estaba vivo.

Restaure. Mientras usted examina su vida, encontrará cosas que tendrá que corregir. Probablemente necesite pedir perdón por los daños causados a otros, o por albergar resentimientos; tal vez tendrá que disculparse por alguna discusión; quizás devolver algún dinero. En una de nuestras misiones, una joven mujer no sabía si dejar o no en el buzón una carta donde pedía perdón por abrigar resentimientos. Pero en el momento en que la carta tocó el fondo del buzón, algo que la ataba en su interior se rompió. Ahora estaba libre. En otra misión, la gerencia del hotel nos llamó para agradecernos porque una mujer había venido y había devuelto una cantidad de toallas que se había llevado cuando estuvo de huésped en el hotel. Haga una limpieza profunda sin concesiones y sin trabajos a medias.

Reciba. Este es un simple acto de fe. Recibir es una confirmación de que Dios es tan honorable como usted. Usted le ha dado lo que tiene, ahora crea que Él no hará menos, Él dará lo que tiene. Y lo mejor que tiene para dar es Él mismo. Él lo da. Manténgase repitiendo esto para usted mismo: "Tomo en lo más profundo de mi ser, el amor perdonador de Dios". Lo declaro, lo declaro, lo declaro.

Oh, Dios, lo confirmo. He vivido en la contradicción por mucho tiempo. Ahora vivo en la afirmación positiva de que tú eres amor; de que puedo contar con ese amor; porque sé que ese amor no me decepcionará; y puedo hacer uso de ese amor para todo lo que necesito. Y ahora, Dios, estoy en tus manos para siempre. Soy feliz porque estoy ahí. Amén.

SEMANA 5 - MIÉRCOLES

Salmos 1:2; 63:6-7; 119:148; 121:1

Relacionar la nueva vida

Ahora que usted ha dado el paso de la receptividad, está listo para los últimos tres.

Relacione. Jesús no era un moralista que lo ataba a un código moral impuesto. Él no decía: "Haz esto"; "No hagas aquello". Su método era lograr que la gente tuviera relaciones correctas y luego, todo lo demás vendría. Su primera palabra fue: "Sígueme". De esa relación con Él fluirían todas las otras relaciones. El homenaje más hermoso que escuché que un hombre le hiciera a su esposa, fue el de un pastor negro cuando al levantarse decía: "Hace cincuenta años, miré en las transparentes profundidades de sus ojos y nunca más pude olvidar su encanto". Todo fluía desde esa fidelidad central. Ahora que usted tiene determinada su relación con Cristo, haga que sus otras relaciones se ajusten dentro de ella. Y recuerde que nada está más en el eje del camino cristiano que el hecho de poner todas sus relaciones bajo la guía de esta relación central.

El principio central de sus relaciones con la gente es: "Haz con otros lo que quisieras que ellos hagan contigo". Dé a sus empleados el mismo trato que a usted le gustaría recibir si usted fuera un empleado. Y de esta manera, continúe con cada relación humana. Pero para el cristiano hay algo más allá de la regla dorada: *"La actitud de ustedes debe ser como la de Cristo Jesús"* (Filipenses 2:5). En otras palabras, "Trata a los demás como Cristo te trata a ti", y eso añade una ventaja, algo más allá. Ríndase a esa ventaja, a eso que va más allá.

Para hacer esto necesitará recursos. Consígalos en el paso siguiente. *Recargue, vuelva a llenar.* Esto será hecho en la hora de quietud. Un cuidador de ovejas que vivía solo en su rancho de Idaho, encontró que su violín estaba desafinado y que no podría afinarlo sin tener alguna nota estándar de referencia. Así que escribió a una radio emisora de la remota California pidiéndoles que tocaran esa nota. Y lo hicieron. Hicieron una pausa en el programa, tocaron la nota, el ranchero la captó y el violín fue afinado nuevamente. Su hora de quietud le ayudará a escuchar las notas estándar de Dios. Luego usted podrá afinar sus monótonas notas con las de Él. Mantenga intacta esa hora.

Oh, Dios, sé que no hay nada mejor que lo que he encontrado, excepto más de aquello que he encontrado. Ayúdame a abrir cada uno de los poros de mi ser a esa vida entrante que sana, sostiene, fortalece y da poder. Lo hago ahora mismo, entra, tú que eres la vida de mi vida y el ser de mi ser. Amén.

SEMANA 5 - JUEVES

Romanos 8:1-2; 2 Corintios 3:16-18; Gálatas 5:1

Liberado y liberador

Ahora usted ha llegado al último paso de su escalera: *liberación*. Esta liberación va en dos direcciones. Primero, hay una liberación interior. Todas las condiciones que lo ataban, sus inhibiciones, sus miedos, sus culpas, ahora se han ido. Y ha entrado en la vida abundante.

Pero, segundo, hay una liberación en otra dirección. Usted ha sido liberado para servir. Ha sido liberado *de* y liberado *para*. De los miedos, a las personas; de la inhibición, a la inspiración; de la culpa, a la guía. Las puertas ahora se abren hacia fuera. De ser un introvertido usted se vuelve un extrovertido, no totalmente, por supuesto, porque en realidad ahora es un introvertido-extrovertido, su personalidad está entre ambas condiciones. Usted ve su interior, solo para reflexionar con un inútil remordimiento por el fracaso. Y para estar en silencio en "El lugar de la cita", donde la comunión con Dios recupera el alma y la adecua para el siguiente paso: la extroversión. Porque esa comunión termina en una comisión. La vida ahora es extrovertida, positiva, afirmativa, contributiva.

Una mujer que había transitado por los caminos del mundo y había quedado en cero, habló de su experiencia de esta manera en una carta: "Estuve llena de preguntas, de dudas y de cuestionamientos; de pronto, todo cae en su lugar como las piezas de un rompecabezas. Y cuando esto sucede, quiero contarle a alguien. Quiero decir, '¿Por qué no hay ninguna pregunta acerca de que esto es real. Está ahí; existe; es un hecho'". Esta carta contiene las notas auténticas: (1) "Llena de preguntas, de dudas y de cuestionamientos". (2) "Todo cae en su lugar como las piezas de un rompecabezas". (3) "Quiero contarle a alguien".

La liberación es la última etapa, es lo correcto. Todas las puertas de la persona no liberada, solo se abren hacia adentro; las puertas de la persona liberada se abren hacia afuera. Su bondad ahora es buena para algo. Y nada, nada es más absolutamente sólido que eso. El alivio viene a través de la liberación.

Usted es una persona liberada, liberada para llevar a cabo la voluntad revelada de Dios.

Oh, Dios, mi Padre, ¿cómo puedo expresar la gratitud que mi alma llena de felicidad quiere contar? "Para que mil lenguas canten la alabanza de mi gran redentor". Ahora, ayúdame a expresar mi gratitud no simplemente en una alabanza estática, sino de maneras silenciosas de humana utilidad. Ayúdame a ayudar a la próxima persona que encuentre y así sucesivamente en todo este día. Amén.

1 Pedro 1:22-23; 2:1-2; Gálatas 5:22-23

Las cuatro etapas de la vida

La vida espiritual pasa por las mismas cuatro etapas de la vida física: gestación, nacimiento, crecimiento, florecimiento.

La gestación es el período espiritual en el que una nueva vida se forma dentro de alguien. Un brillante médico, después de un tiempo de horrible lucha y de oscuridad, describió esta primera etapa de este modo: "Hay una plantita de fe creciendo en mi corazón. Pero casi tengo miedo de mirarla, tengo miedo de que se marchite".

Después del período de incubación, cuando alternamos entre la duda y la fe, entre odiar a Dios y rendirnos a Él, entre sumergirnos en las profundidades del pecado y rendirle nuestros pecados enteramente, viene el nacimiento. Ese nuevo nacimiento espiritual puede ser repentino, o puede ser gradual. Puede ser tan gradual como la apertura al sol de una flor, o puede ser tan repentino como un relámpago. Pero aún en el nacimiento gradual hay un momento en el que la decisión es tomada, como cuando la manecilla del reloj, que gradualmente se aproxima a cada punto horario, llega al instante en el que da las doce. A veces el nuevo comienzo es repentino y desbordante, como en *La misericordia eterna*, de Masefield:

> No pensé, no me esforcé,
> la profunda paz consumió mi ser vivo;
> la puerta con cerrojo se había abierto,
> yo sabía lo que había hecho con el pecado.
> Sabía que Cristo me había dado un nuevo nacimiento
> para hermanar a todas las almas de la tierra...
>
> Oh, gloria de la mente iluminada.
> Cuán muerto he estado, cuán callado, cuán ciego.
> El arroyo del lugar balbuceaba cosas del Paraíso,
> las aguas que se precipitaban en la lluvia
> cantaban diciendo "Cristo ha resucitado".
> Pensé que todas las criaturas terrenales se arrodillaban
> por el éxtasis del gozo que yo sentía.

Oh, Dios, estas palabras hacen eco de lo que siento. Pero no dependo de mis sentimientos fugaces, sino de la fe verdadera en lo que tú eres y en lo que yo soy, y en que nos hemos reunido para estar unidos en un solo propósito y en una sola vida. Esta es la roca bajo mis pies. Amén.

SEMANA 5 - SÁBADO

1 Corintios 6:9-11; 1 Pedro 1:8-9; Romanos 8:15-17

"Tragar la luz del sol"

Ayer terminamos con la maravilla, con el milagro del nuevo nacimiento. Un amigo mío en el sur, llamó a un hombre que estaba en la plataforma de la estación desde la ventana del tren y le dijo: "Tío, ¿hay alguien en este pueblo que disfrute de la religión?" A lo cual el viejo negro contestó: "Lo que consiguen es de ellos". No pudo decir nada más profundo. Había expresado en un lenguaje vulgar lo que una hábil mujer dijo en estas palabras: "En primer lugar, las terribles nubes de interrogantes y de dudas se han disipado. Veo que ya no me torturo más por la 'rectitud' y lo 'equivocado' de las cosas. La victoria es mía y he descubierto que la oración ha adoptado una nueva vitalidad… escasamente sé lo que ha sucedido, pero también sé que algo dentro de mí ha sido liberado, es algo que había estado reprimido".

Una joven universitaria expresó la misma verdad en sus propias palabras: "Sentí que me había tragado la luz del sol". ¡Qué contraste con algunas personas que parecen haberse tragado una nube de tormenta! Una mujer que había pasado por los laberintos del análisis psiquiátrico y había sido más bien criticada desfavorablemente sin ninguna conclusión, experimentó este cambio y lo describió de esta manera: "Siento que por dentro todo está limpio. Todos los viejos himnos que recuerdo acerca de la limpieza, que yo había dejado de lado como una superstición desgastada, regresaron. Veo que los estoy cantando otra vez".

Justice Holmes expresó el mismo hecho con magníficas palabras cuando dijo: "Usted tiene un sentimiento de intimidad con el interior del cosmos". Lo tiene. Ya no es más un huérfano, ni un extraño, ni está solo. Usted tiene un sentido de pertenencia, no solo hacia "el interior del cosmos", sino hacia la gente. El cascarrabias más grande de la ciudad llamó a un amigo por teléfono de larga distancia y dijo: "Todos fueron cambiados en... después de esa reunión de anoche en el colegio con Stanley Jones. Todos son diferentes esta mañana. Por supuesto, puede ser que solo yo soy diferente, pero todos parecen diferentes". Su mundo era diferente, porque él era diferente.

Oh, Dios, he entrado en un nuevo mundo, porque un nuevo mundo ha entrado en mí. Ayúdame a vivir de tal manera que la gente me parezca diferente a mí, y que yo les parezca diferente a ellos. Porque yo soy diferente. Y estoy muy agradecido. Gracias, Padre. Amén.

SEMANA 6 - DOMINGO

1 Juan 1:7; Colosenses 2:6-7; Efesios 4:11-16

El cultivo, la segunda ley

Ahora usted ha dado los pasos preliminares para empezar en el camino cristiano. Recuerde que es un *camino* y no simplemente una decisión tomada. Un cristiano es "alguien que está respondiendo a todos los propósitos que encuentra en Cristo". Esos propósitos se revelarán mientras usted responda a ellos y solo cuando usted les responda. Estos propósitos carecerán de sentido a menos que usted responda.

Muchos empiezan bien, pero pronto la gloria se apaga y se instalan en una mediocridad respetable, sin la chispa del contagio. A menudo esto sucede en el ministro. Debajo de un púlpito hay un extinguidor de incendios. Las probabilidades dicen que la precaución era innecesaria. ¡Ningún fuego aparecería en ese púlpito! La vida no era contagiosa. Un hombre oraba: "Oh, Dios, si cualquier chispa de gracia divina fue encendida en esta reunión, haz que se apague". Muchas de nuestras chispas se apagaron simplemente por el descuido.

Si la conversión es la primera ley de la vida espiritual, entonces el cultivo es la segunda ley. La manera de luchar contra los gérmenes de la enfermedad es elevar el estado de salud de todo el organismo. El accionar de la salud aleja rápidamente a los gérmenes de la enfermedad cuando estos aparecen, son expulsados por la salud. Cuando los gérmenes de la enfermedad consiguen entrar, la naturaleza envía un aumento de la temperatura, la fiebre, con el fin de librarse de los gérmenes.

El profesor William James habla de la "religión como de un hábito torpe o de una fiebre aguda". Si la religión va a ser una fiebre aguda que quemará los gérmenes de la enfermedad en el proceso, usted tendrá que cultivarla.

Entré en una emisora radial y noté que el espacio estaba dividido en partes: "Final vivo"; "Final semivivo"; y "Final muerto". Usted y yo podemos vivir en el final vivo de la fe cristiana, en el final semivivo o en el final muerto.

Si queremos ser un signo más y no un signo menos, tendremos que enfrentar a todos nuestros enemigos y derribarlos con los recursos de Dios.

Oh, Dios, he empezado de esta manera. Tengo todo el entusiasmo para continuar. Esta nueva vida contiene el sentimiento de lo verdadero y lo eterno. Por eso debo cultivar mi salud espiritual para tener lo suficiente y para que sobre. Guíame; yo sigo y lo hago con el consentimiento de todo mi ser. Amén.

SEMANA 6 - LUNES

Gálatas 5:19-21; Mateo 15:19-20; 2 Timoteo 3:2-5

Diferenciar a nuestros enemigos

Ahora hemos llegado a la etapa en donde debemos examinar específicamente algunos de los gérmenes de enfermedad mental y espiritual que causan trastornos y enfermedades en la vida humana. Hay una vida mejor, pero muchos de nosotros vivimos por debajo de esa vida; y cuando lo hacemos, los gérmenes de la enfermedad entran precipitadamente y logran afianzarse. Debemos tratar de diferenciar esos gérmenes contaminantes para que podamos tratar con ellos inteligente y eficazmente.

Cuando escribí *¿Es real el Reino de Dios?*, reconocí a cuatro enemigos de la personalidad humana: (1) Los resentimientos, la ira y el odio. (2) El miedo, la preocupación y la ansiedad. (3) El egocentrismo. (4) El sentido de culpa. En las discusiones que siguieron, se encontró que mientras estos cuatro son enemigos básicos, a la lista deben añadirse otros enemigos mayores. En las semanas de estudio, de discusión y de búsqueda espiritual en nuestros centros estadounidenses, finalmente organizamos a quince enemigos importantes. Debajo de ellos, hemos agrupado a enemigos menores, pero estos quince eran los enemigos de origen.

(1) La falta de fe y de lealtad hacia algo más allá de uno mismo y que nos ofrece el propósito, la coherencia y la meta definitiva de la vida. (2) El egocentrismo. (3) La ira, los resentimientos y el odio. (4) El miedo, la preocupación y la ansiedad. (5) Un sentido de culpa no resuelto. (6) El negativismo y los complejos de inferioridad. (7) La falta de sinceridad, la conciencia y la inconsciencia. (8) Los deseos incontrolables. (9) Las lealtades divididas. (10) Las virtudes desequilibradas. (11) La ignorancia y la falta de juicio. (12) La discordancia física. (13) El orden social no cristiano. (14) La falta de una disciplina total en la vida. (15) La falta de un amor positivo y abierto.

Por favor, no piense que estos enemigos simplemente son enemigos espirituales que causan trastornos solo en el alma; hay enemigos de la vida que causan enfermedades físicas, enfermedades mentales, molestias, discordia espiritual y decaimiento. Atacan a la totalidad de la persona. Pueden empezar en una parte, pero al final, extienden sus efectos por todos lados.

Oh, Dios, te agradezco porque puedo ver a mis enemigos. He puesto en la luz a los enemigos ocultos. Son muchos y me atacan de maneras sutiles y desconocidas. Pero no he desmayado. Si el pecado abunda, tu gracia abunda mucho más. En esa confianza los enfrento a todos, esperando que tú me des ánimo, coraje y fuerza para derribarlos uno por uno, o tal vez a todos de una vez. Amén.

Mateo 9:20-22; Marcos 10:51-52; Romanos 8:11

Usted fue creado para ser fiel a Dios

Ahora empezaremos a estudiar a estos quince enemigos y los enfrentaremos uno por uno. El primero es uno con el que hemos tratado en nuestro estudio preliminar: *la falta de fe y de lealtad hacia algo que está más allá de uno mismo y que nos ofrece el propósito, la coherencia y la meta definitiva de la vida.* Nosotros, por supuesto, creemos que ese algo, es alguien, es Dios.

Pero así usted crea que ese "algo más allá de uno mismo" es Dios o no, la necesidad básica es la misma. Con el propósito de estar bien, con el propósito de ser la clase de persona que usted debe ser, debe creer en algo más allá de usted y ser fiel a ello. ¿Por qué? La respuesta es que usted fue creado de esa manera, estructuralmente hecho de esa manera. Y esa forma está impresa en su ser. ¿Es esa la declaración de un ministro y por eso supone que es parcial? Está bien, entonces tome la declaración del Dr. Jung, quien sin duda no fue parcial en un sentido religioso.

Dr. Jung (a un paciente): –Usted está sufriendo por la pérdida de su fe en Dios y en una vida futura

–Pero, Dr. Jung, ¿usted cree que estas doctrinas son verdaderas?

–Yo no tengo nada que ver con eso. Soy médico, no sacerdote. Solo puedo decirle que si usted recupera su fe, se pondrá bien. Pero si no lo hace, no mejorará.

¿Por qué este famoso psiquiatra dijo eso? Por la simple razón de que encontró por experiencia que la vida funciona de esa manera. La vida necesita asegurar su amor y su fidelidad en algo que esté fuera de sí misma, de lo contrario se dañará. Trato con cientos de casos similares. El último fue el de una inteligente mujer con una adorable familia de cuatro hijos y un fiel esposo, quien como su esposo no iba a la iglesia con ella, dejó de ir sola y gradualmente perdió su fe en Dios. Luego perdió el interés por su familia, estaba arruinada por los nervios por lo que estuvo en manos de médicos durante meses. No hay nada malo en ella, solo que, cuando Dios empezó a desaparecer, perdió el significado de la vida y toda la vida se hundió con ello, finalizando con un colapso nervioso. Ahora ella volvió a encontrarse con Dios y también encontró los fundamentos de la salud. Después de reconciliarse con Dios, por primera vez desde hacía varios meses, esa misma noche durmió sin ningún sobresalto.

Oh, Dios, ¿pueden mis pulmones funcionar sin aire, mis ojos sin luz, mi corazón sin amor, mi naturaleza estética sin belleza, mi conciencia sin verdad? No es más lo que puedo hacer sin ti, que eres la vida de mi vida, el alma de mi alma. Te pertenezco como el guante a la mano. Amén.

Efesios 2:12-22

Sustitutos de Dios

Si la fe y la fidelidad hacia algo más allá de uno mismo, algo que dará el propósito, la coherencia y la meta definitiva de la vida, son necesarias para la salud, entonces, ¿no podría esa fe en algo más allá de uno mismo ser un sustituto de Dios? ¿El arte, la música, el patriotismo u otras varias causas, no pueden tomar el lugar de Dios? ¿Por qué Dios es necesario?

No hay ninguna duda de que todos estos intereses le ayudarán a levantarse en su vida y por eso son ayudas verdaderas, pero definitivamente no son exactamente lo que necesitamos. Porque la última parte de la declaración es importante, "Un algo que da un propósito *definitivo*, una coherencia y una meta *definitiva* a la vida". ¿Estas cosas mencionadas como sustitutos de Dios, dan un propósito *definitivo*, una coherencia y una meta *definitiva* a la vida? Pueden dar "propósitos" locales y temporales a épocas de la vida y por eso podrían dar una "coherencia" local y temporal a la vida. Pero si carecen de un "significado total" y de una "meta definitiva", entonces el "propósito" y la "coherencia" se caen a pedazos. Ninguna de estas cosas dan un propósito y una meta a la vida, excepto Dios; por lo tanto, solo Dios puede hacer que la vida "sea coherente". Pablo dice de Cristo: *"El es anterior a todas las cosas, que por medio de él forman un todo coherente"* (Colosenses 1:17). Sí, porque Él es el ser definitivo, la vida humana de Dios.

Todo lo que es menos que Dios lo decepcionará. Coué sugirió el método de autosugestión, es decir, decirse a uno mismo: "Cada día y de todas maneras me siento cada vez mejor y mucho mejor". Esto es bueno, pero no lo suficiente, porque Coué murió con un espíritu angustiado porque los periódicos del mundo y la gente en general se burlaban de su método. No podía soportar que se burlaran de esa manera. Su propio método le habría permitido decir a pesar de la actitud de sus detractores: "Cada día y de todas maneras me siento cada vez mejor y mucho mejor". Pero no podía enfrentar el infortunio con valentía ni levantarse sonriendo, "a pesar de". Levantarse a sí mismo con su método de salir adelante sin ayuda de nadie, no funcionó. Su método no estaba arraigado en la realidad eterna; por consiguiente en su crisis fue defraudado. En una excursión turística, una anciana muy sabia dijo: "Denles a Dios, nada menos".

Recuerde que cualquier cosa menos que Dios lo decepcionará.

Oh, Dios, solo aquellos arraigados en ti, arraigados en el eterno, pueden levantarse en la vida. Pueden tomarla. Yo también seré capaz de tomarla. Por lo tanto, permite que todo mi ser se arraigue en tu amor y que mi voluntad se arraigue en tu voluntad. Solo así viviré. Amén.

Lucas 15:1-10; Efesios 2:8; Hebreos 11:1

Practicar la presencia de Dios

Una jovencita se estaba muriendo por causa de la meningitis. Preguntó: "¿Dónde está Dios?" y cuando le dijeron que estaba en la habitación, la joven contestó: "¿Entonces cómo puedo encontrarlo?"

La respuesta a la pregunta: "¿Cómo puedo encontrarlo?" es: no tiene que encontrarlo; tiene que permitir que Él lo encuentre a usted. Si el Nuevo Testamento nos enseña algo, nos enseña que no se trata simplemente de que el hombre busque a Dios, sino que Dios busca al hombre.

(...) aquellos fuertes pies que perseguían, iban detrás.
Pero en una persecución no apresurada,
y a un paso no perturbado,
velocidad premeditada, inminencia majestuosa,
golpean y una voz golpea
más inminentemente que los pies.
"Todas las cosas te traicionan a ti, quien me traiciona a mí"[1]

Usted debe ponerse en el camino para ser encontrado por Dios. Eso significa: (1) Deje de escapar. (2) Vuélvase hacia Él en una actitud de esperanza. La fe es esperanza. (3) Actúe sabiendo que Dios está y está con usted y en usted *ahora*. Establezca pequeños hábitos que expresen ese hecho. El Dr. Frank Laubach sugiere varios, tales como: caminar por la parte interior de la acera con la sugerencia de que su compañía divina está caminando por el filo de la acera. Dejar una silla vacante en la mesa como un símbolo de la presencia invisible en ella. (5) Ordene su día basándose en una compañía divina. (6) Juegue el juego de los minutos: vea cuántas veces por hora puede pensar en Dios. Cuente los minutos que pensó en Él. (7) Tome un tiempo libre durante el día para aquietar su corazón en la presencia de Dios: *"Quédense quietos, reconozcan que yo soy Dios"*. (8) Cuando respire profundamente, dígase a usted mismo: así como este aire físico que estoy tomando al respirar está limpiando la sangre de mis pulmones de toda impureza, así el aliento de Dios, cuando lo tomo dentro de todo mi ser, purifica mi vida interior.

Oh, Dios, ahora empiezo con la práctica de la vida en ti, actualmente practico la presencia de Dios. Te pido que estés en las cosas grandes y pequeñas. Porque así las cosas pequeñas se vuelven grandes y las cosas grandes se vuelven posibles. ¡Qué maravilloso es vivir en este plan cooperativo! Amén.

---

1. Francis Thompson, *"El sabueso del cielo"*. Reimpreso con el permiso de los publicadores Dodd, Mead & Co., Inc.

SEMANA 6 - VIERNES

Hebreos 3:7-15

Tenga el centro correcto

Usted tiene que relacionarse con cuatro mundos: (1) usted mismo; (2) las cosas; (3) su hermano; (4) Dios. Hasta que no se relacione con Dios en comunión y en obediencia, ninguna de las otras tres relaciones será correcta. Usted estará mal con usted mismo, con las cosas y con su hermano, hasta que tenga el centro correcto. Cuando se tiene el centro correcto, la circunferencia cuida de sí misma. Una mujer que hablaba de su esposo decía: "Él tiene una mente brillante, pero no descansa en lo eterno". De ahí que no tenía descanso consigo mismo, ni con las cosas ni con sus compañeros.

El campanario de la capilla de una gran universidad, en donde el ministro es humanista, tiene aspas movidas por el viento en lugar de una cruz, símbolo del hecho de que la gente señala a todas direcciones, movidos por los vientos de las circunstancias, hasta que tienen fe en Dios y se comprometen con Él. Eso da una estabilidad inalterable a la vida.

¿Entonces, por qué el hombre no descansa en Dios? Porque intenta descansar en alguna otra cosa. Aman a Dios con lo más sobresaliente de sus mentes, pero no con lo profundo de sus almas. Algo más posee lo profundo de sus afectos. Ese profundo afecto entonces decide sus pensamientos, porque los hombres piensan más con sus emociones que con sus mentes. Los afectos atraen razones hacia ellos mismos como un imán atrae a la limadura de hierro. Los hombres pierden la fe en Dios no tanto por una duda honesta como por el pecado deshonesto. El brillante director de un colegio, con un salario de 25.000 dólares, hablaba maravillosamente de la fe en Dios y la tenía. Luego su fe cambió. Dio un discurso de comienzo de año e impresionó a todos al decir: "El cristianismo está desgastado; ha perdido su contacto con el mundo". En el fondo de esa fe en decadencia, había un decaimiento de la moral. Tenía una amante. Fue despedido con deshonra. La mente intentó encontrar razones para justificar las emociones.

Después de una de mis reuniones ya en su casa, un banquero pasó toda la noche paseándose y su hija lloró durante toda la noche. Ambos habían pecado y no podían descansar en lo eterno. El desvelo era la consecuencia.

Oh, Dios, no puedo descansar hasta que descanso en ti. Soy hecho para ti, como el ojo está hecho para la luz; por eso no puedo encontrar mi paz excepto en tu voluntad. Porque tu voluntad es mi paz. Oh, déjame establecerme en ti. Deja que el temperamento impaciente y errante de mis afectos al fin pueda descansar en ti, que eres la estrella polar de mi vida. Al fin puedo descansar en ti. Amén.

SEMANA 6 - SÁBADO

Hebreos 4:16; 6:9-12; 10:39

Con nuestro ser en Él

La vida es una cosa impaciente y desorganizada hasta que nos damos a alguien que está más allá de nosotros mismos, hasta que obedecemos a algo definitivo y lo obedecemos soberanamente. La ciencia lo corrobora. Un médico me dijo: "Si tres cuartos de mis pacientes encuentran a Dios, estarán bien". Un psiquiatra de Hollywood, que era magníficamente remunerado por sus trastornados pacientes del mundo cinematográfico, le dijo a un amigo: "Muchos de mis pacientes no me necesitan; ellos necesitan el banco del doliente; necesitan a Dios".

Si esto es verdad, ¿entonces por qué más de nosotros no lo buscamos y vivimos por Él? He aquí una razón: el hecho de albergar una moral equivocada hace que Dios sea irreal. Conoceremos tanto de Dios como estemos dispuestos a ponerlo en práctica y no más.

Otra razón es la falta de una fe destinada. Pablo dice: *"Puesto que en él vivimos, nos movemos y existimos"*. Vivimos y nos movemos en Dios, porque Él es el ineludible. Solo podemos negarlo a Él con los mismos poderes que Él nos da. Forzosamente debemos vivir y movernos en Él aún cuando estemos ahogándolo en nuestras vidas. Y todavía no "existimos" en Él. Vivimos en raíces superficiales, la raíz principal no ha descendido hasta lo profundo de Dios. No tenemos nuestro ser en Él. No nos apropiamos de sus asombrosos recursos. Y fallamos porque no los tomamos. Sin embargo, nada es más simple.

Jesús dice: *"No se turbe vuestro corazón; creéis en Dios, creed también en mí"* (Juan 14:1 RVR 60). Note: "Creeis". La creencia es el hábito de nuestra vida; usted tiene que creer para poder vivir. Si comienza un día sin fe, no tendría que servirse el desayuno en la mañana porque no esta seguro de que la comida no esté envenenada; el comer sería un acto de fe en la comida. No iría a la universidad porque no está tan seguro de que el profesor esté allí; el hecho de ir sería un acto de fe en él. Usted ejercita la fe todo el día. Vive por ella. La vida se paralizaría sin ella. Ahora bien, Jesús dice: "Creed en Dios". Puesto que usted cree, entonces crea en el Dios supremo. ¿Por qué gastar su fe en cosas menores y rehusarse a creer en el Altísimo?

Oh, Dios, veo que la fe no es algo extraño introducido desde afuera. Debo vivir por ella, o no vivir. Por eso tomo esta necesidad diaria de la vida y la aferro a ti, que eres la fuente de mi vida. Desde este momento, no solo viviré y me moveré en ti, sino que también tendré mi ser en ti. Viviré mi vida desde ti. Amén.

Marcos 8:34; Romanos 15:1; 1 Corintios 10:24; 2 Corintios 5:15

Cuando ocupamos el lugar de Dios

Hemos visto al primero de los quince mayores enemigos de la saludable y rítmica vida humana. Ahora veamos al segundo: *el egocentrismo.*

Este sigue al primero, como el fruto a la raíz. Cuando Dios ya no es más el centro, entonces nosotros nos convertimos en el centro, ocupamos el lugar de Dios. Deuteronomio 4:25 nos dice: *"Si (...) ustedes se corrompen y se fabrican ídolos y toda clase de figuras, haciendo así lo malo ante el Señor su Dios"*. Note que cuando la pureza de la presencia de Dios se ha ido y con ella la pureza de la vida, el resultado es que "nos corrompemos" y nos hacemos un ídolo; y ese ídolo generalmente es uno mismo. Aldous Huxley dice: "Un extraño resultado del progreso de la ciencia ha sido la reversión del monoteísmo a las idolatrías locales". Y cuando esas "idolatrías locales" no son el Estado, ni la raza, ni la clase, que son más evidentes, entonces es simplemente el ego personal. Cuando perdemos a Dios, ocupamos el lugar de Dios.

Pero esto de centrarnos en nosotros mismos funciona muy mal; en realidad, hace estragos en el propio ser sobre el cual nos centramos. Frente a esto, parecería que si nos volvemos hacia nosotros mismos y nos centramos en nosotros mismos, creceríamos dentro de ese cultivo. Lo exactamente opuesto ocurre. Cada persona egocéntrica es una persona que se desordena a sí misma, aún cuando pueda centrarse en sí misma por motivos religiosos. Si usted se centra en usted mismo por razones artísticas, religiosas, financieras, o simplemente por razones puramente egoístas, el resultado es el mismo, la personalidad se rompe en pedazos.

A quienes se centran en sí mismos y se salen con la suya, no les gusta su camino; hacen lo que les gusta y luego no les gusta lo que hacen; se expresan por sí mismos y luego descubren que el "yo" que expresan se descompone en sus manos. Y esta ruptura y esta descomposición no se detiene simplemente en el alma; se extiende y va directamente a los nervios y a los tejidos, y los envenena con enfermedades, funcionales y estructurales. Al parecer, corren contra una ley fundamental de la vida, una ley que está profundamente incrustada en la constitución de las cosas. Más personas son quebrantadas por esa ley que por cualquier otra cosa en la vida. ¿Cuál es?

Mi Dios y Padre, podría encontrar la manera de ajustar la vida. Pero cuando estoy ajustado solo a mí mismo, no estoy ajustado a la vida. Por tanto enséñame esta lección; porque si la pierdo, pierdo la vida. Pero quiero vivir plena, abundante y desbordantemente. Por favor, enséñame ahora. Amén.

Santiago 2:8-9; Romanos 12:3, 10, 16; 13:9-10

El egocéntrico y el desordenado

La ley sobre la cual las personas, los grupos y las naciones se quebrantan a sí mismos cuando llegan a ser egocéntricos es esta: *"El que quiera salvar su vida la perderá"*. Si usted se concentra en usted mismo, su propio "yo" se destruirá, no solo espiritualmente, sino mental y físicamente también.

La razón para esto es obvia. Los tres impulsos conductores o instintos dentro de nosotros son el instinto del ego, el del sexo y el instinto de reunirse, o instinto social. El instinto del ego obviamente es con respecto a uno mismo, el instinto social es con respecto a otros; el instinto del sexo es parcialmente con respecto a uno mismo y parcialmente con respecto a otros. Entonces existen solo dos instintos conductores: el egoísta y el altruista. El instinto con respecto a uno mismo y el instinto con respecto a otros. Ambos deben ser realizados en la proporción adecuada, o la vida será frustrada e infeliz.

Están aquellos que piensan que el cristianismo enseña que ellos deben amar a otros pero no a ellos mismos. Esto es un error. El cristianismo enseña el amor a uno mismo: *"Amarás a tu prójimo **como a ti mismo**"* (Mateo 19:19, énfasis añadido). Si usted no se ama a sí mismo, no podrá desarrollarse. De modo que todo intento de eliminar el ego termina en hipocresía y en un desastre. Si usted pone su ego al otro lado de la puerta, volverá por la ventana, probablemente encubierto. Franca y honestamente, usted debe amarse a sí mismo, no como maestro sino como siervo; porque el ego es un siervo glorioso y un maestro repugnante. Aquellos que aman a otros, pero no a sí mismos y permiten que otros les consuman la vida, terminan en un desastre. Por otro lado, si uno organiza la vida alrededor de uno mismo y se vuelve egocéntrico, entonces, tan seguro como el destino, el desastre se apoderará de ese ego. ¿Declarará Dios un juicio celestial sobre esa vida? No; el juicio tiene lugar por medio de las leyes inherentes que están en nuestro interior. La persona está en guerra consigo misma. Su instinto altruista es frustrado y subdesarrollado; de ahí que la persona está insatisfecha y se siente infeliz. Probablemente él no sabe qué es lo que le pasa. La enfermedad es simple, él es una casa dividida contra sí misma y en consecuencia no puede permanecer. Cada persona egocéntrica está tratando lo imposible, vivir en contra de sí misma.

Oh, Dios, mi Padre, veo que tú has forjado tus leyes en los tejidos de mi ser. ¡Qué imprudente es para mí correr en contra de esas leyes y todavía creer que puedo librarme del castigo por mi necedad! Porque no puedo escapar de mí mismo. Perdona mi locura de pelear conmigo mismo porque es como pelear contigo. Amén.

SEMANA 7 - MARTES

Mateo 25:24-25; 2 Timoteo 4:10; 1 Timoteo 6:6-10

Vivir en un estado de autocompasión

El que es egocéntrico, cuando la frustración comienza a encontrar su lugar en él, probablemente se volverá sobre sí mismo con piedad. Sentirá que la vida es dura para él. Culpará a todo menos a él mismo. Un ejemplo claro: una brillante mujer que tenía una crisis nerviosa solo por vivir en un estado permanente de autocompasión, pensaba en sí misma sintiendo lástima. Sentía que aquellos que trataban de cambiar sus actitudes, la perseguían. Su vida entera estaba en un aprieto y el único impedimento en ese atolladero era el egocentrismo. Si hubiera quitado ese inconveniente, si hubiera puesto a Dios en lugar de su egocentrismo, toda su condición interior, que estaba obstruida, se hubiera soltado y habría sido limpia y liberada. Ella no podía pronunciar las palabras "lo siento". Todo era en defensa propia. Lo más cerca que estuvo de decir "lo siento" fue cuando dijo: "Sí, lo siento, siento no haber tenido un mejor cuidado de mi salud". Su arrepentimiento todavía tenía autocompasión. Ella está atrapada y lo estará hasta que ese importante impedimento sea quitado de en medio. Ella ha atado las manos de Dios y del hombre, son incapaces de poder ayudarla.

Esta clase de personas egocéntricas habitualmente atraen a las enfermedades sobre ellas mismas como un imán atrae al polvo de hierro. La persona menesterosa tiene mi simpatía y tendrá mi esfuerzo para obtener igualdad de oportunidades. Pero la persona muy privilegiada en nuestra civilización está en un peligro mucho mayor que el menesteroso. Porque son almas y cuerpos desordenados. Conozco a una joven que tenía todo lo que esa civilización puede ofrecer: dinero, oportunidades, etc. Pero puesto que ella es egocéntrica, no puede disfrutar nada. Cada enfermedad que viene a su barrio, la visita. Ella atrae a las enfermedades y a la melancolía como un imán; porque ese es el fin del egocéntrico. Comienzan por atraer la vida hacia ellos, sus alegrías, sus emociones, pero en lo que tienen éxito es en atraer la tristeza, la desilusión y la enfermedad, espiritual, mental y física.

Oh, Dios, veo que no puedo centrarme en mí mismo sin que mi ser sea atormentado y arruinado. Pongo este mi ego delante de ti. Levántame de mi ego hasta ti, de manera que pueda encontrar mi libertad y pueda encontrarme a mí mismo. Porque tu voluntad es mi hogar. Amén.

SEMANA 7 - MIÉRCOLES

Efesios 3:16-20; Lucas 1:37; Colosenses 1:29

El castigo del egocentrismo es inherente

El egocentrismo es su propio castigo. Budd Schulberg, en *Lo que hace correr a Sammy*, después de haber rastreado la egocéntrica, pero aparentemente exitosa vida de Sammy, la resume en estas palabras:

"Inconscientemente, he estado... esperando estar cerca cuando Sammy entendía lo que estaba viniendo hacia él. Y ahora me di cuenta de que *lo que estaba viniendo hacia él* no era un pago inesperado sino un proceso, una enfermedad (...); un cáncer que lo estaba consumiendo lentamente, los síntomas se intensificaban: El éxito, la soledad, el temor... yo pensaba... Usted no puede tener a sus hermanos y comérselos también. Usted está solo, camarada, totalmente solo. Así es como usted lo quería, así fue como lo aprendió... Totalmente solo en enfermedad y en salud, para mejor o para peor... hasta que la muerte lo separa de su único amigo, su peor enemigo, usted mismo".

En la obra *Compañero Gynt*, el héroe, con la fe en que él "sería yo mismo", visitó el manicomio en donde asume que la gente "estaba fuera de sí". El director lo corrige:

"Es aquí en donde los hombres son más ellos mismos, ellos mismos y nada más que ellos mismos, navegando con las velas desplegadas del ego. Cada uno de ellos se encierra en el barril del ego, el barril está cerrado con un tapón de ego y sazonado en una fuente de ego. Nadie tiene una lágrima por los problemas de otros y a nadie le importa lo que cualquier otra persona piense".

Hay una salida de ese infierno de egocentrismo. El Dr. Fritz Kunkel dice: "Se ha visto que todos los errores, las debilidades y las aberraciones, pueden proceder del egocentrismo del hombre. Por lo tanto, el problema fundamental en la educación de uno mismo puede ser descrito como el problema de vencer el propio egocentrismo".

¿Entonces cómo puede usted vencer su egocentrismo? Por medio de un acto deliberado de rendición a uno mismo. Por medio de una disposición a morir a este pequeño ego para que un ego más grande pueda vivir. Una mujer muy competente, hablando ante mujeres de un club, lloraba. Estaba tan mortificada de hacer tal cosa que le escribió a cada una pidiéndoles que no lo mencionaran. Pero esa depresión fue lo mejor que pudo haber pasado. Eso la llevó a ofrecer conscientemente ese ego mezquino a Dios, la llevó a su conversión. ¡Las lágrimas lo hicieron!

Amado Señor y Padre, tú me llevas fuera de mi mezquino ego hacia tu vida abundante. Te agradezco porque tengo una puerta de salida de mí mismo hacia ti. Me moriría en ti y de ese todo viviría ahora y para siempre. Amén.

Isaías 65:6-7; Apocalipsis 22:11; Santiago 4:2-3

Malhumorados con nosotros mismos y con otros

El egocéntrico no puede llevarse bien consigo mismo y, por consiguiente, no puede llevarse bien con otras personas. Él se encierra dentro de sí mismo y por ese mismo hecho se aísla de otros, excepto en el reproche. El egocéntrico habitualmente echa sus problemas sobre la otra persona o sobre lo que lo rodea. Solo si las otras personas o su entorno están bien, él podía estar bien. Él haría todo menos enfrentarse a la raíz de su problema, él mismo. El origen de su mal temperamento con otros es lo que hace que esté malhumorado consigo mismo.

Durante la guerra civil, un joven del sur, al visitar un hospital de Washington en donde su hermano se encontraba herido, salió apresuradamente de la habitación de su hermano y corrió directamente hacia Lincoln. No sabiendo quién era dijo amargamente: "¿Podría quitarse del camino de un joven caballero?" A lo cual Lincoln, sin revelar su identidad, contestó: "Joven, ¿qué es lo que le hace sentir mal en su interior?" Se dio cuenta rápidamente de que algo estaba mal en su interior porque de lo contrario no estaría de tan mal humor con toda la gente. Alguien lo expresó de esta manera: "¿Quiere usted descubrir los puntos débiles de un hombre? Note la rapidez con la que señala los defectos de otros". Por lo general, él señalará lo que está mal en otros, o en todo lo que lo rodea, como una compensación mental por lo que está mal dentro de sí mismo.

El círculo vicioso debe ser destruido. ¿Cómo? Ya sea rompiéndolo intencionalmente por medio de una rendición personal a un centro de vida más grande o por un acto de amor que nos saque de nuestro centro y nos lleve a otro. El Dr. William Sadler, un excelente psiquiatra, cuenta de una niña que era incorregible a los ocho años de edad; nada estaba bien. Ella había escuchado a su madre decir que ella era "una hija no deseada". "Nadie me ama", decía la niña muy tristemente. ¡Y claro que nadie lo hacía! El Dr. Sadler escuchó su queja y dijo: "¿Por qué? No es cierto. Yo te amo. Te quiero de verdad". La niña se le acercó, se sentó en sus rodillas y lo besó, con lágrimas que corrían por sus mejillas. Ella volvió a ver a su madre, se reconcilió y fue una chica diferente en la escuela. Alguien rompió el círculo vicioso del egocentrismo por medio de un amor que la llevó hasta un nuevo centro.

Oh, Dios, tu voluntad tiene algo de aquel acto de amor. Cuando mi deliberada e intencional dedicación personal en otro centro, "no romperá el círculo vicioso de mi egocentrismo", llévame a un nuevo centro con tu amor dominador. Porque debo perder mi vida para poder ser libre. Amén.

SEMANA 7 - VIERNES

Juan 12:5; Mateo 26:14-16, 23, 25; 27:3, 5

Los pasos hacia abajo

La historia más fuerte en cuanto a los resultados del egocentrismo, aparece en la vida de Judas. Judas empezó en lo alto, como un fiel discípulo. Pero primero: él pensaba que uno podía darle muchas cosas a Jesús (Juan 12:5). Objetó el abundante regalo de la mujer. Su objeción fue una muestra de que se estaba conteniendo interiormente. Segundo: *"¿Qué están dispuestos a darme?"* (Mateo 26:15). Note que él era el centro, "dame". Esa petición fue el primer paso hacia abajo del hijo pródigo: "dame". Cuando alguien empieza a decir, "dame", está en camino hacia abajo. Tercero: *"Él buscaba la oportunidad de entregarle"* (Mateo 26:16). Él trataba de arreglar su mundo de tal manera que no se le viniera abajo. Cuarto: pero ese mundo se le cayó en pedazos. Jesús dijo: *"El que metió la mano conmigo en el plato, ese me entregará"* (Mateo 26:23). *"¿Acaso"*, dijo Judas, *"soy yo, Señor"?* Y la respuesta volvió, *"¿Soy yo, Señor?"* (Mateo 26:25). La esencia de las cosas empezó a ser revelada, su mundo colapsaba. Quinto: *"Luego Judas (...) vio"*, vio que su mundo comenzaba a caerse en pedazos (Mateo 27:3). (a) Él se *"arrepintió"* (versículo 3), pero se arrepintió en la dirección equivocada. Se volvió con un resentimiento inútil hacia los principales sacerdotes y hacia los ancianos, se volvió a ellos en lugar de volverse a Jesús. (b) *"Él devolvió"* (versículo 3). Trataba de sostener su mundo tambaleante con una restitución a medias. Devolvió el dinero, pero él se reservó. (c) *"A nosotros, ¿qué?"* (Versículo 4). Él ve que su mundo construido tan firmemente, ahora no es confiable. Sus compañeros lo habían decepcionado. El pecado no tiene ninguna coherencia en sí. El pecado no tiene ningún cuidado. (d) *"Arrojó las piezas de plata"* (versículo 5), el dinero, aquello que parecía ser tan importante al principio. Lo que era precioso quedó convertido en cenizas. (e) *"Se marchó"* (versículo 5), se alejó de la oportunidad, de la vida y de Cristo. El pecado es centrífugo. (f) *"Y fue y se ahorcó"* (versículo 5), el ego que era tan exigente y tan importante al principio, diciendo "dame", llegó a ser un ego con el cual era imposible vivir. En consecuencia, colgó el ego que empezó a llevarlo hacia abajo.

El colapso total será el fin de un ser egocéntrico.

Padre mío, veo que este imperioso y exigente ego, como el camello que mete su nariz dentro de la tienda y la derrumba, enseguida me sacará de esta habitación terrenal. Pronto no seré capaz de vivir con él, a menos que lo devuelva a ti para que lo limpies, lo ajustes y me des una nueva base para vivir. Amén.

SEMANA 7 - SÁBADO

Mateo 7:1-5; 1 Juan 3:17-21

El egocentrismo en la religión

El egocentrismo puede ser muy religioso, puede ocuparse en salvar el alma de uno, o las almas de otras personas. Pero aún así, seguirá siendo egocéntrico y como tal, será destructivo.

Una mujer religiosa sufría de artritis. Se descubrió que la ansiedad que tenía para dominar a su familia, incluso "por el bien de ellos", era la base de esa artritis. Ella rindió esta ansiedad a Dios, dejó de desear dominar a la familia, aunque supuestamente era por el bien de todos ellos, y su vida espiritual así como su vida física, se ordenaron: la artritis desapareció.

Un hombre de negocios se trataba con un psicoanalista. Durante un período de cinco años gastó sesenta mil dólares solo para ser criticado duramente. Se sometió al psicoanalista para que le ayudara a descifrar mil sueños, muchas veces cinco o seis cada noche. Siempre tenía a mano papel y lápiz para anotar todo cada vez que estos sueños lo despertaban. Al final de los cinco años, el hombre estaba completamente desestabilizado y hecho pedazos. El psicoanalista no sabía cómo ponerlo sobre una base nueva. El conocimiento de sí mismo no sanaba. Lo arreglaba en algunas cosas, pero no podía sanar la herida principal, un ego perturbado. Veía que toda esta prueba de su ego era inútil, así que abandonó el último fundamento sobre el cual se apoyaba, el psicoanalista. Cuando salía del hotel, una sensación de infinita tristeza y soledad vino sobre él, su último recurso se había agotado y no sabía adónde ir. De pronto, una voz pareció decir: "Mira de esta manera". Era la voz de Cristo al decir: "¡Mira fuera de ti, de tu miseria, de tu temor y de tus fracasos! Mírame a mí". La voz vino como un viento de salud en la fétida atmósfera de la concentración en uno mismo. Miró fuera de él y vio a Cristo. Esa mirada fue seguida por un proceso que lo sacó fuera de sí mismo y lo liberó de sí mismo. Hoy, con un deseo en la vida totalmente nuevo, goza de buena salud, vive equilibradamente y es útil.

A ti, Cristo vivo, te miro a ti. ¿A quien más podría ir? Porque tú tienes palabras de vida eterna, no solo en el futuro, sino en el aquí y ahora. Y por eso te miro a ti con ojos de fe y tomo de ti el poder, la liberación y la victoria que tan imperiosamente necesito. Y los tomo ahora. Amén.

Marcos 9:33-35; Salmo 34:5; Isaías 45:22

El tercer enemigo: la ira, los resentimientos

Hasta ahora hemos visto a dos de los quince enemigos de la personalidad humana: la falta de la fe viva en Dios y el consecuente egocentrismo. Ahora llegamos al tercero: *los resentimientos, la ira y el odio.* Al empezar a estudiar estos tres, entramos en el reino de las emociones.

Esta era tiene miedo de ser emocional y, sin embargo, resulta ser una era con un carácter emocional desenfrenado. Mucho de este carácter emocional es destructivo para uno mismo. Una era que tiene temor de la emoción acaba por seguir a aquello que teme. Se ha tratado de suprimir las emociones y cuando fueron sacadas por la puerta, regresaron por la ventana.

Porque las emociones son parte de nosotros y no pueden ser eliminadas. Todo intento para eliminarlas termina en una gran preocupación. Las emociones llegan hasta el subconsciente y allí se convierten en un punto infectado. No podemos apartar las emociones; solo podemos darles dirección. Muchas veces podemos cambiar la dirección hacia grandes logros y grandes propósitos. Las emociones son las fuerzas conductoras de la personalidad. Pueden conducir hacia las rocas o hacia los abiertos mares de vastos logros.

Tomemos la ira, por ejemplo. Es un instinto de autoprotección y que permite proteger a otros. La ira hace que nos levantemos y luchemos contra los perjudiciales enemigos de la personalidad humana. Estamos enojados con el mal, por eso nos endurecemos y oponemos contra él. De otro modo, permitiríamos que nos invada y que invada a otros. Nietzche tiene razón cuando dice que "la virtud es inútil a menos que pueda ser impulsada por la furia". De otra manera, seríamos "cobardes moralistas en nuestra pesada comodidad". Nuestra capacidad de amar el bien determina nuestra capacidad para odiar el mal. Pero note que es nuestra virtud la que debe ser impulsada por la ira, no nuestro orgullo, ni nuestro egoísmo despectivo, ni nuestros temores. Existe toda la diferencia del mundo entre las dos opciones: la una es utilizada para fines supremos y, por lo tanto, es constructiva; la otra es usada para intentar calmar un ego herido y, por lo tanto, es destructiva. La una es una ira justa y la otra injusta.

Oh, Dios, no navego en mares tranquilos. Soy conducido por tempestades de emoción. Ayúdame a utilizar estas emociones en los propósitos de tu Reino, porque al no aprovecharlas, me llevan hacia las rocas sobre las cuales tanto yo como mis relaciones somos quebrantados. Rindo mi ser y mis emociones a ti. Amén.

SEMANA 8 - LUNES

Marcos 3:5; Salmo 95:10; Efesios 4:30; Proverbios 8:3; Salmo 97:10

Un enojo bueno

Ayer usted vio que la ira es una fuerza conductora, arroja adrenalina dentro del flujo sanguíneo y usted está listo para luchar o para escapar. Si la ira tiene que ser constructiva, debe ser usada para grandes causas. Debe ser como las explosiones en el motor de su automóvil, que están bajo el control de un propósito y lo conducirán hasta su destino. Pero, si en lugar de usar las explosiones, usted enciende el combustible de su tanque, ambos volarán en pedazos en una gran "explosión". Eso es lo que sucede en su interior cuando usted "explota" con una incontrolable ira no constructiva. Esta clase de ira lo destruirá a usted tanto como a su entorno.

Jesús era un ejemplo en cuanto a la ira controlada. Cuando estaba a punto de sanar al hombre de la mano seca, vio los rostros endurecidos de los religiosos que se oponían a esa acción porque estaban en el día de reposo. *"Jesús se les quedó mirando, enojado y entristecido por la dureza de su corazón"* (Marcos 3:5). Aquí su ira no era un resentimiento personal, ni el producto de un egoísmo herido, era enojo y tristeza por la dureza de los corazones de los hombres que trataban de impedir la sanidad de un pobre desafortunado. Su enojo lo llevó a oponerse a estos hombres para ponerse a favor de aquel necesitado. Por lo tanto, su enojo era justo.

La ira es justa si contiene un pesar a causa de lo que le sucede a otros y no un rencor por causa de lo que le ocurre a uno. Y hay que ser muy cuidadoso en este punto, porque la mente suele hacernos pensar equivocadamente: A veces vestirá los resentimientos personales con vestiduras de justicia y de indignación religiosa de tal manera que pasarán como aceptables ante nuestro ego religioso. A veces un hombre pelea mucho "por los principios", cuando en realidad lucha solo por el resentimiento y el orgullo personal.

Pero la indignación virtuosa, aun cuando es justicia verdadera, no debe ser mantenida toda una noche: *"Airaos, pero no pequéis; no se ponga el sol sobre vuestro enojo"*. Aquí tenemos un enojo que no peca; sin embargo, no debe permanecer toda la noche para no llenar el alma de amargura.

Oh, Dios, dame una clara visión y el valor para verme a mí mismo sinceramente, porque podría encubrir mis resentimientos con vestiduras de piedad, y yo sé que estos resentimientos son letales cuando establecen una base en mi vida. No ampararé a ningún enemigo peligroso, a ningún "caballo troyano" dentro de mí. Ayúdame entonces a ser totalmente honesto conmigo mismo. Amén.

SEMANA 8 - MARTES

Génesis 49:7; Eclesiastés 7:9; Colosenses 3:8

Los destructivos efectos de la ira

Ahora que hemos visto las posibilidades de la ira justa para el bien, veamos las posibilidades de los resentimientos para el mal.

Hubo un tiempo en que los hombres pensaban que el hecho de enojarse y de albergar resentimientos simplemente era algo muy malo. Los resentimientos hacían difícil llevarse bien con la gente, pero nada importante sucedía excepto aquello. Ahora conocemos la falacia de esa creencia, porque bajo la luz fría y blanca de la ciencia, los efectos de la ira se han revelado.

Primero, en el tracto intestinal. Al examinar el contenido del estómago de una persona según su estado mental, los médicos descubrieron que cuando estaba de buen humor, la digestión se desarrollaba normalmente; pero después de que intencionalmente lo hacían enojar, la digestión se detenía completamente. Solo cuando lograban que volviera a estar de buen humor, la digestión comenzaba a funcionar nuevamente. Este dato era la base del consejo del médico que decía: "Usted debe estar de buen humor si va a comer. Pero si no está de buen humor, es mejor que posponga su comida".

Otro médico no podía encontrar ninguna base física para el vómito constante de una de sus pacientes. Un día, casualmente ella dijo que su suegra vendría a visitarla en el día de Acción de Gracias. Tomando este comentario como una pista, el médico mandó traer al esposo, lo persuadió para que llamara a su mamá y le sugiriera que postergara su visita, luego le dijo a la esposa que su suegra no vendría y el vómito se detuvo. Los resentimientos habían trastornado su digestión.

Los médicos nos dicen que las úlceras del estómago a menudo son causadas por la ira y los resentimientos y que, incluso, volverán después de haber sido extirpadas en una operación. Los bordes de la herida llegan a ulcerase otra vez si los resentimientos no son eliminados.

Tal revelación científica deja en claro que el estómago en su misma constitución, está hecho para la buena voluntad y no para la mala voluntad.

La ira puede causar artritis. Una señora no apreciaba a su yerno a quien visitaba cada año. Cada vez que iba a visitarlo la artritis se hacía presente en ella, y cada vez que regresaba a su casa volvía a estar bien.

Oh, Dios, mi Padre, veo que la buena voluntad trae armonía, paz y efectividad, y que la mala voluntad va hacia la desarmonía, hacia el trastorno y la inefectividad, cuando pone su mano paralizante en el alma y en el cuerpo. Por eso, líbrame de cualquier resentimiento pegajoso. Ayúdame a arrancarlos de raíz. Amén.

SEMANA 8 - MIÉRCOLES

Salmo 37:8; Eclesiastés 7:9; Colosenses 3:8; Proverbios 16:32

La ira es un veneno

En el estudio de ayer vimos que el estómago está hecho para la buena voluntad y no para la mala voluntad. ¡La buena voluntad pone en marcha al estómago y la mala voluntad lo desestabiliza! Lo que es verdad para el estómago, es verdad para cada una de las partes del cuerpo. Un asesor me dijo que no conoce ninguna otra cosa que cause más destrucción en el cuerpo humano que los resentimientos. Porque el resentimiento es un veneno.

Un médico estaba confundido, pues no encontraba la causa de la enfermedad de un bebé. Un día cuando llegó a la casa para visitar al niño, los padres estaban peleando y vio que al mismo tiempo la madre amamantaba al bebé. El médico llevando sus manos a la cabeza y dijo: "Ahora sé que es lo que pasa con el bebé, ustedes lo están envenenando por medio de esta hostilidad". El veneno estaba en la leche de la madre, puesto allí por la ira. En dos días el bebé estaba muerto.

Una misionera en China no quería que la esposa del médico la visitara cuando tuvo su bebé. Al enterarse de esto, la esposa del doctor se enojó, las relaciones se pusieron tensas. El flujo de la leche de la madre se detuvo dos días después que el bebé naciera. El enojo con la esposa del médico fue la causa de esa interrupción.

Un médico de la Clínica Mayo me dijo que pudo ver la desaparición de una úlcera estomacal aún antes de ver los análisis de rayos X, cuando una paciente renunció a sus resentimientos.

Un pastor tenía puesto su corazón en cierto nombramiento. Como no lo consiguió, su esposa se llenó de amargura, se puso mal y murió poco tiempo después, y él llegó a enojarse tanto espiritualmente que dejó el ministerio. El resentimiento mató el cuerpo del uno y el alma del otro. Fue un veneno.

Cada vez llega a ser más claro que las cualidades del carácter frecuentemente determinan la salud física de la persona. No queremos decir que esas cualidades determinan todas las enfermedades, porque hay enfermedades contagiosas y son reales, y hay enfermedades estructurales que también son reales. Pero en todas las probabilidades, el 60% de las enfermedades tienen su raíz en la mente y en el espíritu.

Oh, Dios, veo que puedo pasar a mi cuerpo la salud y la enfermedad de mi mente y de mi alma. Por eso, quiero tener buena salud en el alma y en la mente. Por tanto, tomaré para todo mi ser la salud de tu mente. Quiero saturarme de ti y de tus pensamientos, de tal manera que pueda vivir en radiante salud de los pies a la cabeza. Amén.

Jonás 4

Los resentimientos subconscientes

Dicen que si una serpiente de cascabel está acorralada, se enojará tanto que se morderá a sí misma. Eso es exactamente lo que produce el hecho de albergar odios y resentimientos en contra de otros: atacarse a uno mismo. Pensamos que estamos lastimando a otros cuando hospedamos estos rencores y odios; sin embargo, el mayor daño lo recibimos nosotros; porque muchas veces estos resentimientos caen en el inconsciente, la tapa se cierra por encima de ellos y allí elaboran su destrucción inconsciente. Esos resentimientos muchas veces son tan poderosos para causar trastornos como los resentimientos conscientes.

Una joven mujer no podía levantar uno de sus brazos, parecía paralizado. Se encontró que, cuando se enojaba, tenía el deseo secreto de golpear a su madre. Cuando la razón de la parálisis fue descubierta y ella abandonó sus resentimientos en contra de su madre, el brazo fue restaurado y volvió a su estado normal.

Un caso similar fue el de un hombre que constantemente se caía de su caballo. Se preguntaba por qué no podía mantenerse sentado. Se descubrió que tenía el deseo secreto de suicidarse, y estas caídas eran la señal exterior de ese deseo escondido. Y cuando renunció al resentimiento oculto que tenía en contra de la vida, dejó de caerse de su caballo.

Un pastor y su esposa estaban en desacuerdo con su nombramiento pastoral: él quería mudarse, ella no. Cuando el obispo hizo el nombramiento y los transfirió, ella estaba muy amargada y resentida, especialmente cuando el esposo, por querer evitar una crisis, ¡se mantuvo a distancia y dejó que ella hiciera casi todas las valijas! Después de algunas semanas de albergar este resentimiento, se enfermó, tenía problemas en su respiración. Pero fue hasta el lugar designado como una inválida y prefirió resignarse a una vida de invalidez. Cuando ella descubrió que los resentimientos que albergaba eran la base de su enfermedad, porque habían paralizado las fibras nerviosas que controlaban la respiración y que literalmente estaba ahogándose hasta morir por causa de los resentimientos, dejó todo en manos de Dios, se reconcilió con el lugar nuevo, se recuperó de su invalidez y hoy es una persona radiante, feliz y útil.

Oh, Cristo, ahora empiezo a ver por qué siempre insististe en que el hombre se librara de la ira, del resentimiento y de la mala voluntad. Tú viste con tu ojo que todo lo ve, la destrucción forjada en la persona que alberga odios y resentimientos. Perdónanos por no habernos dado cuenta. Y perdónanos porque aún después de darnos cuenta, no renunciamos a ellos. Amén.

SEMANA 8 - VIERNES

Hechos 13:10, 11; Salmo 34:21; Génesis 19:9-11

La ira oscurece la visión

Ayer vimos que los resentimientos, aunque inconscientes, pueden ser tan destructivos como los resentimientos conscientes. A menudo usamos conscientemente la enfermedad producida por los resentimientos para perjudicar a la persona contra quien albergamos esos resentimientos. Una joven de la India tenía ataques constantemente. Uno de ellos fue tan violento que su suegra estaba visiblemente asustada. Cuando la suegra se iba de la habitación, la joven susurraba a los médicos: "Tendré estos ataques mientras tenga que vivir con ella".

Alguien le preguntó a un hombre por qué estaba ebrio y él contestó señalando a su esposa: "Es la única manera que tengo para vengarme de ella".

A veces estos resentimientos son usados inconscientemente contra otros. Una joven de 21 años caminaba dormida, un hábito que enojaba mucho a su madre. Se encontró que ella tenía un rencor en contra de su madre e inconscientemente usaba ese método de venganza. Cuando la chica vio la conexión entre el sonambulismo y sus resentimientos, confesó todo el asunto a su madre, arregló las cosas entre ellas y el sonambulismo desapareció.

Los resentimientos y la ira no solo oscurecen la visión de tal manera que la vida interior se vuelva borrosa, sino que también literalmente oscurecen la visión física. Algunos médicos al experimentar con ratas encontraron que cuando las ratas estaban enojadas por un período prolongado, aparecía una película opaca que cubría sus ojos. Y el informe continúa: "Uno descubre la hermosura y la precisión de la vieja expresión 'cegado por la ira' y la lección que debe ser aprendida, es la de evitar estar enojado. Como dicen los niños, 'uno puede paralizarse de esa manera'" (*Publicación médica del Sur*).

Un optometrista me dice que nunca puede examinar los ojos de una persona enojada, tal persona literalmente no puede ver bien. Tal como lo expresa Dante: "Los coléricos viajan en una nube". Realmente lo hacen.

Aquellos que guardan resentimientos y enojos, no pueden ver bien ni espiritual, ni mental ni físicamente. La perspectiva que tienen sobre la vida está distorsionada, porque su condición interior está en completo desorden por causa del odio.

Oh, Dios, vemos en la constitución interna de nuestro ser, que fuimos creados solo para amar. Perdónanos por haber introducido en el delicado tejido de nuestro ser interior, la devastación del odio. Somos hechos para ti y tu forma de ser es el amor. Ayúdanos a vivir a tu manera. Amén.

SEMANA 8 - SÁBADO

Lucas 23:28; Hechos 21:13; Jeremías 31:15-16

Los resentimientos resultan en autocompasión

Una mujer involucrada en un accidente automovilístico, sufrió la rotura del cuello y la separación de un nervio en la base de su columna vertebral que dejó inutilizados sus miembros inferiores. Está condenada a estar en una silla de ruedas por el resto de sus días después de aquel terrible sufrimiento inicial. Pero ella hizo frente a toda la tragedia con un espíritu de fe, de confianza y de buena voluntad. Y por eso se la ve radiante, ¡a pesar de todo! Cuando está en la mesa, en la institución en la cual vive, preside como una reina ¡y lo hace desde una silla de ruedas! Los pacientes deprimidos son asignados a su mesa para que su misma presencia pueda animarlos. Ella está por arriba de sus circunstancias. Sin embargo, su esposo reaccionó de manera muy diferente. Él salió ileso del accidente, excepto su alma. Estaba amargado, tenía resentimientos contra el hombre que manejaba. Los resentimientos arruinaron su vida de trabajo. Una tragedia les ocurrió a ambos, pero cada uno reaccionó de diferente manera. Ella salió con una rotura en el cuello, pero con su espíritu intacto; él con su cuerpo intacto, pero con el alma destrozada. Los resentimientos lo arruinaron.

Una mujer muy bien educada, en cada oportunidad de conocer a un hombre, se sentía frustrada y derrotada. Estaba resentida con el casamiento de su hermana, porque ella se había quedado soltera. No soportaba haberse quedado sola en el mundo y la manifestación era la autocompasión. Su vida se había vuelto imposible tanto para ella como para otros por ese sentimiento.

Es obvio que el hecho de tener odio y resentimiento es como arrojarle una llave inglesa al mecanismo de la vida. Estructuralmente usted está hecho para la buena voluntad positiva; en otras palabras, para el camino cristiano del amor. Cuando trata de hacer las cosas de otra manera, el mecanismo de la vida se rompe, o al menos funciona tan mal que lo dejará exhausto e inefectivo. El odio es arena en el mecanismo de la vida; el amor es aceite y la vida funciona mejor con aceite que con arena. Los que aman, aman a los demás y a sí mismos; los que odian, también a los demás y a sí mismos.

Oh, Dios, Padre mío, ahora vengo categóricamente con la necesidad de librarme de todo resentimiento y de todo odio. Si vivo con mis odios, no seré capaz de vivir conmigo mismo. Por eso, ahora te pido ayuda. Necesito tu ayuda para librarme de estas cosas que han llegado a arraigarse en mí, que han llegado a ser yo mismo. Te ofrezco todas estas cosas. Amén.

SEMANA 9 - DOMINGO

Colosenses 3:8; Efesios 4:31-32; 1 Timoteo 2:8

Cómo no tratar con los resentimientos

Hemos visto cuán destructivos son los resentimientos y el odio para la totalidad de la persona. Si queremos vivir en abundancia, debemos librarnos de estas cosas a toda costa. ¿Pero, cómo?

Ante todo, debemos observar algunas de las formas que *no* debemos usar para librarnos del odio y de los resentimientos.

No debemos ocultarlos en el olvido y tratar de actuar como si ya no los tuviéramos. Este tratamiento solo los lleva hacia el subconsciente en donde continúan el daño y producen conflictos y disturbios sin que la persona sepa cuál es la causa de su enojo. Esa persona estará bajo la presión de los nervios, y probablemente culpará de su enojo a cualquier causa, a cualquiera excepto a la verdadera causa. El hecho de ocultar los resentimientos no nos libra de ellos, sino que simplemente hacen estragos desde niveles más profundos y más peligrosos. Nadie puede engañar en la vida y escapar de las consecuencias. Entonces, debemos traer a la superficie los resentimientos y enfrentarlos con honestidad, sin ningún truco, sin ninguna evasión y sin ninguna omisión. No debemos empujar los resentimientos hacia el subconsciente.

Si evitamos ocultarlos, tampoco debemos intentar con el método contrario, el método de expresar nuestro odio y nuestros resentimientos. Algunos psiquiatras prescriben de esta manera, para que el hecho de ocultarnos no establezca una base en el subconsciente; y no hay ninguna duda de que podemos llegar a estar temporariamente aliviados al darle a la otra persona "una parte de nuestra mente".

Una señora joven, que se sentía nerviosa y frustrada, dejó el teléfono bastante aliviada y eufórica después de haberle dicho a alguien lo que pensaba. Su efusividad alivió los resentimientos reprimidos. A una mujer que tenía dolores, primero en la base de su columna vertebral, luego en la mitad de su espalda y después entre sus omóplatos, su médico le preguntó qué era lo que le molestaba interiormente. A lo que ella bruscamente contestó: "Bien, creo que estaría bien si pudiera decirle a mi esposo que se fuera a...". Tal vez pudo aliviarse momentáneamente, pero los resentimientos saldrían con fuerza nuevamente y estarían listos para otro estallido. No; expresar los resentimientos no es el remedio, es simplemente tratar con el síntoma en lugar de tratar con la enfermedad.

Oh, Dios, mi Padre celestial, trato con algo demasiado devastador como para intentar sanarlo ligeramente o demorarlo. Ayúdame a ir hasta las raíces y encontrar la liberación allí. Pero necesitaré más que tu ayuda, necesitaré tu gracia. Ayúdame a tomar de tu gracia para esta tarea. Amén.

Tito 3:3; 1 Pedro 4:8-9; 3:8-9

Otras sugerencias sobre cómo no tratar con los resentimientos

Ayer consideramos dos maneras que *no* debemos usar al tratar con los resentimientos y con el odio: reprimirlos y expresarlos. Reprimirlos u ocultarlos significa crear una infección dolorosa en el centro de nuestro ser subconsciente. El hecho de expresarlos hace que nos transformemos en esa infección dolorosa en el cuerpo de nuestras relaciones sociales. Por otro lado, si le damos a la gente "una parte de nuestra mente", ¡probablemente perderemos también la tranquilidad de nuestra mente!

Tampoco es muy apropiado el hecho de tratar de escapar de las circunstancias que despiertan los resentimientos. Un médico encontró que uno de sus pacientes era muy nervioso y que no podía dormir, que estaba destruido. Le preguntó si sus relaciones familiares eran normales y agradables y él contestó que sí. Luego el paciente dijo que él y su suegra no se llevaban bien. Ese era el punto de conflicto. El médico los envió a él y a su esposa a pasar unos días de vacaciones, lejos de la suegra. Fue bueno, pero no lo suficiente; porque aunque tenían algún respiro y aflojaban un poco las tensiones, luego volvían a estar nerviosos al pensar en la amenaza de tener que volver a encontrarse con la misma situación. El remedio simplemente era un calmante, porque el alivio era temporal.

Tratar de hacer lo que una mujer dijo que había hecho es bueno, pero tampoco es suficiente: "Cuando me sentía llena de resentimientos, me iba al piano y tocaba tan fuerte que parecía que mis resentimientos salían a través de las sonatas de Mozart, con las apologías de Mozart". Eso le daba un alivio temporal y actuaba como un canal de escape para sus sentimientos, pero no enfrentaba las causas.

Tampoco les hará frente si guardamos nuestros resentimientos en nuestras mentes. Esto solo los hace peores. Los resentimientos estarán en todas las áreas de nuestra vida para arruinarnos. Una mujer dijo que cuando entró en su tiempo de quietud para orar, lo único que podía hacer en ese momento era "masticar sus resentimientos". El tiempo de quietud simplemente traía a la superficie aquello que era una acción continua, una queja que era alimentada.

Todos estos métodos intentan sanar una infección. Y sanar una infección es una acción peligrosa porque puede hacer que el veneno se introduzca. Y en realidad el veneno debe ser localizado y extraído.

Oh, Padre mío, estoy tentado a hacer todo en cuanto a mis resentimientos, excepto lo único que debo hacer: sacarlos a la superficie y eliminarlos. Pero resistiré a esa tentación y seré implacable conmigo mismo. Necesitaré tu ayuda, porque solo no podré traerlos a la superficie. Las raíces se han profundizado. Ayúdame. Amén.

SEMANA 9 - MARTES

Lucas 6:37; 23:34; Efesios 4:31-32; Mateo 18:21-35

Perdonar por causa de Cristo

Tal vez usted dice: "Si los métodos recién mencionados no sirven para vencer los resentimientos y el odio, ¿entonces cuál es la manera?" Un joven estudiante chino se me acercó en el cierre de una conferencia y me dijo: "Por favor, enséñeme a amar a los japoneses". La infección se había profundizado; y él tenía un verdadero problema. Un armenio me dijo lo mismo: "¿Cómo puedo perdonar a los turcos?"

Solo pude decirle cómo una joven norteamericana había sido capaz de perdonar a un turco. Ella y su hermano habían sido atacados por turcos en un callejón, y mientras ella escapó subiéndose a una pared, su hermano fue brutalmente asesinado delante de sus ojos. La joven era enfermera y más tarde, mientras trabajaba en el hospital, reconoció a uno de sus pacientes como el mismo soldado turco que había asesinado a su hermano. Su primer sentimiento fue: ¡Venganza! Él estaba muy enfermo, en realidad estaba entre la vida y la muerte. Con el mínimo descuido, moriría. Y nadie se daría cuenta. La vida de aquel hombre estaba absolutamente en sus manos. Pero en lugar de vengarse, ella decidió perdonarlo por causa de Cristo. Peleó por la vida de él y ganó, llevándolo nuevamente a la buena salud.

Cuando convalecía, le reveló quién era. El soldado turco la miró con asombro y le dijo:

–Entonces ¿por qué no me dejó morir cuando me tenía en su poder?

–No podía –contestó la muchacha–. Simplemente no podía, porque soy cristiana y mi maestro perdonó a sus enemigos, a quienes lo crucificaron. Yo debo hacer lo mismo, por causa de Él.

–Bueno –dijo con asombro el endurecido turco– si eso es lo que significa ser cristiano yo quiero ser uno de ustedes.

Usted puede hacer lo que esa chica americana hizo: puede perdonar por causa de Cristo. No importa cuán amargadamente dolorido pudo haber estado, a pesar de todo, por causa de Él usted puede perdonar el error y tener solo buena voluntad para con aquellos que le han hecho mal. No es fácil, pero es posible, con la ayuda de Jesús.

Oh, Dios, el error ha entrado en lo profundo de mi espíritu. No puedo perdonar con mis propias fuerzas. Pero estoy dispuesto a intentarlo. Toma mi voluntad y añade tu poder y entonces seré capaz de perdonar. Porque en ti puedo hacer todas las cosas. Sí, todo; incluso esto. Amén.

Hechos 7:59-60; Mateo 14:3-12

La base de los resentimientos: un ego no rendido

Mientras que el motivo central y fundamental para perdonar los perjuicios contra nosotros es que Dios nos perdona y por eso nosotros como sus hijos debemos imitarlo, hay motivos menores y técnicas que podemos usar al tratar con los resentimientos.

Recuerde que en la base de la mayoría de los resentimientos, hay un ego susceptible y no rendido. El hecho de que hayamos sido capaces de mantener resentimientos, muestra que hay un ego que es muy sensible porque no está rendido a la voluntad de Dios. Cuando nos rendimos a la voluntad de Dios, rechazamos todo resentimiento así como una piel saludable rechaza a los gérmenes de la enfermedad. A menos que haya una enfermedad interior o alguna abrasión en la piel, las enfermedades no podrán tener ningún asidero. Por eso, cuando los resentimientos se han hecho un lugar, se descubre que por dentro hay un ego inmaduro y sensible que se ha convertido en una tierra fértil para su arraigo y crecimiento. Desconfíe de un ego que puede hacer crecer los resentimientos, probablemente está enfermo de egocentrismo.

Pregúntese si sus resentimientos no están arraigados en desprecios, insultos y errores imaginarios. El egocéntrico puede imaginar que un grupo de personas está hablando de él cuando en realidad hablan de cualquier otra cosa; puede leer las acciones y declaraciones de significados que nunca deseó; puede andar por ahí con una actitud sospechosa y buscando algún desaire, y los encontrará imaginariamente en gran cantidad. Una persona sensible puede a través de su propia actitud mental, percibir en las personas que lo rodean actitudes no naturales y cerradas que él interpreta como heridas y desprecios intencionales. Nunca es consciente de que en realidad sus propias actitudes de sensibilidad egocéntrica crearon la respuesta en las personas contra las cuales reacciona.

Recuerde que "cuando usted anda por ahí susceptible o amargado, puede ser por el peso que tiene encima".

Oh, Dios, mi Padre, ayúdame a verme con mayor claridad, porque yo me defiendo a mí mismo; reúno argumentos defensivos alrededor de mí mismo como un imán. Déjame poner a tus pies este ego rodeado de resentimientos para que lo limpies y lo liberes. En el nombre de Jesús. Amén.

Romanos 12:17-21; Mateo 5:38-48

Haga desaparecer a los resentimientos a través de la oración y el agradecimiento

Continuamos con nuestros pasos para librarnos de los resentimientos y del odio.

Cada vez que el nombre de la persona contra quien usted es tentado a mostrar resentimiento venga a su mente, eleve una oración por esa persona. Encuentre cada resentimiento invasor con una barrera de oración. Fue dicho por John Forman, un santo misionero, que todos los pensamientos que tenía sobre sus enemigos, se dirigían hacia la oración. Tómelo como una regla en su mente e invariablemente, cada vez que vengan pensamientos sobre sus enemigos, reales o imaginarios, transfórmelos en oraciones a favor de ellos. Que su mente entienda esto y que no admita ninguna excepción. Pronto no tendrá más enemigos, porque usted no tendrá ninguna enemistad. La oración hace desaparecer a la enemistad como cierta bacteria disuelve a la suciedad y la convierte en agua clara.

Diga todo lo bueno que pueda decir de la persona o de las personas con quienes usted es poco amigable. Lo más probable es que en ellos haya muchas cosas buenas. Fije su mente en esos puntos buenos y no en los puntos de resentimiento. El resultado será, con toda seguridad, que la buena voluntad hará desequilibrar lo malo de tal manera que usted descubrirá que cada vez piensa más en lo bueno porque es más influyente, y cada vez menos en lo malo que es insignificante.

Cuando usted tenga que hablar de los errores de una persona, no diga: "No me gusta esa persona". Diga más bien: "No me gustan ciertas cosas en esa persona y son estas". Después de declarar aquellas faltas, continúe: "Pero me gustan estas cosas en él" y nómbrelas. Termine en la nota positiva. El pensamiento negativo hace negativa a la persona; el pensamiento positivo hace positiva a la persona. Si he mencionado a las suegras de manera despectiva en muchos de mis ejemplos, permítame terminar mi pensamiento sobre ellas como madres de amor, como lo hizo una pareja.

Recuerde que el hecho de referirse a los errores de otras personas, habitualmente es un mecanismo de defensa. Al hacerlo, probablemente usted intenta levantarse por encima de ellos, pero al mismo tiempo los empuja hacia abajo. Así no tendrá éxito. Al pensar en los defectos de otros, se crea un defecto peor en usted mismo, porque se vuelve una persona susceptible y crítica, tal como aquello en lo que se concentra.

Dios, mi Padre, yo podría ser libre de todo aquello que corroe mi alma. Sé que mis actitudes de resentimiento y de crítica comen como ácido mi naturaleza moral. Te pido que me libres completamente aún de la más diminuta raíz de resentimiento. Córtala de raíz. Amén.

SEMANA 9 - VIERNES

Lucas 22:32; Mateo 5:25-26; Gálatas 6:1-2; 2 Corintios 2:7

Amar a las personas por lo que pueden llegar a ser

Continuamos subiendo por la escalera desde el abismo de los resentimientos y del odio.

Si al examinar las cosas en la persona contra quien usted tiene resentimientos, descubre poco para amar o admirar, entonces ámela y admírela por lo que podría llegar a ser. Usted no tiene que ser deshonesto en su pensamiento y que le gusten las cosas negativas que hace una persona. Pero ahora está comprometido como cristiano, e intenta amar a las personas como Cristo lo hace. Él los ama no por lo que han sido ni por lo que son, sino por lo que pueden llegar a ser. Así nuestro amor llega a ser verdadero y redentor.

Si hay un empeoramiento repentino y un consecuente fracaso en las relaciones, adquiera el hábito de pacificar inmediatamente los desacuerdos. No deje que se enfríen ni que lleguen a establecerse en el pensamiento y en la actitud. Jesús dijo: *"Ponte de acuerdo con tu adversario pronto"*. Esto es sensato, psicológica y moralmente. Sé de una pareja que tiene una maravillosa vida matrimonial. Tal vez uno de los secretos de su felicidad es que ellos decidieron al casarse, nunca dejar un espacio en el que pueda tener lugar algún desacuerdo hasta que se hubiesen serenado. Sus dificultades, por eso, siempre terminaban en risas, porque ninguno de ellos hacía nada hasta llegar a un acuerdo. Eran prisioneros de su propio acuerdo y no abrían ninguna puerta, excepto hacia la buena voluntad.

Vea si no hay una razón en la otra persona para las cosas que usted nota en ella. Un excelente cirujano, cada vez que veía a los obreros de la construcción se sonrojaba. La lentitud y el tiempo que perdían, lo sacaban de quicio y en poco tiempo desarrolló un complejo, porque cada vez que los veía, su rostro y sus orejas se sonrojaban. Un día, cuando vio que guardaban sus herramientas con la misma lentitud en su tiempo libre, se dio cuenta de que los hombres estaban enfermos por la desnutrición, por falta de vitaminas y llenos de parásitos. Se propuso rehabilitarlos y al hacerlo se ayudaba a sí mismo. Al poco tiempo perdió su complejo.

Oh, Dios, vengo a ti para aprender a ser comprensivo. Soy un resentido porque no entiendo. Dame simpatía y una visión clara, para que pueda ver en las vidas de otros las cosas que los hacen poco atractivos para mí. Y cuando lo entienda, ayúdame a perdonar. Por el amor de Jesús. Amén.

Mateo 11:25-26; Lucas 6:37; 17:3-4; Efesios 4:32

Los pasos finales para vencer los resentimientos

Salga cada día con la intención de hacer algún bien a la persona contra quien usted alberga resentimientos. Agote el odio y oposición con buena voluntad. Un japonés y un chino estudiaban en la misma universidad y el japonés despreciaba al chino en gran manera. Pero cuando el japonés se enfermó, el chino le traía la comida todos los días. Esta atención destruyó la enemistad y pronto llegaron a ser muy amigos.

Un hombre y su esposa discutían constantemente. Habitualmente la pelea empezaba por la radio, ella quería escuchar música y él las noticias. Un día él permitió que Dios entrara en su pequeña alma. Cuando volvió a su casa y llegó el momento de tensión, se acercó a la radio y buscó música. Su esposa lo miró sorprendida y le dijo:

–Pero, esta es la hora de las noticias.

–Sí, lo sé –contestó él–, pero pensé que a ti te gustaría escuchar música.

Ella casi no podía creer lo que escuchaba, ¡pero respondió levantándose y poniendo las noticias en la radio! Desde ese momento, su problema quedó resuelto al pensar primero en la otra persona.

En su interior esté muy contento y siéntase muy bien por no tener a ninguna persona como enemigo. Piense con buena voluntad y no le dé lugar a la mala voluntad. El Dr. George Carver, gran científico y santo, alcanzó la fama por sus descubrimientos en el campo de la química y por sus servicios a los agricultores del sur. Alguien le pidió que revelara el nombre de la universidad que lo había aceptado como estudiante, pero que al descubrir que era negro, había rechazado su admisión. El Dr. Carver se rehusaba permanentemente, y hacía pasar el incidente como algo sin importancia. Él tenía lo que alguien llamó "la paz que sobrepasa no solo a todo entendimiento sino también toda mala interpretación". Alguien me dijo: "No creo que usted se dé cuenta cuando es insultado". Entonces le contesté: "No estoy buscando insultos y por eso no los veo". Cuando Jesús anunció su programa en Nazaret, leyó del libro de Isaías hasta que llegó a las palabras, *"el día de la venganza de nuestro Dios"*. Y luego cerró el libro. Haga usted lo mismo. Deje la venganza a Dios, use solo la redentora buena voluntad.

Oh, Dios, mi Padre, nada de lo que alguien puede hacer contra mí se compara con lo que yo he hecho contra ti. Tú me has perdonado, me has ayudado a perdonar a otros. Y me ayudas a perdonar con gracia, no de mala gana, porque me has perdonado en tu infinita gracia. Por el amor de Jesús. Amén.

SEMANA 10 - DOMINGO

Proverbios 29:25; Mateo 8:26; Salmo 27:1-5

El cuarto enemigo: el miedo

Hemos visto a tres de los quince enemigos de la personalidad humana. Ahora hemos llegado al cuarto: *la preocupación, la ansiedad y el miedo.*

Casi todo mal es un bien corrompido. La preocupación, la ansiedad y el temor, son bienes corrompidos. Hay un instinto dentro de nosotros que nos hace mirar hacia delante, que nos hace planear y pensar que podemos encontrarnos en determinadas situaciones antes de que estas lleguen. Esta capacidad de previsión probablemente es una de las razones básicas por la que el hombre está por encima del animal. El animal solo tiene una capacidad limitada para prever; el hombre tiene una capacidad mucho mayor de previsión. Por eso el animal se detiene en un callejón sin salida y el hombre continúa implacablemente hacia las metas infinitas.

Esa capacidad de prever, de planear con antelación y de anticiparse, es el poder que nos levanta del "es" hacia lo que "puede ser", es el secreto del progreso. Y como tal debe ser cultivado. Sin él nos hundimos hacia el animal. La voluntad de vivir debe ser proyectada no solo hacia el "ahora", sino también hacia el "ser". Debemos dominar hoy y debemos dominar mañana. Jesús ponderó lo siguiente: "*El patrón elogió al administrador de riquezas mundanas por haber actuado con astucia. Es que los de este mundo, en su trato con los que son como ellos, son más astutos que los que han recibido la luz*" (Lucas 16:8). La falta de planes inteligentes nos hace prisioneros del hoy, en lugar de ser pioneros del mañana.

Los cristianos por encima de todo, son personas de una perspectiva, de un propósito y de un plan amplios. Planean cómo vivir hoy, cómo vivir mañana y cómo vivir para siempre. Y planean esto para todas las personas, porque no solo tienen una perspectiva amplia, sino también una perspectiva abierta. Piensan en términos del mundo como un todo. La idea de que el cristiano es un soñador bobo que solo ve el momento porque tiene miedo de mirar el día siguiente, o un avestruz humano que por el miedo esconde su cabeza en la arena del hoy porque tiene miedo de mirar el día siguiente, es falsa. Debemos amar a Dios *"con toda nuestra mente"*, y una parte de la mente es la previsión. Por lo tanto, el cristiano debe cultivar esta cualidad de planificar con inteligencia.

Oh, Dios, tú tienes amplias perspectivas, porque los millones de años de historia nos dicen que trabajas en tus propósitos a largo plazo. Ayúdanos a capturar el alcance de tu mente y la gloria de tus propósitos, y a ser parte de ellos. Amén.

Proverbios 14:17; 19:23; Lucas 21:26; Hebreos 2:15

La ansiedad como recurso y como responsabilidad

Ayer vimos que el cristiano es aquel que cuida del pasado, del presente y del futuro, no es un soñador. Él tiene más cuidado que cualquier otra persona, porque está en el proceso de ser sensibilizado en una escala global. Este es su recurso más grande. Le da incentivo, dirección y determinación. Lo hace una persona progresista. Siendo iguales todas las otras cosas, el cristiano debería ser la persona más progresista de la Tierra. Cada fibra de su ser está despierta y es un hombre que transita por una ruta despejada.

Pero si este conocimiento es su recurso más grande, también puede llegar a ser su responsabilidad más grande. El hecho de que sea sensible y consciente de sí mismo y de todos los hombres, puede preocuparlo. De ser así, su luz se ha convertido en oscuridad. Porque la preocupación, la ansiedad y el temor pueden bloquear el proceso del progreso además de paralizar y afectar a la personalidad. Hasta cierto punto, el temor en un cirujano puede hacerlo más hábil y más cuidadoso para no cortar en lugares equivocados, pero llevado más allá de cierto punto, podría paralizarlo. Hay un temor saludable que nos da habilidad e incentivo. Hay un temor enfermizo que hace desaparecer tanto la habilidad como el incentivo, nos inhibe. *"El temor del Señor es el principio del conocimiento"* (Proverbios 9:10), pero, *"Así que tuve miedo y fui y escondí su dinero en la tierra"* (Mateo 25:25). Ambos son absolutamente verdaderos, hay un temor que es sabiduría y otro que nos hace enterrar los talentos de la vida.

El temor, como cualquier otro incentivo, tiene que estar bajo control y debe ser usado en propósitos constructivos. Fuera de control, se convierte en preocupación y ansiedad y llega a ser destructivo para uno mismo y para otros. *"Refrena tu enojo, abandona la ira; no te irrites, pues esto conduce al mal"* (Salmo 37:8). O, como dice en otra versión bíblica, *"solo tiende a hacer lo malo"*, toda su tendencia es destructiva en lugar de constructiva. Jesús dice que a los que viven esta nueva vida a menudo *"los ahogan las preocupaciones"* (Lucas 8:14). Las probabilidades son que el temor, la preocupación y la ansiedad, sea el más grande trío de males que un hombre puede soportar en su vida. Y debe eliminarlos a toda costa.

Oh, Dios, tengo miedo del temor que echa raíces en mi vida. Me pone nervioso la ansiedad que me infecta. Estoy turbado por la preocupación. Líbrame de estos males. Ayúdame a ser completamente libre de toda inhibición maligna y de todo temor. Amén.

SEMANA 10 - MARTES

Salmos 37:1, 7-8; Job 3:25; Juan 14:1, 27

El temor y la enfermedad

Un médico me dijo: "Los temores son los sentimientos más destructivos que podemos tener". Y toda la vida confirma esto. Conozco a una señora que le tiene un pavor mortal a los gérmenes. Siempre está dentro de su casa, es prisionera de su propio temor para no encontrarse con ningún germen. No se da cuenta de que el temor en sí es diez veces más mortífero que el germen. Además, si tuviera una actitud de confianza hacia la vida, probablemente los gérmenes no podrán encontrar un lugar para establecerse en su vida, su propia confianza y su propia fe actuarían como un antiséptico. Sus temores llegaron a ser un terreno de cultivo para los gérmenes que ella teme. Dijo Job: *"Lo que más temía, me sobrevino; lo que más me asustaba, me sucedió."*, (Job 3:5); y eso no era casual sino causa y efecto.

Una maestra tenía un temor fundamental que le produjo una úlcera estomacal. Cuando se liberó del temor, se liberó de la úlcera. Los médicos querían operar de cáncer o de una úlcera estomacal a un amigo mío. Y eso se debía a lo siguiente: cuando fracasó en los negocios, la preocupación había paralizado el jugo gástrico. Cuando descubrió la causa y entregó sus preocupaciones a Dios, subió quince kilos en dos meses. Un secretario de la Asociación Cristiana de Jóvenes se me acercó en el cierre de una conferencia y me dijo: "Soy una ilustración de lo que usted dijo. Estoy tensionado y preocupado y llevo en mi mente todos los problemas del mundo. De ahí que estoy peleando con úlceras estomacales todo el tiempo". Él no estará bien hasta que descanse y entregue todas esas tensas preocupaciones a Dios.

El Dr. Félix Cunha dice que "la incidencia de las úlceras estomacales sube y baja con el mercado de valores". La investigación mostró que cuando el promedio del Dow-Jones baja en el mercado de valores, aumenta la cantidad de hombres de negocios con el estómago alterado. La preocupación es causa número uno sobre acidez en el estómago, y esto a su vez altera el aparato digestivo.

Los hombres de la antigüedad veían la conexión entre la preocupación y la enfermedad: *"Aleja de tu corazón el enojo y echa fuera de tu ser la maldad"* (Eclesiastés 11:10).

Oh, Dios, mi Padre, veo que en mi ser interior he sido creado para tener seguridad y confianza y no para la preocupación y la ansiedad. Tú me has formado para la fe y no para el temor. Por eso, ayúdame a rendirme a aquello para lo que fui creado, la fe. Permite que en este día pueda caminar con una fe segura, sin miedo a nada. En el nombre de Jesús. Amén.

Romanos 8:15; Juan 7:13; 9:22; 20:19

El temor es costoso

A veces los temores no son profundos, sino secundarios. Aún así, pueden alterar el resto de la vida. Una mujer había pasado por varias operaciones quirúrgicas debido a un incendio, incluso persiguió a un ladrón desde su casa con un arma y, además, su vida era atormentada por el temor de lo que los vecinos podrían decir de ella. Aquí había un temor secundario que forzaba un valor fundamental: su fe en la protección de Dios.

Una mujer tenía temor de contraer un cáncer. Su madre había tenido uno y ella siempre decía: "Soy la imagen de mi madre. Me parezco tanto a ella que yo también voy a enfermarme con un cáncer". Como resultado de este temor oculto, ella era afligida por la constipación. Había una diferencia entre ella y su madre: la madre había tenido diez hijos. ¡Ella no tenía ninguno! El médico dijo: "Ella nunca se librará de esa constipación a menos que se libere de sus temores". Esos temores inútiles, la habían atado no solo físicamente, sino mental y espiritualmente también, era una personalidad atada, de la cual la constipación era un símbolo.

Un joven ministro empezó a quejarse de una molestia en el pecho y pronto había desarrollado una tos seca. Los médicos no encontraron ninguna razón física. Después comenzó a quejarse de un dolor agudo en el intestino delgado, diciendo que ahí tenía un cáncer. En los análisis realizados por varios médicos, no encontraron ningún problema físico. Él resignó el ministerio y se sentaba por ahí abatido y quejumbroso la mayor parte del tiempo. Su capacidad mental estaba colapsando bajo la tensión y, sin embargo, estaba básicamente sano. Es el temor lo que lo altera. La enfermedad es el temor en sí. Porque el temor es arena en la maquinaria de la vida.

Una mujer envió a un amigo mío a comprar gladiolos, pero como era algo tacaña, se arrepintió del impulso de comprar esas bellas flores. Cuando mi amigo volvió, la mujer estaba en un agitado estado mental. Se fue a la cama enferma y estuvo en manos de los médicos durante semanas, gastando cien veces más, tanto en los médicos y en los medicamentos, que en los gladiolos. El temor es costoso.

Padre mío, veo que en realidad el temor es costoso. Es tan costoso que no puedo mantenerlo. Pero no puedo librarme fácilmente de él, porque ha puesto sus raíces dentro de mí. Ayúdame a romperlo, tanto a la raíz como a la rama. ¿O tienes una idea mejor? Yo te sigo. En el nombre de Jesús. Amén.

SEMANA 10 - JUEVES

Lucas 8:26-31; Salmos 31:13; 53:5

Temores creados por uno mismo

El temor ataca al sistema digestivo en una gran cantidad de formas. Una madre tenía una hija que era tímida. Queriendo que su hija "pudiera salir", arregló una fiesta para ella en contra de la voluntad de la joven. Su hija tenía miedo de la gente, y antes de la fiesta se enfermó gravemente y tuvo que irse a la cama. La madre nunca más intentó librarla de los temores con este método de ataque frontal. Ayudó a construir la confianza de otra manera.

Algunos amigos trajeron a un hombre a una de mis reuniones. Él tenía miedo de las multitudes, sufría de miedo al público. Cuando llegó a la puerta trató de escapar. Pero ellos insistieron en hacerlo entrar. Durante todo el servicio estuvo sentado con mucho temor, con la transpiración que corría por su pálido y pegajoso rostro. Al final de la reunión, dijo: "Estoy contento de poder salir de aquí". El temor a las multitudes era una obsesión. Pero no había nada a qué temer, excepto a su temor. Ese temor era una enfermedad.

En una de las maniobras de los cadetes de West Point, por hacer una travesura, uno de los estudiantes puso algunos fragmentos de ladrillo por debajo de la montura de un caballo. El cadete que cabalgaba en ese caballo fue arrojado veinticinco veces en doce kilómetros de recorrido. La experiencia lo llenó de temores y de pánico de tal manera que se volvió una verdadera ruina. La secreción glandular estaba tan alterada por el pánico y por el miedo que no podía cambiar de posición. Si se levantaba con un brazo levantado, luego no podía bajar ese brazo. Solo por medio de un curso de entrenamiento mental que le ayudó a pasar por los temores y el pánico, el joven volvió a estar sano.

En la última guerra mundial, uno de los sorprendentes descubrimientos realizado por los médicos durante los exámenes, fue que muchos jóvenes perfectamente saludables durante toda su vida habían sido convencidos de que tenían problemas del corazón o de riñón, o de alguna otra enfermedad, y tenían temor de involucrarse en trabajos arduos por esa razón. Con muy pocas excepciones, dice el Dr. Albert Wiggam, sus temores habían empezado al escuchar sobre síntomas que se discutían en la casa. Eran temores creados por ellos mismos.

Implantar temores en las mentes de los niños es un crimen contra ellos. Los padres tratan de gobernar a los hijos a través del miedo, y luego el miedo gobierna al niño.

Oh, Dios, nuestro Padre, hemos llenado de temores tu mundo y nuestros corazones, temores innecesarios y devastadores. Ayúdanos, oramos a ti para encontrar liberación de estos temores y el poder contra ellos, porque no pertenecen a nuestra verdadera personalidad, han venido desde afuera. En el nombre de Jesús. Amén.

SEMANA 10 - VIERNES

Proverbios 29:25; Eclesiastés 12:5; Lucas 21:26; 2 Corintios 7:5

Los efectos físicos del miedo

Los efectos psicológicos del miedo y la preocupación han sido científicamente estudiados. Los médicos han medido los efectos del estado mental en las secreciones estomacales. La secreción de ácido clorhídrico muchas veces se duplica durante un estado de preocupación. Un hombre estaba muy preocupado porque uno de sus compañeros de trabajo había fallecido inesperadamente y tenía la obsesión de que compartiría el mismo destino. Su problema estomacal había empezado después de que comenzara esta preocupación y había tratado de esconderlo de todos, incluso de su esposa. Pudo demostrarse que el estómago de otro sufría de precipitaciones de ácido cuando contaba cómo lo dominaba su esposa. Incluso un paciente tenía un flujo extra de ácido cuando estaba profundamente dormido, pero soñaba acerca de sus problemas.

Un joven fue rechazado por su novia mientras sonaban las campanas de la iglesia. Desde entonces, cada vez que se mencionaba algo en relación con la iglesia, como por ejemplo la palabra "obispo", se enojaba.

Otro joven tenía miedo de las multitudes y por eso no quería casarse públicamente. Se desmayó tres veces antes de que empezara la ceremonia nupcial; y se desmayó por cuarta vez después de la boda. Surgieron dos cosas como la base de sus desmayos: el temor a las multitudes y el temor a ser dominado por su novia, quien fue muy insistente en cuanto a tener una ceremonia pública. El desmayo después de la ceremonia se produjo como resultado del temor a ser dominado.

Un hombre que trabajó fielmente y que anhelaba ser promovido en su oficina, estaba tan enojado cuando llegó el momento del cambio en el que se decidiría si él iba a tener el cargo de jefe o no, que cuando realmente obtuvo la promoción no pudo tomarla, porque la preocupación alteró tanto su corazón que tuvo que ir al hospital en lugar de ocupar su nueva función. La preocupación y la ansiedad arrebataron el premio de sus manos y lo dejaron destrozado.

Un médico que sufría de úlceras estomacales me dijo que la preocupación y el temor producían más úlceras estomacales que cualquier otra causa.

Oh, Dios, veo que yo también he perdido mucho de la plenitud y del poder de la vida a causa de la preocupación y el temor. Veo que no puedo elevarme para lograr mis plenos poderes hasta que me haya despojado de todo temor y toda aprensión, y camine hacia delante para encontrar la vida con una fe triunfante. Ayúdame a hacer esto. En el nombre de Jesús. Amén.

Isaías 8:12; 11:6-9; 35:4

El efecto del temor en los animales y en los niños

Los temores y las ansiedades alteran el reino animal tanto como el reino humano. Cuando hay perros malos cerca de las vacas, a menudo esas vacas no querrán dar leche; e incluso cuando la dan, si la toman los corderos les causará cólicos. Por eso "la leche de vacas contentas" no es un simple eslogan, es una necesidad. Un pastor, que trataba bien a su vaca Juana y sentía un verdadero afecto por ella, descubrió que los bebés del barrio que eran criados con la leche de esta vaca crecían de una manera diferente a otros bebés. El tratar a la vaca de un modo cristiano había producido una leche de mejor calidad.

Un aficionado a los pollos me dijo que después del 4 de julio con su explosión de petardos, muchos huevos tuvieron que ser desechados. Al examinarlos, encontraron manchas de sangre en ellos que habían sido producidas por el miedo. Lo mismo ocurrió cuando una avioneta pasó volando a muy baja altura por encima de los pollos. El padre de un amigo era aficionado a los pollos y cuando murió, las gallinas no pusieron huevos durante un largo tiempo hasta que se acostumbraron al nuevo cuidador. Las gallinas estaban asustadas y preocupadas. Los experimentos muestran que los mejores pavos no pueden ser criados a menos que sean tratados amablemente y a cargo de una persona que siempre se vista de cierta manera. Un extraño los espanta y los preocupa, y no pueden crecer.

Si la preocupación y la ansiedad pueden impedir el crecimiento de pavos y pollos, también pueden impedir el crecimiento de los niños. Una maestra me dijo que cuando ella está preocupada y enojada, los niños no estudian bien y discuten unos con otros. El nivel de aprovechamiento escolar es más bajo en esos días y sube cuando ella siente paz en su interior.

Hemos pasado una semana con los efectos de la preocupación, del temor y de la ansiedad; y tal vez algunos de ustedes han tenido un temor creciente de que continuara demasiado tiempo con el estudio de los efectos de la ansiedad en lugar de pensar en el remedio. No tengo ninguna disculpa, porque el primer paso en cuanto al remedio para el temor, es ver el temor como la cosa espantosa que realmente es.

Oh, Dios, ahora veo claramente la devastación que pueden producir la preocupación y el temor. Yo quiero cambiar con todo mi corazón y con toda mi mente y pasar de la devastación a la liberación. Oh, dame un alma expectante, un alma que crea que la liberación está a mi alcance; porque solo tengo que aceptarla. En el nombre de Jesús. Amén.

Hechos 5:1-11

El primer paso para la liberación: una completa honestidad

Ahora cambiamos de dirección y vamos hacia la tarea más alegre de fijar una escalera para que el derrotado y el agobiado puedan subir hacia la paz, el equilibrio y el poder.

Entendamos claramente que cualquier paso que podamos sugerir debe ser un paso honesto y verdadero. No habrá ningún intento de engañar a la mente ni ningún esfuerzo para seducirla y hacerla entrar en el paraíso fantástico de los bobos. Nadie puede hacer triquiñuelas en el universo, y mucho menos en el universo de la mente. Los temores no pueden eliminarse con una varita mágica, ni podemos decirle a la mente que los miedos ya no están. Eso es lo que sucede con el opio. Termina en una inevitable desilusión. El método cristiano es el camino de la completa honestidad. El versículo que expresa más claramente el espíritu de esto es: *"Ustedes oirán de guerras y de rumores de guerras, pero procuren no alarmarse. Es necesario que eso suceda, pero no será todavía el fin."* (Mateo 24:6). Jesús no estaba tratando de enseñar a los hombres la manera de obtener liberación de los temores diciéndoles que se rehusaran a enfrentarlos. Les dijo que "miren", que vean los temores frente a frente, pero sin alarmarse. Él veía esto con una honestidad despierta.

Asegúrese de que usted quiere abandonar aquello que teme. Muy a menudo, sus temores producen enfermedades corporales, y éstas a su vez determinan su estrategia de vida. Algunas personas usan sus enfermedades para llamar la atención o para tener poder sobre otros. Una chica londinense tenía un gran chichón morado en su frente. Este chichón le había aparecido como resultado de un temor muy grande. Cuando fue aconsejada por el Dr. Fox, ella renunció al temor y el chichón desapareció. Al verla otra vez, el Dr. Fox notó que el chichón había desaparecido. "Pero –dijo la joven apretándose la cintura–, "tengo dolores fuertes en mi estómago". Tenía miedo de dejar sus temores porque vivía por la atención que estas enfermedades le traían. Por eso inventó el dolor de estómago. Tenía miedo de quedarse sin atención y sin la compasión de los demás si dejaba definitivamente todas sus dolencias. ¡Ella "disfrutaba" de la mala salud!

Conozco una familia que vivía contándose el uno al otro todos los achaques que tenía, cada uno pidiendo la consideración del otro. Casi todos ellos murieron tempranamente. El único miembro de la familia que sobrevivió había encontrado intereses fuera de ese círculo de autocompasión.

Oh, Dios, quiero ser completamente libre del temor y de los resultados del temor. Sé cómo los temores marcan mi alma y mi cuerpo. Ayúdame entonces a ser perfectamente íntegro. Mi subconsciente me hace trampas. Sálvame para que pueda ser totalmente honesto. Amén.

SEMANA 11 - LUNES

Lucas 8:50; 18:4; 18:41-42; Juan 5:6; 4:49-53

La voluntad de estar bien

Ayer vimos que el primer paso hacia la liberación de los temores y las ansiedades era el deseo de ser libre. Subconscientemente podemos desear la atención y la compasión que nuestras enfermedades traen. Si algunas personas no pudieran hablar de sus enfermedades, ¿entonces de qué hablarían? Usted recuerda la definición del aburrimiento como "un hombre que habla de su reumatismo cuando usted quiere hablar del suyo". Hablar de las enfermedades propias enfoca la atención en el propio ego, aún cuando ese ego esté desgastado y fragmentado. De todas maneras, el centro de interés es el ego y cuando una persona es egocéntrica, usará cualquier medio para llamar la atención.

Por eso Jesús fue directo al corazón del egocentrismo cuando enfrentó al enfermo con esta pregunta: *"¿Quieres ser sano?"*(Juan 5:6). "¿Realmente quieres estar bien? Si no, no puedo hacer nada por ti". La voluntad de estar bien tuvo que estar allí. El Dr. Everett C. Drash, de la Universidad de Virginia, me comentó que había operado a una maestra de escuela que tenía tuberculosis y que ella había muerto. Pero no había ninguna razón aparente de su muerte hasta que sus familiares encontraron entre sus papeles una declaración a un amigo diciéndole que estaba segura de que se iba a morir. Su falta de fe había eliminado en ella la voluntad de vivir.

Esto nos lleva al tercer paso: *la voluntad de estar bien.* Ponga su voluntad en el lado de la liberación. Así como hay una voluntad para creer, así también hay una voluntad para estar bien. En contraste con el caso de la maestra que murió por su falta de voluntad para estar bien, está el caso de una madre que murió de tuberculosis y dejó a seis hijos pequeños. Su hermana vino para hacerse cargo de los niños, pero ella también fue atrapada por la infección. Ella también iba a morir, porque esto sucedió un tiempo antes que la ciencia moderna curase la enfermedad. Pero, ella quería vivir y criar esa familia. Era el trabajo de su vida y lo llevaría a cabo. Cada día tenía a uno de los niños en el rincón de su habitación de tal manera que podía verlo para decirse a sí misma: "Debo vivir para levantar a esta familia". Ella vivió y sacó adelante a la familia, y hoy es una de las personas más radiantes y útiles que conozco. Si usted busca ser libre de la enfermedad o del temor, tiene que desear estar bien.

Padre mío, no puedo desear estar bien a menos que sea fortalecido en el centro de mi ser. Porque estoy débil interiormente. Por eso, ayúdame a cambiar la fuerza de tu voluntad por mi debilidad. En el nombre de Jesús. Amén.

SEMANA 11 - MARTES

Juan 16:33; 1 Juan 5:4-5; Isaías 41:10; 43:5

Cada adversario que usted enfrenta es un adversario vencido

Cuando usted desea estar bien todo el universo está detrás de esa voluntad. Y todo el universo desea que usted sea libre y provee para esa liberación. Este hecho está resumido en las palabras de Jesús: *"En este mundo afrontarán aflicciones, pero ¡anímense! Yo he vencido al mundo"*(Juan 16:33). Aquí encontramos sinceridad, no se niega el hecho de que vivimos en un mundo de tribulación. Y, sin embargo, después de ver a este mundo que muestra toda su brutalidad y su poder para lastimar, el Señor dice: "*¡Anímense! Yo he vencido al mundo*". En otras palabras, cada adversario que enfrentamos es un adversario vencido.

Esto nos lleva hasta el cuarto paso: *recuerde que cada temor, cada problema, cada enfermedad y cada pecado que usted pueda enfrentar, ha sido y es vencido y derrotado por aquel a quien usted sigue, Cristo.* Cuando los miedos, las enfermedades y los pecados vienen a usted para doblegarlo y para forzarlo a la sumisión con su arrogante presencia, solo mírelo a los ojos calmadamente y dígale: "No te tengo miedo. Tú has sido y eres derrotado terminantemente por mi Señor. Déjame ver tu cuello. ¡Ahí, lo sabía! La huella del Hijo de Dios está sobre tu cuello". Esta confianza es nuestro punto de partida: nada puede tocarnos que no haya sido tocado por el Señor y que no haya sido derrotado por Él. Si usted abre su vida a su poder, toda enfermedad puede ser vencida nuevamente por usted a través de la gracia de nuestro Señor. Usted no debe ser vencido por ninguna de estas cosas a menos que lo tolere. Si usted pone su voluntad en el lado de la victoria, entonces todo el universo de la realidad se pondrá detrás de esa voluntad, la liberará, la reforzará y la redimirá, ¡y a usted también! Usted quedará atrapado en una corriente de victoria que nada podrá detener, a menos que usted se rehúse a cooperar. Pablo diría, "Yo no frustro la gracia de Dios", no bloqueo su redención, no frustro sus propósitos de sanidad. Por eso, la voluntad del Todopoderoso trabajaba dentro de la voluntad de Pablo y él se levantó como una persona ordenada, armoniosa y correcta. Usted puede ser igual.

Oh, Dios, mi Padre, he cerrado mi corazón a tu sanidad y a tu liberación. Me he envuelto en mí mismo, ¡temeroso de la salvación! He protegido mis pulmones ¡del aire! Mi corazón ¡del amor! Mi naturaleza estética ¡de la belleza! Yo mismo ¡de ti! Perdóname. Amén.

Mateo 10:28; Lucas 9:34; 2 Timoteo 1:7; Hebreos 13:6

La preocupación es ateísmo

Cuando le digo que usted puede vivir sin temor y sin preocupación, eso es exactamente lo que quiero decir. Esta no es una declaración académica, sino un hecho. Creo que debo hacer una pausa en mi teología para dar un testimonio. Con todas las señales externas, la semana en la que estaba escribiendo estas páginas habría sido una semana de preocupación y de derrota, ¡porque todo estaba mal! Todos mis grandes esfuerzos durante meses en Washington para encontrar una base para la paz entre Japón y los Estados Unidos habían quedado en nada. El acuerdo parecía cercano y posible, pero luego vino el fracaso. Enfrentábamos una guerra prolongada. Se cortó la comunicación con mi trabajo en la India. Mi esposa y mi familia estaban allí, incomunicados durante la guerra y, lo que es peor, lentamente se acercaba a ellos. En el momento en que estas páginas eran impresas, no sabía si ellos estaban en el conflicto o no. De una u otra forma, esa semana me habría traído ansiedad y temor. Pero no fue así. No hubo ninguna preocupación en ningún momento. Solo había paz. Cuando una noche una mujer me dijo: "Has tenido un día tranquilo; has tenido tiempo para preocuparte", interiormente me sentí sorprendido. "Tiempo para preocuparse", como si el cristiano alguna vez tuviera ¡tiempo para preocuparse! El cristiano ha borrado la preocupación de su vocabulario.

Esto nos lleva hasta el quinto paso: *recuerde que la preocupación o el temor son una clase de ateísmo*. Una persona que se preocupa dice: "No puedo confiar en Dios; tomaré las cosas con mis propias manos". ¿El resultado? Preocupación, frustración e incapacidad para enfrentarse con aquello que lo atemoriza. Con Dios, usted puede hacer frente al enemigo, puede vencerlo y asimilarlo en el propósito de su vida. Solo, usted se preocupa aún por pequeñeces, se enfurece y se siente frustrado. La preocupación dice: "Dios no está interesado en nosotros y por eso no hará nada, tendré que preocuparme yo en esta situación". La fe dice: "Dios está interesado en nosotros, y Él y yo trabajaremos juntos en esta situación. Yo pondré la voluntad y Él pondrá el poder, con esa combinación nosotros podemos hacer cualquier cosa". ¿Recuerda la historia de Lutero? Una mañana, cuando estaba triste y desalentado, su esposa apareció vestida de negro. A la pregunta de Lutero con respecto a qué significaba aquel vestido de luto, ella contestó: "¿No has escuchado? Dios está muerto". Lutero vio tal disparate y usted también debería verlo. Dios vive y por eso, ¡usted también vivirá!

Oh, Dios, mientras tú vivas yo también viviré. Nadie puede remover la roca de tu existencia en la cual estoy, y mientras sea así, no me preocuparé ni tendré temor. Eso significa que por la eternidad no necesitaré preocuparme ni tener temor. Te agradezco. Amén.

1 Juan 4:18; 3:20-22; 1 Pedro 3:12-14

El temor es el quinto columnista

Ahora llegamos al sexto paso: *tenga en mente que nada de lo que usted teme es tan malo como el temor en sí.* Digo esto seriamente: Nada de lo que puede sucederle es, ni puede ser tan desastroso y destructivo como la entrada del temor y la preocupación en su vida; porque si mantiene intacto el centro de su vida, entonces puede volver de cualquier cosa. Sano en el corazón puede decir: "Deja que el mundo siga su curso"; pero si está lastimado en el corazón por el temor y la preocupación, usted es derribado por las circunstancias, reales e imaginarias. El hombre que pelea las batallas de la vida sin temor, lucha contra un solo enemigo, contra aquello que realmente lo confronta. Pero el hombre que pelea con los temores dentro de él enfrenta a tres enemigos: el verdadero enemigo con el que pelea, las cosas imaginarias construidas por el temor, y contra el temor en sí. Y el más grande de estos es el temor. El temor es el quinto columnista dentro del alma, el caballo de Troya que desata dentro de sí mismo a los enemigos que nos capturan por dentro aún antes de empezar la verdadera batalla con el enemigo que tenemos enfrente.

> Por eso, toma tu temor por la oreja,
> y dile: "Mira, si aquello que yo temiera, ya estuviera aquí, no podría causar ninguna lágrima tan caliente, ni ardería en mi alma tanto como tú, temor,
> Por tanto, desde ahora y para siempre,
> ¡fuera de aquí!"

En consecuencia, la conclusión es que no hay nada de qué temer, excepto al temor, nada de que preocuparse, excepto de la preocupación. Pero dejar el tema allí con ese dicho trivial, es dejarnos con el temor alimentando al temor y con la preocupación alimentando a la preocupación. Eso sería tan malo como temer y preocuparse por algo objetivo. Incluso el temor del temor debe irse. ¿Cómo? Al fijar nuestra atención no en las cosas que nos atemorizan, ni en el temor de este temor, sino en Cristo, el que nos salva del temor.

Oh, Cristo, mi salvador, tú conoces todo lo que me causa temor, tú has pasado por todo. Sin embargo, ninguna preocupación ni ningún temor echaron sus raíces en ti. Quiero conocer tu secreto; revélamelo. Obedeceré total y plenamente. Amén.

SEMANA 11 - VIERNES

Salmos 55:6; 16:19; Isaías 11:10; Sofonías 3:17

Descanse en la presencia de Cristo

Ayer terminamos diciendo que debemos poner la atención en Cristo, en el hombre que se encontró con todo lo que nosotros nos encontramos y más, y no se preocupó. Asegúrese de que su atención esté puesta en Él; porque es una ley de la mente que cualquier cosa que consigue llamar nuestra atención, consigue ganarnos. Si Cristo llama su atención, contará con usted. Pero, ¿cómo podemos fijar nuestra atención en Él? Si usted se está apartando de Él y va hacia las preocupaciones, entonces dé el paso siguiente: *Descanse en su presencia*. Su poder no podrá hacerle entender nada, a menos que usted aprenda a descansar. El temor y la preocupación nos limitan. La fe nos hace descansar. A menudo el temor y la preocupación mantienen el motor en marcha aún después que usted ya ha estacionado. Se siente desgastado aún cuando está sentado. En una de mis reuniones más recientes, se anunció que en un estacionamiento alguien había dejado en marcha el motor de su auto. Muchas de las personas que estaban frente a mí, todavía tenían sus motores en marcha, usando energía y poder. Estaban tensos por sus ansiedades y sus temores. En esa condición no podemos entender nada; porque es un hecho que usted no puede grabar nada en una mente tensa. Por lo tanto, una mente tensa no puede absorber energía; solo puede gastarla. El fin de la tensión es la ruina. En quietud y confianza usted absorbe porque está en un estado de receptividad y por consiguiente, las energías de la vida son absorbidas y almacenadas.

Un sirviente negro le dijo a la señora de la casa: "He notado que cuando usted se sienta, parece estar tensa. Tensa y confundida en su interior. Ahora míreme. Cuando trabajo, trabajo duro; cuando me siento, me siento holgadamente". Había una verdadera filosofía de vida en aquella declaración: cuando usted trabaje, trabaje duro; pero cuando termine de trabajar, entonces deje de trabajar, descanse. "Libérese; llame a Dios". Abandone sus temores y sus preocupaciones interiores, y deje que Dios los absorba en su gracia y amor. Permita que Dios reemplace la falsa energía del temor y la preocupación con la verdadera energía de la fe que trabaja a través del amor.

Mi Padre Dios, he quemado la energía de mi alma, de mi cuerpo y de mi mente en la falsa energía del temor y la preocupación. Tal tensión me llevó a cualquier parte, me llevó al hoyo más profundo. Ayúdame en este día a conectar mis energías con la calma de tus propósitos y con la paz de tu poder. Entonces conoceré la armonía y la satisfacción. Amén.

Mateo 6:25-34

Un día a la vez

Ayer vimos en nuestra meditación que la preocupación es un gasto inútil de energía. En la India tenemos un pájaro llamado: "Qué lástima". Todo el día anda por ahí y dice: "Qué lástima". ¡Y cuentan que por las noches duerme con las patitas en el aire para evitar que el cielo se caiga! Es el campeón de los pesimistas y de los aprensivos. Según la historia, no descansa ni de día ni de noche; por eso está delgado, escuálido y susceptible. Algunos de nosotros somos como ese pájaro. Pero no tenemos que ser así. Más bien podemos contemplar el cuadro que pintó el artista sobre el descanso, retratando a un pájaro en un nido que estaba colgado encima de una poderosa cascada. En medio de la confusión y del rugir de la cascada, esa ave es el símbolo de la quietud, del descanso y de la calma. Debemos aprender aquello. ¿Cómo?

Enfrente el hoy, hoy. Jesús mostró una visión muy aguda cuando dijo: "*Por lo tanto, no se angustien por el mañana, el cual tendrá sus propios afanes. Cada día tiene ya sus problemas*" (Mateo 6:34). Él no decía que ya no encontraríamos más problemas. Los problemas están. La vida está limitada a traer problemas. Fue hecha de esa manera. Pero no resuma los problemas de mañana y del día siguiente en el día de hoy. Enfrente el día de hoy, hoy; porque si usted por la preocupación se anticipa y pone los problemas de la semana próxima en el día de hoy, entonces estropeará su día. Estará enfrentando a dos conjuntos de problemas a la vez, los problemas que realmente están allí y los que traerá por preocuparse por los problemas de mañana. También estará enfrentando a sus problemas dos veces, antes que lleguen a usted y cuando realmente hayan llegado. El hecho de anticiparse a los problemas es un doble gasto de energía y es innecesario. La preocupación es el interés que usted paga por adelantado por los problemas que nunca vienen. Algunos de ellos vienen, pero puede vencerlos separadamente. Pero los problemas de mañana junto a los de hoy pueden arruinarnos.

La teoría que dice: "divida y conquiste", es aplicable en este caso. Divida sus preocupaciones y enfréntese a las preocupaciones de un solo día y derrótelas. Pero no deje que las preocupaciones conspiren contra usted y se acumulen al mismo tiempo en un solo día. Divida y conquiste. Enfrente al día de hoy, hoy.

Oh, Dios, veo que he estado cargándome innecesariamente. Tú me has dado la carga suficiente para hoy y me ayudas a llevarla. Pero yo añado a mi carga y en consecuencia mis fuerzas para las tareas legítimas disminuyen. Perdóname, porque veo que esto es pecado, pecado contra mí y contra ti. Amén.

SEMANA 12 - DOMINGO

Proverbios 1:33; 3:23-26; Isaías 30:15; 33:24

En quietud y confianza

La semana pasada terminamos con la lección sobre enfrentar al día de hoy, hoy. Esto suena a psicología, pero nos liberta interiormente de la distracción. Esto es importante, porque toda distracción es destrucción. Todas las energías pueden ser acumuladas para un logro constructivo y no desperdiciadas con las preocupaciones sin sentido.

Ahora hágase a un lado y mire la situación desde cierta distancia: "Hoy es el mañana por el que usted se preocupó ayer". El hoy no es tan malo, ¿no? Tiene sus problemas, pero todos son tolerables. Incluso el peor día de hoy es tolerable. Un joven que había perdido ambas piernas y ambos brazos en la guerra, dijo: "¡Gracias Dios, porque todavía tengo salud y fuerza!" Y aún más, tenía un alma invencible. Con ese tipo de alma, usted puede enfrentarse con todo lo que venga en el día.

Y si aún el día entero parece demasiado difícil, entonces divídalo en horas. De este modo usted enfrenta el momento con todos sus recursos. Llene ese momento con Dios y con los recursos de Dios. Use toda su energía para enfrentar a los enemigos uno por uno a medida que llegan. Manténgalos separados y pelee con ellos de una sola vez. Y luche con ellos, no por medio del esfuerzo tenso, sino por medio de la fe tranquila. Eso nos lleva al siguiente paso: *repita una y otra vez: "En quietud y confianza será vuestra fortaleza"* (Isaías 30:15 RVR60). Note dos cosas aquí, la quietud y la confianza. Usted debe aquietar todo en la presencia de Dios. Aquiete su ser delante de Él y beba de su fuerza silenciosa. Permita que la sanidad silenciosa del Señor entre en cada poro de su ser, inundando las cansadas e intranquilas células nerviosas con esa sanidad. Pero la quietud sola no será suficiente, la confianza es necesaria. La quietud es pasiva y debemos ser pasivos para Dios, pero la confianza es activa y debemos ser activos para Dios. Y note la clase de actividad, porque la palabra confianza proviene de *con*, "con", *fideo*, "fe". En otras palabras, no es una fe sola; es una fe "con", una fe con la fe de Dios. Su fe y la fe de Dios fluyen juntas y por eso pueden lograr cualquier cosa.

Padre mío, empiezo a ver que mi pobre y sola fe, no es todo lo que me ha sido dejado para batallar con las tristezas y los problemas de la vida. Yo tengo una fe más, la tuya. Y ese "más", es suficiente y más que suficiente. Ya no viviré la vida con un único principio, sino con el plan cooperativo. Ya no tengo miedo, tú estás conmigo. Amén.

Salmo 23

Fe en la fe de Dios

Todavía no terminamos con el paso en cuanto a repetir interiormente las palabras: *"En quietud y confianza será vuestra fortaleza"*. Si la *"confianza"* es tener fe con Dios, entonces la vida cristiana no consiste en salir adelante sin la ayuda de nadie. Es unir nuestra pequeñez con la grandeza del Señor, nuestra insuficiencia con su plenitud. Es hacer lo que hizo el muchacho cuando le ofreció a Cristo sus cinco panes y dos peces. Esa multitud pudo no haberse alimentado sin su cooperación, y los cinco panes con los dos peces solos no podrían haberse multiplicado. Él y Cristo juntos hicieron todo lo necesario.

Muchas veces, cuando no tengo fe en mi fe, tengo que tener fe en la fe de Dios. Él me hace creer en mí y en mis posibilidades cuando simplemente no puedo. Tengo que levantar su fe en mí. Una mujer que estaba colapsada interiormente me dijo:

–Bueno, no tengo fe en lo que puedo hacer, pero tengo fe en la fe de usted.

–Bien –le contesté– tenga fe en mi fe como un primer paso y luego usted continuará hacia algo infinitamente mejor, poner su fe en la fe de Dios.

Con la fe en la fe de Dios usted puede hacer cualquier cosa, cualquier cosa que tenga que ser realizada.

Hay un pasaje que toca su necesidad. *"Porque el Señor tu Dios es un Dios compasivo, que no te abandonará ni te destruirá"* (Deuteronomio 4:31). La fe no solo dice que usted debe aferrarse a Dios, también dice que Dios se aferra a usted. ¡Él no lo abandonará! Tal como Walt Whitman lo expresa: "No te rechazaré a menos que el Sol deje de brillar". Por lo tanto, manténgase diciendo a su alma, *"en la serenidad y la confianza está su fuerza,"* (Isaías 30:15 NVI). Luego repita a su alma estas palabras: "Decir que lo que debe ser no puede ser, es un absurdo y una total declaración de ateísmo". Lo es. Dígase a usted mismo: "Lo que debe ser puede ser y por eso yo lo haré". Y lo hará. Irá más allá de usted mismo.

Un santo repite: "Dios está. Dios está aquí conmigo". Eso crea confianza y fe.

Oh, Cristo vivo, veo que la vida es estar en comunión, es una unión contigo. No solamente en los momentos separados para la quietud, sino en los momentos de presión, de tensión y de esfuerzo. Ahora puedo ver que puedo ser un guerrero feliz, porque estoy aprovechando grandemente tu poder y prosigo en tu confianza. Realmente puedo hacer lo que no puedo. Te agradezco, te agradezco. Amén.

SEMANA 12 - MARTES

Mateo 8:26; 1 Juan 4:17-18; Lucas 9:47-48

Renunciar a nuestros miedos

Hemos llegado al paso siguiente: *dejar lo que usted teme en las manos de Dios.* Póngalo delante de Dios y pídale que lo resuelva con usted. El temor pone las cosas en sus manos; la fe pone las cosas en las manos de Dios y las deja allí.

A una señora la tristeza y el dolor la dejaron con un corazón disgustado. Estuvo en cama durante un año y tuvo varios tratamientos. Un día fue a una reunión a cierta distancia de su casa y me contó que su corazón empezó a comportarse realmente muy mal y tuvo miedo de morir en el camino. Su pensamiento predominante era: "Cuán costoso será transportar mi cuerpo de vuelta hasta mi casa". Después de una charla con ella, descubrí que la ansiedad y la preocupación causaban la alteración en el funcionamiento de su corazón. La alteración no era imaginaria; era muy real, pero causada por la preocupación y el temor. Le pedí que dejara todo el asunto en manos de Dios. Y ella lo hizo. Las pronunciadas líneas dibujadas en su rostro se relajaron y empezó a actuar como una persona normal. Pero dejemos que ella misma cuente la historia: "¡Permítanme decir que mi cuerpo no fue transportado hasta mi casa, porque yo me sentía con mucha vida y no sentí ningún cansancio cuando llegué a mi casa después de un viaje de 900 km. en un solo día! Y no he tenido ninguna recaída desde que llegué a casa. Esta recuperación es muy real; no es neurótica, porque mis nervios se han estabilizado y mi corazón está empezando a actuar como lo haría un corazón normal. Es maravilloso... Cuando el médico me vio ayer, me dijo: 'Algo te ha sucedido desde la última vez que estuvo aquí. Hay una transformación en ti que es casi increíble. ¿Qué sucedió?' Cuando le conté, él dijo: 'Sé que lo que dices es cierto, porque tú misma eres la prueba de ello'. Y luego añadió, 'Lo que tú has encontrado es lo que el 75% de nuestros pacientes necesitan más que la medicina, porque muchos de ellos estarían bien físicamente si estuvieran bien mental y espiritualmente'".

Padre mío, perdóname por haber sostenido mis preocupaciones, mis problemas y mis temores con mis incompetentes manos, en lugar de dejar que sean sostenidos por tus manos competentes. Ahora mismo te entrego todas estas cosas. Son tuyas y no por una hora, sino para siempre. Y acepto mi liberación. Estoy agradecido, muy agradecido. Amén.

1 Corintios 15:57-58; Filipenses 2:12-13; Romanos 15:1-3

Liberarse de los temores por medio del trabajo

Ahora que ha pasado sus temores y sus ansiedades a Dios y los ha dejado allí, dé el paso siguiente.

Acepte deliberadamente algunas tareas para ayudar a otros. Usted ha pasado sus temores y sus ansiedades a Dios, no para ser un espacio vacío, sino para tener un corazón que ahora tiene lugar y tiempo en su interior para los problemas de otras personas. El Dr. Woodall nos habla de una mujer inválida que tenía una alta presión sanguínea, además de otras dolencias. Siempre pensaba en sí misma y rara vez hablaba de algún otro tema que no fuera su enfermedad; estaba en cama y no podía hacer ninguno de los quehaceres de la casa. Repentinamente su esposo cayó muy enfermo y parecía estar al borde de la muerte. Despertada por este peligro, se levantó de su cama para ayudar en la recuperación de su esposo. Cuando se olvidaba de sus dolencias en su esfuerzo por ayudar a su esposo, ella se sentía bien. Y eso es debido a que la salud vendrá solamente por medio de la actividad saludable.

John Wesley habla de vivir "con la rienda floja". Él lo practicaba, sabía cómo descansar; pero cuando trabajaba, ¡cómo trabajaba! La rienda floja estaba con el fin de tener una rienda más segura.

Un relojero le dijo a un amigo, cuando le preguntó por qué sus relojes siempre funcionaban: "Para que puedan mantenerse en un mejor estado". Usted y yo hemos sido creados para realizar actividades constructivas, y la salud vendrá a nosotros como un subproducto. No se siente para hablar de sus dolencias o tendrá cada vez más cosas de qué hablar. Hemos escuchado que las ranas no croan en aguas corrientes, solo en aguas estancadas. Usted se convertirá en un profeta del mal si su vida está estancada. ¡Métase en el fluir de las actividades útiles y dejará de lamentarse y al final no se lamentará antes de tiempo!

Debemos aprender a ser pasivos delante de Dios y activos delante de los hombres. Tome de las cosas de Dios mientras está pasivo; luego reparta a otros cuando está activo. Estos son los dos latidos del corazón de su vida: pasivo, activo. Sométase a Dios, pero no se someta a ninguna otra cosa. Entonces será creativo y dominante.

Oh, Dios, tú me sanas con el fin de convertirme en un centro de sanidad. Este precioso don que tengo en mis manos, no para mirar fijamente en alegre respeto, sino para pasarlo a otros. Libremente he recibido; ayúdame a darlo libremente. En el nombre de Jesús. Amén.

Isaías 55

El temor al fracaso

Con todos nuestros miedos y ansiedades entregados a Dios y nuestras energías comprometidas en utilidad constructiva para otros, ahora estamos en una posición en la que podemos mirar de frente a estos particulares temores y preocupaciones y dejarlos inofensivos con una mirada.

Analice sus peores miedos uno por uno. Ahora usted se atreve a mirarlos, porque antes ya ha puesto sus ojos en Cristo y sabe que todos estos temores tienen la huella del Hijo de Dios en la parte trasera de sus cuellos. Están medio derrotados en el Señor y serán totalmente derrotados cuando usted acepte y actúe en la realidad de su derrota.

(a) *El temor al fracaso.* Muchísimas personas pasan por la vida esclavizadas por el éxito. Tienen un temor mortal al fracaso. ¿Por qué? Jesús no le dio mucha importancia ni al éxito ni al fracaso. La historia de Jesús es una historia de aparente fracaso, porque rechazado por su nación y crucificado por los romanos, terminó en una cruz. La fe que tiene una cruz en su centro, no puede ser una fe que adora al éxito. Yo no tengo que tener éxito; solo tengo que ser fiel a lo más grande que conozco. El éxito y el fracaso están en las manos de Dios. Cuando iba hacia la India dije en Inglaterra: "El romance de las misiones se ha ido para mí. Sé contra qué cosa estoy. Si usted me dijera que yo vuelvo a la India solo para ver frustración y fracaso y que ya no vería ningún fruto, yo contestaría: 'Eso es un incidente. Tengo el llamado de Dios para ir a la India y ser fiel a ese llamado es mi única ocupación; el éxito y el fracaso no me importan, el hecho de ser fiel, sí'". Un día hice esa declaración en una reunión y un ministro subió y dijo: "Toda mi vida he sido esclavo del éxito; he considerado todo desde el punto de vista del éxito. Tú has liberado dentro de mí la tensión más grande de mi vida. Solo tengo que ser fiel, gracias, Dios".

"Hay un león en el camino", dice el miedo. Pero cuando usted va directamente hacia el león del temor, resulta que en realidad es un ratón. Suponga que usted fracasa. ¿Es eso tan terrible? No haberlo intentado es el peor de los fracasos.

Padre mío, he tenido miedo al fracaso. En el temor al fracaso el ego todavía se esconde, temeroso de lo que otros podrían decir. Perdóname por haber considerado el veredicto de otros en lugar de considerar el veredicto de tu "Bien hecho" y decir que en el éxito y el fracaso he sido fiel a ti. Oh, ayúdame a ser fiel, no me importa nada más. Amén.

Isaías 46:4; Hechos 2:17; Salmo 91

Otros temores que deben ser conquistados

Hemos visto temores específicos y ansiedades específicas. Veamos otro: (b) *El temor de perder los afectos de un amigo o de un ser querido.* Llegar a estar ansiosos y preocupados por esto es estar en el camino más rápido para perder los afectos de aquellos a quienes amamos; porque es difícil o imposible amar a una persona totalmente tensionada interiormente por causa de la ansiedad. Esa misma ansiedad bloquea el paso del amor. Una persona ansiosa y preocupada es difícil de amar. El mismo amor puede existir a pesar de la tensión ansiosa, pero la ansiedad es una presión sobre el amor. En consecuencia, cuando está tenso y ansioso con respecto al amor de un ser querido, usted derrota a su propio propósito. Por eso, renuncie a esa ansiedad.

(c) *El temor de depender de otros en la edad madura.* ¿Por qué tendría que temer a esto? Sus hijos dependían de usted; ¿por qué usted temería depender de ellos? La vida está hecha de tal manera que crecemos al aceptar responsabilidades por las que no hay nada a cambio. No niegue a sus hijos ese privilegio de crecer. Sea la clase de persona que ellos amarían tener y cuidar. Si es el temor a ser cuidado por el Estado, entonces le repito, ¿por qué tendría que preocuparse? Si usted ha sido un buen ciudadano y un miembro útil a la sociedad durante su vida activa, contribuyendo de esa manera con la construcción del Estado, entonces, ¿por qué el Estado no tendría que cuidar de usted cuando usted ya no tenga la capacidad para trabajar? No hay ninguna vergüenza en el hecho de ser ayudado, ya sea por su familia o por el Estado si usted ha sido un miembro útil de la sociedad.

(d) *El temor al futuro desconocido.* Muchos viven en el temor de lo que va a venir. ¿Por qué temer? Lo desconocido pone aventura en la vida. Nos da algo para agudizar nuestras almas. Lo inesperado a la vuelta de la esquina da un sentido de anticipación y sorpresa. Gracias a Dios por el futuro desconocido. Si viéramos todas las cosas buenas que llegan a nosotros, nos sentaríamos y nos corromperíamos. Si viéramos todas las cosas malas, estaríamos paralizados. Cuán misericordioso es Dios al levantar hoy el telón, y mientras nos fortalecemos para enfrentar el mañana, levanta el telón al día siguiente. Él es un Dios considerado.

Oh, Dios, sé que si tengo miedo de perder el amor de aquellos que me aman, perderé la confianza y la confianza es conquista; en consecuencia perderé la conquista. Dependo de ti y tú dependes de nosotros, ayúdame a no avergonzarme de ser dependiente de otros. Y con respecto al futuro, lo enfrento con un saludo y con una canción. Amén.

SEMANA 12 - SÁBADO

Hebreos 2:14-15; 2 Timoteo 4:6-8; 2 Corintios 5:1-6

El temor a la muerte

Ahora hemos llegado al más grande de los temores: *el temor a la muerte*. Muchos pasan por la vida arruinándola con el temor a la muerte. Sin embargo, ¿por qué tendríamos que temer a la muerte?

Hace un tiempo estuve por ser colgado. En el camino hacia el lugar de ejecución, mi hermano me dijo:

Me parece que no vas a salir de esto, ¿no? estuve de acuerdo. Pero en el camino, encontramos a la mujer que se suponía yo había asesinado.

–¡Ahí! –dije, –te lo había dicho, esa es la mujer.

La trajimos con nosotros. Una gran multitud se había reunido y entonces grité:

–Les había dicho que soy inocente; ahí está la mujer.

Pero la multitud contestó:

–Hemos venido hasta aquí para ver colgar un ministro y vamos a acabar con esto.

A lo que respondí:

–Cometen una injusticia, aunque yo no tengo miedo de morir. Estaban decididos y me llevaban hacia el cadalso, cubrieron mi cabeza con la capucha negra, me pusieron la soga en el cuello y yo me paré sobre el escotillón. Pero cuando el escotillón estaba a punto de abrirse, ¡me desperté! Por supuesto, estaba contento de encontrarme en mi cama y no en un cadalso, pero sentía una euforia en mi interior, incluso de gozo. Y me dije: "¿Por qué aquello no era tan malo?, ¡incluso en el peor de los casos!" ¡No podía haber nada peor que eso!

¿Por qué el cristiano tiene que temer a la muerte? Tener miedo de esa vida más larga es una especie de ateísmo. Dudar del futuro significa dudar del presente. Significa que el maestro, quien pasó por la muerte y luego se levantó y dijo: *"Yo soy la resurrección y la vida; el que cree en mí (...) vivirá"*, no es confiable en las cosas decisivas y por lo tanto tampoco es confiable en las cosas inmediatas. Así como el ave que está en la rama del árbol, cuando la tormenta está a punto de sacarlo de su rama, puede decir: "Está bien, sácame de aquí, tengo otra alternativa, tengo alas", así también nosotros podemos decirle a la muerte: "Quítame de mi rama terrenal, tengo otra alternativa, tengo inmortalidad, tengo a Dios".

Los cristianos verdaderos viven bien y mueren bien.

Oh, Dios, cuando te tengo, tengo todo y más que todo. Ninguna muerte puede tocar esa realidad, porque tú vives en medio de los cambios terrenales. Por eso yo también viviré en medio de los cambios terrenales, sin ver la muerte. Soy invulnerable en ti. Amén.

SEMANA 13 - DOMINGO

Mateo 9:29; 17:20; Marcos 11:22; Hechos 3:16

Moldeado por la fe y no por el temor

Mi intención original era terminar las meditaciones sobre la conquista del temor la semana pasada, pero cuanto más tratamos este tema, se vuelve más fundamental. Mientras escribía lo anterior, recibí de una mujer altamente capacitada una carta que contenía la siguiente declaración: "Oh, Dr. Jones, todo está mal y tengo tanto miedo de entrar en una crisis total". Ella dijo: "todo está mal". Culpaba a sus circunstancias; pero no había nada malo excepto su temor, que estaba arraigado en actitudes egocéntricas. Su universo continuamente se derrumbaba debido a sus actitudes que daban a luz a los temores. Si ella cambiara el centro de su vida, todas las sumas le saldrían bien; pero con el centro equivocado nada sale bien.

Por lo tanto, esta semana vamos a reunir nuestras decisiones interiores y vamos a registrarlas. Estas decisiones no serán un tipo de decisiones complicadas ni cerradas, sino un registro tranquilo y relajado de la vida comprometida con ciertas actitudes.

(1) *Veo que interiormente soy modelado por la fe y no por el temor.* El temor no es mi tierra natal; la fe lo es. He sido creado de tal manera que la preocupación y la ansiedad son como arena en la maquinaria de la vida; la fe es como el aceite. Vivo mejor por medio de la fe y la confianza, que por medio del temor, de la duda y de la ansiedad. En ansiedad y preocupación, mi ser respira con dificultad, estos no son mis aires nativos. Pero en fe y confianza respiro libremente, estos sí son mis aires nativos. Un médico de Johns Hopkins dice: "No sabemos por qué las personas aprensivas mueren antes que las personas no aprensivas, pero es una realidad". Pero yo, que soy una persona simple, creo saber porqué: estamos construidos interiormente, con nervios, tejidos y células cerebrales, además de un alma, para la fe y no para el temor. Dios nos hizo de esa manera. Por eso, la necesidad de la fe no es algo impuesto dogmáticamente en nosotros, sino que intrínsecamente está escrita en nosotros. No podemos vivir sin ella.

Vivir con preocupación es vivir contra la realidad.

Oh, Dios, puesto que la necesidad de la confianza y de la fe están escritas en mí y por lo tanto son ineludibles, no intentaré escapar de ellas. Me rindo a la sanidad y a la renovación de la fe y de la confianza. Tu sanidad ahora entra en cada fibra de mi ser. Estoy agradecido. Amén.

SEMANA 13 - LUNES

Mateo 6:30; 9:2; Romanos 14:23; Gálatas 2:20

Sin fe usted no podrá enfrentar a las emergencias de la vida

Para resumir la meditación de ayer: somos interiormente moldeados por la fe, la fe sana; la duda y el temor destruyen. Las estadísticas sobre seguros dicen que las personas que tienen rentas vitalicias viven un promedio cinco o seis veces mayor que aquellas que no tienen ninguna. Ese ingreso de por vida los alivia de la ansiedad con respecto a la seguridad en la edad adulta, y el mismo hecho de tener ese alivio les prolonga la vida.

(2) *Veo que no puedo enfrentar a las emergencias de la vida a menos que tenga confianza y fe.* Un médico me habló de este procedimiento en la Clínica Mayo: "Una paciente que era preparada para una de las maravillosas operaciones nuevas que se realizan para reducir la presión sanguínea alta, había pasado exitosamente cada examen preliminar y pensó que ya no tendría ninguna otra prueba. Se había equivocado. Porque antes de la operación tenía que pasar la prueba que le aseguraría que ningún problema mental ni espiritual estaba causando los dolores de cabeza crónicos y la hipertensión. El médico, quien era una persona segura y difícil de contrariar, interrogó con detalles a la paciente con respecto a su vida hogareña, su felicidad matrimonial y su condición religiosa. ¿Era feliz? ¿Estaba preocupada por el dinero? ¿Estaba satisfecha con las condiciones de su casa? ¿Conforme con su religión? Hasta que no pasara por esa prueba no estaría en condiciones de enfrentar la operación, porque los médicos sabían que ella podría colapsar interiormente si hubiera conflictos y preocupaciones en su vida". Una maestra de escuela sufría de problemas del corazón, su corazón latía tan fuerte y rápidamente que al menor esfuerzo "parecía que iba a salirse de su cuerpo". Los médicos no encontraban ninguna razón física para el estado de su corazón, pero descubrieron que ella estaba preocupada por un bulto que tenía en el pecho; estaba segura de que ahí se desarrollaría un cáncer. Cuando se enteró de que no tenía ningún bulto ni ningún cáncer, se fue a su casa feliz y aliviada. El corazón volvió a su normalidad y ella es feliz y eficiente en su trabajo. El temor y la preocupación habían causado una alteración en su organismo. La perturbación era real, pero había sido causada por el temor de algo irreal.

Oh, Dios, veo que soy el enemigo de mis posibilidades si admito el temor y la ansiedad en mi interior. Yo mismo causo la alteración en mis órganos, trastorno mis células cerebrales, transmito el cansancio a mi fiel corazón y paralizo mis energías constructivas. Soy el enemigo de mí mismo. Perdóname. En el nombre de Jesús. Amén.

SEMANA 13 - MARTES

1 Timoteo 6:11-12; Hebreos 4:2; 10:22; 13:6

El temor y las ansiedades se oponen a que estemos en nuestro mejor estado

Ayer vimos que el temor y la ansiedad evitan que estemos en nuestro mejor estado. El temor y la ansiedad paralizan el centro de la vida. Un mexicano vio una serpiente y se encontró una herida: había sido rasguñado por un alambre de púas. Pensando que había sido mordido, echaba espuma por la boca y estaba a punto de morir. El médico llegó, vio que no había ninguna inflamación en la abrasión, le aseguró que no había sido mordido y el hombre se puso bien casi inmediatamente. El miedo produjo los síntomas. Porque el temor siempre producirá los mismos síntomas que usted teme. ¿Por qué las personas que tienen un "rostro inmutable" juegan un mejor partido de tenis que aquellos que suben y bajan emocionalmente dependiendo del puntaje? La simple razón es que el "rostro inmutable" es una expresión exterior de una confianza inalterable. Y la victoria fluye desde ahí.

Ty Cobb, de Detroit y "Shoeless Joe" Jackson tenían la misma cantidad de puntos en el juego de béisbol, y ambos querían el campeonato. Cuando los dos equipos se encontraron en un partido importante, Cobb se rehusó a hablar con Jackson. Como habían sido buenos amigos, Jackson estaba preocupado porque tenía miedo de haber ofendido a Cobb. Se preocupó tanto que no pudo rendir bien en el juego. En consecuencia, Cobb ganó, su estrategia de sembrar la duda moral tuvo éxito.

Es un hecho que aquel que se preocupa tiene poca capacidad pulmonar, es así por la realidad de la preocupación. La persona de fe respira profundamente del aire de Dios, del poder de Dios y de la esperanza de Dios. El que está preocupado tiene miedo de respirar profundamente, tiene miedo de la sanidad del aire fresco, de la esperanza sanadora de Dios y del poder de Dios. Y por eso, se asfixia a sí mismo, a veces hasta la muerte. *"Tuve miedo y fui y escondí tu talento"*. Dijo un hombre en La Escritura. Y eso sucede en todas partes, los que temen entierran sus talentos y a veces se entierran ellos prematuramente. La preocupación transforma a una persona fuerte, en una persona débil.

La preocupación es una especie de miopía, la visión es corta.

Mi Dios y Padre, yo estaría en mi mejor estado, en tu mejor estado. Pero tu mejor estado no puede desarrollarse si soy temeroso, porque bloqueo tu poder redentor. Ahora decido ser una persona sin bloqueos en ninguna parte de mi vida. Porque, ¿cómo me atrevería a bloquearte a ti, mi Señor y mi Dios? Amén.

SEMANA 13 - MIÉRCOLES

Juan 16:22-24; 14:27

Decida actuar sin ningún temor

(3) *Entonces decido no actuar con temor, sino esperar hasta que pueda actuar en fe.* Nunca actúe con temor, porque los temores habitualmente son falsos. *"Mira, haz todas las cosas conforme al modelo que te fue mostrado **en el monte**"* (Hebreos 8:5). No construya su vida conforme a ningún modelo que le haya sido mostrado en el valle del temor. Espere hasta llegar al monte de la fe y entonces construya los planes para su vida. Una esposa muy saludable tenía miedo de tener un bebé, y por eso permitió un aborto. No había ninguna razón física por la que ella no pudiera tener a ese bebé, pero el temor había paralizado su instinto creativo. Y ahora nunca podrá tener a un bebé en sus brazos. El temor le dejó ese vacío. Nada de lo que pudo haber sucedido en el nacimiento del bebé habría sido tan duro como el dolor de pasar toda una vida con los brazos vacíos, con el instinto de madre frustrado. Ella se amaba a sí misma y por eso no podía amar a nadie excepto a sí misma. Y el ego que tenía para amar era un ego amargado.

Una de las almas más grandes de esta era dice: "Cuando no me siento bien, cierro mi mente con respecto a tomar decisiones, ninguna decisión hasta que me encuentre por encima de las cosas".

Todos mis momentos de decisión, entonces, serán momentos de fe y no momentos de temor. Instruiré a mi mente para que no tome ninguna decisión excepto en fe. Y no debe haber ninguna excepción. Por eso uso una mente libre de toda acción temerosa. Es maravilloso lo que la mente hace cuando su atención está concentrada y decidida. En la universidad decidí actuar sin ningún temor. Sucedió una noche, que yo estaba bajo una lluvia de piedras cayendo a mi alrededor en la oscuridad, y mi primer impulso fue protegerme detrás de un árbol; pero recordé mi decisión y me quedé ahí al descubierto, viendo a las piedras caer a mi alrededor, con mi rostro vuelto hacia las piedras que caían. Me sorprendió mi propia valentía, porque naturalmente no soy tan valiente. Mi resolución, hecha de antemano, de nunca actuar con temor, me había sostenido en aquella crisis. Elija la fe como una actitud permanente y para toda la vida.

Oh, Cristo vivo, tú nunca actuaste bajo temor; por eso tu curso siempre fue hacia delante. Yo también haría lo mismo, porque contigo la vida no tiene ningún retroceso ni ningún pesar. Dame el simple impulso de la fe en cada circunstancia, y ayúdame a actuar únicamente en esa fe. En el nombre de Jesús. Amén.

Hebreos 6:12; 12:2; 13:7; Judas 20

Producir fe en otras personas

(4) *Decido producir fe en otras personas. Pensaré en la fe, hablaré con fe, viviré en la fe, impartiré fe.* Esto significa que me volveré a Dios de todas mis actitudes carentes de fe y ayudaré a otros a hacer lo mismo. Un pastor me dijo que no podía comer, que estaba enflaqueciendo cada día más y que tenía dolores en su estómago. Cayó sobre sus rodillas y dijo: "Oh, Dios, tú liberaste a un hombre, a Stanley Jones, del agotamiento físico y nervioso; tú puedes librar a otro; puedes liberarme a mí". Dejó todo en manos de Dios, se fue a la cama, descansó y recibió, simplemente recibió. Respiró de la sanidad de Dios así como los pulmones respiran el aire purificador. Hoy es la imagen de la salud y es contagioso, porque irradia fe.

Cuando un papá estaba a punto de ser operado, y la madre y el hijo no podían dormir en medio de la preocupación y la ansiedad enviaron esta nota a una persona de la iglesia: "Por favor, venga y quédese con nosotros en la noche; tenemos miedo. ¿No podría venir para hablarnos? Porque no tenemos nada que pueda sostenernos en la oscuridad". El hombre vino y esa madre con su hijo rindieron sus vidas a Dios y fueron cambiados. El hijo habló con su padre, quien por mucho tiempo había estado allí, ciego; pero finalmente reconoció la voz de su hijo, respondió a su testimonio, abrió su corazón al amor de Dios, se convirtió y murió feliz. La chispa de fe en ese hijo, un convertido de dos días, encendió algo en el corazón de su padre y lo transformó.

Usted también pertenece al gran contagio, el contagio de la fe. Una amiga que trabajaba en la universidad tenía un período de preocupación que le provocaba un aumento en su presión arterial. Puso una carta en el buzón, diciéndome que había puesto todo el problema en manos de Dios. Ese fue un acto de fe. Y en el momento en que dejó caer su carta, ¡también bajó su presión! Ahora es muy equilibrada, tranquila y eficaz. Con respecto a la caída de esa carta en el buzón, hubo otro cambio: siempre había sido introvertida; pero ahora es extrovertida y produce en otros una fe contagiosa.

Oh, Dios, derriba dentro de mí la última barrera del temor que controle el fluir de la fe. Tendré las puertas de mi espíritu abiertas hacia fuera y no hacia dentro, porque he sido creado por ti, el Creador, para la actividad creativa. Ayúdame a crear esperanza y fe en otros. En el nombre de Jesús. Amén.

Santiago 1:3; Hebreos 11:6; 1 Tesalonicenses 5:8; Efesios 5:20

Cultivar la fe

(5) *Con el fin de tener esa fe y esa confianza, que debo impartir a otros, debo cultivar voluntariamente la fe.* Pero el cultivo de la fe no quiere decir que yo trataré de cultivarla. Voy a dejar de tensionarme, descansaré y seré el canal de un poder que no es mío... y Dios hará el resto. ¿Es esta la declaración piadosa de un ministro? Entonces escuche al Dr. Fritz Kunkel, un excelente psiquiatra: "Cuando estoy confiado y tengo fe, buen humor, cuando permito que mi cuerpo, mis órganos, mi cerebro, funcionen como quieren funcionar, confío en mi naturaleza y todo va bien. Pero cuando desconfío o tengo miedo y empiezo a controlar mi naturaleza y no confío en ella, trato de reemplazar la función inconsciente de mis órganos con la fuerza de voluntad, pero luego me doy cuenta de que la fuerza de voluntad no tiene ningún poder. Trato de reemplazar mis funciones naturales con los controles conscientes. Es decir, trato de reemplazar a Dios por mí mismo. No puedo reemplazar a la naturaleza. No puedo crear mis músculos, mis nervios ni las funciones de las rodillas. Cuando trato de hacer este reemplazo, descubro que el nuevo gobierno es peor que el anterior. Por eso mi temor aumenta, y por eso aumenta la tensión consciente; y también el peligro aumenta y también me tensiono al máximo. La salida sería la confianza, la fe, la tranquilidad, el descanso" (notas de una conferencia).

Un hombre de negocios me dijo: "Estoy física y mentalmente bien, pero emocionalmente estoy enfermo. Soy propenso a tener el control de todo y no puedo dejarlo ir". Comenzó tratando de añadir un codo a su estatura por estar ansioso, y al haber tomado el control, no sabía cómo liberarse. Liberarse significa que usted tiene más fe en Dios y en los procesos de Dios que en usted y en sus propios procesos. La esencia del cultivo de la fe está en el descanso. Usted nunca será un buen músico si se esfuerza demasiado; debe tranquilizarse y dejar que la música entre en sus dedos, de tal manera que usted no toque la música, que la música lo toque a usted. Así también es con Dios, no use a Dios; permita que Él lo use.

Entonces usted será capaz de decir con Walter Rauschenbusch: "Mi temor ha desaparecido en la gran quietud de Dios".

Oh, Dios, no he peleado la buena batalla de la fe; he peleado la batalla del temor. He estado muy tenso. Ahora ayúdame a ser débil en tu presencia, para que puedas imprimir en mí tus caminos, tu serenidad y tu poder. En el nombre de Jesús. Amén.

Romanos 12:8; Proverbios 15:13-15; 17:22

Enfrentar la vida con alegría y con expectativa

(6) *Enfrentaré la vida alegremente y con expectativa. Aprenderé a reír, incluso a reírme de mí mismo.* La Escritura dice: *"Gran remedio es el corazón alegre, pero el ánimo decaído seca los huesos"* (Proverbios 17:22). También dice: *"en la serenidad y la confianza está su fuerza,"* (Isaías 30:15). Y una vez más: *"Depositen en él toda ansiedad, porque él cuida de ustedes"* (1 Pedro 5:7).

Sé que Elsie Robinson tiene razón cuando dice: "Lo desagradable puede ser una enfermedad. Provee un escape para nuestra cobardía, una excusa para nuestra pereza, una coartada para nuestra terquedad y un reflector para nuestra vanidad". Por eso haré lo que sugiere Muriel Lester: "Busque a la autocompasión como buscando a un piojo" y aborrézcala con el mismo aborrecimiento. Mantendré mi capacidad para reírme y para reírme incluso de mí mismo. Cuando estoy muy tenso y lo tomo muy seriamente, deliberadamente voy hasta el espejo y me pongo a reír a carcajadas. Me siento más cerca cuando veo reír al hombre del espejo. "Usted nunca se sentirá mal", le dijo un médico a un amigo mío, "porque tiene una risa entusiasta".

Esto es lo que dice la Dra. Emily T. Wilson acerca del poder recuperador de la risa y la alegría: "Aquellos que son alegres y confiados, quienes están libres de las ansiedades y del temor, logran un progreso mucho más satisfactorio que aquellos que se mantienen en una confusión de dolor y preocupación. Una vez que eliminamos las emociones conflictivas y mantenemos a nuestros pacientes en una actitud pacífica, esperanzada y sin temor, hemos ganado más que media batalla. No sabemos por qué la preocupación causa un aumento de dolor en mi garganta, una reaparición de úlceras en un cansado hombre de negocios, una elevación en la presión sanguínea en el diabético. El cristiano sincero no tiene tiempo para los nervios. El hombre de fe que enfrenta la vida confiado y sin temor, se ahorra incontables enfermedades y se libra de la creación de una personalidad desintegrada y sin propósito". "No hay tiempo para los nervios", simplemente está demasiado ocupado con la fe y la confianza como para permitir a los nervios un avance de su influencia y mucho menos un punto de apoyo.

Tú, Dios confiado, que avanzas firmemente en medio de las desviaciones y traiciones de los hombres, ayúdame a tener tu paciencia y tu confianza. Porque desde ahora estaré unido eternamente contigo. Si tú cayeras yo caería; hasta entonces, permaneceré. ¡A ti sea la gloria! Amén.

Salmo 51:1-17

La sensación de una culpabilidad no resuelta

Hemos visto a cuatro de los quince enemigos de la personalidad: (1) La falta de fe y la lealtad hacia algo que está más allá de uno mismo que da un significado definitivo, coherencia y objetivo a la vida; (2) El egocentrismo; (3) La ira, los resentimientos y el odio; (4) El temor, la preocupación y las ansiedades; (5) *La sensación de una culpabilidad no resuelta*. La sensación de una culpabilidad no resuelta es destructiva para la personalidad equilibrada.

El evangelismo más antiguo estableció la idea principal con respecto al énfasis en "la culpa", pero relacionada con lo que nos sucedería después de la muerte: ¿de qué manera podría estar usted delante del juicio de Dios?, usted, ¡un alma culpable! El énfasis dejó de atraer a la mente moderna y fue arrojada en el cesto de basura. Pero ahora vuelve a través de la psicología. Ernest Renan dijo: "El siglo XX gastará una buena parte de su tiempo recogiendo cosas del cesto de basura que descartó el siglo XIX". Una de las cosas que ahora son recogidas es precisamente esta necesidad de que la naturaleza interior sea absuelta de la culpa. No podemos vivir con culpa, es decir, vivir verdaderamente.

Debe reconocerse que muchas buenas ideas con respecto a la culpa tuvieron que ser echadas en el cesto de basura. Eran las culpas falsas que inútilmente atormentaban a muchas personas sinceras. Muchas de las culpas falsas adheridas a las personas necesitaban ser liberadas. Por ejemplo, ahora sabemos que los sentimientos en cuanto al sexo no son pecados; son parte de nuestra vida normal saludable, todos los tenemos, santos y pecadores. También sabemos que el normal amor a uno mismo es correcto y natural; el hecho de actuar como si usted no tuviera ninguno termina en hipocresía. Toda persona normal tiene amor por sí mismo y debe tenerlo. Muchas culpas falsas que atormentaron a la humanidad han sido liberadas y deberían ser liberadas. El temor de haber cometido el "pecado imperdonable", habitualmente es un temor falso, porque el pecado imperdonable del cual Jesús habló, decía que Jesús tenía "un espíritu inmundo", que el Espíritu dentro de Él, el Espíritu Santo, era inmundo. Pero ese pecado se comete muy rara vez. Por lo tanto, no tenga temor de haber cometido el pecado imperdonable.

Oh, Dios, he construido dentro de mí culpas falsas que esconden mi culpa verdadera, perdóname, porque quiero ser absuelto interiormente de todas las culpas obsesionantes que roban mi confianza y mi poder. Limpia las profundidades, porque no puedo vivir con la culpa. Solo puedo vivir con la comunión y la reconciliación. Amén.

1 Corintios 8:1; Romanos 11:33; Juan 1:17; 8:32

La psiquiatría pagana muchas veces es destructiva

Ayer vimos que muchas culpas falsas tienen que eliminarse. La conciencia puede ser enseñada para aprobar cosas diametralmente opuestas. Un día le dije a un hindú: "Supongamos que usted fracturó su casta, pero, ¿alguien se daría cuenta?" "Yo lo sabría, porque mi conciencia me reprendería si yo fracturara mi casta", me contestó. Su conciencia le reprendería si él fracturara su casta y la mía me reprendería si yo mantuviera la casta. La conciencia preservará los valores que usted ponga en su naturaleza moral. Es importante qué valores coloca usted ahí. La conciencia debe ser entrenada a los pies de Cristo; solo entonces será una guía segura.

Debo expresar una palabra de advertencia en contra de los psiquiatras paganos, quienes, al encontrar personas en conflicto con ellos mismos, que sufren por una personalidad dividida, con ideales altos y conducta baja, tratan de unificar a las personas en el nivel de la conducta y descartan totalmente el mundo de los ideales morales. Esto normalmente resulta en una ruptura mayor, la desunión, porque un nuevo conflicto tiene lugar en el nivel de la conducta. El mundo moral no puede disolverse con un movimiento de la mano, ni por medio de una frase astuta de un psiquiatra pagano. Sáquelo por la puerta y volverá por la ventana. Un psiquiatra, un hombre muy destacado, incita a las mujeres que están nerviosas y enojadas, a que se busquen un "novio". Algunas de las mujeres aconsejadas por este psiquiatra para que practicaran el adulterio, fueron con gran dolor a ver a uno de mis amigos del ministerio. Con su auxilio encontraron a Dios y ahora son libres y felices. La misma esposa de este psiquiatra, divorciada ya que él había actuado conforme al consejo que da a otros, vino a mi amigo y también encontró a Dios y ahora está radiante. El falso consejo dado por este psiquiatra producía desunión en la personalidad y desintegraba hogares, incluyendo el suyo. El único nivel posible con el que usted puede estar unificado permanentemente es el nivel de sus ideales. Todo lo demás lo decepcionará.

Si usted va a ver a un psiquiatra, vaya a uno que tenga antecedentes y perspectivas cristianas. Tales psiquiatras son la sal de la tierra y ayudan a muchos a liberarse.

Oh, Dios, mi Padre, veo que en medio de todos los caminos del hombre tú tienes un camino que está escrito en la naturaleza de la realidad. Ayúdame a encontrar ese camino para que yo pueda vivir, porque no puedo vivir andando a tientas. El tiempo es demasiado corto y la vida demasiado seria. En el nombre de Jesús. Amén.

Juan 2:23-25; Hebreos 2:6-9; Tito 2:12-14

¿Qué eres tú, mi hermano?

El corazón humano no será desalentado con subterfugios; necesita reconciliación, perdón y seguridad.

"¿Es este el lugar donde sanan a los corazones quebrantados?" Preguntó una joven coreana de una base misionera. Si ese corazón quebrantado viene de una tristeza exterior o de una culpa interior, la necesidad es la misma. El Dr. Howard Kelly, el gran cirujano, le dijo a un paciente: "Lo que usted necesita es un Nuevo Testamento". Y la sanidad que el paciente necesitaba fue la certeza del perdón, de la gracia y de la reconciliación. Necesitamos a un Dios perdonador. Como lo expresa un escritor moderno:

> ¿Para qué estamos, mi hermano? Somos una señal fantasma del deseo afligido, el parpadeo espectral y fosfórico del tiempo inmortal, una brevedad de días perseguidos por la eternidad de la Tierra. Somos una expresión inexplicable, un hambre insaciable, una sed inapagable; una lujuria que hace estallar nuestros nervios, explotar nuestros cerebros, enfermar y pudrir nuestros intestinos y parte nuestro corazón en pedazos. Somos un cambio inesperado de pasión, una llama momentánea de amor y de éxtasis, un nervio de sangre viva y agonía, un clamor perdido, una música de dolor y de gozo, una persistencia de horas breves y bruscas, una belleza casi capturada, el susurro de un demonio de una memoria sin cuerpo. Somos las víctimas del tiempo.
>
> ¿Para qué estamos, mi hermano? Somos los hijos de nuestro Padre, cuyo rostro nunca hemos visto, somos los hijos de nuestro Padre, cuya voz nunca hemos escuchado, somos los hijos de nuestro Padre, a quien hemos clamado pidiendo fuerza y consuelo en nuestra agonía, somos los hijos de nuestro Padre, cuya vida como la nuestra fue vivida... somos los hijos de nuestro Padre, a quien solo podemos hablarle de la carga extraña y oscura de nuestro corazón y nuestro espíritu, somos los hijos de nuestro Padre y seguiremos las huellas de sus pies para siempre
>
> Thomas Wolfe, *Of Time and the* River, pp. 869-870[1]

Sí, somos los hijos de nuestro Padre y nuestros espíritus nunca descansarán hasta ver su rostro y, cuando lo veamos, veremos en ese rostro la reconciliación y el perdón.

Oh, Dios, mi Padre, seguiría tus pisadas para siempre, no sabía que tus pisadas se habían vuelto hacia mi dirección, que me buscas. Soy yo quien ha estado huyendo de ti. No huiré más, vengo a ti, vengo a ti. Amén.

---

1. Reimpreso con el permiso de los publicadores, Chas. Scribner's Sons

SEMANA 14 - MIÉRCOLES

Salmos 4:4-5; 34:8; 36:7; 91:1-2

Descansar en la presencia de Dios

Ayer descubrimos que el hombre es su propio y peor enemigo, él mismo permite en su vida cosas extrañas para las cuales no fue creado, y deja fuera a Dios por quien fue creado.

Y aquí al fin encontramos
un diagnostico estricto de nuestra enfermedad,
la cual es, en resumen, que el hombre tiene hambre del cielo,
los hombres nacen sedientos de lo infinito.

Pero el hombre no solo está "sediento de lo infinito"; también está sediento de algo en el centro de lo infinito que tiene un corazón, que cuida, que le dice que el universo es amigable, que hay un ser que es infinito, bueno y redentor. Démosle al hombre esa seguridad y podrá levantarse contra cualquier cosa.

¿Cómo el hombre puede estar seguro? Una joven de origen alemán, que siempre recibía instrucciones en cuanto qué hacer y en qué creer, me escribió y dijo: "Por favor, dígame que estoy perdonada. Si usted me dice que he sido perdonada, puedo estar segura". Yo le habría asegurado que había sido perdonada, pero la seguridad que una persona le da a otra es una seguridad limitada. La totalidad de la vida debe asegurarlo. ¿Cómo podemos conseguir esa seguridad de la vida? Demos los pasos que usa el psicoanalista. Usaremos su análisis para llegar a nuestra síntesis.

(1) Recuéstese en alguna habitación con poca iluminación, ponga una toalla sobre sus ojos y descanse. Hable de usted mismo, permita que su mente vague por su vida como desee. No discuta con usted mismo, sino de una manera tranquila y aislada traiga a la superficie cualquier cosa a la que su mente vuelve una y otra vez. Probablemente usted tocará esta cosa ajena enterrada dentro de usted de una manera atemorizante y sorprendente. Es un punto sensible, un temor sepultado, una culpa escondida. Es posible que al principio no quiera reconocer que hay algún punto sensible en su vida, porque usted mismo ha sostenido que todo está bien; ha construido defensas contra la aparición de cualquier pregunta sobre cualquier cosa, "No despertar malos recuerdos", ha sido su actitud. Pero ahora ha resuelto ser perfectamente honesto y perfectamente sincero, incluso con usted mismo.

Oh, Dios, ahora entro en una vida de completa sinceridad y de honestidad abierta. Vivo sin ninguna caverna escondida y cerrada en las profundidades de mi ser. De ahora en adelante, soy un "hijo de luz" y no conozco ningún secreto escondido, ni ningún punto sensible oculto. Debo ser simple, sincero y tuyo. Amén.

SEMANA 14 - JUEVES

1 Juan 1:5-10; 2:1-2

No mencionar nada susceptible

Puesto que usted ha empezado a poner todo en la luz, entonces está preparado para el segundo paso: (2) *Todo lo que parece susceptible sáquelo a la luz suave, pero decididamente.* Tal vez este punto sensible es su dificultad. En ese caso, sepárelo y vea qué debe hacerse al respecto. No lo deje caer fuera de la vista para tratar de olvidarlo. Eso causará estragos en una profundidad mayor, en el subconsciente. Tal vez su dificultad es un resentimiento oculto, algo que ha sepultado en el subconsciente y le puso una tapa. Pero ahora está a la vista y lo mira sinceramente.

Un granjero permitió que uno de los becerros de su vecino se introdujera en su rebaño para ser vendido con el resto. ¡Pero cada vez que él miraba a Dios no podía ver otra cosa que aquel becerro! Solo cuando confesó y lo devolvió pudo encontrar la paz consigo mismo y la comunión con Dios.

Una joven sospechaba que un resentimiento oculto contra un ministro para quien ella había trabajado, era la causa de que sintiera un obstáculo espiritual aparentemente impenetrable. Escribió una carta diciendo que estaba preocupada por los resentimientos y la guardó por varios días, esperando que el simple hecho de escribirla fuera suficiente. Pero la mente es una cosa implacable, no dirá "paz" cuando no hay paz. Cuando dejó caer la carta en el buzón, la paz y la liberación se hicieron presentes.

No haga lo que recientemente hizo una estudiante de catorce años. Ella era inteligente y hermosa. Se acercó y me dijo: "Soy como esa chica de quien usted habló, totalmente vacía interiormente; y lo que es peor, estoy en un lío. He sido expulsada de cuatro colegios y estoy a punto de ser expulsada del colegio en el que estudio actualmente. ¿Es demasiado tarde para hacer algo ahora?" ¡Demasiado tarde a los catorce! Ella había urdido nuevas mentiras para cubrir las mentiras anteriores y su vida iba de un problema a un problema mayor, y ahora la ley la cercaba por falsificación de cheques. Empezó a ser sincera y me pidió que la ayudara, luego, repentinamente decidió escapar, literalmente, y lo hizo. Había escapado de su entorno, pero no de sí misma.

Saque a la luz todo lo que parece susceptible.

Oh, Dios, cuando empiezo a desenredar mi vida, ayúdame a que todo quede claro. Ayúdame a quedar limpio; porque las concesiones solo comprometerán mi felicidad, y cualquier cosa que me haga retroceder solo me hará alejar de la liberación y de ti. Andaré por tu camino continuamente. Amén.

SEMANA 14 - VIERNES

Marcos 5:5; Efesios 5:8-17; 1 Juan 5:11-12, 20

Volver a la normalidad con la ayuda de Dios

Tal vez usted está tentado a observar a su entorno, o el de otros; ver todo excepto a usted mismo y a Dios como una salida. No lo haga, no hay otra salida. Escuche la historia de un médico sobre un alma que estuvo desesperada. Una señora de veinticinco años de edad sufría de artritis. Había ido de un lugar a otro en los Estados Unidos buscando salud y no tenía fe en los médicos, puesto que había consultado a más de cincuenta. Estaba en un estado mental de desesperanza y llena de temores; tenía miedo de estar bien; miedo de perder su casa; miedo de perder el amor de su esposo; miedo de no volver a caminar; estaba convencida de que la vida era una "pérdida total" y estaba saturada por un definido sentido de culpabilidad. Muchas veces las enfermeras salían de su habitación con lágrimas porque no podían hacer nada bien, ella era muy difícil de complacer.

Su primer paso hacia Dios fue confiarle a Él algunos de sus simples miedos. Empezó a cooperar, de tal manera que las enfermeras ya no tenían miedo de cuidar de ella. Luego empezó a caminar. De pronto le aparecieron todos los síntomas de una úlcera gástrica cuando un amigo malintencionado le escribió diciéndole que su esposo le era infiel. Pero entregó esta tristeza a Dios y los síntomas de la úlcera desaparecieron. Después vino su esposo y el asunto se solucionó. Dos veces volvió a sentir dolor, una vez cuando se enojó con su suegro; pero después de arreglar el problema con él, su dolor desapareció.

Esta paciente confesó que dos años antes de la artritis, huía de la vida debido a un conflicto afectivo, y que durante los dos años, mientras su esposo estudiaba, ella vivía una doble vida: fuera de su casa hasta tarde en la noche, bebiendo para no pensar y fumando incesantemente. Veía que su modo de vida era lo que había estropeado su salud y le había provocado artritis, que la causa de su mala salud no era física, sino espiritual. Como conclusión, expresa: "He vuelto a la normalidad con la ayuda de Dios". El pecado es lo anormal y nos impulsa a vivir contra la vida, y eso no puede ser.

Oh, mi Padre y mi Dios, enfrento, como esta mujer lo hizo, a los enredados hilos de la vida, enmarañados por mis propios pecados y necedades. Aquí y ahora, te prometo que no quedará ninguna piedra sin remover, ni ninguna promesa incumplida hasta que yo sea libre en ti. Amén.

Hebreos 12:1-2; Isaías 45:22; Juan 3:14-16

Salga de usted y vuélvase a Cristo

Ahora hemos llegado al simple tercer paso. (3) *Puesto que usted ha sacado a la superficie todos los conflictos y a todas las culpas, ahora vuelva su atención y su lealtad a Cristo.* El hecho de exponer todos estos conflictos, temores y culpas, dejará un vacío que solo Cristo puede llenar. Él entra y toma posesión y cuando usted vuelve su atención a su interior, no pone su atención en usted mismo, sino en el Cristo que está dentro de usted. Ahora bien, usted puede ser introvertido, ¡pero en ese mismo momento es extrovertido!

Una mujer muy inteligente, de excelente carácter y habilidad, amaba fielmente a su padre. Cuando él murió, quedó sin nadie a quien amara realmente, en consecuencia, su amor frustrado se volvió furiosamente hacia ella. Esto perturbó sus nervios y acabó en una frustración posterior. Ese amor frustrado podía ser liberado y satisfecho solo si se centraba en Cristo, el eterno y revelado. Nuestro amor, sujeto completamente a Cristo, dará a todos los amores más pequeños y legítimos su significado y su lugar. Esos amores son santificados por el amor supremo. Usted se atreverá a amarse a sí mismo si ama a Cristo profundamente.

El Dr. Paul Scherer me habló de una brillante mujer, el cerebro de un grupo de adictos a las drogas, quien escuchaba la radio para buscar argumentos en contra de Dios; porque no dudaba de Dios, simplemente lo odiaba. En ese tiempo tomaba tres veces la dosis legal para poder dormir. Pero algo en las palabras que escuchó en la radio rompió su antagonismo. Estaba convertida. Y entonces empezó la lucha por desenredarse. Una y otra vez parecía desfallecer por el deseo de la droga, pero se rehusaba a tomarla. Fue a ver a su pandilla y les contó lo que le había sucedido. Su testimonio rompió el círculo. Cinco de ellos fueron muertos en acción ya que fueron a Inglaterra para ayudar a los heridos con el fin de "compensar por lo que habían hecho para destruir a otros". Ahora ella es una cristiana radiante y trabaja en el servicio social de una gran ciudad. Una nueva lealtad y un nuevo amor rompieron el poder de lo viejo. Ame a Cristo y después haga lo que a usted le guste, porque le gustará lo correcto. ¡Usted será libre!

Oh, mi Señor y mi maestro, veo que puedo ser libre solo cuando estoy enamorado de ti, porque tu amor es mi amor. Qué esclavitud, ¡qué libertad! Ahora sé lo que la promesa quiere decir: "Si el Hijo os libertare, seréis verdaderamente libres". Soy verdaderamente libre. Te agradezco Padre. Amén.

SEMANA 15 - DOMINGO

2 Corintios 8:11-12; 1 Corintios 1:26-29; 3:21-23

El negativismo y las actitudes de inferioridad

Ahora vamos hasta el sexto y notable enemigo de la vida humana: *el negativismo y las actitudes de inferioridad.* Casi siempre uno es tentado a poner esto como el enemigo número uno. Las probabilidades dicen que el temor es el enemigo número uno. Pero como el negativismo y las actitudes de inferioridad están estrechamente aliados al temor, podemos tomarlos como el enemigo número dos.

Este enemigo es mucho más peligroso, porque muchas veces se manifiesta como su opuesto: actitudes de superioridad. Alguien que no está seguro de sí mismo habla fuerte, alardea y fanfarronea para impresionar a otros, y trata de sostenerse a sí mismo con un *show* exterior. "Voy a verte en un Cadillac", me dijo por teléfono un amigo de hace mucho tiempo. Había desperdiciado sus grandes posibilidades y por eso trataba de hacerse grande diciendo "Cadillac" en lugar de decir "Ford". Jesús vio a un hombre pequeño tratando de ser grande; y por eso dijo: *"¿Quién de vosotros, por mucho que se afane podrá añadir un codo a su estatura?"* Nosotros tratamos de añadir codos a nuestra estatura al hablar de decoraciones exteriores para compensar las inferioridades interiores. Un cartel en el mercado de ganado recurrió a esta psicología subyacente al exhortar: "Llama la atención a través del ganado". Los hombres pequeños, que no pueden llamar la atención de otros debido a lo que son inherentemente, o por lo que han logrado, podrían llamar la atención de la gente asociándose con el ganado fino. ¡Pararse en el lomo de un novillo para parecer más alto! Una hazaña de la que podemos decir, es muy precaria, porque el novillo puede escaparse y hacerlo caer, ¡y tal vez con un golpe ridículo! Eso es lo que pasa habitualmente, porque aquellos que tratan de aparentar ser grandes terminan haciendo el ridículo. Un psicólogo dijo que "la probabilidad de que aquellos que dicen ser superiores sean impopulares, es de un millón en uno". Ellos mismos derrotan sus propósitos. *"El que quiera salvar su vida"* concentrándose en ella, vistiéndola para que parezca ser más grande de lo que realmente es, está destinado a derrotar su propio propósito, en las palabras de Jesús: *"la perderá"*. Las actitudes de superioridad y el engaño de la grandeza son el lado opuesto de un complejo de inferioridad. Evite toda superioridad superficial así como evita al diablo, porque son casi lo mismo.

Oh, Dios, quiero ser lo que soy sin ningún fingimiento. Pero quiero ser más: quiero ser el hombre que tú intentas que yo sea. Entonces permaneceré con simplicidad y dignidad en tu voluntad y en tu propósito. Porque todo en tu voluntad es grande, tal vez seré grande también si permanezco en tu voluntad. En el nombre de Jesús. Amén.

SEMANA 15 - LUNES

Romanos 12:3, 16; 14:1, 4, 10, 13, 15

La gente susceptible y la gente insegura

Ayer meditamos acerca del negativismo y las actitudes de inferioridad, y vimos que algunos se defienden más cuando están menos seguros de sí mismos. Conozco a un hombre que sintiéndose inferior a su esposa, afirmaba su superioridad comprando sus ropas y diciéndole lo que debería usar, ¡para su esposa esto era el colmo! Él insistía en dominar su vida exterior porque se sentía inferior delante de su estado mental y espiritual.

A veces se alterna entre las actitudes agresivas y los períodos de desánimo y de menosprecio a uno mismo. Este comportamiento cíclico resulta en malhumor. El temperamento de tal persona va de montañas muy altas a valles muy profundos. Pero a menudo las actitudes de aislamiento y de derrota no resultan en una depresión de malhumor, sino en el "tic". El profesor David Eitzen dice:

> Cerrar de un portazo, caminar rápidamente, pisar fuerte el piso por el enojo, discutir con sus propios socios, pegar a los niños, son manifestaciones de una dificultad que no se enfrenta y trata inteligentemente.

Si es manifestada como malhumor y resentimiento o como una explosión de temperamento en su ambiente o en otros, la dificultad es la misma, es el sentimiento de inferioridad. El hombre desanimado consigo mismo descarga su malhumor en el ambiente. Crea terremotos exteriores con el fin de esconder los temblores interiores de su alma. Así como los escalofríos corporales son un intento de la naturaleza de elevar la temperatura de alguien cuando ha caído por debajo de lo normal, ¡así estas sacudidas del temperamento son un intento psicológico de subir la temperatura del ego interior! El hombre empeora interiormente; por eso grita. Esta es la ley de la sobre compensación en funcionamiento. La gente susceptible es gente insegura. Siempre buscan el desprecio, porque tienen un sentimiento subconsciente que dice que se lo merecen. Usted puede medir la importancia de un hombre por la medida de las cosas que lo enfadan. No hace mucho tiempo, recibí una carta con entrega especial de una mujer que me pedía que fuera a verla, aunque era un viaje largo, porque tenía miedo de tener un fracaso total. ¿La causa? ¡Sus planes para la Navidad se habían alterado!

Oh, Dios, vengo a ti para encontrar poder para ser realmente fuerte. Sálvame de estas fuerzas fingidas que me dejan débil. Quiero ser la clase de persona a la que nada puede enojar porque estoy muy seguro en mi interior. Pero sé que esto sucede solo cuando soy fortalecido interiormente por tu fuerza. Me expongo ante tu fuerza verdadera. En el nombre de Jesús. Amén.

SEMANA 15 - MARTES

Hebreos 10:38-39; Hechos 13:13; Gálatas 2:11-13

Creados para logros positivos

Usted y yo fuimos creados en nuestro ser interior para logros positivos: para ser extrovertidos, para dominar nuestras circunstancias y para crear. Si no creamos y producimos positivamente, la maquinaria de la vida se detendrá; porque estamos ajustados para la creación. Por lo tanto, el negativismo no solo evita que tengamos éxito, sino que no nos dejará vivir. La personalidad se desintegra bajo las actitudes negativas. No hemos sido creados para estas actitudes.

Conozco a una persona cuya primera actitud hacia todo lo nuevo que se le presentaba es "¡No!" Vive en una disposición negativa. Y por eso su vida está frustrada cuándo con sus potencialidades puede ser fructífera. Una ilustración más dramática es la de aquella mujer de una gran habilidad intelectual que tenía miedo de la vida, se había hundido en sí misma e hizo del aislamiento la estrategia de su vida. Cuando se hundió en si misma y rehusó ser sociable, la naturaleza empezó a cobrarle peaje y se endurecieron sus rodillas. Llegó a ser inválida. Sin embargo, no solo sus rodillas se endurecieron: Sus células cerebrales también decayeron por la preocupación, la ansiedad y el temor. Según dijeron los médicos: "Sus células cerebrales están muy dañadas por causa del temor". Ella se hizo imposible, para ella y para los demás. Las fuerzas de la vida estaban destruidas bajo el aislamiento. Así que los médicos decidieron cortar esa parte del cerebro que dirige la previsión y dejarlo atrofiarse, para que el resto del cerebro pueda funcionar sin el temor y sin la preocupación. El temor y la preocupación tenían que ser eliminados por la medicina o por el poder limpiador de la fe. Ella rechazó la fe: "Huí por mucho tiempo. Si usted me hubiera visto hace algunos años, quizás habría evitado esto, ahora no queda nada excepto la operación".

El aislamiento y el negativismo son infecciones que corrompen las células cerebrales, aflojan los tejidos y envenenan al espíritu. Debe decidir que estas cosas no tengan ninguna parte en su interior si quiere vivir abundantemente.

Mi Dios y Padre, te pertenezco a ti Dios creador. Me uno a tu Espíritu creador para ser creativo, positivo y victorioso. Porque pertenezco al hoy, al mañana y a la eternidad. No pertenezco a un lamento nostálgico con respecto a un pasado muerto, ni al miedo del presente, ¡Pertenezco a la victoria! Ayúdame a tomarla. Amén.

Gálatas 5:1; 2 Timoteo 1:7; Juan 6:66-68

No disfrace de amigo al negativismo

Si queremos salir del negativismo y de las actitudes de inferioridad, debemos dar ciertos pasos positivos. No lo haremos como por arte de magia. Ningún milagro sorprendente de liberación sucederá, a menos que nosotros cooperemos. Lo hará mientras trabajemos y solo cuando trabajemos. No se siente sin esperanza a esperar que Dios o el hombre pueden realizar un milagro *en* usted. Dios y el hombre podrán realizar un milagro *a través* de usted, si coopera. Solo entonces, dé estos pasos: (1) *Reconozca al negativismo y a las actitudes de inferioridad como enemigos, no trate de disfrazarlos como amigos.* Será tentado a ver el negativismo como prudencia y a las actitudes de inferioridad como humildad. Arranque esos falsos disfraces y vea estas actitudes tal como realmente son: enemigos de usted y de sus posibilidades.

Cuando algo difícil venga hacia usted, deberá tomar uno de los cuatro métodos para tratar con ello, según lo afirma el Dr. M. S. Congdon, un psicólogo: "(1) ¡Escape de él! (2) ¡Combátalo! (3) ¡Olvídelo! (4) ¡Enfréntelo!" Los primeros tres siempre terminan en un fracaso, solo el cuarto abre una puerta. Su primer paso consiste en enfrentarse a los hechos, a la totalidad de los hechos. No sea como el ministro escocés que empezó y dijo: "Este es un texto difícil; si lo enfrentamos nos condenamos". No se condene hasta que haya visto a su dificultad cara a cara y la haya visto tal cual es, no como algo que deba ser disculpado, o defendido, o explicado o justificado, sino como algo que debe ser echado fuera.

Un ministro dio el primer paso hacia la victoria cuando en una reunión se levantó y dijo: "'No puedo' y 'mañana', son los males gemelos de mi vida, los que me incapacitan a mí y a mi ministerio. 'No puedo hacer cosas', o 'no las puedo hacer hoy'; estas son las manos paralizantes que están sobre mí". Él estaba en el camino hacia la victoria al apartar honestamente a estos enemigos y reconocerlos como tales. Después de la separación viene la eliminación, pero primero es la separación.

Tú, Cristo sincero y veraz, ayúdame a ser sincero y veraz, porque quiero colaborar. Toma de mi vida todo pensamiento negativo, todo rechazo a aceptar la responsabilidad, toda actitud de temor, y déjame enfrentar la vida con una confianza y con una canción. En el nombre de Jesús. Amén.

Gálatas 2:21; 2 Timoteo 3:16-17; 4:10-11; Filipenses 4:13

La frustración de mí mismo

Ahora dé el segundo paso hacia la liberación: (2) *permita que esta idea lo cautive: He sido creado en la estructura interna de mi ser para logros creativos; cuando me aparto de esto me frustro.* Uno de los notables ministros de este país es el Dr. Shirkey, de San Antonio, Texas, es un alma radiante y contagiosa. Pero estuvo a punto de estar a la altura de su nombre[1], ¡o por debajo! Porque me contó que cuando era joven, la punta de sus dedos era muy sensible y su madre le permitió dejarse crecer las uñas para proteger sus dedos. Pero un día su profesor lo puso delante de la clase e hizo que se cortara las uñas públicamente. Esta humillación lo hizo apartarse del colegio e inventar una enfermedad para mantenerse a distancia. Una de las dolencias fingidas era un dolor en la cadera. El dolor se convirtió en un dolor real y se agudizó tan gravemente que un cirujano decidió enyesarlo. Cuando el joven vio lo que sucedía; rompió en llanto y le contó a su madre cuál era la causa. Nunca volvió a ver al médico. Ahora es como una nave Apolo en su salud, pero estuvo a punto de ser un inválido por el resto de sus días. El aislamiento negativo fue detenido a tiempo al enfrentar la realidad con honestidad.

Un médico trataba a un paciente cuya vida funcionaba a media máquina. "Usted fue criado por mujeres", dijo el doctor. "¿Cómo lo sabe?", preguntó el hombre, más bien sorprendido. El médico le contestó: "Puedo ver que todos los 'no' que recibió hasta antes de cumplir sus cinco años de edad aparecen en usted ahora". Era verdad, había sido criado por unas tías solteras irrazonables. Esos "no" se habían asentado en su subconsciente y controlaban su conducta, lo habían inhibido para que no fuera una persona creativa y lo habían llenado de temores. En el relato bíblico sobre la negativa de Faraón con respecto a dejar salir a Israel, se encuentra este pasaje que dice: *"Por causa de los tábanos, el país quedó arruinado."* (Éxodo 8:24). Muchas vidas son arruinadas por cosas muy pequeñas como los insectos; y el peor insecto es un "no" temeroso.

Oh, Dios, que quieres lo que yo quiero, ayuda a que este deseo mío desee tu voluntad. Ayúdame a unir mi pequeñez con tu grandeza, mi cobardía con tu agresión amorosa, mi demora con tu avance, mi temor con tu fe, entonces nada podrá detenerme. Amén.

1. Apellido similar a *shirker*, que en inglés significa flojo, débil. (Nota del traductor)

2 Corintios 9:8; Efesios 2:19-22; Apocalipsis 19:10; Jeremías 1:6-10

Cierre su mente contra todo pensamiento negativo

Ayer vimos que lo segundo que debemos entender es que todo negativismo y toda actitud de inferioridad no son naturales, sino un pecado contra nosotros mismos y contra nuestras posibilidades, así como un pecado contra otros y contra Dios. Una joven de campo que se había mudado a la ciudad, se desmayaba cada vez que veía una vaca, incluso en la ciudad. Esa vaca estaba conectada con algo desagradable que le había sucedido en la granja; por eso la mente de la joven volvía hacia atrás al ver al animal y se desvanecía para escapar de la vaca y de la razón por la que estaba ahí. Fue necesario que reconociera que ese escape no era natural, era algo externo, algo para lo cual no había sido creada, una infección mental.

(3) *Cierre su mente contra todo pensamiento negativo en el momento en que estos vengan.* No entretenga esos pensamientos y no les dé una silla; porque si atraen su atención lo atraerán a usted. Enfréntelos en la puerta y ciérrela de un portazo en sus narices; ciérrela con llave y arrójela en una hornalla al rojo vivo, así no podrá tomarla otra vez. Pablo literalmente dice: *"Cierra tu mente"*. A una enfermera no le gustaba uno de sus pacientes. Cuando estaba en el umbral de la puerta de este desagradable enfermo, hacía una pausa para elevar una oración. En sus palabras decía: *"Os digo que en cuanto no lo hiciste a uno de los más pequeños de estos, mis hermanos, tampoco a mí lo hiciste"*. Vino el amor. Ningún paciente volvió a ser repulsivo. Fue bueno que ella no actuara con una mente negativa.

No admita, incluso de usted mismo y mucho menos de cualquier otra persona, que le digan que usted es inferior o que tiene miedo. Sobre todo, no hable de ello como una virtud. No es una virtud, es un pecado. Dijo alguien a una persona de color: "¿Por qué usted no admite su inferioridad?" Y la respuesta fue: "Soy un hijo de Dios y por la lealtad a mi Padre no puedo aceptar que soy inferior". Como hijo de Dios él no era inferior, era capaz de infinitas posibilidades. Así nuestra fe en nosotros mismos no es la que nos hace salir adelante sin ayuda de nadie. Es una fe arraigada en la realidad de nuestra relación con Dios. Aquel místico Rufus Moseley lo expresa en estas elegantes y hermosas palabras: "El Espíritu Santo hace que yo ponga mis hombros en su lugar".

Padre mío, ¿cómo puedo ser un gusano del polvo en ti? No lo soy. Soy tu hijo, hecho a tu imagen, fortalecido por tu mente, capacitado por tus propósitos, encendido nuevamente por tu amor y creado otra vez por tu redención. No puedo ser inferior porque tú no eres inferior, y yo estoy en ti. Amén.

Romanos 12:3-8; 1 Corintios 3:18-23; 6:19-20

¡Ninguna ilusión de grandeza!

Si va a cerrar su mente contra todo pensamiento negativo, también debe: (4) *cerrar su mente contra toda ilusión de grandeza.* Será tentado a ir de una actitud a la actitud opuesta y a consentir ideas extravagantes acerca de usted mismo. Usted no es ni un gusano ni una maravilla, simplemente es una cantidad de buenas posibilidades, si se desarrolla.

Un padre le dijo a su hija que había tropezado con sus logros: "Tú no eres inferior ni en lo más mínimo". A lo que la joven contestó: "No; la realidad es que soy superior en muchas cosas". Esa respuesta era reveladora, porque mostraba el secreto de su ineficacia. Ella había pasado de los pensamientos de inferioridad a las ilusiones de grandeza, alimentando la idea de que no era como el rebaño común, llenando su mente con fantasías y acariciando ilusiones. De estar en el polvo, se había ido a vivir en castillos de hadas en el aire. Tenía que volver a la tierra. Usted no está para rebajarse hasta el polvo ni para volar en las nubes, sino que pertenece a la tierra y con sus pies sobre ella, va directamente hacia las tareas que puede hacer.

Esto nos lleva al siguiente paso: (5) *discipline sus aspiraciones con sus posibilidades.* Si establece altos estándares de logro, más allá del alcance de sus posibilidades aún cuando estas puedan ser usadas por Dios, llegará a desanimarse, a abandonar todo y a no hacer nada. Conozco a un joven que tenía grandes aspiraciones, pero al no poder alcanzar esas grandes metas, se acostaba en su cama y leía. Como no podía hacer todo, entonces no hacía nada. Debería haber disciplinado sus metas al máximo posible.

Un ministro sintió que podía realizar el trabajo de Dwight L. Moody. Oró y trabajó mucho, pero los resultados espectaculares de Moody no aparecieron. Entonces llegó a la conclusión de que cuando Dios llamó a Moody, llamó a un hombre más grande y que Dios esperaba que él hiciera su propia obra, no la de Moody.

Oh, Dios, extiéndeme hasta lo máximo: a todo lo que puedo ser en y a través de ti; pero no me dejes llorar por la Luna. Ayúdame a evaluar lo que puedo ser en ti y luego déjame ir hacia aquella meta con todo lo que tengo y con todo lo que tú puedes darme. En el nombre de Jesús. Amén.

Mateo 9:29; 17:20; Marcos 11:22; Romanos 14:23; Marcos 11:24

Sus responsabilidades en Dios

La semana pasada sugerimos que debemos disciplinar nuestras expectativas con nuestras posibilidades. "Enganchar su vagón a una estrella" es bueno, con tal de que al seguir esa estrella usted se mantenga en las rutas de las posibilidades abiertas; de otra manera, podrá verse en un pantano de desánimo y desilusión. Y llegamos ahora al paso siguiente: (6) *usted no debe medir sus posibilidades propias, sino según lo que puede llegar a ser en Dios.* Eso lo deja con una perspectiva disciplinada y en expansión permanente; porque las posibilidades en Dios son infinitas. No es usted mismo, sino usted y Dios.

Ana elevó esta oración: *"Mi corazón se alegra en el Señor; en él radica mi poder"* (1 Samuel 2:1). Nuestra fortaleza se exalta en nuestro Señor. Es cierto, nuestra fortaleza está sujeta a las limitaciones y no está preparada para hacer la obra de alguna otra persona, pero es exaltada, siempre que esté rendida a Dios y a sus propósitos. Y entonces, cualquier cosa puede suceder, sí, cualquier cosa.

El Dr. Ray Allen traduce en el riguroso pero verdadero idioma el pasaje en donde el padre del muchacho epiléptico ruega pidiendo la ayuda de Jesús. *"Si puedes hacer cualquier cosa, entonces ayúdanos"*. A lo que Jesús respondió: *"Si puedes, todo es posible para el que cree"*. Los hombres de fe se han despojado del "imposible" y han adoptado lo "posible". Al otro lado del corredor desde donde estoy escribiendo hace tiempo hay una persona lisiada, una persona sin esperanza, que vive en una habitación oscurecida. "La Hermana Pequeña", así la llamaban con mucho afecto, puso en marcha un hogar para lisiados en China, en el lugar del estanque en el que la gente solía arrojar a los niños lisiados. En ese cuarto oscuro, la fe funcionó a través del amor. Su fe inspiraba a otros y el dinero venía y era utilizado por sus amorosas manos en su misión de sanidad. ¡Una lisiada puso en marcha un hogar para lisiados! Todo es "posible" para el que cree.

"Mi religión", dijo Lao-tse, "es pensar lo impensable, decir la palabra inefable, realizar la acción imposible y andar por el camino intransitable".

Oh, Dios, en ti no puedo ser derrotado ni puedo fallar, porque ahora estoy bajo una mente y una voluntad viva, y el futuro está abierto. No tengo mucho para ofrecer, pero te tengo a ti. Exalta esta fortaleza, para que yo sea una sorpresa continua, incluso para mí mismo. Amén.

Hebreos 11:8-12, 33-40; 12:1-3

¡Hacer lo que no puede hacer!

Ayer vimos cómo una habitación oscurecida, llena de una agonía física, trajo luz a cientos de personas en todo el mundo. Ese es el significado de *"todo es posible al que cree"*. Y todo era tan humano y tan divino. El Dr. W. V. Kelley habló en el funeral "del milagro de su mente saludable". Era una mente saludable porque estaba adaptada a una aplicación concreta; era disciplinada al máximo posible, ¡e incluso a lo absolutamente imposible! Su fe tenía los pies sobre la tierra; pero a veces la fe caminaba tan rápido que esos pies parecían dejar la tierra. No es ninguna sorpresa que el Dr. Kelly haya dedicado su libro: "A quien a través de años de sufrimiento sostuvo un rostro iluminado". Un cuerpo lisiado, una mente saludable, un rostro iluminado, un hogar para lisiados, ¿por qué? Porque en y a través de todo, Dios trabajó cuando ella trabajaba.

Alguien lo expresó de esta manera: "Es bueno trabajar; pero es mejor que nuestro trabajo nos lleve a dejar que Dios trabaje". Mi trabajo entonces será ¡dejar que Él trabaje! Eso es lo que Jesús quiso decir cuando le preguntaron, "¿Qué debemos hacer para poner en práctica las obras de Dios?" *"Ésta es la obra de Dios: que crean en aquel a quien él envió –les respondió Jesús"* (Juan 6:29). Cuando creo, entonces trabajo realmente, porque me convierto en un canal de lo infinito.

Cierto día en Washington, mientras esperábamos en Dios con un pequeño grupo para ver cuál era el siguiente paso que teníamos que dar para ayudar a traer la paz entre Japón y los Estados Unidos, les dije que yo tenía un trabajo difícil ese día pues tenía que ver a alguien a quien realmente no quería ver pero, sin embargo, tenía que hacerlo. Un hombre común citó esta inscripción de una lápida: "Ella hizo lo que no podía hacer". Emprendí mi viaje con esas palabras resonando en mi corazón. Me mantuve diciéndome: "Haré lo que no puedo hacer". ¡Y lo hice! Cuando estamos completamente rendidos a Dios, podemos hacer lo que no podemos, descubrimos que somos milagros para nosotros mismos. "Me gustan mucho mis poemas –dijo Emerson– porque yo no los escribí". Sentía que se había rendido a un poder que escribía a través de él. Por eso era una sorpresa para sí mismo.

Oh, Dios, ahora empiezo a ver que el camino de las posibilidades abiertas está delante de mí. Estoy dispuesto a arriesgarme contigo. Porque así nada es demasiado pequeño para hacer, nada queda debajo de nuestra dignidad; y nada demasiado grande para hacer, nada que esté más allá de nuestra fortaleza. Sigo andando, ¡guíame! Amén.

SEMANA 16 - MARTES

Juan 1:42, 47:51; Lucas 19:1-9

El hombre que Jesús veía

Véase a usted mismo no por lo que usted es, sino por lo que es y lo que puede llegar a ser en Dios.

Había tres personas en Mateo, el publicano: (1) El publicano que sus compañeros veían; (2) el Mateo que Mateo veía; (3) el Mateo que Jesús veía. Cada uno pensaba que veía al verdadero Mateo. ¿Quién tenía razón? El Mateo que Jesús veía era el verdadero Mateo, y por eso resultó ser el Mateo de infinitas posibilidades. Hay tres personas en usted: el que ven sus compañeros: el usted externo; el que usted ve: el usted actual; y el usted que Jesús ve: el usted futuro.

Todo depende de en cuál "usted" está enfocado.

Si está enfocado en el "usted" que sus compañeros ven, dependerá de lo que otros piensen; mirará a su alrededor antes de actuar para ver cuál sería el efecto que su acción causaría en los demás, entonces usted no actuará; sino que reaccionará. Se convertirá en un eco y no en una voz, en una cosa y no en una persona.

Si se centra en el "usted" que conoce, entonces se decepcionará. ¿Porque quién no ha tenido un esqueleto en su guardarropa, cosas en su vida que lo hacen ruborizar de vergüenza y humillación? Si se enfoca en este "usted", quedará atrapado en el lazo de las inhibiciones por lo que ha sido y por lo que es.

Sin embargo, existe este tercer "usted", el que Jesús ve ¡y qué bueno es! Es un "usted" rendido a Dios, que coopera con Él, que toma de sus recursos y que junto a Él hace que la vida funcione bien. Un "usted" libre de lo que ha sido y de lo que ha hecho, y que ha sido reforzado con la energía divina y la visión divina. Uno que hace las cosas aún más allá de su capacidad, asombrándose y asombrando a otros. Un "usted" equilibrado, progresivo y productivo. Ese es el verdadero. Concéntrese en el "usted" de Cristo y se convertirá en él.

Jesús siempre mira, no lo que un hombre ha sido o es, sino lo que llegará a ser. Y eso es correcto. El artista no mira lo que una piedra haya sido o es, sino lo que va a sacar de ella, la figura viviente. Un grupo de cristianos brillantes tienen como lema: "Mi aventura es Dios". Bien; y con un susurro usted puede añadir: "Mi aventura es Dios y el 'yo' que voy a ser en Dios".

Dios ¡me aventuro en ti! Hago retroceder mis pequeños horizontes cuando veo los tuyos. Rechazo mi pequeñez cuando veo tu grandeza. Abandono mi ego que quedó atrás por el inquieto mar de la vida. Cambio mi "usted" por tu "usted". Mis ataduras se rompen y vengo a ti. Amén.

SEMANA 16 - MIÉRCOLES

Gálatas 5:16, 24-25; Romanos 13:14; Efesios 3:14-21

Vea a Dios más allá del ego

Debe permanecer en este pensamiento de verse a usted mismo en Dios, porque necesita corrección.

(7) *No mire demasiado tiempo a su ego en Dios, mire a Dios.* Muchos cultos se centran en el cultivo de uno mismo y dejan atrás a una multitud de personas tristes y frustradas, levantadas por un momento, pero incapacitadas de por vida. ¿Por qué? No se atreva a concentrarse en usted, porque si lo hace, sin lugar a dudas, se perderá. *"El que quiera salvar su vida"* centrándose en su vida, amándola incluso con el fin de cultivarla, la perderá.

Cuando Pedro se miraba a sí mismo o a las olas a su alrededor, empezaba a hundirse. Solo cuando miró a Jesús pudo caminar firmemente sobre las aguas. Mírese a usted mismo o a otros y se hundirá; mire a Cristo y caminará sobre cualquier cosa. Tal como alguien lo sugirió una vez: "Dígase a usted mismo: 'produce saliva' y es probable que ningún líquido salga de su boca; por el contrario, probablemente se seque. Pero piense en un plato sabroso y sin que diga nada la saliva fluirá". No debe pensar en usted ni siquiera para desarrollar su ser interior. Piense en Cristo y su ser interior será desarrollado. Mírese rápidamente en Dios, pero mire fijamente a Dios.

Esta ley de perder la vida para encontrarla tiene que ver con todo. Jesús dijo: *"Considerad los lirios del campo,* ***cómo crecen****".* (Mateo 6:28, énfasis agregado). ¿Cómo crecen? ¿Siendo cohibidos y susceptibles, tratando de crecer y parecer hermosos? No; ellos miran al Sol y al concentrarse en el Sol, pueden crecer hermosos. Los cultos de la belleza y las clases para enseñar encanto se pierden a sí mismas, porque se rompen en esta ley de salvar la vida y perderla. Los cultos de la belleza terminan en muñecas pintadas y las clases de encanto pierden su encanto. Las únicas personas hermosas son aquellas que se pierden en una gran causa; y crecen hermosas mientras miran sin dudar a la verdadera belleza. Las únicas personas encantadoras son las que nos incentivan para grandes logros; y ellas mismas llegan a ser encantadoras cuando se pierden en usted y en otros: como "La Pequeña Hermana del rostro iluminado" a quien cuando pasaba por la calle un mendigo le gritó: "¡Eh, usted con el cielo en su rostro!"

Oh, Dios, no me atrevo a mirarme fijamente, incluso en ti. Pero cuando te veo, puedo verme. En ti puedo ver y crecer, en mi mismo me deterioro. Por eso mis ojos ahora se enfocan. Empiezo a entender lo que tú quisiste decir: "Si tu ojo es bueno para ver, todo tu cuerpo está lleno de luz". Todo mi cuerpo está lleno de luz. Gracias Padre. Amén.

SEMANA 16 - JUEVES

Efesios 1:17-23; Filipenses 4:8-9

La mirada concentrada en un problema es una mirada enfermiza

Solo una palabra antes de salir del tema en cuanto a verse incluso a uno mismo en Dios. Lo que gane su atención lo ganará y usted no debe ser el centro de atención ni cuando está en Dios. Nuestra fe está centrada en Dios, no en nosotros. Por tanto, desvíe su mirada de sus pecados y de sus enfermedades y de usted mismo, desvíe su mirada hacia Dios.

Si su mirada está en el pecado y en la enfermedad, se concentrará en ellos y nunca se sentirá bien. Les pedí a algunas personas en un sanatorio que cosieran y tejieran para China, para ese "continente de dolor". Como habían pasado muchas horas trabajando con sus manos, pensé que todas se amontonarían delante de la señora a quien yo había designado para que tomara sus nombres. Ni una persona dio su nombre. Me di cuenta de lo que había sucedido: estas personas no eran egoístas porque estaban enfermas; estaban enfermas porque eran egoístas. Y nunca se pondrán bien hasta que logren desviar su atención de ellas mismas hacia Dios y hacia otros.

En los aviones franceses hay un cono frente a cada pasajero con un cartel: "Para mareos". En los aviones ingleses, la nota dice: "En caso de sentirse indispuesto, la aeromoza lo ayudará". En los aviones ingleses muy rara vez alguien se enferma, pero en los aviones franceses, ¡casi todos se enferman! Los pasajeros leen la palabra, ven el cono ¡y es suficiente! Pero cuando la gente lee el aviso en los aviones ingleses, piensa en una "aeromoza"; la atención se centra en la persona; la enfermedad es menos importante. Al volar en un avión de los Estados Unidos, pasábamos con un viento de más de cien kilómetros por hora por encima de unas montañas, por lo que el aire causaba terribles sacudidas. Una señora que estaba frente a mí, leyendo un libro sobre "La salud", gritó cuando el avión pareció caer debajo de nosotros e inmediatamente se sintió enferma. Pero yo me imaginaba que iba montado en un potro salvaje, sentía la euforia de la experiencia y cabalgaba indemne en el potro en medio de la tormenta. Un destacado ministro predicó por diez domingos consecutivos sobre "Cómo evitar una crisis nerviosa" y terminó con una. Su psicología era mala porque estaba centrada en una crisis. Debería haber estado centrada en los recursos de Dios.

Padre mío, ya veo en lo que debería estar concentrado, tú eres mi centro y mi circunferencia. En ti estoy seguro, en ti estoy firme y en ti crezco. En la enfermedad, en el pecado y en mí mismo, me marchito. Porque he sido creado en mi ser interior para ti. Tú eres la tierra natal de mi alma. Te agradezco. Amén.

Mateo 5:1-10; Lucas 18:16-17

¡El Reino le pertenece a usted!

Cambie la mirada concentrada en un problema, a los recursos que posee.

(8) *Recuerde que no solo usted pertenece al Reino de Dios, el Reino de Dios le pertenece a usted.* Este es un hecho del cual debe apropiarse, porque al abrazarlo cambiará la corriente de la derrota en una corriente de victoria. Posea esto y esto lo poseerá a usted.

Jesús dijo que tres clases de personas poseen el Reino: *"Bienaventurados los pobres de espíritu; porque de ellos es el reino de los cielos"*(Mateo 5:3); *"Dejad a los niños venir a mí, porque de los tales es el reino de Dios"* (Mateo 10:14); *"Bienaventurados son los que son perseguidos por causa de la justicia; porque de ellos es el reino de los cielos"* (Mateo 5:10).

El "pobre de espíritu", "los niños" y aquellos que son suficientemente positivos como para ser "perseguidos", poseen el Reino: el Reino les pertenece; los poderes del Reino son para ellos.

Las primeras dos clases son semejantes: "El pobre de espíritu", literalmente "los abandonados de espíritu" y aquellos que tienen el espíritu de un niño: simples, naturales, educables. Aquí encontramos la llave que descubre los recursos del almacén del universo: el Reino de Dios. La riqueza de ese almacén es toda "de ellos". Esta verdad es aplicable en todo lugar. Una vez Huxley le escribió a Kingsley: "Me parece que la ciencia enseña en los términos más evidentes el concepto cristiano de la total rendición a la voluntad de Dios. La ciencia dice: 'Siéntese ante los hechos como un niño, prepárese para renunciar a toda idea preconcebida, esté dispuesto a seguir hasta cualquier final que la naturaleza lo lleve, o no sabrá nada'".

¿Cómo un científico obtiene el dominio sobre la naturaleza? ¡Rindiéndose a ella! Si el científico es orgulloso, no educable, no aprenderá nada, no dominará nada. Todo gran científico es un hombre humilde, tiene que serlo, o no podrá ser un gran científico. Él avanza, tal como debe ser, sobre sus rodillas, luego se presenta erguido y dominante; todos los poderes de la naturaleza están a su disposición. *"Los mansos heredarán la tierra"*(Salmo 37:11). Entonces usted también, así como se rinde al Reino de Dios, también hereda sus poderes: son todos para usted.

Oh, Dios, parece demasiado bueno para ser verdad ¡que todos estos poderes son míos! ¿Míos? Yo, que he sido derrotado, que he sido negativo y temeroso; ¿puedo atreverme a tomar todos estos poderes de victoria, de liberación y de utilidad? Entonces los tomo, porque no oculto nada, nada absolutamente. Y dando todo, tomo todo. En el nombre de Jesús. Amén.

2 Corintios 5:20; Efesios 6:20; Hechos 4:13-20

El Reino habla cuando usted habla

Debemos perseverar en el pensamiento de que no solo pertenecemos al Reino, sino que el Reino también nos pertenece. Esto es tan importante, que una vez que usted se apropia de ello, todo argumento, toda duda y todo temor ha llegado a su fin. Usted se introducirá en la vida abundante.

Un embajador representa a su país, todos los poderes y los privilegios de su país están centrados en él. Cuando habla, el país habla; cuando decide, el país decide, siempre que no hable por sí mismo, siempre que esté rendido a la voluntad de su país, siempre que haya fusionado sus intereses con los intereses de su país. Cuando está totalmente rendido, domina al límite los recursos del país que representa.

Si usted ha fusionado sus intereses con el Reino de Dios, si está totalmente rendido a él, si no habla en representación propia sino del Reino, entonces todos sus poderes se concentran en usted. Un universo habla cuando usted habla; un universo actúa cuando usted actúa; un universo vive cuando usted vive. Los recursos de los reinos terrenales son muy limitados, pero los recursos del Reino de Dios son ilimitados. Ese gobierno que se extiende desde la célula más pequeña hasta la estrella más lejana viene para enfocarse en usted ¡es todo suyo! Algunos chicos de la secundaria estaban discutiendo sobre cierto cristiano y uno de ellos dijo: "¡Él tiene lo que necesita!" ¡Sí, porque toma lo que tiene a disposición! Si él hubiera estado solo, no tendría "lo que necesita". Pero al tomar del Reino, puede "tomarlo" de la vida. Era invulnerable.

Un niño de cinco años de edad, hijo de un ministro, me dijo: "Predicamos en Troya". Me gustó eso: cuando el padre predicaba, él predicaba y cuando el niño predicaba con su vida, el padre predicaba. Él había aceptado la responsabilidad corporativa, había unido sus intereses con los intereses de su padre y experimentó el logro corporativo.

Usted trabaja con el Espíritu de Dios y el Espíritu Santo es el consolador, el refuerzo, o, para usar una expresión coloquial, "el que espera".

Oh, Dios, fusiono mis intereses en tu Reino; acepto sus responsabilidades y ¿me animo a decirlo? ¡Heredo sus poderes! Ayúdame a no tener temor de ser grande. Grande en mi rendición, grande en responsabilidad, grande en recursos, grande en mi interior para ser grande en ti. Amén.

SEMANA 17 - DOMINGO

Juan 1:12-13; 15:1-18

La receptividad: la primera ley de la vida

Desde la semana pasada sacamos nuestra escalera del negativismo y la inferioridad. Puesto que el Reino le pertenece: (9) *recuerde las dos condiciones para recibir y transmitir los recursos del Reino: receptividad y respuesta.*

Estas dos palabras no son solo los latidos alternados del corazón del Reino; también son los latidos alternados de toda la vida. Todo crece y se desarrolla por medio de esas dos cosas: la receptividad y la respuesta. Juan 1:12 resume el pensamiento en estas palabras: *"Mas a cuantos lo recibieron, a los que creen en su nombre, les dio el derecho de ser hijos de Dios"*. ¿Cómo obtuvo el poder para llegar a ser? Primero, por medio de la receptividad *"a cuantos lo recibieron"*.

Aquí queda al descubierto un principio universal. Tome una planta: ¿cómo obtiene el poder para llegar a ser? ¿Siendo orgullosa, autosuficiente, sin relación alguna e insensible? No; por medio de la rendición, de la adaptación, al recibir y dar. Suponga que una planta trata de tener poder sosteniéndose a sí misma, tratando de "dominar" a las otras plantas ¿cuál será el resultado? Perdería su poder sobre otras plantas y su poder para llegar a ser. La planta obtiene poder a través de la rendición y de la respuesta a su medio ambiente. Cuando está adaptada, toma del aire, del suelo y del sol, y obtiene el poder para llegar a ser. El pecado de la planta sería algo que dificulta esa receptividad y esa respuesta.

Alguien definió a la vida como una respuesta al medio ambiente. Usted y yo vivimos físicamente cuando respondemos a nuestro medio ambiente físico; podemos incorporar la comida, la luz y el aire. Cuando la respuesta está apagada, morimos físicamente. Nuestro medio ambiente espiritual es el Reino de Dios. Cuando le respondemos a él, nos rendimos, nos ajustamos y recibimos nuestra vida de él, entonces vivimos y lo hacemos abundantemente. Estamos en un estado de receptividad, que es un estado de fe, de confianza y de apropiación. Absorbemos la vida del Reino así como el cuerpo absorbe el alimento; respiramos de su aliento purificador como los pulmones respiran el aire; aceptamos su vitalidad como la piel incorpora las vitaminas de la luz del sol.

Creer es recibir y recibir es volverse a llenar.

Oh, Dios, tú que me envuelves como el aire envuelve mi cuerpo, permíteme responderte a ti mientras mi cuerpo físico responde a su medio ambiente y a las vidas. Déjame respirar de ti ahora, respirar profundamente; déjame recibirte en cada poro y cada fibra de mi ser. Ayúdame a vivir a través de ti, porque entonces viviré. Amén.

SEMANA 17 - LUNES

2 Corintios 6:1-10; Romanos 8:13-14

La respuesta: la segunda ley de la vida

Si la receptividad es la primera ley de la vida, la respuesta es la segunda. Tal vez podemos decir que son los dos lados de una sola ley. Jesús reveló los dos lados cuando resumió la totalidad del significado de la religión: *"Amarás al Señor tu Dios"* (Mateo 22:37) receptividad; *"y a tu prójimo como a ti mismo"* respuesta. El amor nos hace receptivos a Dios y sensibles hacia los demás. O mejor aún: El amor nos hace receptivos a Dios y sensibles, es una calle de doble circulación. Usted recibe de Dios y luego le devuelve a Dios. Al recibir de Dios es realizado y perfeccionado y, en su respuesta a Dios ¿podemos decirlo? Dios es realizado y perfeccionado. Porque al haber creado otra personalidad, Dios se perfecciona al obtener el amor y la lealtad de esa personalidad. Nuestra respuesta es tan necesaria para Dios como para nosotros. Porque un amor que ama, sin ser correspondido, es un amor frustrado. Dios es importantísimo para nosotros; nosotros somos importantes para Dios.

Si la receptividad y la respuesta son los dos latidos de nuestra relación con Dios, también son los dos latidos de nuestras relaciones humanas. El amor le permite recibir de la otra persona; pero también hace que responda dando de usted a la otra persona. Uno que siempre recibe de otro pero no da, romperá la relación; y uno que siempre da pero no recibe, categóricamente destruirá la relación. Por otro lado, la receptividad y la respuesta deben ser casi iguales. Sin perder el equilibrio, si usted es más receptor que dador, o más dador que receptor, dañará la relación.

El misticismo es fuerte en el lado receptor, pero débil en el lado de la respuesta, y por eso resulta en una religión desequilibrada, débil en cuanto a la contribución positiva para el bienestar humano. El activismo es fuerte en el lado de la respuesta, pero débil del lado receptor, y por eso termina en una religión carente de recursos, carente de profundidad y de permanencia. Un corazón que trata de latir hacia un solo lado y no hacia el otro, dejará de latir.

Oh, Dios, ¿soy yo, quien se sintió inferior y poco necesario no solo para otros, sino también para ti? Entonces ayúdame a no decepcionarte nunca. Ayúdame a recibir humildemente de ti y a devolverte humildemente ¡circular por una doble vía contigo! Creceré mientras reciba y mientras dé. Te agradezco. Amén.

Juan 16:32; Mateo 28:19-20; 14:16-21

¡Nunca solo!

A medida que se aleje de todo negativismo y de toda actitud de inferioridad hacia lo positivo y hacia la vida abundante, dé el siguiente paso: (10) *recuerde que no está solo, nunca está solo.* En el momento de mayor soledad Dios está más cerca y observa cada movimiento en el tablero de la vida.

Los indios americanos entrenaban a sus jóvenes a ser valientes haciéndolos pasar una noche en el bosque en medio de los animales salvajes. ¡Cuán horrendamente solos se sentirían estos jóvenes durante la noche de la prueba! Pero cuando el día empezaba a amanecer, el joven veía a su padre detrás de un árbol cercano con un arco tensado. Sin que su hijo supiera, el padre lo había cuidado toda la noche para que no sufriera ningún daño. Así también es Dios con nosotros. John Wilhelm Rowntree nos dice cómo, cuando salió de la oficina de un gran médico en donde le habían dicho que su avanzada ceguera seguiría en aumento, se detuvo por unos momentos para recuperar la calma. "De pronto sintió que el amor de Dios lo envolvía como si una presencia divina lo abrazara y un gozo lo llenaba como nunca antes había sentido". Esa presencia manifestará al Señor cuando más lo necesitamos. Dígase a usted mismo: "Yo vivo, estoy en movimiento y tengo todo mi ser a cada momento, en cada pensamiento interior y en cada expresión exterior, en la riqueza de Dios".

Y diga esto cuando menos sienta que es verdad, y continúe repitiéndolo.

Y a la declaración anterior, añada estas palabras mientras sigue adelante para encontrarse con la vida: "Con la paz de Dios y con buena voluntad hacia mis semejantes estoy preparado para el trabajo del día". ¡Y estará preparado para el trabajo del día!

Por lo tanto, cuando se acueste para dormir, dígase a usted mismo otra vez: "Hoy he vivido, he actuado y he tenido mi ser en Dios, y cuando duerma viviré y tendré mi ser en Él. Él guiará y purificará mis sueños y en la mañana estaré aún más adelante". "Aquellos que tienen el viento del Espíritu son llevados hacia delante incluso en sueños", dice el hermano Lawrence.

Oh, Dios, tú y yo juntos haremos que esto funcione. Aunque soy débil y solo puedo llevar una pequeña parte de la carga, tú tendrás que llevar el extremo más pesado. Pero tú tienes mi voluntad y cuando mi voluntad sea desarrollada, tendrás mi fuerza también. Te agradezco. Amén.

2 Corintios 10:10; 11:6; 12:7-12

¡Sus desventajas, sus puntos de partida!

En su avance hacia la victoria, recuerde este hecho: (11) *sus mismas desventajas pueden ser nuevos puntos de partida*. Tal vez ha tenido un mal comienzo en la vida, su herencia puede estar en su contra. Pero esa necesidad no es otra cosa que un estímulo para que pase a otros una herencia mejor. Si mira hacia atrás en la herencia humana de Jesús, encontrará algunas manchas desagradables: *"David fue el padre de Salomón por medio de la esposa de Urías"*. "Por medio de la esposa de Urías" ¡qué tragedia tener semejante rótulo pegado en la vida de uno! ¡Pero qué gloria es que tanto David como Salomón sobrevivieron a esa tragedia y contribuyeron, a pesar de todo! Y piense en el valor y honestidad que se necesitó para poner esa declaración dentro de la genealogía de Jesucristo. Aquel que iba a empezar una nueva humanidad tenía la sangre de la antigua humanidad en sus venas. Pero la herencia divina venció de tal modo a la herencia humana, que entregó un nuevo legado a la humanidad. A través de su herencia divina usted puede empezar con una nueva herencia.

Suponga que usted está en desventaja por carecer de belleza; entonces puede suplir en logros lo que le falta en atributos. Casi todas las grandes bellezas no tienen nada excepto la belleza física. Y la razón es simple: están enredados en su belleza y no pueden librarse de ella para pasar a realizar logros constructivos. Pero una persona que es simple en su aspecto, se mira en el espejo y se dice a sí mismo: "No hay nada en mi aspecto físico con lo que pueda contar", y entonces sale y hace algo que valga la pena. Con raras excepciones, las mujeres que han logrado grandes cosas en el mundo, son mujeres de aspecto físico común. Al viajar por el mundo, descubrí que las mujeres misioneras en general no son conocidas por la belleza de sus rostros sino, ¡por la belleza de sus logros y de sus personalidades!

Cuando usted mire sus desventajas, decídase a usarlas como asideros; es bueno recordar que un fracaso secundario puede hacer de usted un éxito de primer orden; mientras que un éxito secundario como la belleza, puede hacer de usted un fracaso de primer orden.

Padre mío, lo que me falta por naturaleza lo supliré por medio de la gracia. No puedo obtener mucho de muchas cosas, pero en ti puedo obtener en gran medida. Pon mi debilidad en tu fuerza. Ayúdame a tomar el control de mis desventajas y conviértelas en obras. En el nombre de Jesús. Amén.

Hechos 5:40-42; Filipenses 1:12-19; 1 Pedro 4:14

¡Huya hacia delante!

Ayer vimos la posibilidad de usar nuestras desventajas. Hoy vamos a verlas como estímulos que nos llevan hacia delante. Jesús dijo a sus discípulos que cuando la gente los sacara de algún pueblo, ellos tenían que *"huir hacia el próximo"*. En otras palabras, si usted tiene que huir, huya hacia delante, hacia la próxima oportunidad de su lista. Algunos huyen hacia atrás; pero el cristiano, cuando huye, siempre huye hacia delante. (12) *Si tiene el impulso de huir, entonces huya hacia delante.* Todos nosotros a veces nos sentimos como si estuviéramos escapando. Diferimos solo en nuestra manera de escapar algunos huyen hacia delante y algunos hacia atrás.

El hecho de no haber tenido una educación universitaria hizo de Rabindranath Tagore, el gran poeta de la India, la figura literaria más grande de su nación. Él escapó de la carencia de estudios universitarios ¡hacia delante! Pudo haberse echado para atrás y lamentar su falta de educación; contrariamente, cambió esa falta en un estímulo, se hizo superior en sí mismo y fundó un nuevo tipo de institución educacional.

Una vez yo estaba sentado en el asiento de atrás de un auto, un coche de los que tienen adelante un asiento corredizo. El hombre que manejaba dijo a su esposa que estaba sentada detrás de él: "Querida, por favor empújame hacia delante". La vida está limitada a empujarlo, porque todos somos empujados algunos más, algunos menos; lo importante es la dirección hacia la cual usted es impulsado. ¡Haga que la vida lo empuje hacia delante!

Una joven me dijo que cuando yo disertaba en un auditorio acerca de los estados mentales del temor y de los resentimientos que producen enfermedades estomacales, se ruborizó, ¡porque sentía que yo le hablaba a ella personalmente! La muchacha no había logrado todo lo que realmente es capaz de lograr con su enseñanza de la voz, y por eso perdió su propia voz como una excusa por su fracaso. El problema no estaba en sus cuerdas vocales, sino en su mentalidad derrotista. Ella encontró esta dificultad en sus logros y huyó hacia atrás, hacia los subterfugios y las excusas. Tendría que haber tomado el obstáculo para transformarlo en una oportunidad; su fracaso en productividad.

Mi Padre y mi Dios, veo que mi vida será formada o destruida en el lugar en donde encuentre y trate con mis obstáculos. Ayúdame a no huir de ellos, sino a correr hacia ellos, para enfrentarlos y vencerlos. Ayúdame a tomar el impulso para escapar y obligarlo a que me hagan huir hacia delante. En el nombre de Jesús. Amén.

1 Corintios 1:27-28; 6:9-11; Filemón 10-16

¡Aunque sea nadie, llegue a ser alguien!

(13) *Recuerde que nunca es demasiado tarde para convertirse en una personalidad creativa.* No importa lo que le pasa, ni cuando le pasa, nunca es demasiado tarde para convertirse en una persona creativa. Conozco a una mujer, esposa de un profesor, que no tocó un pincel hasta que cumplió los cincuenta años. Entonces se despertó y empezó a pintar; sus cuadros son exhibidos en este y en otros países. Ha reunido a su alrededor a un grupo de mujeres que hasta antes de los cincuenta no habían hecho nada especial, pero después de los cincuenta empezaron a ser creativas. Una se ocupó de la escultura, y aunque nunca había tratado con esa rama del arte hasta que cumplió sus cincuenta años, se convirtió en maestra de escultura en una gran universidad y exhibió sus obras en Norteamérica y en Europa.

Algunos artistas se reunieron en una granja para pintar el paisaje. El granjero, interesado, pintó el paisaje por sí mismo. El maestro, al ver la pintura, preguntó quién la había hecho. El granjero fue "descubierto" y se convirtió en un famoso artista del paisaje. Su despertar había llegado a los sesenta y ocho años.

Jesús es el gran despertador. Pablo habla de "todos los estímulos de Cristo". Él estimula el centro creativo en cada uno de nosotros, haciéndonos primeramente conscientes de Dios y luego conscientes de las infinitas posibilidades en Dios. Yo estaba en el fondo de la clase hasta que conocí a Cristo, y entonces me dije: "Este no es un lugar para un cristiano" y salí de ahí.

Alguien dijo de una gran ciudad: "Nunca vivo una semana en esta ciudad sin que de repente, ¡ahí va otro horizonte!" Eso es lo que sucede cuando estamos en compañía de Jesús "¡de repente, ahí va otro horizonte!" En su compañía empezamos a ver más lejos, empezamos a sentir por la gente en una escala mayor y actuamos con mayor decisión. Jesús toma al que nada es y lo transforma en alguien. Él fue el creador de los hombres y todavía lo es. Nadie en su compañía puede estar mucho tiempo sin sentir el impulso irresistible de arremangarse y decir: "¿Por dónde empiezo?" Porque el impulso creativo viene del contacto con el Dios creativo.

Oh, Cristo, a ti, creador de pensamientos vivos en cerebros muertos; a ti, que estimulas un amor vivo en corazones petrificados; a ti, que despiertas acciones vivas en voluntades decadentes; a ti, dador de la vida, te pido que entres en mí para estimular y activar cada fibra y cada célula nerviosa para que yo también llegue a ser creativo. Amén.

Hechos 9:19-20; 1 Pedro 4:2-11

Planee para obtener un logro creativo

Ahora hemos llegado al último peldaño de nuestra escalera: (14) *planee para obtener un logro creativo y ponga su plan en marcha no importa cuán pequeño sea el comienzo.*

Diga con Jesús: "*'No llores por mí'*, basta de pedir piedad, de pedir compasión no quiero simpatía quiero una tarea, una puerta abierta, basta de vivir en un *no*; voy a vivir en un *sí,* no soy inferior puesto que estoy ligado a un Dios superior y Él está ligado a mí. Ya no soy más de aquellos que miran para atrás, porque los que miran para atrás no son aptos en el Reino de Dios, y yo pertenezco al Reino de Dios, el reino de la innovación".

Dígase a usted mismo: "Si Dios sufre por algo, siempre intenta obtenerlo y lo que toma no lo deja ir jamás. Él me ha capturado y jamás me dejará ir aún cuando yo tropiece. ¿No es la expresión China respecto a Jesús, 'el que salva una y otra vez?'. Él me salvará una y otra vez aún cuando yo falle".

Ore como lo hizo un hombre que estaba a punto de volverse loco: "Oh, Jesús, ven a mi alma, a mi mente, a mi cuerpo y a cada una de mis células cerebrales". Jesús vino a cada célula cerebral, el hombre ahora está bien y es una persona productiva.

Escriba todos sus pensamientos negativos y luego rompa en pedazos el papel como un símbolo de que ya no existen más. Luego escriba sus pensamientos positivos acerca de lo que puede hacer, y empiece en seguida a expresar estos pensamientos sin importar cuán pequeño sea el comienzo. Si no puede hacer una cosa, huya hacia delante y haga lo siguiente de su lista. Después decida hacer lo que ha decidido hacer... y hágalo inmediatamente.

"El Espíritu entró en mí y me hizo tener interés". El Espíritu de Dios ha entrado en usted; ahora usted debe tener interés y debe hacer la obra de un hombre en el mundo.

Repita al salir cada día: *"todo lo puedo en Cristo que me fortalece"*(Filipenses 4:13). Repítalo como la última cosa que dice antes de quedarse dormido en la noche y como la primera cosa al abrir sus ojos en la mañana. El subconsciente es muy susceptible en esos dos períodos. El pensamiento entrará en el subconsciente, trabajará con usted y lo hará positivo y creativo.

Oh, Cristo, al fin las puertas de mi vida se abren hacia afuera y no hacia adentro. Al fin he levantado mis pies de la arena movediza de la autocompasión. Al fin tengo amor en mi corazón, valor en mi voluntad y fe en mi ser interior. Por eso, permite que la vida venga. Te agradezco. Amén.

SEMANA 18 - DOMINGO

1 Timoteo 1:5; 1 Corintios 9:19-27

Deseos indisciplinados

Lo hemos guiado hasta la cima de nuestra escalera de catorce peldaños y confiamos en que ahora entiende que tiene la victoria sobre todo negativismo y sobre toda actitud de inferioridad, un alma positiva y extrovertida. Por dos semanas hemos meditado en el lado negativo del cuadro: en la gente que está colapsada interiormente, en la gente temerosa y en la gente negativa. Ahora vamos hasta el otro lado del cuadro, aquellos cuyos deseos son muy positivos, pero descontrolados e indisciplinados. Si existe el peligro por tener una vida negativa y temerosa, de la misma manera existe el peligro en una vida agresiva en cuanto a sus deseos. Usted puede ser gobernado y arruinado por el deseo indisciplinado. Por lo tanto, el siguiente enemigo que tiene que enfrentar es el número siete: *los deseos indisciplinados.*

Hay una manera de vivir que puede ser comparada con el caballo que está entre sus guarniciones y correajes y no se moverá; y está la otra manera que puede ser comparada con el caballo que sale corriendo y rompe las guarniciones y destruye todo a su paso. La vida abundante tiene que encontrar el equilibrio entre ambas formas, tiene que encontrar algo entre estar quieto y salir corriendo; debe encontrar la vida constructiva, pero disciplinada.

Los deseos son fuerzas de la personalidad dadas por Dios y como tales son correctas. Sin los deseos, la vida volvería a la inactividad y vegetaría. Buda trató de hacer que el hombre obtuviera la victoria sobre los deseos de la vida cortando la raíz misma del deseo, para que el hombre saliese hacia la libertad del deseo, hacia un estado Nirvana. Pero usted no puede curar las enfermedades de la vida reduciendo la vida; no puede librarse de sus dolores de cabeza librándose de su cabeza. El remedio de la vida no es menos vida, sino más vida. Debe tener la suficiente vida interior como para dominar tanto el medio ambiente como las circunstancias exteriores.

Pero si la vida tiene que ser elevada, solo puede serlo levantada a través del deseo disciplinado. La única manera de librarse de un deseo es reemplazarlo por un deseo superior, o encauzar el deseo ya existente hacia fines más dignos y metas más altas. Los deseos son las fuerzas conductoras, y estas no pueden ser borradas de la vida, deben ser redirigidas por medio de la disciplina. Existen tres elementales y grandes deseos que tienen que ser convertidos, controlados y disciplinados para grandes fines: el ego, el sexo y el estar con otros (instinto social).

Oh, Dios, ahora luchamos con la materia prima de la vida humana; de esta materia debemos dar forma a tu persona. Esta materia prima es obstinada y necesita de un maestro: sé tú el maestro de mis deseos. Pongo las riendas en tus manos. Contrólalas por mí; lo acepto. Amén.

SEMANA 18 - LUNES

1 Corintios 6:12-20

Los deseos redimidos

Ayer vimos que los tres impulsos conductores de la personalidad son el ego, el sexo y el deseo de reunirse. Vimos que no pueden ser erradicados ni reemplazados, deben ser redirigidos a través de la disciplina.

Veamos primero el ego. Es el impulso principal y el primero en ser desarrollado. Cuando el niño en desarrollo se frustra, expresa su disgusto de varias maneras desagradables. Lo mismo ocurre en el adulto. Adler dice que la disposición para el poder, la cual es la confirmación del ego, es el principal impulso organizado. Todo es organizado a su alrededor.

Ahora bien, ¿qué hace el cristianismo con el impulso del ego? ¿Trata de eliminarlo y hacerse generoso? ¿Trata de crucificarlo y de hacerlo incompetente? La respuesta a ambas preguntas es "¡No!" El cristianismo cree en el ser interior, porque el ego es dado por Dios y no fue dado para ser eliminado. *"Amarás a tu prójimo* ***como a ti mismo****"* (énfasis añadido). El ego debe ser amado, tal como se ama al prójimo. El ego es afirmado y es digno de amor. Es su derecho y su deber llegar a ser el mejor ego posible.

Por eso el cristianismo acepta la lucha por la vida que en la naturaleza es expresada en la supervivencia del más apto: en la naturaleza primitiva lo inadecuado es eliminado. Si el ego no se supera es exterminado. Esta es una ley fuerte y cruel, y los cristianos no han aceptado tal proceso y se preguntan si esa manera despiadada de sobrevivir puede tener algo que ver con Dios. Parece absolutamente en desacuerdo con el plan de redención. Pero siento cada vez más que este proceso cruel es la redención: redime a aquellos que se ajustan dentro del medio ambiente y elimina a aquellos que no. En un medio ambiente natural, sobreviven lo más aptos físicamente y pasan sus buenas cualidades físicas a la generación siguiente. Esto es correcto. Porque si la ley fuera de otra manera, la supervivencia de lo inadecuado acabaría en una degeneración física. Una generación pasaría su ineptitud a la siguiente generación y así sucesivamente hasta llegar a la extinción.

Padre mío, veo que tu escuela es estricta, pero que el fin es la redención. Tus leyes, no obstante inflexibles, son nuestra salvación. Están hechas para nosotros y están para formarnos. Ayúdanos a no irritarlas como enemigas, sino a abrazarlas como amigas. Porque todas tus leyes son tu amor. Te agradezco. Amén.

Hechos 17:28; Romanos 11:36; Efesios 4:6; Lucas 17:21

El Reino es nuestro verdadero medio ambiente

Ayer vimos que debemos aceptar la lucha en la naturaleza que produce un individuo físicamente superior. El fin de esta lucha es la redención de la debilidad y de la ineptitud. Aunque debemos aceptar esta realidad, el peligro está en tomar las leyes de adaptación a un medio ambiente físico, y convertirlas en leyes de adaptación para un medio ambiente moral y espiritual. Las leyes de la lucha y de la adaptación a un medio ambiente puramente físico no se ajustan a un medio ambiente moral y espiritual, y cuando son aplicadas a este medio ambiente superior, dejan de funcionar y producen confusión. Porque el mundo moral y espiritual donde el hombre vive tiene sus propias leyes de adaptación y supervivencia. Cuando un hombre actúa de acuerdo con estas leyes, puede sobrevivir y desarrollarse; cuando no lo hace, entra en decadencia y es completamente destruido.

El cristianismo, fundado en las leyes del Reino de Dios, cree en la supervivencia de lo más conveniente: En un universo moral y espiritual, la persona moral y espiritualmente capaz sobrevive y pasa sus cualidades espirituales y físicas a la generación siguiente. Esta ley de la supervivencia de lo más conveniente y de la eliminación de lo inadecuado funciona delante de nuestros ojos.

Por lo tanto, el medio ambiente al que el hombre debe ajustarse y al que debe adaptarse, está en el Reino de Dios. Cuando nos ajustamos a este Reino, vivimos; y cuando no, quedamos frustrados y la estructura de nuestro ser se deteriora. En las palabras de Jesús, nosotros "perecemos". El proceso de perecer tiene lugar aquí y ahora, y las fuerzas de la vida se desintegran por causa de lo que llamamos "el mal". Un suicida en Inglaterra dejó esta nota: "Muchas explicaciones serán dadas con respecto a este hecho, pero yo creo que esta es la explicación correcta: veo que es el resultado de una guerra privada que tiene lugar dentro de mí y que no puede ser resuelta". La guerra que continuaba dentro de él era su guerra con el Reino, sus leyes fueron escritas en la composición de su ser, y cuando estaba en guerra contra el Reino, estaba en guerra contra sí mismo. Esa guerra según él no podía ser resuelta; por consiguiente, era una guerra suicida.

Padre mío y Dios mío, tu Reino está escrito en mi carne, en mi sangre, en mis huesos y en mis células nerviosas. ¿Cómo puedo escapar de él? Porque si lo hago, estaría escapando de la vida misma. Por tanto, ayúdame a aceptar ese Reino y en consecuencia a aceptar la vida. Porque así viviré y viviré plenamente. En el nombre de Jesús. Amén.

SEMANA 18 - MIÉRCOLES

Juan 3:16; Salmos 1:6; 37:7-9

El valor de supervivencia del cristiano

Si aceptamos la ley de la supervivencia del más apto con respecto a la vida moral y espiritual, entonces redimimos y hacemos utilizables las parábolas de los talentos y de las minas. De otra manera, no tienen significado alguno serían extrañas para el sistema cristiano. Pero si aceptamos esta ley, entonces las parábolas llegan a ser una parte integral de un sistema sólido. Estas parábolas son terribles porque a aquellos que no desarrollan ni el talento ni la mina, estos les han sido quitados. Sin embargo, no son tan terribles como la vida misma, porque eso es lo que a la vida hace. Si no desarrollamos ninguna facultad ni ningún órgano, se degenerará: es quitado.

La aceptación de la ley de supervivencia de lo moral y espiritualmente adecuado también redime y hace posibles los conceptos del cielo y del infierno. Conceptos que se han perdido para esta generación, porque el cielo y el infierno habitualmente han sido enseñados como algo externo e irrelevantemente dado por Dios. ¡Con razón esta generación ha perdido estos conceptos! Eran moralmente indefendibles. Pero si usted enseña el cielo y el infierno como resultados inherentes, volverán a ser corolarios naturales. El bien, por su propia naturaleza, se sostiene por sí mismo y se autoperpetúa; el mal, por su propia naturaleza, se desintegra a sí mismo y se autodestruye. Un juez sentenció a un hombre a que fuera a verse en el espejo. Después que el hombre vio su rostro en el espejo, se sentó inmediatamente y tomó el compromiso. Las señales de desintegración eran obvias y convincentes. Pero las señales de la desintegración en el rostro, eran solo las señales exteriores de una desintegración total, el registro exterior de una realidad interior.

Por otro lado, la bondad interior se registra en el rostro. Un rebelde joven artista, al notar el cambio en el rostro de su madre, le preguntó cuál era la razón. Ella le dijo: "Tu madre ha orado mucho por ti". A lo que el joven respondió: "Bien, eso crea buenos preceptos".

La respuesta correcta al Reino de Dios crea buenos preceptos, preceptos que producen buena vida. Y esa es la manera de vivir. No responder al Reino produce malos preceptos; medidas que se debilitan porque producen mala vida; vidas que pierden la fuerza y van hacia la desintegración y, si persisten en ello, irán hasta la destrucción final.

Oh, Padre mío, he aceptado la disciplina de muchísimas cosas. He obedecido a esto y a aquello. Y como resultado, me he convertido en esto y en aquello... y en nada. Pero ahora, la brújula de mi vida, que señalaba muchas direcciones equivocadas, viene al fin a descansar en ti y en tu Reino. Tu Reino será primero y siempre. Amén.

SEMANA 18 - JUEVES

Romanos 15:1-2; 1:24; 2 Corintios 5:15; Filipenses 2:4

El ego indisciplinado

Ahora vemos que los tres impulsos internos el ego, el sexo y el estar con otros deben ser disciplinados, y deben ser disciplinados para el Reino de Dios. De otro modo la vida será como un matorral en lugar de un árbol. Un matorral no tiene ningún principio de organización central y por eso es un decadente conglomerado de ramas destinadas a descender hasta el polvo. Un árbol tiene un principio de organización y sus ramas se ajustan a ese principio. Por consiguiente, un árbol es un organismo que crece hacia los cielos.

El ego, entonces, debe conocer a su maestro. El ego que es un siervo en el Reino de Dios, es rítmico, armonioso y adecuado; el ego como siervo de sí mismo, es paralizante, conflictivo e incompetente, es su propio esclavo. Una mujer que es totalmente egocéntrica y se siente miserable y que por eso había sufrido un colapso nervioso, me dijo recientemente: "Me pasé toda la tarde de habitación en habitación buscando alguna que me agradara, y ahora que elegí una ya no me gusta". Amablemente le contesté:"El desorden está dentro de usted; a usted no le gusta nada, porque usted no gusta ni de usted misma". Su ego estaba fuera de lugar en el trono, y el reino de su personalidad estaba en desorden.

El Dr. Fritz Kunkel dice:

> La vida no permite que el egocentrismo ponga su propio orden, al que la vida considera como desorden, en el lugar del ritmo natural. Por eso cada capacidad natural para alcanzar metas, sin importar cuán hábilmente hubiera sido desarrollada, tarde o temprano es restringida por el egocentrismo. Solo el individuo orientado objetivamente no tiene restricciones en sus logros porque él no entra en conflicto con las demandas de su vida".
>
> *¡Seamos normales!* pp. 97, 98.

El ego, entonces, debe ser disciplinado para morir. Debe morir con el fin de vivir. Por eso en el centro del Reino hay una cruz. Usted debe experimentar espiritualmente lo que Jesús experimentó físicamente: debe morir y ser sepultado con el fin de experimentar una resurrección en la libertad y la plenitud de la vida.

Oh, Cristo, entiendo. El significado total de la vida ha sido aclarado. Yo debo seguirte, no por una cruz trivial, sino por esta cruz decisiva sobre la cual puedo morir a mi propia e inútil voluntad con el fin de vivir para tu voluntad; morir a mi ego intrascendente con el fin de vivir para tu libre y fuerte ego. Por lo tanto, ayúdame desde este momento a disciplinar mi vida en tu voluntad. Amén.

2 Timoteo 2:15; 1 Timoteo 1:15-16; 6:11-14

Atención, mansedumbre, poder

Una de las personas más radiantes que conozco, cuya historia de vida les contaré más adelante, pudo vencer la invalidez ocasionada por una enfermedad en su espalda durante cuarenta y cuatro años, e hizo de su cama un trono. Su habitación es el confesionario de la ciudad. Ella me dijo que las tres palabras por las que vive en este año son: "*Atención, mansedumbre* y *poder*". No pudo haberse concentrado en tres palabras más importantes. Estas palabras son tan vitales que vamos a usarlas como los tres pasos para lograr un ego disciplinado.

(1) *Atención.* Lo que llama nuestra atención es importantísimo, porque cualquier cosa que obtenga su atención lo obtendrá a usted. Si usted da la atención principal a su ego, el ego será arrastrado hasta su conciencia y todo lo demás será organizado a su alrededor. ¿"Organizado" a su alrededor? ¡Desorganizado a su alrededor! Porque tener el ego en el centro es tener un cáncer en el centro, porque las células cancerosas son células que hacen que otras células cooperen con ellas, en lugar de ellas cooperen con otras células. Una persona atenta consigo misma vive en un estado de autoreferencia. "¿Cómo me afectará esto? ¿Qué gano de esto?" Tal persona es desagradable para otros y desagradable para sí misma.

En consecuencia, decida aquello que tendrá su atención más importante. Decida, mientras entra en el altar de su corazón, ante quién va a doblar las rodillas. Si el Reino de Dios tiene su lealtad, entonces haga que su lealtad sea absoluta. No diga "sí" y "no". No sea lo que mis amigos llaman un "sí, pero...", "lo haré, pero...". Que no haya ningún pero en ninguna parte. Ponga a Cristo de una vez por todas en el centro de su atención. Entonces vivirá referido a Cristo y no en un estado de autorreferencia. Cambiar la base de su vida en este camino no será fácil; el ego se retorcerá, se encorvará, se excusará y buscará un acuerdo, hará todo menos renunciar. Un pastor se levantó en nuestra reunión y dijo: "Veo lo que necesito y veo que no quiero lo que necesito". Él todavía se amaba a sí mismo en primer lugar, incluso entre las ruinas causadas por ese hecho de amarse a sí mismo. Pero esta resolución de centrar a Cristo en su vida es una decisión categórica. Es una decisión que decide todas las decisiones: es una decisión fundamental.

Oh, mi Dios, he estado fuera de foco y todas las imágenes de la vida han sido borrosas y distorsionadas para mí. Pero ahora, me estoy enfocando y mis imágenes se vuelven más claras la vida parece diferente, porque la miro de manera diferente. Mi ojo ahora es único y todo mi cuerpo está lleno de luz. Estoy agradecido, muy agradecido. Amén.

SEMANA 18 - SÁBADO

Salmos 22:26; 25:9; 37:11; Mateo 11:29

¡Los mansos heredarán la tierra!

Ayer vimos que el primer paso en la autodisciplina es "la atención". Ahora hemos llegado a: (2) *la mansedumbre.* ¡Cuánto hemos evitado esa palabra! Hemos pensado de la mansedumbre como si fuera una debilidad. Sin ningún propósito hemos malentendido la palabra, porque temíamos lo que podría demandar del ego: rendición. Porque la mansedumbre es simplemente eso: rendición.

El científico es manso y por eso obtiene poder sobre la naturaleza. El estudioso es manso y por eso obtiene poder sobre el conocimiento. El cristiano es manso y por eso obtiene poder sobre el universo. Jesús declaró esta verdad así: *"Bienaventurados los mansos, porque ellos recibirán la tierra por heredad"* (Mateo 5:5, RVR 60). Sus palabras parecen absurdas "heredar el cielo", sí; pero no la Tierra aquí y ahora. Pero los mansos lo hacen. Ellos son los únicos que heredan la Tierra. ¿A quién pertenecen las estrellas? ¿A los Sísaras que aspiran conquistar la tierra y el cielo? *"Desde los cielos lucharon las estrellas, desde sus órbitas lucharon contra Sísara"* (Jueces 5:20). Las estrellas pertenecen al astrónomo que con mansedumbre se rinde ante ellas y entra en el reino de las estrellas a través de esa rendición: las estrellas le pertenecen. ¿Quién es el dueño de las montañas? ¿El hombre que tiene el dinero suficiente como para poner a las montañas bajo su control? No; las montañas pertenecen al geólogo que ama a las montañas, que se rinde a ellas, que obtiene sus secretos y que está en su casa en ellas. ¿Quién hereda el mundo de la mente? ¿Aquellos que dicen que están libres para hacer con sus mentes lo que a ellos les gusta? No; ¡tales personas pierden sus mentes! La mente pertenece al psicólogo que con mansedumbre se rinde a las leyes de la mente y que aprende de los caminos de la mente; él hereda el mundo de la mente.

Jesús tenía razón, como siempre, el manso hereda la Tierra. Esto significa literalmente, "el disciplinado heredará la Tierra". Aquellos que se ponen bajo la gran disciplina, la disciplina del Reino, heredan la Tierra. Browning expresa el mismo pensamiento: "Aquel que mantiene en vista un fin, hace que todas las cosas sirvan". El único fin es el Reino, todas las cosas sirven a aquellos que sirven al Reino.

Oh, Dios, ahora empiezo a sentir el significado de ser disciplinado. Este significado está entrando en mi sangre y en mis células cerebrales, en todo mi ser. Cuando haya llegado a ser un alma disciplinada, seré libre. Ayúdame a surgir como un espíritu disciplinado para lo supremo. Amén.

SEMANA 19 - DOMINGO

Romanos 12:1; Deuteronomio 28:1-6; 30:11-14

Un ego disciplinado es un ego de poder

La semana pasada concentramos nuestra atención en los tres pasos hacia el poder disciplinado: (1) la atención, (2) la mansedumbre, (3) el poder. Damos este tercer paso solo cuando dominamos los dos primeros; no se puede obtener ningún poder por medio de engaños, ni por ilusión mental. El poder viene por medio de la disciplina y solo por la disciplina.

Un aviador me dijo que, cuando está en el aire, a cada instante tiene que obedecer a las leyes de la aviación, solo un momento de desobediencia o de descuido y la máquina se arruinaría. No puede haber ningún "feriado moral" cuando se está en el aire; la obediencia debe ser completa o el dominio no será completo. Solo por medio de la atención y por la mansedumbre podrá obtener poder.

Empiece a ser duro con usted mismo. Pablo dice: *"¿No sabéis que los injustos no heredarán el Reino de Dios? No erréis; ni los fornicarios, ni los idólatras, ni los adúlteros, ni los afeminados, ni los que se echan con varones"* (1 Corintios 6:9-10, RVR 60). "Afeminado" significa literalmente "delicado". Jesús enfatizó el mismo pensamiento cuando dijo: *"Nadie que mire atrás después de poner la mano en el arado es apto para el Reino de Dios."* [literalmente no es apto] (Lucas 9:62).

Aquellos que son indisciplinados, delicados o que miran hacia atrás, hacia las cosas que han sido abandonadas, no son aptos para el Reino de Dios, que es un Reino para el disciplinado.

Riguroso consigo mismo, amable con otros, honesto con todos.

Si toda esta disciplina parece como una disminución de la vida en lugar de un crecimiento de la vida, déjeme decirle que el control que la disciplina ejerce sobre el ego es la misma clase de oposición que aplicamos cuando proyectamos un dique a lo ancho de un río. El flujo constante del río es interrumpido y reprimido, pero solo para que una central eléctrica pueda ser instalada para producir energía y luz. El usted disciplinado no está libre para hacer lo que otros hacen, sino libre para hacer lo que otros no pueden hacer, para ser un alma cooperativa, llena de luz y de poder. Alguno dirá: "Soy libre para hacer lo que me gusta", pero usted dirá: "Soy libre para hacer lo que debo hacer". Usted es colocado en un nivel, pero solo con el fin de elevar el nivel de vida, de tal manera que pueda funcionar en un nivel más alto.

Mi Señor y mi Dios, pongo mi cabeza en tu yugo en sujeción a ti. Pero tu yugo es fácil, porque fui creado para ello. El yugo es mi anhelo, porque tus leyes son mi vida. Tomo tus cargas sobre mis hombros solo para descubrir que son alas. Amén.

SEMANA 19 - LUNES

2 Timoteo 2:22; 1 Timoteo 5:6; Gálatas 5:24; 1 Pedro 2:11

Una vida sexual disciplinada

Hemos hablado acerca de la disciplina del primero de los tres impulsos conductores, el ego. Vamos a ver el segundo: el sexo.

La vida parece excesivamente cargada en el aspecto sexual. Alguno podría pensar que hay mucho sexo por los propósitos de la procreación. La raza humana, creen, no hubiese subsistido si el deseo sexual no hubiera sido tan fuerte y tan imperioso. Es muy probable que en la naturaleza humana normal, el deseo sexual no sea tan fuerte ni tan continuo como lo es en la anormal vida moderna, sino ocasional como en los animales y en las aves; activo durante los períodos de apareamiento, inactivo el resto del tiempo. Esto es así entre los pueblos primitivos. Pero la vida moderna ha llegado a ser fuertemente caracterizada por los deseos sexuales. En todo lugar se encuentra la atracción del sexo. Incluso la publicidad lo usa para llamar la atención. Una caricatura muestra a un hombre golpeando una pelota de golf y cerca de la pelota hay un retrato de una mujer para asegurar que él "mantiene su vista sobre la pelota". ¿Podemos mantener nuestra mirada en la vida humana sin que el sexo sea usado para llamar nuestra atención? La vida es dirigida hacia el sexo cada vez más. El sexo ocupa el centro de la escena, el centro de la literatura, el centro del vestido y el centro de nuestro pensamiento. Freud explica este moderno ensimismamiento en el sexo y dice que toda la vida debe ser interpretada en términos de sexo.

Con tanto énfasis, se esperaría que esta era estuviese satisfecha sexualmente. Por el contrario, ningún período parece haber llegado a estar más insatisfecho y frustrado sexualmente que el nuestro. La realidad del divorcio en uno de cada seis matrimonios habla de la historia del fracaso dentro de las relaciones matrimoniales. Un joven se suicidó y dejó una nota diciendo: "Muerto a la edad adulta de 21". Esto habla de la trágica historia del fracaso en el sexo fuera de las relaciones matrimoniales. Él había pasado por experiencias sexuales a los 21 años y esas experiencias se habían transformado en cenizas en sus manos. Evidentemente, en el tema del sexo, el hombre se opone a algo que no puede ser relacionado con tabúes ni restricciones. ¿Puede ser que la naturaleza real trabaje contra las actitudes sexuales modernas y cause que estas actitudes sean destruidas?

Oh, Dios, mi creador, tú tendrás que tomarme de la mano para que no me pierda en la jungla del deseo sexual. Porque si salgo del camino aquí, me encuentro en una jungla que crece más enredada a cada momento. Ayúdame a ver todas las cosas claramente. Amén.

SEMANA 19 - MARTES

Judas 16, 18-21; Efesios 2:1-3; Romanos 8:4-9

La ley de la disminución vuelve en el sexo

Nos dicen que a la aldea de Belén, el lugar del nacimiento de Cristo, le han cambiado su nombre por una palabra que significa "lugar de confusión". ¿No es esto lo que ha sucedido sexualmente en nuestros días? Belén sería el símbolo del nacimiento de un niño, la definición del sexo en su más hermosa y tierna fase, pero ahora se degenera en una verdadera confusión de frustración y derrota del sexo. ¿Por qué?

La naturaleza real trabaja contra nuestras actitudes sexuales. Trabajamos bajo "la ley de la disminución vuelve" y debemos agregar más para obtener un resultado. Ninguna era jamás enfatizó tanto en el sexo como esta, ni ha disfrutado menos del sexo. Las restricciones pasaron; el puritanismo ha sido desterrado. Pero ahora que estamos libres para hacer lo que nos gusta, descubrimos que no nos gusta lo que hacemos. Nos hemos dedicado a las emociones, solo para descubrir que las enfermedades están en las emociones. Nos enfermamos más por nuestras libertades sexuales. ¿Por qué? La naturaleza de la realidad, que es la realidad cristiana, trabaja contra nuestras actitudes sexuales no cristianas.

El sexo en sí no es ni moral ni inmoral; es permisivo. La forma en que es usado hace que el sexo sea moral o inmoral. El sexo es como el fuego, usted puede usarlo sabiamente y ser bendecido por él, o puede usarlo neciamente y ser quemado. Un gran historiador dijo: "Existe una realidad que la historia demuestra: la ley moral está escrita en todo". Y esa ley moral está escrita en el sexo. El sexo, que es permisivo, tiene una ley moral escrita en su interior; hay una manera inmoral de usar el sexo y hay una manera moral. Y esa manera de uso moral está escrita en la composición del sexo.

Los hombres pensaban que si solo podían librarse de los tabúes puritanos y de los códigos morales de Las Escrituras, se liberarían para hacer lo que les plazca con el sexo. Pero ahora descubren que la ley moral está escrita en el sexo. Mantenga esa ley moral y ahí está el cielo; rómpala y ahí está el infierno aquí y ahora.

Oh, Dios, mientras vengo a ti, puedo descubrir el camino moral escrito en la esencia de las cosas, porque yo te ofrecería mis deseos sexuales para que puedas usarlos conforme a su mejor y más alto propósito. Necesitaré sabiduría y necesitaré poder, porque el sexo es muy demandante y muchas veces ahoga tu pacífica y suave voz. Ayúdame. Amén.

SEMANA 19 - MIÉRCOLES

1 Corintios 6:12, 15-20; 1 Timoteo 5:14; 1 Corintios 7:9

Pasos hacia la victoria en el sexo

Si vamos a usar los poderes del sexo correctamente, entonces estos son los pasos siguientes: (1) *deberíamos reconocer el sexo por lo que es, una capacidad dada por Dios que no es moral ni inmoral en sí, pero que es moral o inmoral según su uso.*

Esto sacaría la vergüenza sobre el sexo y la pondría en su lugar; en nuestro uso del sexo. No hay ninguna vergüenza en el sexo; la vergüenza está en el mal uso de él. Si la gente se avergonzara de lo que hace con el sexo y no del sexo en sí, entonces habría más actitudes normales y saludables hacia él. El sexo ha traído más cielo y más infierno en la vida que cualquier otra cosa. Y nosotros hacemos el cielo o el infierno según lo que hacemos con el sexo.

Cada persona normal tiene deseos sexuales. Actuar como si no tuviéramos ningún deseo sexual es producir hipocresía y probablemente complejos. Ponga la realidad del sexo al descubierto en su mente, mírelo, pero no demasiado, y luego decida lo que va a hacer con él. Nota: decida lo que usted va a hacer con él y no lo que el sexo va a hacer con usted. Porque el sexo es un siervo maravilloso, pero un horrible maestro. Puede servir a todos los intereses de la vida, o puede arruinar todos los intereses de la vida. La batalla de la vida en un sentido general, probablemente no podrá superar a la batalla del sexo. Pierda la batalla del sexo y la derrota se propagará en cada parte de su ser; gane la batalla del sexo y toda la vida será levantada por medio de esa victoria.

(2) *El lugar del sexo no es el primero y el sexo no es un fin en sí mismo.* Si usted pone al sexo en primer lugar, corromperá toda su vida. Aquellos que más ardientemente dan al sexo el primer lugar y hacen de él un fin, obtienen menos de él, muy poco excepto sobornos en forma de disgustos y de autoaversión. La ley de la vida sexual es esta: el que quiera salvar su vida sexual poniendo el sexo en primer lugar y tomándolo como un fin, la perderá. Y la ley funciona con precisión matemática; no hay excepciones ni exenciones.

Busque primero el Reino de Dios, haga que el sexo sirva al Reino y cada gozo legítimo relacionado con el sexo será añadido.

Oh, Dios, veo que si el sexo toma tu lugar y me gobierna yo sería el siervo de un deseo. Y ese deseo me llevará al infierno del autodesprecio. Por eso debo llevar mi vida sexual al altar de tu amor y allí pedirte que lo transformes en el siervo de mi amor por ti. Que estos amores más pequeños se ajusten dentro de mi amor por ti. Amén.

SEMANA 19 - JUEVES

Salmo 68:6; Mateo 19:3-15

El fin principal del sexo

Si el lugar del sexo no es el primer lugar y si tampoco es un fin en sí mismo, entonces, ¿cuál es el lugar del sexo?

(3) *El fin principal del sexo es la procreación de hijos y la nutrición de ellos en una atmósfera de amor.* El sexo fue hecho expresamente para la creación de personas, no de placeres. Hay un principio de placer que rodea la procreación, pero si este principio de placer es apartado y se convierte en un fin, dejará de ser un placer y se convertirá en lo opuesto. El placer debe ser el subproducto de la voluntad para crear, de lo contrario ese placer cesará. El deseo sexual es ante todo un deseo creativo y no un principio de placer.

Sin embargo, también el deseo sexual produce una atmósfera de amor que rodea a la vida que ha sido creada. Si el uso ocasional del sexo ministra a esta vida de amor, fomenta ese amor en los padres y tonifica toda la vida matrimonial, entonces este uso se justifica aparte de la intención procreativa. Pero si no fortalece a la vida matrimonial, o si se convierte en un punto de conflicto en las personas o entre las personas; si deja a la vida debilitada mental, moral, espiritual o físicamente, entonces este uso no se justifica. Debería ser eliminado completamente.

Como un sacramento de amor, sí. Como una sexualidad impura, no.

(4) *El deseo sexual no solo fortalece la vida corporativa de los padres, sino que además fortalece la vida individual.* Le da brillo, vida, fuego. Empapa cada célula del cuerpo con una energía nueva, con un nuevo esplendor. Pero solo cuando el sexo ha encontrado su lugar. Aquellos que tienen una vida sexual normalizada brillan dentro o fuera de la relación matrimonial. Aquellos que no, son torpes y sin brillo. El sexo se convierte no en alimento, sino en veneno. Cuando digo que el sexo fortalece al individuo, no me refiero solamente al uso apropiado sino también al uso de restricciones adecuadas. Una vida sexual restringida revierte el curso y llena de salud a la totalidad de la persona.

Alexis Carrel dijo: "Para poder alcanzar la más alta inteligencia, parecen ser necesarias tanto la presencia de las glándulas sexuales bien desarrolladas como la represión temporal del apetito sexual".

Oh, Dios, nuestro Padre, te agradezco por este fuego del sexo dentro de mí. Déjalo arder en mi interior como un fuego sagrado sobre tu altar, iluminando todo mi ser. Porque si no es esta clase de fuego, será un fuego que consumirá mi mente, mis tejidos, mis huesos, mis posibilidades... y a mí. Por eso, ayúdame en este día a dedicar este fuego sagrado a ti. Amén.

SEMANA 19 - VIERNES

1 Corintios 6:18; Gálatas 5:16, 22-25; 4:19

El sexo puede llegar a ser sublime

(5) *Tanto dentro de las relaciones matrimoniales como fuera de ellas, el deseo sexual puede purificarse.* Esto deja una puerta abierta para aquellos que han rechazado los medios ordinarios de la expresión del sexo. El deseo sexual es el deseo creativo. Pero la creación física no es su única área creativa. Puede funcionar como creación en otros niveles de vida. Puede llegar a ser creativo en el reino de la mente y crear nuevos pensamientos, nuevos sistemas de pensamiento, nuevas actitudes mentales, tanto en nosotros como en otras personas. Puede ser creativo en el aspecto social, y puede dar a luz nuevos movimientos para la justicia y el mejoramiento social. Puede ser creativo en el reino moral y espiritual, puede crear vidas nuevas, esperanzas nuevas y nuevos movimientos morales y espirituales.

Algunas de las obras más grandes en el mundo las realizan aquellos que al haber rechazado, voluntariamente o no, las expresiones normales del sexo, cambian la corriente de este extraño poder en una actividad creativa expresada en otras formas. La vida sexual no es reprimida, sino expresada por otros canales. Entonces la abstinencia puede convertirse en salud, con tal de que la abstinencia del sexo en cierto nivel sea practicada con el fin de perderla en otro nivel. Si el sexo es simplemente reprimido y sin ninguna salida en ningún nivel, entonces puede evidenciar una fuente de conflicto y frustración. El camino para la expresión del sexo siempre está abierto en alguna dirección; por tanto, el conflicto es innecesario.

(6) *Tenga cuidado con la propuesta infiel de esta capacidad.* Solo hay dos maneras de usar legítima y servicialmente el poder del sexo: dentro de las relaciones matrimoniales como concepción, o dentro de las relaciones matrimoniales como algo sublime. Todos los otros caminos son caminos de muerte. Por lo tanto, tenga cuidado del consejo de amigos, de los médicos o de los psiquiatras paganos que aconsejan que la promiscuidad o el abuso de uno mismo es una manera de liberarse de pasiones. Esta salida es una salida hacia el autodesprecio, hacia un conflicto más profundo en la naturaleza moral hacia, un infierno interior. Si alguno es lo suficientemente necio como para aconsejar esto, usted no sea lo suficientemente necio como para aceptarlo.

Lo correcto siempre es saludable.

Dios, mi Padre, vengo a ofrecerte la turbulencia de mis deseos. Aquiétalos, dirígelos por medio de tu voluntad, hazlos fructíferos por medio de tu amor creativo y elévalos por medio de tu redención. Juntos debemos resolver este problema. Porque, sin ti nada puedo hacer. Amén.

Santiago 1:14-15; Proverbios 23:7; 1 Corintios 7:1-2; 2 Corintios 5:14

Pasos adicionales hacia la victoria en el sexo

Con el fin de no ser tentados a seguir a la promiscuidad o a los excesos, practique estos atractivos atajos hacia la victoria en el sexo: (7) *decídase a que ninguno de ellos funcione, excepto que funcionen mal.* Cuando la sugerencia le dice: "Ahora es tu oportunidad", conteste como yo siempre lo hago: "Sí, sé que es mi oportunidad para ir al infierno y no quiero ir ahí". Y luego, vuélvase al tentador y dígale: "Si yo hiciera esto, sería un gran necio al igual que tú, y realmente no quiero serlo".

(8) *Observe el lugar de su pensamiento.* Como dice Emerson: "El padre de cada acción es un pensamiento". Por eso, detenga la acción en el lugar del pensamiento. No juegue diciendo: "Mantendré el pensamiento, pero lo detendré de este lado de la acción". No lo hará, "porque en ninguna batalla entre la imaginación y la voluntad, ganó la imaginación" así dicen los psicólogos. El adulterio de la mente provee para el adulterio del cuerpo.

(9) *Si va a mantener su mente alejada del pensamiento sexual, entonces mantenga el cuerpo alejado del sexo.* Porque los deseos corporales surgen casi mecánicamente por medio de la cercanía. Si la "proximidad es el alma del amor", es también el alma de la lujuria. No se acerque al fuego para después preguntar por qué se quema. El hecho de acercarse crea peligrosos preludios de besos y caricias.

(10) *Estas barreras sugeridas son solo las cercas a los lados de una ruta abierta y esa ruta abierta es el amor a Cristo.* Usted puede expulsar un deseo solo por medio de un deseo más grande. Dejemos que el amor de Cristo sea el fuego que consuma a estos amores más pequeños. Todas las prohibiciones en contra del uso equivocado del deseo sexual no lo salvarán, a menos que el amor de Cristo esté en el centro, entonces el deseo sexual llegará a ser insignificante y correcto. Hay 32.000.000 de estatutos en los Estados Unidos para hacer que la gente sea buena. El cristiano tiene solo uno: "amarás". Y el amor llega a ser el cumplimiento de la ley. Porque cuando ama a Cristo, usted es libre: "ame a Cristo y haga lo que quiera". Porque a usted le gustará hacer lo correcto.

Oh, Cristo, quiero enamorarme tanto de ti y de tus caminos; que todos estos amores más pequeños puedan llegar a ser parte de tu dominante amor central. Estos se perderían en ti y estarían en su expresión correcta. Porque tú eres la llave para toda la vida. Te agradezco. Amén.

SEMANA 20 - DOMINGO

Filipenses 3:19; 1 Timoteo 6:8; Santiago 5:1-6

Deseos corporales disciplinados

Hemos estudiado a nuestro séptimo enemigo, los deseos indisciplinados, y hemos tomado al sexo como uno de ellos. Ahora veremos otro: *la falta de disciplina de otros deseos corporales.*

(1) *Discipline sus deseos naturales.* Algunos de estos deseos corporales son naturales, por ejemplo, el deseo por la comida. Si usted quiere vivir abundantemente, entonces deberá ser disciplinado en sus comidas. Cada comida debe ser un sacramento ofrecido en el altar de la vida ideal y de las mejores posibilidades. Debemos comer lo suficiente como para mantenernos con buena salud... y un poco menos para mantener nuestro peso. Los "flotadores" alrededor de nuestra cintura no aportan a la vida; contrariamente, son impedimentos en la vida. ¿Para qué llevar un exceso de equipaje alrededor de nosotros, sobrecargando al corazón?

Los médicos nos dicen que tanto los excesos de comida como el comer poco, destruyen el poder del cerebro. Los pensadores más sabios son los soldados más sabios. Lo que se tiene en el estómago, a menudo determina lo que se tiene en la cabeza. *"El reino de Dios no es comida ni bebida"* (Romanos 14:17) y, sin embargo, nuestra comida y nuestra bebida muchas veces determinan nuestra aptitud para el Reino de Dios. *"En conclusión ya sea que coman o beban o hagan cualquier otra cosa, háganlo todo para la gloria de Dios"* (1 Corintios 10:31), y la gloria de Dios habita en una persona que está bien físicamente.

La Escritura dice: *"Desde el cielo te permitió escuchar su voz, para instruirte"* (Deuteronomio 4:36). La voz del cielo para instruir resulta ser la misma voz que habla de la constitución física. Los médicos y los intérpretes del cristianismo ahora dicen lo mismo: disciplínate o perecerás.

Todos tenemos un deseo natural por la seguridad. En consecuencia, el hombre provee para la seguridad a través de las posesiones. Sin embargo, si tomamos esta seguridad exterior como la meta y el objetivo de la vida, la seguridad interior se volverá inestable. John Woolman se rehusó a ampliar su negocio más allá de sus necesidades reales, con el fin de tener tiempo para los verdaderos negocios de la vida. Discipline su deseo de tener seguridad según sea su necesidad real; más allá están el lujo y la decadencia.

Mi Señor y mi Dios, ayúdame a controlar todos mis deseos y a conducirlos en tus propósitos para que no me controlen a mí. Porque puedo ser un siervo o un maestro. No permitas que nada me domine, excepto tú. Porque en tu dirección encuentro mi libertad y en la dirección de mis deseos encuentro mi tiranía. Tú me tienes totalmente, con mis deseos y todo lo demás. Amén.

Proverbios 20:1; Habacuc 2:15; Romanos 14:19-21; Efesios 5:18

La ingesta de narcóticos es un ataque a los nervios

Discipline sus deseos no naturales. El famoso deseo no natural que debemos disciplinar es el deseo por las bebidas embriagantes. Es una amenaza personal y colectiva que crece cada vez más. En la última década los rechazos de las compañías de seguros para el alcoholismo han aumentado del 12 al 34%; una de cada tres personas, tanto hombres como mujeres, de otra manera asegurables fueron rechazados como riesgos peligrosos por causa de la bebida (Robert S. Carroll, *¿El precio del alcohol?*).

El Hospital Cook County de Chicago realizó un estudio de 8 años sobre 3.422 casos de neumonía, las edades oscilaban entre los 30 y los 39 años. El 18,4% de abstemios, el 29,1% de usuarios moderados y el 42,5% de usuarios empedernidos de alcohol murieron. El juez Harry H. Porter, presidente de la Corte Municipal de Justicia de Evanston, Illinois, nos dice en su opinión personal, que el alcohol está involucrado en el 60% de los accidentes en las autopistas. El registro de Forel en cuanto al estudio de la relación entre el alcohol y la sífilis, mostró que el 76% de los hombres y el 66% de las mujeres fueron infectados mientras estaban bajo la influencia del alcohol. El Dr. C. C. Weeks, la autoridad inglesa en el tema del alcohol, cita a cuatro escritores de medicina quienes afirman que el alcoholismo es uno de los cuatro grandes flagelos de la civilización moderna, y las otras tres son el cáncer, la tuberculosis y las enfermedades venéreas.

¿Enseñar la moderación? Es absurdo aconsejar la moderación en el uso de una sustancia cuyo primer efecto es debilitar el poder para dejar de tenerla. El alcohol afecta a las funciones del sistema nervioso en el orden inverso de su desarrollo en el individuo y en la especie. Las funciones superiores y últimas en ser desarrolladas, son las primeras en ser afectadas por la acción narcótica del alcohol. El alcohol afecta primero a las funciones que hacen al hombre diferente y superior a un animal.

No es inteligente beber, es una debilidad. Es una mentalidad de escape, un ataque a los nervios. Usted no tiene ningún recurso en su interior, por eso trata de sacarlos de una botella. Solo la gente débil bebe. Las bebidas alcohólicas son muletas para patos lisiados. Un hombre de origen inglés, después de escucharme decir eso, fue hasta un bar y dijo: "Tiene razón, de todos modos, dame una muleta". Recuerde el nombre "muleta". ¿Y para quién es? Para un pato lisiado.

Oh, Dios, no necesito nada sino a ti: el vino de tu amor, el regocijo que viene de permanecer en ti, la verdadera exuberancia de espíritu que resulta de estar totalmente en armonía contigo, el ritmo y la armonía que son míos en ti. ¿Qué debo añadir a esta plenitud para hacerla más completa? Amén.

SEMANA 20 - MARTES

Habacuc 2:5-7; Efesios 2:3; Gálatas 4:9; 5:1

El tabaco, un deseo indisciplinado

Ayer meditamos sobre los deseos indisciplinados y hablamos del deseo por los estimulantes antinaturales. Una vez vi un letrero luminoso que mostraba a un águila americana sobre un barril de cerveza inglesa agitando sus alas. Si la agitación de sus alas está basada en los narcóticos, pronto usted será un ave alicaída. Y si el águila americana se eleva solo cuando está "empapada", entonces sus días de alto vuelo estarán terminados.

Ahora debemos ocuparnos de otro deseo antinatural y preguntar si tiene algún lugar en la vida de un cristiano disciplinado: el uso del tabaco. Estamos a punto de reaccionar en contra del tabaco. Es el momento adecuado, porque hemos sido bombardeados con propagandas que hasta nos han hecho pensar que fumar es lo único que deberíamos hacer, porque todo el mundo lo hace. Ahora la reacción comienza a declararse, porque descubrimos que fumar un cigarrillo tras otro, beber una copa tras otra y vivir en cadenas, debilita la salud de nuestro país. "Ah", usted dice con un suspiro de alivio: "Yo estoy fuera de eso porque fumo con moderación; todavía no estoy en la cadena de los prisioneros". Pero espere un momento. Los médicos nos hablan del efecto total de esta adicción y la evidencia es cada vez más sorprendente.

Un especialista en el corazón me dijo: "De todos los venenos que el hombre introduce en su sistema para su supuesto placer, el peor de los venenos es el tabaco. Cuando alguien fuma un cigarrillo, usted puede ver el efecto en las arterias; estas se cierran y causan que el corazón trabaje más rápido". Y luego añadió: "Cuando le digo a un hombre que el humo afecta su corazón y que por eso debe dejar de fumar, generalmente se va y lo hace. Y cuando le digo la misma cosa a una mujer, ella promete, luego se marcha y persiste en lo mismo". La mujer es la última convertida al dios de las manchas amarillas, y rápidamente se está convirtiendo en su más ardiente devoto. La desilusión no encontró su lugar todavía.

¿Por qué las estadísticas sobre seguros nos dicen que la mortalidad por neumonía entre los fumadores es el doble que en los no fumadores?

Oh, Dios, vengo a ti en busca de liberación. No quiero ser un esclavo de un deseo voluntario, esclavo de una cosa. Quiero depender por comodidad, no de un cigarrillo, sino de un salvador. Quiero que mi gozo dependa, no de una vida sobrealimentada, sino de una verdadera calidad de vida. Ayúdame a cambiar mis valores. En el nombre de Jesús. Amén.

1 Corintios 6:12; 10:23-24, 31-33

El tabaco, un deseo indisciplinado (continuación)

Continuamos con nuestro estudio. El Dr. Raymond Pearl de Johns Hopkins, tal vez la autoridad principal en cuanto a las estadísticas de la medicina, después de examinar a miles de fumadores empedernidos (aquellos que fuman más de diez cigarrillos por día), fumadores moderados y no fumadores, descubrió que entre los treinta y los cuarenta y cinco años de edad, las muertes por mil entre los fumadores empedernidos eran el doble en relación a los no fumadores; los fumadores moderados estaban entre los otros dos. Después de los cuarenta y cinco, las líneas de los gráficos convergen hasta unirse en los setenta. Si usted puede seguir fumando hasta los setenta, entonces no hay ninguna diferencia, usted es un cliente resistente e inmune. Pero aquellos que sobreviven hasta los setenta, especialmente son los que están en un buen estado físico. El Dr. Pearl lo resume diciendo: "El fumar está asociado con una definida reducción de la longevidad. El deterioro es proporcional a la cantidad habitual del tabaco usado".

Gene Tunney, el ex campeón de los pesos pesados, en un punzante artículo sobre este tema dice:

> Nunca nadie negó que la nicotina es un veneno. En otras palabras, actúa tan rápido y es tan fatal como el ácido prúsico. Una sola gota de este ácido en un conejo esquilado le causa convulsiones inmediatas y luego la muerte. La nicotina disuelta de algunos pocos cigarrillos y puesta en la lengua de un hombre adulto lo mataría en 15 minutos. Afortunadamente, el volumen de nicotina en el tabaco es volatilizado en el humo; el veneno no es ingerido directamente. Pero si usted fuma un paquete por día, está inhalando 400 miligramos de este veneno por semana. Esa cantidad en una sola dosis lo mataría tan rápidamente como una bala. Bajo los azotes de la nicotina, el cuerpo quema azúcar más rápido; la acción del corazón, la respiración y la presión sanguínea se mantienen en un nivel irregular. Al final de los dos paquetes del día, el sistema del fumador ha recibido una implacable paliza. Los empobrecidos nervios y las células corporales gritan por la fatiga y la irritación. El fumador empedernido sufre de un crónico "sentimiento de cansancio". Él es una energía en bancarrota y debe pedir prestada una nueva energía con la exorbitante tasa de interés de tener que fumar aún más.
>
> El golpe definitivo de la nicotina, o "El conteo lento", *Reader's Digest*, diciembre de 1941.[1]

Mi Padre y mi Dios, ayúdame a estar de la mejor manera para ti. Este asunto de ser cristiano es un asunto serio y necesita de mis capacidades en su mejor forma. Por lo tanto, ayúdame a ofrecértelos a ti. Ayúdame a eliminar a todos los parásitos que extraen mi fuerza y mi energía. Porque tengo que correr una carrera. Amén.

---

1. Reimpreso con el permiso de la Asociación del The Reader's Digest.

Isaías 58:6; 8-9, 11; 61:1; Romanos 6:16

Deseos indisciplinados, la opinión de los expertos

Hubiera sido más fácil para mí el dejar afuera esta parte sobre el uso del tabaco, porque muchos de mis amigos fuman y también son cristianos. No dudo ni por un momento de su sinceridad y devoción; de modo que hubiera sido más fácil pasarlo por alto y dejarlo aparte... más fácil y más mortífero. Porque el futuro del mundo está en las manos de la persona disciplinada. El usuario del tabaco es una persona indisciplinada.

Si usted no cree esto, permita que hablen los que más saben. Thomas Edison dijo:

> El humo del cigarrillo tiene una reacción violenta en las centrales nerviosas, pues produce una degeneración de las células del cerebro. Esta degeneración es permanente. Ningún fumador puede trabajar en mis laboratorios.

El Dr. W. J. Mayo expresó en una recepción:

> Caballeros, es habitual repartir cigarrillos después de una comida, pero yo no lo haría. Yo no fumo y no apruebo la costumbre de fumar. Si usted advierte, los cirujanos más competentes y destacados dejan la práctica. Ningún cirujano puede darse el lujo de fumar.

El entrenador Alonso Stagg:

> De mi observación personal puedo decir con confianza que los atletas que han sido adictos al uso del tabaco, no tienen la resistencia de los que han crecido libres de esta adicción.

Un notable entrenador de atletismo comentó:

> El tabaco reduce los reflejos, baja la moral y cualquier propaganda que diga que el fumar ayuda al atleta, es una falsedad y un fraude.

No me extraña que Alexei Tolstoi; levante su voz con la pregunta: "¿Por qué los hombres se entorpecen a ellos mismos con el tabaco?"

Jesús rechazó los narcóticos incluso cuando fue torturado en la cruz. Él enfrentaba la vida comparando su valor interior con las circunstancias exteriores. Se rehusó a aliviar su dolor con drogas. Porque solo los débiles se vuelven a los narcóticos.

Padre de gracia, perdona los errores que cometemos con nosotros mismos al tratar de vivir en caminos que no son los tuyos. Tus caminos producen ritmo; nuestros caminos producen ruina. Tus caminos producen libertad y aptitud; nuestros caminos producen necedades e ineptitud. Ayúdame a tomar tus caminos incondicionalmente. Amén.

SEMANA 20 VIERNES

Efesios 5:16; Colosenses 4:5; Juan 9:4; Proverbios 6:6

Disciplinemos nuestro tiempo

Ahora nos dedicaremos a la disciplina de nuestro tiempo. Un abogado que estuvo en una de nuestras reuniones le dijo a un amigo en el cierre: "Hoy, mis entrañas han sido lijadas". Todos necesitamos que nuestras entrañas sean lijadas con la lija de la disciplina para que podamos ser brillantes y capaces. Debemos recordar que esta es una generación indisciplinada. Esta generación traduciría la primera frase del Salmo 23 como: "El Señor es mi chofer; nada caminaré". Alguien lo expresó de esta manera: "La Iglesia enfrenta a una generación que trata de beber su camino hacia la prosperidad, luchar contra su camino hacia la paz, consumir su camino hacia la abundancia y disfrutar de su camino hacia el cielo". Nada podrá alcanzar. Debemos disciplinar todo en nuestras vidas, especialmente nuestro tiempo.

Palabras de Wesley, aquel maestro en cuanto al uso del tiempo: "Nunca esté sin hacer nada y nunca esté livianamente ocupado". Y el apóstol Pablo dice: *"Redimiendo el tiempo, porque los días son malos"* (Colosenses 4:5). En fotografía sabemos que una buena foto depende no solo de lo que usted pone en ella, sino también de lo que descarta. Su capacidad para decir "no" determina su capacidad para decir "sí". Usted tiene que decir "no" a las cosas más pequeñas con el fin de decir "sí" a las cosas más grandes. La vida depende tanto de lo que eliminamos como de lo que asimilamos. Alguien le preguntó al prestigioso presidente de una universidad cuál era el primer requisito del presidente de una universidad y contestó: "Un cesto de basura". Yo voy a muchos hogares y hoteles, ¡y lo primero que busco es el cesto para la basura! Dejo ahí las cosas que no contribuyen.

Creo en la recreación cuando en verdad nos recreamos. Pero cuando la recreación solo mata el tiempo y nos agota, deshagámonos de ella. Alguien definió la palabra "puente" como "un asalto a tiempo con la intención de matar". Si usted mata el tiempo, se mata a usted mismo, porque usted es parte del tiempo. El Dr. William Osler, el gran cirujano, solía atar nudos en una cuerda mientras viajaba en el tranvía, para prepararse para un rápido cierre ante una crisis en una operación.

Mi Padre y mi Dios, quiero estar preparado para el momento de mi mejor desempeño, para algún gran momento que requiera lo mejor de mí. Ayúdame a estar preparado a cada momento para ese instante supremo. Ayúdame a estar preparado, estando listo a cada momento. En el nombre de Jesús. Amén.

SEMANA 20 SÁBADO

Lucas 12:31; 9:55-62; Mateo 5:29, 30

Una escala para la disciplina

Antes de salir de estos pensamientos sobre la disciplina, debemos ver una escala sobre la vida disciplinada: (1) *decida en qué va a ser disciplinado en absoluto*. Ese absoluto es Cristo. Entonces usted va a ser alguien como Cristo. Ser una persona como Cristo es el objetivo de su disciplina.

(2) *Discipline el centro, el ser interior, antes de disciplinar la circunferencia, las cosas alrededor de ese ser interior*. Lleve a su ego a la disciplina de una completa rendición a Cristo. Con ese centro no rendido, ocuparse de la disciplina de esto, de aquello y de cualquier otra cosa, es en vano.

(3) *Ahora que ese centro ha sido disciplinado por voluntaria rendición, empiece con lo más difícil que tiene para disciplinar*. Temo no estar de acuerdo con aquellos que aconsejan identificar primero las cosas más fáciles y luego trabajar con las cosas más difíciles. Porque al hacerlo de esta manera, rara vez se continúa hasta lo más difícil, pues nos quedamos atrapados en lo más fácil. Jesús dijo: *"Si tu mano derecha te es ocasión de pecar, córtala y échala de ti"*. Él no dijo: "Si tu mano derecha te es ocasión de pecar, empieza comiéndote las uñas". Alguien dijo: "Al abordar cualquier problema, identifíquelo en su fase más difícil, enfréntelo allí y luego lo resolverá por completo". Ya es una costumbre en mí el hecho de sacar de la pila de cartas, la que parece ser peor, para leerla primero.

(4) *Al abordar lo más difícil en primer lugar, no disminuya su fuerza*. No trate de abandonar hábitos reduciéndolos poco a poco, deshágase de ellos de una vez, bolso y equipaje. El método de abandonarlos poco a poco muy rara vez funciona.

(5) *Puesto que los hábitos llegan a tener poder, hágalos trabajar para usted y no contra usted*. Que los hábitos sean sus amigos y los estabilizadores de la nueva vida.

(6) *Recuerde que ciertas cosas son el suelo en donde crece la nueva vida*. Cultive los suelos que contribuyan.

(7) *No admita ninguna excepción en su disciplina*. Las victorias pequeñas cuentan. "Al encender sucesivamente pequeñas velas de fuerza de voluntad, generamos un haz que llega a ser una luz para la totalidad de la vida".

Cualquier excepción que usted tolere hará más fácil admitir la próxima excepción, y así sucesivamente hasta llegar a la vida indisciplinada.

Oh, tú, Cristo disciplinado, deberíamos ser como tú, tus disciplinas son naturales, son una parte de ti, que escasamente podemos discernirlas. Deberíamos ser de esa manera también. Que nuestras disciplinas lleguen a ser tan naturales dentro de nosotros que lleguen a ser inconscientes y por lo tanto, efectivas. Amén.

SEMANA 21 DOMINGO

Mateo 7:3-5; 6:24; Santiago 3:10-12; 4:8

Las insinceridades conscientes e inconscientes

Pensé que habíamos terminado con la disciplina, pero ahora veo que tendremos que mantenerla como un trasfondo y como una relación con la vida abundante. La necesitaremos especialmente al tratar con el octavo de nuestros quince mayores enemigos: *la insinceridad consciente e inconsciente.* Descubrimos en nuestro estudio de los mayores enemigos que tratamos, que la insinceridad, aunque está implícita en muchos de los otros, es suficientemente importante como para tenerla en cuenta específicamente. Porque es una cualidad que puede debilitar de una manera muy secreta toda la estructura cristiana que construimos. La insinceridad es la termita de la personalidad.

Puesto que somos "solamente cristianos en formación", podemos encontrar insinceridades e hipocresías inconscientes en lo mejor de nosotros. Son el tributo que pagamos a la verdad y a la bondad. Incluso cuando no somos buenos ni auténticos, simulamos la verdad y la bondad, reconociendo de este modo que debemos ser así.

De arriba abajo, la vida está llena de insinceridades e hipocresías. Sudáfrica hace del antílope saltador, un venado, su símbolo nacional; sin embargo, los sudafricanos lo han exterminado.

Nuestras ciudades son decoradas para celebrar el nacimiento de Cristo, pero detrás de nuestras celebraciones navideñas, hay un ambicioso motivo comercial que Jesús condenó. Una gran estrella pende en el cielo de Belén, Pensilvania, aparentemente para guiar nuestras mentes hacia Cristo; pero debajo de la estrella hay un cartel que dice: "Hotel Belén". Entonces la estrella está para guiarnos hasta este hotel, en lugar de guiarnos hasta el mesón de hace mucho tiempo. Una señora despidió a su sirvienta con indignación: "Tuve que despedirla. Descubrí que me estaba robando esas adorables toallas de un hotel que yo tenía". ¡Con su indignación moral por la deshonestidad de otro justificaba su propia deshonestidad!

Oh, Cristo, no nos vemos a nosotros mismos, porque vemos los pecados de otros con los ojos bien abiertos, y luego vemos con ojos ciegos nuestros propios pecados y debilidades. Ayúdanos a ser tan honestos con nosotros mismos como con los otros. Ayúdanos a ser honestos con nosotros mismos con tu honestidad. En tu nombre. Amén.

SEMANA 21 - LUNES

Filipenses 1:10; Santiago 1:8; Hechos 5:1-11

Las insinceridades: ¿tiene las orejas coloradas?

Estas insinceridades entran sigilosamente en nuestras vidas cristianas. Recientemente estuve mirando un maravilloso mosaico sobre *La última cena* en donde Jesús está diciendo que uno de sus discípulos va a traicionarlo. Y todos preguntan: "¿Seré yo, Señor?" En el mosaico, las orejas de todos los discípulos están coloradas, ¡pero las orejas de Judas están un poco más coloradas! Cuando Jesús hace la pregunta de la traición, señalamos a Judas con indignación. Nuestra indignación disimula nuestras propias traiciones.

Si quiere descubrir los puntos débiles de un hombre, note los errores que señala en las personas. Podemos defender nuestras propias contradicciones porque dividimos la vida en partes: nuestra religión funciona en una parte, pero no entra en las otras. Los obreros de una fábrica lanera hicieron una huelga para conseguir un lavabo para poder asearse antes de salir del trabajo hacia sus hogares. Cuando el tema fue presentado ante el propietario, su respuesta fue: "Lo que ellos necesitan es una avivamiento en su religión". ¡Y había comenzado!

Una secretaria de Asociación Cristiana de Mujeres le insistió a uno de los jefes sobre la necesidad de remunerar adecuadamente a las empleadas para que ellas pudieran pagar regularmente la tarifa más baja de la administración de la residencia de la A.C.M. "No –dijo el propietario– pero aumentaremos nuestras ofrendas para la A.C.M." Estaba dispuesto a ser caritativo, pero no a ser justo. Permitía que su religión funcionara como caridad, pero estaba totalmente en desacuerdo a que funcionara como justicia.

Un proverbio del sur de la India dice: "Te amaré como a mi propio hijo, con tal de que no me pidas comida ni ropa". Y también un proverbio indio habla de "*Hathi ke dant*", los dientes del elefante: los colmillos son para mostrar, los otros para masticar; los motivos encubiertos los guardamos en la parte posterior. El lema de Cortéz, el corsario español era "por Dios y por el oro". Dios estaba primero en el lema, pero el oro estaba primero en los afectos del corsario. Lo importante y decisivo no es lo que está en nuestras pretensiones, sino lo que está en nuestros afectos.

Oh, tú, Cristo, examina en lo profundo de mi corazón y busca allí las infecciones ocultas de la insinceridad. Limpia hasta la última gota venenosa, para que no envenene todo mi sistema. Hazme limpio de cada contradicción oculta, porque quiero ser armonioso y eficaz. En tu nombre. Amén.

Mateo 26:34, 35, 69-75

Las insinceridades: ¿dualismo en nosotros?

Debemos continuar buscando estas insinceridades, porque son como los piojos, hasta el último de ellos debe ser exterminado. Los que predicamos el Evangelio ¿por qué lo hacemos? ¿Para mostrarnos? ¿Con el propósito de dominar a otros: sus mentes, sus almas y también sus cuerpos? ¿Esperamos la palabra clave en el cierre del sermón, en lugar de la aprobación de Dios en la quietud de la oración? Aquellos que pagan el costo de una actividad, ¿realmente tienen el derecho de controlarnos? ¿Proclamamos la verdad que es agradable para otros, pensando en nuestro paladar y en nuestro estómago? ¿Tenemos miedo de ofender a un contribuyente rico, pero no tenemos temor de ofender a nuestra propia naturaleza moral?

Un predicador daba un sermón sobre las pruebas y al finalizar uno de los miembros se le acercó y le dijo: "Pastor, fue un maravilloso sermón, pero me pregunto si usted anda de acuerdo con lo que dice". Bienaventurado es el hombre que lo hace, porque entonces su hablar y su andar tienen poder; de otra manera, el andar y el hablar se anulan recíprocamente. Un pastor me dijo: "Soy como un anunciador del tren, llamo en cada estación hacia el destino al cual yo no voy".

Algunos reconocen tener este dualismo: "Soy obstinado y lo llamo convicción", dijo un alma honesta. Otro expresó su dualismo de esta manera: "Yo no pequé, porque era tan orgulloso que no quería tener que disculparme más tarde". ¡Un pecado, el orgullo, lo mantenía alejado de otros pecados!

Estuve hablando con un general principal de cierto país. Él era sarcástico y crítico con respecto a otros cristianos. Yo sospechaba que debajo de esa amargura el motivo real era disfrazar su decadente vida espiritual; así que detuve sus efusivas palabras con las palabras de Jesús a Pedro cuando éste le preguntó: *"Señor, ¿y qué de este?"* (Juan 21:21). *"¿Que a ti? Sígueme tú"* (v. 22). No importa lo que el otro hombre haga, eso no lo excusa a usted, *"sígueme"*. El general se sentía peor que antes. Una vez más lo detuve con el mismo pasaje. Entonces él golpeó su rodilla y dijo: "Bien; tú ganas".

Esa última frase del general fue honesta y abrió la puerta para su liberación definitiva de las insinceridades.

Cristo, inflexible amador y redentor, rodea mi alma. No permitas que sea flexible y que pida disculpas y que cometa un error más allá de tu redención. Ayúdame a tomar mi medicina, aunque pueda parecer amarga para el gusto del ego. Porque debo ser íntegro y sin ninguna parte enferma. En tu nombre. Amén.

Juan 6:70-71; Mateo 26:14-16, 47-49

Las insinceridades: la máscara

Nos engañamos a nosotros mismos si pensamos que podemos ocultarnos detrás de máscaras y disfraces y seguir siendo una persona "doble". O la máscara se convierte en nosotros o nosotros nos convertimos en la máscara. En el drama griego, los actores usaban máscaras. Cuando los romanos adoptaron el drama, llamaban tanto a la máscara como al actor "persona". Al principio "persona" se refería solo a la máscara; después fue cambiado a la persona detrás de la máscara. Y eso es verdad, uno se convierte en lo que su máscara es. "Usted no se pone una máscara exteriormente, sino en su interior", dice Gerald Heard. Si es verdad que la máscara se convierte en usted, entonces también es verdad que usted se convierte en la máscara.

Siempre una máscara,
sostenida en esa mano delgada,
de color blanco,
ella siempre tenía una máscara
delante de su rostro
sonriente y alegre,
la máscara.

Realmente la muñeca
sosteniéndola ligeramente
se ajustaba a la tarea:
sin embargo, a veces,
había un escalofrío,
un temblor en la punta de los dedos,
siempre tan ligeramente
¿sosteniendo la máscara?

Durante años y años
me preguntaba,
pero no me atrevía a preguntar.

Y entonces
me equivoqué,
miré hacia atrás,
por detrás de la máscara,
para encontrar...
nada, ella no tenía rostro.

Ella simplemente se había convertido,
solo en una mano,
sosteniendo una máscara,
con gracia.[1]

Se dice de cierta universidad, que consiguió algún vino (incorporó ideas progresivas), pero cuando el vino empezó a aumentar su volumen y estaba en peligro de romper las botellas, las autoridades decidieron preservar las botellas. Lo hicieron y todo lo que quedó fueron formas vacías. La educación llegó a ser un vacío oculto de formas exteriores. Eso es lo que nos pasa también a nosotros.

Maestro de gracia, no quiero ser simplemente una persona vacía detrás de una máscara. Quiero ser real, completamente real. Pero hay muchas cosas que deben ser enfrentadas e identificadas. Ayúdame a sacarlas a la superficie hasta que no quede nada detrás. Introduce mi vida en una vida íntegra ¡como tú! Amén.

1. Helen Haiman Joseph, "La máscara", de *Saturday Review of Literature,* 13 de agosto de 1932.

Mateo 6:1-5, 16-18; 23:2-7

Las insinceridades: explicaciones

Todas las insinceridades tienen su precio. Jesús dijo: *"No hay nada oculto que no haya de ser manifestado"* (Marcos 4:22). Los motivos secretos se escribirán en las líneas de su rostro para que el mundo los vea. Lo que usted es en lo secreto se mostrará en sus ojos, se escuchará en sus palabras y se verá en su aspecto, en sus actitudes, en su caminar. "*No hay nada oculto*".

Rebeca persuadió a Jacob para que defraudara a Isaac y a Esaú. ¿Cuál fue el resultado? Jacob tenía una contienda en sus manos y se convirtió en un fugitivo. Su astucia interior se metió en sus pies y lo hizo correr. ¿Cuál fue el efecto en Rebeca? Se llenó de tristeza: *"Fastidio tengo de mi vida, a causa de las hijas de Het"* (Génesis 27:46). Estaba cansada de estas mujeres, porque estaba de mal humor consigo misma. El fraude que dirigió solo tuvo éxito en autoengañarla con respecto a la paz interior y, en consecuencia, no se llevaba bien con ella misma ni con otros.

Un pastor permitió que una aventura amorosa creciera entre él y otra mujer. Esta relación ilícita pagó mal, de hecho le dio una patada directamente en el estómago. Contrajo una enfermedad en el estómago como resultado de este conflicto en su vida.

De paso, también podemos decir que las aventuras amorosas, en donde una o ambas partes están casados, casi invariablemente resultan en frustración e infelicidad. No importa de qué manera quieran ser defendidas, perdonadas y vestidas con mantos de autocompasión, porque de la infidelidad en la relación matrimonial, los resultados son los mismos: frustración e infelicidad. No importa que usted sostenga que la relación es de Dios, puesto que parece ser "tan sagrada", los resultados son los mismos. Usted se opone a esa ley escrita no solamente en Las Sagradas Escrituras, sino en la composición de las cosas: *"Por eso dejará el hombre a su padre y a su madre y se unirá a su esposa y los dos llegarán a ser un solo cuerpo."* (Efesios 5:31). Usted debe elegir entre unirse a su esposa o esposo, o unirse a su naturaleza moral, introduciendo en ella un desastroso conflicto. La ley invariablemente retribuye con justicia.

Oh, Dios, vengo a ti con mí ser interior. He tratado de racionalizar y de justificar mis insinceridades. Ya las he justificado, ahora quiero eliminarlas. Quiero un ego con el cual pueda vivir, y no puedo vivir con un ego que lucha consigo mismo. Entonces ayúdame ahora. Amén.

Mateo 23:13-26

Una escala para vencer las insinceridades

Ahora hemos llegado a nuestra escala por la cual podemos subir desde el abismo de las insinceridades hacia la luz abierta de una vida franca y transparente.

(1) *Descanse en la presencia de Dios con todas sus defensas bajas.* En esta posición de descanso, permita que salgan a la superficie todas las cosas que vengan a su pensamiento. Dígase a usted mismo: "Aquí, en la presencia de Dios, con las barreras bien bajas, quiero que sean traídas a la superficie todas las incoherencias, aunque sean desagradables". Permita que su mente pasee con libertad por toda su vida, luego permítale detenerse en cualquier lugar de insinceridad que quiera.

(2) *Reconozca las insinceridades por lo que realmente son, no busque explicaciones ni trate de convertirlas en otra cosa.* La mente es una parte del ego, y su orgullo es herido por las insinceridades descubiertas, por eso inmediatamente salta a la defensiva. Extiende sus tentáculos en todas direcciones para buscar razones, torpes o inteligentes, para explicar el por qué. Habitualmente el razonamiento encuentra motivos para justificar nuestras propias emociones. Pensamos con nuestras emociones. La mente juntará flores de cualquier lugar y a veces de ningún lugar, y las pondrá en la herida para probar que el lugar de la herida es un jardín y no lo que realmente es, un montón de estiércol.

(3) *Si usted no va a tratar de explicar las insinceridades, tampoco trate de enredarlas en la religión.* En la parte inferior de un objeto de arte dado a una institución, vi una inscripción escrita de tal manera que todos pudieran verla: "A ti, oh Dios, sea la gloria para siempre. Presentado por...". Era obvio que la primera frase era una piadosa fachada religiosa para justificar la intención del donante de obtener una buena porción de la "gloria" para sí mismo.

(4) *No confiese las insinceridades y los pecados marginales dejando sin tocar los más importantes.* Esta es una tendencia muy definida. He escuchado a personas confesar impaciencia cuando deberían confesar una vida egocéntrica; confiesan una falta de bondad hacia alguien cuando deberían confesar la explotación y la avaricia al por mayor; confiesan una acción poco amable en lugar de confesar que toda la vida está llena de actitudes poco amables. Algunos defendían a Hitler porque no bebía ni fumaba.

Oh, Dios, trato de hacer una perforación profunda, ayúdame a ser implacable. Cuando mi herramienta se encuentre con duras resistencias, ayúdame a pasar hasta el otro lado. Porque quiero encontrar el agua de vida transparente de tu presencia y de tu poder. Líbrame de dejar de buscarlo. En el nombre de Jesús. Amén.

Lucas 9:55-62; Santiago 5:16; Hechos 2:46-47

La escala de las insinceridades (continuación)

Continuamos con nuestra escala: (5) *después de deshacerse de estas insinceridades, no las traiga otra vez de contrabando.* Phillip Lee, un ministro chino, cuenta cómo su padre tenía una pasión por coleccionar diarios y revistas. Cada Año Nuevo los sacaba de su casa para desempolvarlos, ¡y luego volvía a guardarlos! Usted también será tentado a volver a las insinceridades que ya había desechado, tal vez con diferentes nombres y diferentes disfraces. Si usted les permite volver, añadirá a sus insinceridades la mentira de permitirles volver bajo supuestos nombres y formas.

(6) *No tome la cruz para después desecharla.* Tal vez la insinceridad esté conectada con un propósito positivo para hacer algo a cualquier costo. La tendencia será tomar la cruz por un momento, endulzarla y finalmente desecharla. La cruz rusa tiene dos barras que cruzan, una más bien oblicua. Se dice que la razón es la siguiente: un sacerdote dijo a su congregación: "Ustedes no obedecerán a la cruz, no vivirán bien; por eso, voy a sacar la cruz de la iglesia". Lo hizo. Pero hubo tantos lamentos que volvió a traer esa cruz "invalidada". "Se las traigo nuevamente, pero la traigo con una línea trazada que la anula, porque ustedes invalidaron la cruz". Esta "cruz invalidada" fue aceptada y copiada como la original. Busque cruces invalidadas en su vida, resoluciones débiles, determinaciones blandas, propósitos retrasados. H. C. Wells habla de "un cristianismo apagado". Mucho de nuestro cristianismo está apagado.

(7) *Deliberadamente, salga y confiese a alguien sus insinceridades.* Esa acción le enseñará al ego que todas las insinceridades tendrán que ser confesadas. El ego se resistirá a albergar insinceridades, puesto que al final deberán ser confesadas.

(8) *Sea parte de un grupo disciplinado en una honestidad y sinceridad transparentes.* Su sentido de lealtad a ese grupo lo mantendrá alejado de deshonestidades e insinceridades personales.

(9) *Cada día, con "el rostro descubierto", contemple como en un espejo la gloria del Señor y sea transformado en la misma imagen "de gloria en gloria"* (2 Corintios 3:18).

Oh, Dios, ayúdame en este día a estar delante de ti con el rostro descubierto, con una mente abierta y con toda sinceridad. Porque yo también tengo que ser cambiado a tu misma imagen. Porque día tras día quiero ir de gloria en gloria y ser un alma transparente. Amén.

SEMANA 22 - DOMINGO

Mateo 12:25-26, 33-34; 7:15-20

Lealtades divididas

Hemos llegado hasta el noveno de nuestros quince mayores enemigos: *las lealtades divididas*. Este gran enemigo es semejante al enemigo del cual acabamos de hablar, pero también es diferente. Alguien puede ser verdaderamente sincero y al mismo tiempo encontrar dentro de sí mismo lealtades divididas. Podría no encubrir nada incluso de él mismo y aún enfrentar el hecho de que trata de dividir sus lealtades entre cosas mutuamente exclusivas. Si el enemigo es la falta de sinceridad encubierta o las lealtades divididas, en cualquier caso el resultado es el mismo: las habilidades, la eficacia y la felicidad del individuo son anuladas. No puede haber vida abundante con una división en nuestro interior.

Las almas divididas son predominantes. Creemos en Dios con la parte superior de nuestras mentes, pero en lo profundo obedecemos a algo más que aceptamos como un estilo de vida. Vivimos por lo que el Dr. Thomas Kelly llama:

> Arreglos y compromisos de doble opción entre nuestra fidelidad con el nivel de superficie y el creador divino. Tratamos de vivir varios egos al mismo tiempo, sin que todo nuestro ser interior sea organizado por una única vida dominante dentro de nosotros.

> A veces pienso que hay dos de mí,
> un alma viva y un doctor en filosofía.

Un miembro de la corte suprema de justicia me dijo cuando estaba a punto de despedirme de él: "Deberíamos considerar este tema durante seis horas. Estoy en un dilema. Durante tres días de la semana, soy un serio objetor, pero durante los cuatro días restantes, no". Y como él creía en el gobierno de la mayoría, era un ferviente experto en asuntos militares y sofocaba al objetor de conciencia, ¡pero no estaba de acuerdo o con el asesinato! Muchos de nosotros vivimos en una escasa mayoría, cuatro a tres y con poco o ningún poder sobrante para poner en operación las decisiones de la mayoría. Seríamos mucho más fuertes si viviéramos unánimemente, con toda la energía de nuestra vida dedicada a un gran fin.

Oh, Dios, mi Padre, estoy cansado de estar agotado por los conflictos interiores antes de enfrentarme a mis problemas. Desperdicio tanta energía en mí mismo que no me queda nada para usar en mis verdaderos problemas. Me he convertido en el problema. Debo estar en total acuerdo para ti. Si siempre me ayudaste, ayúdame ahora. En el nombre de Jesús. Amén.

Mateo 7:21-29

Lealtades divididas ¿hombre o casa de fieras?

Continuamos con nuestro estudio sobre las lealtades divididas. Un poeta dice: "No soy un hombre; soy una casa de fieras, soy un zoológico". Y expresaba lo que muchos sienten vagamente. Tener una casa de fieras dentro de uno, no es un sentimiento muy agradable. Y nos mantiene más que ocupados el hecho de tener que arrojar pedazos de carne a los temperamentos contrarios, para mantenerlos en calma. Y, sin embargo, ese es el trabajo principal de algunas personas.

Uno puede ver la fortuna exterior de Israel que sube y baja con las lealtades interiores divididas. *"Cuando Aarón vio esto, construyó un altar enfrente del becerro y anunció: –Mañana haremos fiesta en honor del Señor"* (Éxodo 32:5). ¡Adorar a un becerro hoy y al eterno mañana! ¡Note cuál era el *ahora* y cual el *día siguiente*!

La razón para volverse al futuro inmediato, a lo que está al alcance de la mano, es porque Dios se vuelve difuso: "*Si después de haber tenido hijos y nietos y de haber vivido en la tierra mucho tiempo, ustedes se corrompen y se fabrican ídolos y toda clase de figuras, haciendo así lo malo ante el Señor su Dios y provocándolo a ira*" (Deuteronomio 4:25). Fabricamos ídolos regionales, porque Dios no es nuevo para nosotros. Dios se desvanece y los ídolos aparecen. Luego tratamos de juntarlos a los dos para reconciliarlos. *"Cuando Micaías le devolvió a su madre las mil cien monedas de plata, ella dijo: –Solemnemente consagro mi plata al Señor para que mi hijo haga una imagen tallada y un ídolo de fundición. Ahora pues, te la devuelvo"* (Jueces 17:3). ¡Plata dedicada al eterno para hacer un ídolo! La expresión es una transcripción de un alma confundida expresándose en un confuso propósito.

Un ministro expresaba esta división cuando decía: "Estoy trabajando en demasiadas direcciones". Otro lo expresó de esta manera: "Necesito estar en armonía conmigo mismo".

En la cartelera de una iglesia, vi el anuncio de los temas de la mañana y de la noche. Y los temas eran:

La iglesia trabajando.
Desempeñando un papel secundario.

No solo la iglesia trabaja desempeñando un papel secundario con respecto a aquello que es más importante y principal, sino que en nuestras vidas, nuestro cristianismo desempeña un papel secundario con respecto a muchas cosas. Nuestro cristianismo es subordinado, no supremo.

Oh, Cristo, en cuya vida solo las notas auténticas de la eternidad pueden ser escuchadas liderando la música de tu diario vivir, ayúdame a desempeñar un papel secundario para ti y solo para ti. Porque de otra manera no estaré en armonía con las realidades eternas. Amén.

Romanos 7:15-24

Mentes conscientes e inconscientes en guerra

Hablamos con respecto a las lealtades divididas que la mayoría de los cristianos sienten, incluso después de haberse convertido. La experiencia llamada conversión, trae a nuestra vida mucha unidad. Las fuerzas de la vida son agrupadas alrededor de una única lealtad a Cristo. La vida tiene un nuevo centro alrededor del cual puede girar. Pero todas las fuerzas y los afectos de la vida no están agrupados alrededor de Cristo. Hay algunas cosas que no doblan las rodillas ni aceptan esta nueva lealtad.

El residuo de esta rebeldía es identificado de maneras diversas. Algunos lo llaman "el pecado original", otros "restos de depravación", *"el viejo hombre"* y *"otra ley trabajando en mis miembros"*. Probablemente la psicología lo explicaría como "las fuerzas conductoras en el subconsciente". Estas tres fuerzas conductoras el ego, el sexo y los deseos indisciplinados tienen una larga historia racial y son fuertes además de exigentes. Son usadas para conseguir lo que quieren, y por mucho tiempo han conseguido lo que han buscado. Y ahora, en la mente se introduce y se construye a través de la conversión una nueva lealtad, la lealtad a Cristo y a su Reino. La inteligencia, el sentimiento y la voluntad doblan sus rodillas delante de Él. Pero por debajo, en el subconsciente, hay argumentos que son dominados, pero no están rendidos. Estos argumentos buscan su realización fuera de las nuevas lealtades. Obedecen, pero malhumoradamente. De vez en cuando muestran una conducta violenta para entrar por la fuerza en la libertad de este nuevo Señor. A veces simplemente están malhumorados, pero muchas veces hay una tensión definida. Hay una sensación de fatiga interna. El alma no descansa ni está a gusto consigo misma. La religión no es la expresión natural de todo el ser, sino la voluntad forzada de una parte de él. La obligación en lugar de la espontaneidad es la palabra clave. El alma, en lugar de estar equilibrada, es perseguida. A veces es tan perseguida que, como el pato salvaje en la temporada de caza, no puede descansar para alimentarse. La religión no es liberación, es tensión; no es una monotonía, es una batalla que va y viene.

El subconsciente no ha sido convertido y está en guerra con la mente consciente.

Oh, Dios, mi Padre de toda gracia, ¿es esto lo mejor que puedes hacer? ¿Lo que la religión me ofrece son solo tensiones y conflictos? ¿No puedo ser libre, equilibrado y espontáneo? No puedo llevar dentro de mi pecho este constante conflicto. Dile que cese y haz que yo sea libre. En el nombre de Jesús. Amén.

Romanos 7:24-8:4; 6:22; 8:6-10

¿Puede el inconsciente ser redimido?

La nueva vida se introduce en la conversión, pero esa vida no es totalmente predominante. Alguien dijo: "Ser un presbiteriano no puede librarte de pecar, pero te quitará el placer de hacerlo". Esa es precisamente la dificultad que tienen muchas vidas cambiadas parcialmente: el gozo de pecar se ha ido, pero la acción del pecado, no. ¡En el hecho de consentir el pecado con tristeza no hay ningún gozo! Tenemos lo suficiente de la religión como para hacernos miserables a través de nuestros pecados, y no tenemos lo suficiente como para hacernos poderosos por medio de nuestro salvador.

¿Dónde está el obstáculo? ¿Es esto lo mejor que el cristianismo puede hacer? algunos teólogos modernos dicen sinceramente que sí. Y, además, este sentimiento de carga de culpa y de consecuente penitencia es sostenido como el ideal. Un teólogo citó la historia de un monje de cien años de edad de un monasterio de Palestina, que murmuraba en cada respiración: "Señor, ten misericordia de nosotros"; y el teólogo añadió: "Yo espero decir eso con mi último suspiro". ¡Espero que yo no! Yo espero decir: "Mi Señor y mi Dios". No quiero que el énfasis esté sobre mi culpa, sino sobre su bondad no sobre mí sino sobre Él. Supongamos que un niño tuviera que estar de un lugar a otro en su casa diciéndose continuamente a sí mismo: "Padre, madre, tengan misericordia de mí". Esa actitud bloquearía fuertemente las relaciones entre el niño y sus padres tal como el pecado lo haría. La actitud de arrepentimiento tiene que venir con decisión; pero deberíamos ir del arrepentimiento al perdón, el que debería guiarnos hasta la comunión y, por lo tanto, al gozo. ¡El don de Dios ha sido aceptado!

Pero aún después que ese perdón y esa comunión han venido, allí en el subconsciente todavía quedan impulsos que no cambiaron. ¿Podrán estos impulsos ser redimidos? ¿Puede la salvación extenderse hasta el subconsciente? ¿O todo queda simplemente en lo mejor que podemos hacer? Sabemos que el cristianismo une a los hombres; ¿puede unir al hombre? ¿Pueden la conciencia y el subconsciente estar bajo una misma influencia y una misma redención y trabajar armoniosamente para lograr fines comunes? Esa es una de las preguntas más importantes que podemos hacer con respecto a la redención humana.

Oh, Dios, ¿has fracasado en tu proceso de redención? ¿En el umbral del subconsciente te volviste para atrás, confundido y derrotado? ¿No existe ninguna limpieza para estas profundidades? ¿Debo pasar la vida con esta horrible contradicción en el centro de mi ser? ¿Cómo puedo creer en eso y aún así creer en ti? Yo no puedo. Ayúdame. Amén.

SEMANA 22 - JUEVES

Juan 14:25-26; 15:26; 16:7-14

El Espíritu Santo trabaja en el subconsciente

Ahora llegamos a la pregunta: ¿puede *toda* la naturaleza humana ser cambiada? ¿La conciencia y el subconsciente? Si así fuera, ¿cómo? La respuesta es que el cristianismo provee para esta limpieza profunda en su enseñanza de recibir del Espíritu Santo. El área de trabajo del Espíritu Santo, en su mayor parte aunque no enteramente, está en el reino del subconsciente. Allí el Espíritu Santo trabaja purificando, redirigiendo y dedicándose a los impulsos conductores que nos guiaron por mucho tiempo. Las influencias más poderosas de la naturaleza que engañan en todas direcciones, son dominadas y explotadas para los propósitos del Reino.

El Espíritu Santo es el dominador y redentor, porque solo Él puede trabajar en aquellas profundidades. *"Pues el Espíritu lo examina todo, hasta las profundidades de Dios"* (1 Corintios 2:10) y del hombre. Pero el Espíritu Santo no solo escudriña las profundidades del hombre; también cambia las profundidades del hombre y lo unifica en el centro, para que la conciencia y el subconsciente puedan hablar el mismo idioma y entenderse mutuamente, para que trabajen por los mismos objetivos y tengan un mismo Señor.

Pero aquí es en donde la iglesia cristiana es más débil. Porque cree y enseña del Espíritu Santo solo parcialmente. Los discípulos estaban en esta etapa cuando Jesús les dijo: *"El Espíritu de verdad* [el Espíritu Santo](...) *vive con ustedes y estará en ustedes* (Juan 14:17). El Espíritu Santo estaba con ellos, pero no dentro de ellos. Lo mismo ocurre hoy. Muchos cristianos saben que el Espíritu Santo está con ellos. Él los inquieta por medio de toques momentáneos, a través de instantes de su presencia cercana, por medio de revelaciones y visiones, salvando por aquí y salvando por allá. Pero todo esto es "con" y no "dentro" de ellos. Nos incita más que guiarnos, se presenta en lugar de fortalecer; nos estimula a la actividad; impregna todas las actividades desde afuera hacia dentro, en lugar de desde dentro hacia fuera. La capital y el gobierno están afuera, en lugar de estar en el territorio. Este sentimiento de algo externo persistirá en la religión hasta que entremos en lo que los discípulos entraron en el Pentecostés. Allí ellos pasaron de la etapa del "con", a la etapa del "dentro". Su religión ya no era más un estímulo externo, sino algo interno; ya no era más una restricción, sino una liberación.

Oh, Espíritu de Dios, yo también anhelo este estado interior, yo estaría completo en cada Pentecostés. Tendría el trono de tu autoridad dentro de mí. Porque no puedo concebir que tú hayas venido en redención, pero no con todo tu poder. Tú no te detendrás en el principio, también te moverás por dentro. Ven, Espíritu, ven entra, trabaja totalmente por dentro. Amén.

SEMANA 22 - VIERNES

Juan 19:38-44; 20:19-23

"Porque tenían miedo"

Suponga que el resto de la narración se hubiera perdido y que el Evangelio de Marcos hubiera terminado en donde dice: *"No dijeron nada a nadie, porque tenían miedo"* (16:8). La resurrección había tenido lugar, la totalidad del proceso redentor se había completado, las noticias más felices que jamás habían detonado en los oídos humanos, ahora estaban en posesión de los discípulos, pero ellos *"no dijeron nada a nadie, porque tenían miedo"*. ¿Supone que el Evangelio habría terminado allí? Los discípulos tenían buenas noticias, pero no las daban a conocer por causa del temor, todo el movimiento congelado por el temor. ¿Cree que no habrían seguido hasta el Pentecostés en donde estos miedos fueron disueltos por un nuevo fortalecimiento de los recursos divinos que estaban dentro de ellos? ¡Cuán lisiado, cuán inaceptable, cuán escaso de la necesidad humana hubiera quedado nuestro cristianismo si el Evangelio se hubiera detenido en la etapa previa al Pentecostés! Sin embargo, ahí es en donde gran parte de nuestro cristianismo se ha detenido. Con las alegres buenas noticias que le fueron confiadas, se detuvo en el camino, "con miedo" ¿De qué? De todo: de sus recursos inadecuados, de su poder para enfrentarse con la completa necesidad del hombre; en resumen, tiene miedo de sí mismo y de otros.

Una persona con discernimiento explica la insuficiencia del cristianismo de esta manera: "El nivel actual del cristianismo está agotado frente a los problemas de la actualidad. Tendrá que ser renovado en un nivel más alto para llegar a ser funcionalmente adecuado". Ese nivel superior no es nada menos que los poderes del Pentecostés convertidos en nuestro capital activo.

El neoortodoxo de nuestros tiempos ilustra esto vivamente. No tiene ninguna doctrina ni ningún énfasis en el Espíritu Santo, y por eso termina en pesimismo y desesperación *"porque tenían miedo"*. El cristianismo producido es un cristianismo triste y desesperado, propio de los días entre la crucifixión y la resurrección; un cristianismo del primero y segundo día, pero no del tercer día. Es un Evangelio detenido, un mensaje anterior al Pentecostés en lugar de ser un mensaje posterior al Pentecostés, un cristianismo frustrado en lugar de fructífero.

Espíritu Santo, veo lo que necesito; te necesito a ti. Te necesito a ti, no como alguien que me visita ocasionalmente, sino como mi invitado permanente. Esta casa de mi cuerpo, alma y espíritu, es tuya. Hazte cargo. Pon luz y calor en cada habitación y deja que la luz brille desde todas las ventanas sin ninguna oscuridad. En el nombre de Jesús. Amén.

SEMANA 22 - SÁBADO

Gálatas 5:17; Efesios 1:13; Lucas 24:49; Hechos 2:38-39

Tocar niveles más profundos

Un joven ministro tenía una descuidada condición nerviosa, que el médico diagnosticó de la siguiente manera: "Usted está tratando de construir una casa de cierto valor con la mitad del dinero que necesita. Está tenso y preocupado por los recursos inadecuados". Ese diagnóstico podría ser dado a la iglesia cristiana en general. Tratamos de hacer cosas que están fuera de nuestros recursos espirituales, de ahí que estamos tensos. Debemos buscar recursos nuevos.

En Texas, el petróleo de la superficie fue usado por mucho tiempo y su existencia llegó a escasear. Finalmente alguien se atrevió a excavar hasta una profundidad de 150 metros, y encontró nuevos niveles de petróleo, lo cual produjo pozos petrolíferos. En la actualidad casi todo el petróleo es explotado desde esos niveles. Cuando nosotros como cristianos descendamos hasta los niveles más profundos y nos encontremos con los recursos "disponibles" para nosotros por la Divina Providencia, entonces estaremos llenos y desbordantes. Estaremos preparados para cualquier cosa. Melva Livermore, quien conocía muy bien los niveles profundos de la vida, se puso de pie en una de nuestras reuniones y dijo con un brillo en su rostro: "Simplemente voy de un lugar a otro expresando las cosas con amor". Y luego añadió mientras extendía sus brazos: "Vamos vida, ven, estoy lista". Estaba preparada para cualquier cosa que la vida pudiera traerle.

La vida de Melva fue transformada de un termómetro a un termostato; el termómetro simplemente registra la temperatura de su medio ambiente; el termostato cambia la temperatura. Nuestro cristianismo muchas veces solo registra su medio ambiente, en lugar de sanarlo. Los primeros discípulos no iban por ahí registrando los pesimismos actuales; los cambiaban. No decían: "Vean los problemas", sino: "Vean al salvador". El énfasis de ellos no estaba en la abundancia del pecado, sino en la gracia que es mucho más abundante. Y hablaban con una fuerza transformadora. Porque los "Hechos de los Apóstoles" eran los hechos del Espíritu Santo que operaba a través de los apóstoles. Y nosotros podemos continuar con lo que ellos empezaron. Al final de los "Hechos de los Apóstoles" dice: "continuará".

Oh, tú, Espíritu vivo, tú que traes vida donde hay muerte, victoria donde hay derrota, pureza donde hay impureza, abundancia en donde hay escasez entra en mí y escribe con mayúsculas todos mis nombres y sustantivos, haz que la vida descubra que ha sido torpe, inactiva e ineficaz. Pon tu vida en la mía. En el nombre de Jesús. Amén.

SEMANA 23 - DOMINGO

Lucas 11:9-13; Hechos 19:1-7

Recargar las baterías agotadas

Meditamos acerca de nuestros recursos para la vida abundante, y encontramos que el recurso más importante es el Espíritu Santo. Cuando Jesús dijo: *"¿Cuánto más su Padre que está en el cielo dará cosas buenas a los que le pidan?"* (Mateo 7:11), Lucas tradujo las palabras como: *"el Espíritu Santo a los que se lo pidan"*, "el Espíritu Santo" es "las cosas buenas". Entonces no busque "cosas buenas" sino más bien vaya más allá de las cosas, vaya hasta la fuente de estas, que es el Espíritu Santo.

Un niño, cuando le preguntaron qué significaba el Espíritu Santo, contestó: "Supongo que es de quien se dicen 'tonterías' en el cristianismo". Lo es, pero es mucho más. Porque Él pone todo. Todo lo que un cristiano necesita para una vida abundante dentro del cristianismo.

Un ministro me dijo en una de sus reuniones: "Tengo una batería agotada que debe ser recargada. ¿Puede el Espíritu Santo recargar las baterías agotadas?"

Un policía fue hasta un pozo de petróleo y lo lubricó porque rechinaba muy fuerte y los visitantes no creían que era un pozo de petróleo antes de haber sido lubricado. ¿Puede el Espíritu Santo poner aceite en la maquinaria de la vida de un obrero cristiano mientras este trata de bombear petróleo para otros? A menos que nuestra propia maquinaria esté bien lubricada y en buen estado de funcionamiento, la gente no creerá que tengamos petróleo para dar a otros. ¿Cómo podemos levantar a otros a una vida transformada si no vivimos a la altura de lo que se espera? Una chica vino a casa desde el colegio diciendo: "Simplemente necesito la inspiración de la vida familiar". Estaba agotada con respecto a la inspiración y necesitaba una recarga. Y eso es lo que necesitamos espiritualmente. No somos malos, solo estamos vacíos.

Señor, quiero dar
pero primero tener ese
don interior, la serenidad.
Luego, reconfortado, bendecido,
libre de la impaciencia, servirte con todo,
pero con tranquilidad.

Oh, Espíritu de Dios, vengo a ti ahora, para que mi ser interior sea renovado y recargado. Enséñame a ajustarme con tu poder, a tomar de tus recursos, a alinear mi vida con tus propósitos, a rendirme a ti. Porque no puedo continuar conduciendo un coche atascado, que trabaja con la mitad de sus cilindros. Debo estar bien para subir cualquier montaña, para soportar cualquier carga y para recorrer cualquier distancia. Ayúdame. Amén.

Juan 14:16-17, 26; 16:7, 13; Hechos 1:8

Pasos para recibir al Espíritu Santo

Ahora hemos llegado a la escala que nos lleva a recibir al Espíritu Santo. Antes de empezar a dar los pasos, ¿por qué no hace una pequeña oración? Al menos una oración interior, para que no tropiece al darlos, porque el fracaso o la habilidad para escalar harán toda la diferencia entre una vida de derrota y una vida de victoria. Los pasos son simples.

(1) *Crea que la intención divina es que usted reciba al Espíritu Santo.* Fije en su mente que el don del Espíritu no es un don excepcional para personas excepcionales que están en una obra excepcional, sino un don que es la primogenitura de cada cristiano. *"Con esto se refería al Espíritu que habrían de recibir más tarde los que creyeran en él"* (Juan 7:39). Note: *"habrían de recibir"*; el hecho de recibir estaba en la intención divina y en el programa divino para ellos. ¿Para quienes? Para *"los que creyeran en él"*. Aquí entonces no hay ninguna excepción. Usted y cualquier cristiano deben recibir al Espíritu Santo, porque es parte de aquellos que creen en Él. *"Recibiréis el don del Espíritu Santo. Porque para vosotros es la promesa y para vuestros hijos y para todos los que están lejos; para cuantos el Señor nuestro Dios llamare"* (Hechos 2:38-39 RVR 60). Usted pertenece a aquellos *"que están lejos"*. Usted está en el río de la intención divina.

(2) *Asegúrese de tener la intención de recibir al Espíritu Santo.* Cuando uso la palabra intención, me refiero a la voluntad no a los deseos, no a emociones pasajeras, no a conceptos mentales, sino a la voluntad. ¿Está dispuesto a recibir al Espíritu Santo, no como una influencia momentánea que podría sacarlo de dificultades espirituales, que le daría una satisfacción temporaria en el pensamiento acerca de si ha predicado bien, que podría levantarlo e inspirarlo en un momento de crisis, sino como un poder permanente que se encargará de la ciudadela de su ego y que reinará como una propuesta para toda la vida y por la eternidad?

(3) *Lleve el asunto a una crisis.* El alma crece por medio de una serie de situaciones críticas. Generalmente hay una crisis en la conversión; también hay una crisis al recibir al Espíritu Santo. Levante paredes en ambos lados, de tal manera que no quede ningún camino por el que usted pueda ir hacia delante o hacia atrás. El momento de la crisis ha llegado.

Oh, Espíritu de Dios, he llegado a la hora de la crisis. Y por eso me cubro, para no esquivar las inutilidades y los compromisos a medias. No quiero nada menos que a ti, a ti, a ti. No puedo estar satisfecho con los dones; quiero el don de ti mismo. Porque lo marginal ya no me satisface, el centro llama. Yo voy. Amén.

Romanos 12:1; Juan 17:17, 19; Hebreos 7:25

Pasos para recibir al Espíritu Santo (continuación)

(4) *Recuerde el precio que tiene que pagar: usted mismo.* Si pide el don del Espíritu Santo, es obvio que no puede recibirlo a menos que ofrezca todo su ser. Puede pedir los dones y a cambio dar sus dones, pero no puede pedir el don del Espíritu Santo y no ofrecerse a usted mismo. Repitamos lo que dijimos antes: no hay ningún amor entre las personas a menos que haya una mutua rendición propia. Si cualquiera de los dos niega su ser interior, el amor queda anulado. Y en este caso también.

(5) *Pague el precio de una rendición completa.* Hablamos de rendición y no de dedicación. En la dedicación usted todavía tiene las manos sobre el don, en la rendición lo deja ir. El don ya no le pertenece más a usted, el don pertenece total y enteramente a otro. Ahora lleva una vida guiada por el Espíritu y no guiada por usted mismo. Está sustituyendo una voluntad por dos voluntades. Dígase a usted mismo: "Déjate ir, permite a Dios".

Así como el lienzo se rinde al pintor, el violín al músico, el cable a la electricidad, así también póngase usted a disposición de lo divino. Ríndase para mejor o para peor, para las riquezas o para la pobreza, en enfermedad y en salud, en vida y en muerte usted se mantendrá solo para Él . Él *es* su dueño.

¿Está en consecuencia perdido o encontrado? Usted está tan perdido como el músico: cuando toma su violín, se rinde a la música, la deja ir, se convierte en parte de la música y, en consecuencia, está perdido. Está perdido solo para descubrirse como una parte de la armonía universal. Usted pierde su mezquino, aislado y derrotado ego en el ser universal de Dios y está en armonía con el corazón de la realidad. Como dice Rufus Moseley: "Morí y morí bruscamente, pero morí por nada excepto por aquello que causó mi muerte". Usted muere, así como muere una locomotora al pensamiento y al propósito de pasear libremente en cualquier lugar, y se rinde a la esclavitud de las vías solo para encontrar allí su libertad.

La rendición completa significa una seguridad completa, porque la voluntad de Dios es la forma de vida para la que fuimos creados.

Oh, Espíritu de Dios, lleva mi errante e indecisa voluntad, a la esclavitud de tu libertad, a la estrechez de tu universalidad, a tu yugo que es fácil y a tu carga que es ligera. Inclino mi cabeza no fácilmente, pero la inclino para tener el yugo de tu completa voluntad. Soy feliz al hacerlo. Amén.

Hechos 15:8-9; Hebreos 10:22, 35-36; 1 Corintios 15:57

Pasos finales para recibir al Espíritu Santo

Ahora usted está preparado para el siguiente paso.

(6) *La aceptación del don del Espíritu Santo.* Recuerde: La aceptación del don del Espíritu es el Espíritu mismo y no una de sus bendiciones. No sea disuadido con bendiciones, necesita la fuente de toda bendición. Las bendiciones vienen y van, *"Él estará contigo para siempre"*. Su elección es una decisión permanente para resolver una operación permanente con un compañero y maestro permanente.

Recuerde: El Espíritu es un *don. "Recibiréis el* ***don*** *del Espíritu Santo". "Gracias sean dadas a Dios, quien nos ha* ***dado*** *la victoria". "¿Cuánto más vuestro Padre que está en los cielos* ***dará*** *el Espíritu Santo a los que se lo pidan?"* Usted no puede ser digno de su presencia, tampoco puede ganarse el derecho a tenerlo. Puede hacer solo una cosa, vacíe sus manos y humildemente tome el don. Habiéndose dado usted, ahora tiene el derecho de tomarlo a Él. Entonces repítase a usted mismo: "Él viene, Él viene. Yo le permito venir. Le doy la bienvenida con un corazón abierto. Estoy agradecido por su venida. Hecho está. Nos pertenecemos el uno al otro para siempre". Cierre el pacto eterno.

Su venida puede ser tan suave como el rocío sobre el heno recientemente cortado una nueva sensación de que usted no está solo; pero también puede ser como la tormenta. Dele la bienvenida pero no imponga la manera. Hay una razón para una manera particular.

(7) *Si siente el impulso interior, siéntase libre de contar a otros acerca de lo que ha recibido; compártalo.* No se está jactando; simplemente está hablando del don inexplicable. Al compartirlo con otros, se fijará en usted. Nada es realmente suyo hasta que usted lo comparte.

(8) *Haga de la rendición y de la aceptación algo que se hace de una sola vez y para siempre, pero también algo continuo.* La rendición en el matrimonio es de una vez y para siempre, pero se vive diariamente. Pablo podía decir: *"Estoy crucificado con Cristo"*, pero también, "muero diariamente". *"El que bebiere del agua que yo le daré, no tendrá sed jamás"*.En el griego, "bebiere" significa "de una vez y para siempre" y también, "mantenerse bebiendo". Esta rendición está terminada, pero nunca concluye: es definitiva, pero también se desarrolla.

Oh, Espíritu de Dios, he dado un "sí" que cubre todo, pero también sé cuantos "sí" más pequeños hay en ese "sí" central y definitivo. Ayúdame a vivir en un estado de decir siempre "sí" a tu voluntad revelada. Y ayúdame a vivir en un estado perpetuo de decir "no" a cada pequeña seducción. En el nombre de Jesús. Amén.

2 Pedro 1:5-9; Gálatas 5:22-23; Efesios 6:13-17

Virtudes desequilibradas

Ahora hemos llegado al décimo de los quince enemigos de la vida abundante. *Las virtudes desequilibradas*. No es suficiente ser libre de las lealtades divididas; debemos ser libres también de las virtudes desequilibradas. Uno puede tener solo virtudes en su vida, pero pueden estar fuera de proporción, desequilibradas por las virtudes opuestas. Entonces esas mismas virtudes dejan de serlo y peligrosamente se acercan al límite de los vicios.

El Dr. Frank Sladen dice: "Existe el ritmo del cuerpo. Si este ritmo es alterado, hay una perturbación funcional que puede convertirse en estructural". Así como existe el ritmo del cuerpo, así también existe un ritmo en las virtudes. Si este ritmo es cambiado por medio de algunas virtudes a las que se les da demasiada importancia y por otras a las que se les resta importancia, entonces hay una perturbación funcional en la vida espiritual, que puede convertirse en una enfermedad espiritual estructural.

Cuando un filósofo dijo: "Ningún hombre es fuerte a menos que lleve en su carácter la antítesis fuertemente marcada", quiso decir que cada virtud debe ser sostenida en tensión por su virtud opuesta. En esa misma tensión entre las virtudes está la fuerza. Las virtudes equilibradas pueden ser clasificadas como sigue: militante y pasivo; dependencia de Dios por esfuerzo propio; participar del mundo renunciando al mundo; extrovertido e introvertido; práctico y místico; hacer siendo; ley y amor; social y personal; ley y libertad; artesano y artístico; presunción y renuncia a sí mismo; supremacía y mansedumbre; amar al prójimo y amarse a sí mismo. Podrían añadirse muchas otras; por ejemplo, las virtudes femeninas en las masculinas.

Suponga que tiene desarrolladas solo un lado de esas virtudes; entonces usted es débil. Si es solamente pasivo o solo militante, es débil. El verdadero hombre fuerte es militantemente pasivo y pasivamente militante; no pasivo de vez en cuando y de vez en cuando militante, sino ambas cosas en una sola mezcla viva y al mismo tiempo. Puede ver la mezcla del pasivo y militante en Jesús.

"Es fácil para el entusiasmo convertirse en fanatismo, para el celo convertirse en histeria, para la integridad convertirse en dureza y rencor, y para la economía pasar a la avaricia".

Oh, Jesús, tan perfectamente equilibrado y armonioso, ayúdame para que mis virtudes desequilibradas sean corregidas por tu asombroso equilibrio y cordura. En donde mis virtudes han llegado a estar fuera de proporción y llegan al límite de los vicios, dame gracia y el poder para corregirlas. Porque mis virtudes deben ser redimidas también. Amén.

Filipenses 4:5, 8-9; Santiago 1:3-4, 19, 22; 2:20

Las virtudes pueden convertirse en vicios

Efesios 2:10 podría ser traducido como: "Somos el poema de Dios". Si así fuera, entonces el poema debe ser rítmico, cada parte equilibrada con la otra y las virtudes armonizadas por el énfasis correcto. Por ejemplo, si no hay nada excepto el esfuerzo propio, usted es débil, y si no hay nada excepto la dependencia en Dios, es débil. Pero en donde ambas cosas están mezcladas en una síntesis superior, produce una persona que trabaja como si todo dependiera de sí misma y quien confía como si todo dependiera de Dios, entonces es a una persona que ha captado el ritmo de "la receptividad y la respuesta", los latidos alternados de un solo corazón.

La firmeza, una virtud, puede convertirse en terquedad, un vicio. Un ministro dijo: "Soy obstinado y lo llamo convicción". Por la Cámara de Senadores de los Estados Unidos pasa un tren subterráneo de una sola vía, va y viene. Le comenté a un amigo, "Ahora veo por qué muchos de estos senadores tienen una mente limitada; nada de lo que se dice puede cambiarlos, van y vienen por la misma vía". Fuera de broma, muchos de nosotros somos así, tenemos una idea y nos aferramos tanto que pasamos a depender de ella. Las convicciones fuertes pueden degenerar en opiniones porfiadas. Un teólogo escocés comentó: "Dios asegura que yo siempre estoy en lo correcto, porque nunca cambio". La persona que siempre cree estar en lo correcto y nunca cambia, siempre está equivocada.

La sensibilidad arraigada en el egoísmo es susceptibilidad, pero la sensibilidad arraigada en el pensar en los demás, es vida.

Uno puede destacar lo material o lo espiritual y convertirlo en un vicio. Un materialista o un espiritualista es una persona parcial. Pero alguien que aplica su espiritualidad en las relaciones materiales, es realmente fuerte. Uno puede ser tan justo que se vuelve inaccesible, o tan afectuoso que se vuelve sentimental. Ser correctamente afectuoso o afectuosamente correcto es la fuerza verdadera.

Cuando la pierna derecha de un hombre es mucho más larga que la otra vemos a una persona lisiada. Cuando una buena cualidad es demasiado grande en proporción a las otras buenas cualidades, la persona está moralmente deformada.

Oh, Jesús, vemos en ti al hombre perfecto, todas tus virtudes forman un todo y no podemos decir en dónde termina una ni en dónde empieza la otra. Tú eres todo lo que queremos ser y que no somos. Pero estamos en tus manos: córtanos un pedacito aquí, moldéanos allá; elimina aquí, añade allá, hasta que un día despertemos en tu semejanza. Amén.

1 Corintios 13

Pasos para corregir virtudes desequilibradas

Si nuestras virtudes pueden convertirse en vicios y nuestras fuerzas degeneran en debilidad, ¿cómo podemos corregirlas?

(1) *Salga de su vida y véala como un todo.* ¿Qué clase de vida total es la que aparece? ¿Soy una persona desequilibrada? ¿He crecido desequilibrado? ¿Cuál es la impresión total que causo en la gente? Cuando la gente piensa en mí, ¿en qué piensa?

(2) *Después de haber visto su vida en gran escala, ahora véala en el minuto.* Revise sus virtudes una por una y vea si todavía son virtudes. ¿Su mansedumbre se ha convertido en debilidad? ¿Sus fuerzas se han convertido en obstinación? ¿Lo que hace exteriormente está fuera de proporción con respecto a su ser interior? ¿Las actividades exteriores llegan a ser más que su nutritiva vida de oración? ¿Se ha convertido más en una persona ambiciosa que en una persona que da? ¿Su justicia se ha vuelto rígida y repetitiva?

(3) *Cálmese; baje las barreras; deje que Cristo repase su vida y señale lo que necesita ser corregido.* La tendencia será la de defenderse usted mismo y a sus virtudes. No lo haga. Relájese y permita que Él dicte el veredicto para cada una. Y acepte ese veredicto. No trate de corregirlo.

(4) *Ponga sus virtudes en las manos de Jesús para que sean corregidas.* Es necesario darle a Él nuestras virtudes y también nuestras maldades. Él cambiará todas nuestras maldades en virtudes, nuestras virtudes en algo mejor y todo lo mejor en algo mucho mejor.

(5) *Siéntese con algún amigo honesto y simpático y repase cosas de su vida con él.* Él puede ver cosas que usted no puede ver. Porque cada uno se parcializa a favor propio. Usted podrá verse mucho mejor de lo que esperaba.

(6) *Una vez que se ha visto, mire fuera de usted, mire a Cristo.* No termine tratando de arreglar sus virtudes nerviosamente. Fije sus ojos en Cristo, porque usted se convierte en aquello que habitualmente contempla. Él tiene todas nuestras virtudes perfectamente equilibradas. Centre su vida en Cristo, no en usted, incluso al equilibrar las virtudes.

Oh, Cristo, he visto al hombre perfecto y quiero ser así. Pero no puedo ser como tú por medio de mis propios e inútiles esfuerzos. Juntos podemos ser y hacer todo. Estoy en tus manos, incluidas mis virtudes desequilibradas. Moldéame otra vez hasta que pueda avanzar tu trabajo del cual no serás avergonzado. Amén.

SEMANA 24 - DOMINGO

Santiago 1:5, 19; 3:17; Colosenses 1:9; Hechos 6:10

Ignorancia y falta de juicio

Pasamos al undécimo de los quince mayores enemigos: *la ignorancia y la falta de juicio.*

La virtud que no está guiada por la inteligencia es casi tan peligrosa como la inteligencia no guiada por la virtud. La ignorancia ha producido tanta confusión y sufrimiento en el mundo como las intenciones equivocadas. Es cierto que es más fácil actuar en el pensamiento correcto, que pensar en la actitud correcta. El universo es un universo moral, y el órgano más grande del conocimiento es la respuesta moral. Usted sabe hasta dónde está dispuesto a ponerlo en práctica y no más. Si bien esto es verdad, no importa si usted adquiere el pensamiento correcto solo a través del proceso intelectual, o a través de la respuesta moral, es necesario adquirir el pensamiento correcto. "Porque el ancestro de cada acción es un pensamiento". Si el pensamiento va por mal camino, entonces la vida irá por mal camino con él.

Por lo tanto, en naturaleza y en gracia, la ignorancia no es perdonada. Recibe su pago en sufrimiento. La sinceridad en medio de la ignorancia no pagará sus culpas, los resultados son los mismos. La sinceridad hindú cree que la viruela es causada por la diosa de la viruela, Sitla. Esa ignorancia sincera bloquea los remedios científicos y la gente muere, con sinceridad o por la falta de sinceridad.

Por mucho tiempo la gente pensaba que la malaria era causada por un aire malo de ahí su nombre: *Mal* = "malo", *aria* = "aire". Esa ignorancia causó la muerte de millones de personas. Lo mismo sucede espiritualmente. Somos ignorantes de las leyes de la salud mental y espiritual y como consecuencia, la humanidad se destroza y se lastima a sí misma como el hombre entre los gadarenos. La neurosis y el miedo son las armas con las cuales nos flagelamos a nosotros mismos.

Puesto que Jesús fue quien reveló la naturaleza de la realidad, siempre estaba diciendo: "¿No entienden?" Las estupideces de los hombres lo asombraban más que su maldad. Veía que los hombres trataban de vivir en contra de la naturaleza de la realidad intentando lo imposible y lastimándose en el proceso.

Oh, Dios, nos lastimamos a nosotros mismos porque no conocemos tus leyes; y cuando las conocemos, no las obedecemos. Danos mentes que conozcan y voluntades que obedezcan, y entonces sabremos cómo vivir. Conoceremos la verdad para hacerla, y entonces seremos libres. Danos luz y danos vida, para caminar en esa luz. Amén.

SEMANA 24 - LUNES

Hebreos 5:14; Efesios 4:18; Romanos 10:2-3, 14:17

Una conciencia bien entrenada

El cristiano es un enemigo de la ignorancia; lucha con ella en todos los frentes. Estar en contacto con Cristo es tener un despertar mental. No fue por mera casualidad que el 95% de las más altas instituciones educacionales de los Estados Unidos salieran de la Iglesia cristiana. Jesús dijo: *"Amarás al Señor tu Dios (...) con toda tu mente"* (Mateo 22:37). Esa frase, *"con toda tu mente"* no estaba en el mandamiento original del Antiguo Testamento; Jesús lo añadió. Los científicos nos dicen que muchos de nosotros usamos aproximadamente solo la mitad de nuestro cerebro. Jesús despertaría esa otra mitad dormida y nos ayudaría a amar a Dios con *"toda"* nuestra mente.

El pensamiento: "En donde la ignorancia es felicidad, es una locura ser sabio", no se ajusta al punto de vista cristiano que dice: *"Y conoceréis la verdad y la verdad os hará libres"* (Juan 8:32). Jesús alentaba a los hombres a pensar por ellos mismos: *"¿Por qué no juzgan por ustedes mismos lo que es justo?"* (Lucas 12:57). Una personalidad íntegra, pensante y libre, es el fin de la disciplina cristiana.

Una conciencia entrenada en la ignorancia es un peligro en el mundo. La conciencia no es una guía infalible, a menos que sea entrenada adecuadamente. Es una capacidad dentro de nosotros que decide cuando una cosa es correcta o incorrecta, pero la diferencia entre correcto o equivocado está determinada por el entrenamiento que le damos. Pablo asesinaba a personas en toda buena conciencia, hasta que su conciencia empezó a ser entrenada bajo la tutela de Cristo. Entonces y solo entonces podía ser una guía segura. Nosotros hacemos a nuestra conciencia y luego nuestra conciencia nos hace a nosotros. Muchas personas tienen sus conciencias entrenadas para ser sensibles a los pecados muy marginales y a las imperfecciones, pero no para ser serios con los pecados fundamentales y profundos. Tienen una conciencia insignificante que los carga con un sentimiento de culpa con respecto a cosas insignificantes. Una conciencia cristiana verdadera es un gran logro, tanto como un gran don de Dios.

La conciencia no solo aprueba o desaprueba dentro del marco de referencia de lo que es enseñado, sino que su guía también está dentro del marco de referencia de nuestros conceptos intelectuales. Para dar la guía más segura y más amplia, nuestras mentes deben estar informadas y entrenadas cristianamente.

Oh, Dios, empiezo a ver que debo amarte con un amor intelectual tanto como con un amor emocional. Despierta mis células cerebrales a la actividad y a la seriedad, de tal manera que yo sea el instrumento más notable que pueda ser. Sálvame de la pereza intelectual y ayúdame a pensar tus pensamientos delante de ti. Amén.

1 Corintios 2

Pasos para estar informados y equilibrados

Ayer dijimos que tanto nuestra conciencia como nuestra guía trabajan dentro del marco de referencia de nuestra información y de nuestro conocimiento. Uno de los predicadores de Wesley dijo: "Yo recibo de Dios mi texto y mis sermones sin estudiar". Wesley preguntó: "¿Dios siempre te da un texto que no has leído?" "No", contestó el predicador. Wesley añadió: "Entonces deberías leer más".

Un cristiano no informado es un cristiano que no inspira. Lo que no sostiene a la mente, pronto dejará de sostener al corazón.

Pero el cristiano no solo debe estar bien informado; también debe estar bien equilibrado. La falta de juicio es tan desastrosa como la falta de información. Usted debe saber qué hacer con su conocimiento después de haberlo adquirido. Un juez dijo a un retórico joven abogado: "Joven, si arrancaras algunas plumas de las alas de tu imaginación y las pegaras en la cola de tu sentido común, volarías mejor".

Tal vez si damos los pasos siguientes, llegaremos a ser cristianos mejor informados y más equilibrados:

(1) *Repase su vida y vea en qué es ignorante*. Probablemente descubrirá áreas vitales de la vida en donde usted no está informado.

(2) *Vea si su conciencia no está entrenada de mala manera, especialmente en los grandes temas sociales*. Si usted es negligente en cuanto al conocimiento de estos temas, su conciencia tendrá poco o nada en que trabajar.

(3) *Decida aprender en las áreas en las que hoy no lo hace*. Despedace sus hábitos mentales por medio de un poderoso esfuerzo y una estricta disciplina.

(4) *Aparte un cierto tiempo cada día para informarse en las áreas en donde usted decae*. Tenga en cuenta ese tiempo del día como un compromiso permanente con el conocimiento.

(5) *Revise sus ideas y no tenga miedo de revertirlas*. Permita que su mente sepa que sus ideas serán revisadas. Esto hará que la mente sea más cuidadosa.

Sea un cristiano informado y equilibrado, la más hermosa obra manual de Dios.

Oh, Dios, debo tener una mente informada y disciplinada. Ayúdame en este día a empezar con un régimen de estricta disciplina conmigo mismo. Ayúdame a no admitir ninguna excepción. Porque estoy en el serio negocio de ser lo mejor que pueda ser para ti. Ayúdame a ser "un obrero que no tiene de qué avergonzarse". Amén.

Hebreos 10:9, 5; Juan 1:14; Gálatas 6:17; Romanos 12:1

Falta de armonía y enfermedad corporal

Pasamos hasta el duodécimo de los quince enemigos más grandes de la personalidad: *la falta de armonía y la enfermedad corporal.* Hemos tratado mucho tiempo con la base física de la vida abundante. Algunos lo habrían tomado como el factor más importante. Nosotros lo hemos reservado para este momento, porque aunque consideramos importante la base física, su importancia no es fundamental. Muchos viven abundantemente y lo hacen a pesar de sus condiciones físicas. Conozco a un hombre que por causa de la primera guerra mundial quedó lisiado y totalmente postrado en cama. Sin embargo, maneja su negocio desde su dormitorio. Y ese dormitorio es el centro de una sana alegría. Es una de las personas más atrayentes en su ciudad. Vive abundantemente "a pesar de".

Si bien esto es verdad, debemos tener en cuenta que hay una base física muy definida de la vida abundante. El cuerpo y la mente están entrelazados. Si el alma y la mente pasan sus enfermedades al cuerpo, entonces de igual modo el cuerpo pasa sus enfermedades a la mente y al alma. La totalidad de la persona queda enferma. Hawthorne dice: "Una enfermedad corporal que consideramos como un todo y entera en sí misma, a veces puede ser solo un síntoma de alguna dolencia espiritual". Es verdad. Así como una verdadera enfermedad del alma que consideramos como un todo y entera en sí misma, a veces, puede ser solo un síntoma de alguna dolencia física. Hay muchas personas que castigan sus almas cargándolas con culpas en lugar de cuidar de su nutrición o detectar una amígdala infectada. Si los nervios sufren un deterioro por causa de la falta de vitaminas, producirán una depresión espiritual, exactamente de la misma manera en que un alma que sufre producirá una depresión corporal. Por eso el cristianismo muestra su absoluta cordura al tomar al cuerpo seriamente. Solo la gran fe cristiana puede hacerlo. Está basada en una encarnación.

Oh, Dios de mi cuerpo, debo tenerlo como tú quieres. Tú me has creado para la salud y el ritmo; ayúdame a presentarte mi cuerpo para hacer de él el mejor instrumento para tus propósitos. Ayuda a cada célula cerebral, a cada tejido y a cada nervio, a ser las cuerdas sobre las cuales tus creativos dedos puedan tocar y producir una armonía y una eficacia jamás soñadas. Amén.

1 Tesalonicenses 5:23; 1 Corintios 6:19-20; 2 Corintios 4:10-11; 6:16

Las bases físicas y espirituales de la salud

Los materialistas son aquellos que dicen que toda enfermedad tiene un origen físico. Los mentalistas dicen que toda enfermedad tiene un origen espiritual o mental. Sostener solo una de ambas posiciones es ir en contra de los hechos. Mantener que toda enfermedad es de origen es mental es distanciarse de todo el movimiento científico para la salud. Sostener que toda enfermedad es de origen físico es distanciarse de todo el movimiento mental y espiritual para la salud. Ambas posturas han llenado cementerios como resultado de sus verdades a medias. Muchas personas murieron por repetir la consigna de que la enfermedad era mental, cuando un cirujano hubiese aplicado algún remedio físico para sanarlos. Pero, como el Dr. Joseph Hersey Pratt dice: "Una cantidad de amígdalas y de dientes fueron extraídos de las personas que necesitaban ser liberadas del miedo, del egocentrismo y de los resentimientos, para estar bien". Ambas posiciones contribuyeron a la hipocresía y a los martirios innecesarios.

Ahora llegó el momento de unir estas dos posiciones. Ha sido establecida la verdad en cada una; ahora es el momento de eliminar el error y de que ambas posiciones –la tesis y la antítesis– sean reunidas en una síntesis superior. El hecho es que el equilibrio probablemente será de un cincuenta y cincuenta; en su origen más o menos la mitad de las enfermedades son mentales y espirituales, y la otra mitad son físicas.

Una vez un joven se enfermó después de haber comido camarones. Diez años después se enfermó al ver la palabra camarones en el menú de la carta. La primera vez la enfermedad era estrictamente física en su origen: era alérgico a los camarones; la segunda vez fue estrictamente mental. He comido camarones cuatro veces con el mismo resultado. La última vez que los comí, lo hice inconscientemente, como si estuvieran camuflados. Esto fue al mediodía y tendría que haberme enfermado un par de horas después, pero estuve en una importante convención y tuve que quedarme allí hasta las 21:00 hs, hora en que volví a casa. Entonces observé que esta vez había vencido a mi habitual reacción hacia los camarones. Lo había logrado, hasta que me acerqué a la mesa para cenar ¡y entonces me enfermé! La mente había detenido a la enfermedad durante ocho horas, pero finalmente el hecho físico venció.

Oh, Dios de mi mente y de mi cuerpo, vengo a ti para tener a ambos bajo el control de tu redención y de tu guía. Que pueda pasar la salud de mi mente a mi cuerpo y la salud de mi cuerpo a mi mente. Pero para poder hacer esto, primero pasa tu salud tanto a mi mente como a mi cuerpo. Amén.

SEMANA 24 - VIERNES

2 Corintios 5:10; Romanos 8:11, 21-23, 26; Salmo 63:1

¿Afecta el carácter a las glándulas?

Cuando los efectos de las glándulas fueron descubiertos por primera vez, muchas personas pensaron que habían descubierto la base de la moralidad y del carácter: las glándulas decidían todo. Uno puede cambiar el carácter moral de un hombre al modificar la secreción de sus glándulas. Entonces el origen del carácter y la moralidad deben ser completamente físicos. Esto parecía ser un golpe terrible para el cristianismo, que dice que la moralidad tiene su origen en un ser espiritual, en Dios. Pero ahora, una nueva verdad emerge: si las secreciones de las glándulas determinan el carácter, entonces el carácter determina las secreciones de las glándulas. El estado mental y espiritual de un hombre determina la proporción del flujo de sus glándulas.

Por otro lado, este importante hecho es desarrollado: las actitudes mentales y espirituales no cristianas alteran la adecuada secreción de las glándulas. A un médico muy competente le hice esta pregunta: "Si vivimos de una manera verdaderamente cristiana, siempre y cuando las glándulas sean saludables, ¿no deberían funcionar perfectamente?" La respuesta fue un rotundo "Sí". ¡Entonces tenemos glándulas cristianas! Los sentimientos no cristianos de miedo, de odio, de egoísmo y de culpa, las alteran, las desproporcionan. Los sentimientos cristianos de confianza, de amor, de generosidad y de reconciliación, hacen que las glándulas funcionen naturalmente y en la proporción correcta. Así como nuestras glándulas nos forman, es igualmente verdadero que nosotros formamos a nuestras glándulas. Tal vez la verdad puede ser mejor expresada de la siguiente manera: Dios hizo nuestras glándulas y en su estructura escribió la ley cristiana y cuando obedecemos a esa ley nuestras glándulas funcionan en armonía y correctamente proporcionadas para la salud.

"Tres semanas después de haber perdido a mi muchacho, fui al hospital con una úlcera estomacal. La preocupación, la ansiedad y el dolor habían producido la úlcera", dijo un pastor. Pero rindió su dolor a Dios y fue libre de la úlcera. "Tú me restauraste para la salud y para una novedad de vida", dijo una radiante jovencita. Y ambas cosas estaban conectadas, su novedad de vida le trajo la salud. Un médico me dijo: "Si el 75% de mis pacientes conociera a Dios, estarían bien. Mi esposa tenía una úlcera péptica, pero era una úlcera funcional cuando se fortalecía espiritualmente, ella estaba bien".

Oh, Dios de armonía, de paz y de salud, traigo a ti mi falta de armonía, mi intranquilidad, mi enfermedad. Toma todas estas cosas en tus manos y transfórmalas en armonía. En donde hayan equivocado el camino, tráelas de vuelta y en donde se hubieran desequilibrado, equilíbralas. Debo estar en armonía como lo estás tú. Amén.

SEMANA 24 - SÁBADO

Isaías 1:4-6; Salmos 31:9-10; 32:1-5

Las bases morales y espirituales de la enfermedad

La base física de la enfermedad es tan obvia y tan enfática que no necesitamos hacer hincapié en ella, se destaca por sí sola. Tampoco necesitamos destacar sus efectos sobre la condición espiritual. La idea de que usted puede ser más espiritual si su cuerpo es mortificado, es falsa. Si tratamos de hacerlo, el cuerpo se rebaja y oscurece el alma; por lo tanto, los cuerpos mortificados producen santos mórbidos y por lo general son más mórbidos que santos. El cirujano que con su escalpelo lacera la carne con el fin de restaurar la salud, ayuda a producir más santidad que el supuesto santo que lacera el cuerpo con el fin de producir la santidad.

Con el efecto de lo físico sobre lo espiritual estamos cada vez más de acuerdo. Pero la otra verdad: el efecto de lo mental y lo espiritual sobre lo físico no se destaca lo suficiente. Una señora expuso su caso de esta manera: "Me habían informado que yo tenía algo muy pequeño biológicamente malo y que mi estado mental causaba mi problema. Perdía peso constantemente a pesar de la medicación. Mi mente llegó a estar tan mal que yo tenía miedo de salir sola y evitaba encontrarme con la gente. Pero un cambio notable tuvo lugar en mi vida y mi salud mejoró y se estabilizó. El amor de mi esposo por mí, se vuelve cada día más fuerte. Verdaderamente, el Señor está transformando nuestro hogar, de una morgue a un santuario".

"¡De una morgue a un santuario!" No solo existen muchos hogares "morgue" muchos cuerpos también lo son porque albergan células mortales de ira, de temor, de egocentrismo y de culpa. Muchas personas, en lugar de tener un cuerpo vivo y vibrante, un cuerpo despierto en cada célula y armonioso en cada relación, tienen un cuerpo de muerte. Ese cuerpo de muerte puede convertirse en un santuario. "El primer concepto que yo tenía de aquel Dios que puede sanar un cuerpo que ha perdido toda su capacidad para oponerse a la enfermedad, vino de su libro, *El Cristo de la ruta india*", confesó un lector. "La levadura de sus ideas fue la responsable de la transformación de un pedazo de arcilla en un buscador de la verdad". A veces escuchamos a alguien decir que tiene "Un cuerpo que ha perdido toda habilidad para resistir a la enfermedad". Un cristiano no tiene nada que ver con esa clase de cuerpo.

Oh, Dios, si mi mente y mi cuerpo han perdido la habilidad para resistir la enfermedad, entonces dame lo que Pablo quiso decir cuando dijo que nuestros cuerpos mortales serían vivificados por el Espíritu que habita en nosotros. Déjame ser vivificado. Amén.

SEMANA 25 - DOMINGO

Salmo 6:2-3, 6:7; 19:7; Mateo 9:1-7

La enfermedad no es la voluntad de Dios

Desde la semana pasada hablamos de nuestras consideraciones acerca del duodécimo enemigo de los quince más importantes: la falta de armonía física y la enfermedad física. Si la enfermedad física y la falta de armonía física están en nosotros, es probable que provengan de alguna de las siguientes cuatro causas:

(1) La real enfermedad estructural, provocada por herencia, por accidente, por contagio, por ignorancia o por abuso intencional; (2) La enfermedad funcional, la cual puede pasar a ser una enfermedad estructural, provocada por actitudes equivocadas mentales, morales y espirituales; (3) La falta de nutrición o nutrición desequilibrada, originada por la pobreza, la ignorancia o la negligencia intencional; (4) Los factores medio ambientales o las actitudes equivocadas mentales y espirituales que producen la enfermedad.

Note que en las cuatro fuentes de la enfermedad y de la falta de armonía, no menciono a la voluntad de Dios. Dios no quiere la enfermedad. Dios quiere la salud. La enfermedad es un enemigo contra quien Jesús luchó y sanó cada vez que tenía cooperación. Nunca le dijo a la gente que llevara la enfermedad como la voluntad de Dios. *"Yo he venido para que tengan vida y para que la tengan en abundancia"*. Esa es la referencia cristiana. Es verdad que la enfermedad viene de quebrantar las leyes que Dios inscribió en la constitución de las cosas, pero Él no la envía; nosotros quebrantamos sus leyes y sus leyes nos quebrantan a nosotros. Y eso nos hace los autores de esa enfermedad, no proviene de Dios. Él ha provisto para la salud, no para la enfermedad. Un amigo, una vez le dijo al Dr. W. B. Cannon, el gran psicólogo de Harvard: "Cuando usted conoce todas las enfermedades que uno podría llegar a tener (algo más de ciento veinticinco), se pregunta cómo alguien está siempre bien". A lo que el Dr. Cannon respondió: "Cuando usted conoce mucho acerca del cuerpo humano, se pregunta por qué alguno está enfermo". (Citado por el Dr. Russell L. Dicks, *La religión en la vida*, 1941, volumen 10, número 4, p. 515). El organismo humano está organizado para la salud y si el camino está libre de obstáculos por la correcta cooperación con la naturaleza, producirá salud.

Padre de toda gracia, tú has forjado las posibilidades para la salud y el ritmo en la estructura de mi ser. Ayúdame a cooperar contigo para que ninguna enfermedad perjudicial arruine la eficiencia de mi trabajo para el Reino. Ayúdame a estar apto para ti. Amén.

SEMANA 25 - LUNES

Juan 10:10; 2 Corintios 12:7; Lucas 13:11-17

La salvación es la totalidad

Ayer concluimos que Dios ha provisto para la salud y no para la enfermedad. La salud es más fuerte que la enfermedad. Un experto en cáncer me dijo que las células cancerosas son más susceptibles a ser eliminadas por el radio que las células sanas, la susceptibilidad diferencial es más baja en el tejido saludable. Esa diferencia hace posible, por medio del uso apropiado del radio, eliminar las células del cáncer, sin herir los tejidos sanos.

Por lo tanto, la salud está escrita en la constitución de las cosas. Dios lo quiere así. Si no tenemos salud, entonces alguna ley ha sido quebrantada en algún lugar, o por medio de nuestros ancestros, por nosotros mismos, o por la sociedad o por factores medio ambientales. No podemos ser responsables del cuerpo con el que empezamos la vida, pero somos responsables del cuerpo con el que morimos. Porque el cuerpo puede ser mejorado no importa cuán discapacitado pudo haber sido en el principio. He vivido treinta y cinco años en uno de los peores climas del mundo: la India, una tierra golpeada por la pobreza y acosada por la enfermedad, "la tumba del hombre blanco". Y he salido de ahí después de estos años con un cuerpo mejor que el que tenía cuando entré. He perdido solo dos batallas en veinticinco años: una con un germen gripal, regalo de Norteamérica y una según una regulación de guerra en Ceilán. Alguien dijo recientemente: "Usted parece diez años más joven de lo que parecía hace cinco años, esa es una religión verdadera". Yo estaba interesado en la unión de la religión verdadera con la salud y la vitalidad. Ambas están unidas y van a estar unidas cada vez más. Jesús definió a la salvación como salud. Dondequiera que usa la expresión "sé salvo", en el margen está traducido como: "sé sano". La salvación es totalidad, es salud. Salud en la totalidad de la personalidad, del cuerpo, de la mente y del alma. Llega el tiempo en que seremos avergonzados por la falta de salud en cualquier parte de nuestro ser, al reconocer que alguna ley ha sido quebrantada por alguien. Si por causa de la ignorancia o del descuido carecemos de buena salud, aún así la condición no es de desesperanza, porque tanto la naturaleza como Dios, son redentores.

Mi Padre de gracia y mi sanador, vengo a ti con mi cuerpo. Perdóname por los pecados que he cometido contra él y en consecuencia contra ti, su creador. Ayúdame a trabajar contigo para convertirlo en la expresión perfecta de tu voluntad. Hazme entender las leyes de mi cuerpo y ayúdame a obedecerlas cuando las vea. Amén.

1 Corintios 12:25-26; 2 Corintios 9:8, 10; Mateo 6:32

Algunos pasos hacia la salud física

Si no estamos físicamente en la mejor forma y si la base física de nuestra vida abundante es pobre, podemos mejorarla y tal vez perfeccionarla. Los siguientes pasos pueden ayudarnos.

(1) *Hágase un minucioso examen físico con un médico competente,* preferentemente con uno que no sea materialista, sino con un médico que pueda ver la interdependencia entre el cuerpo y el espíritu. El simplemente materialista, aquel que ve a la enfermedad solamente como física en su origen, es tan anticuado en relación al avance de la medicina como el médico chino que pincha a los pacientes para echar a los demonios. Por otro lado, no vaya a ver a un médico que dice que la enfermedad es únicamente de origen mental o espiritual, porque esta persona es igualmente peligrosa e igualmente propensa a darle a la gente el pasaporte para el viaje hacia el cementerio, y si no por lo menos lo enviarán de viaje a una enfermería.

(2) *Si hay debilidades físicas, dé el siguiente paso y pregunte si son de origen físico o espiritual.* Algunas pueden resultar ser de origen físico y una operación o un medicamento podrán corregirlas. No dude en permitir que Dios lo sane a través del terapeuta o del cirujano. El verdadero cirujano o médico terapeuta reconoce que ellos no pueden sanar. Como dice un doctor: "Yo solo despejo el camino; la naturaleza o Dios producirán la sanidad". Jesús no dudó en usar los remedios físicos; por ejemplo, Él hizo barro y ungió los ojos del ciego. No sea más espiritual que Dios, quien implantó en la naturaleza remedios físicos para curar las enfermedades físicas.

(3) *Existe un tercer e importante origen de la enfermedad o de la salud que es la rama de la ciencia más nueva aunque también es la más antigua: la nutrición.* Esta es la rama más antigua con la cual el hombre siempre fue impulsado a tratar; y la más nueva, que nosotros recién comenzamos a tratar científicamente. El doctor James S. McLester dice: "En el pasado, la ciencia confirió a aquellas personas que aprovecharon el conocimiento más nuevo de las enfermedades infecciosas, un mejor estado de salud y un mayor promedio de años de vida. En el futuro, promete a aquellas razas que aprovechen el nuevo conocimiento de la nutrición, una estatura mayor, un vigor más grande, una longevidad aumentada y un nivel superior de desarrollo cultural".

Dios, mi Padre de toda gracia, quiero vivir franca y plenamente. Ayúdame a enfrentar a mi hombre físico con completa honestidad y con una total disposición para conocer la única verdad que puede hacerme libre. Sálvame del autoengaño y de los subterfugios, porque debo ser tu instrumento apropiado. Amén.

SEMANA 25 - MIÉRCOLES

Mateo 6:22-23; 7:9-11; 1 Corintios 10:31

La falta de vitaminas y los resultados en los nervios

Ahora hablaremos de la nutrición como la base de la salud. Séneca dijo: "El hombre no muere; se mata a sí mismo". Hinede añade: "Las dos principales causas de muerte son la comida y la bebida". El Dr. R. L. Greene, un profesor de química especializado en nutrición, dice: "Las armas mortales usadas por el hombre al cometer suicidio son el cuchillo, el tenedor y la cuchara". Ese suicidio puede venir de la comida equivocada, o por comer la comida equivocadamente. Una vez yo estaba en un restaurante, sumergido en mis pensamientos y sin prestar ninguna atención a mi comida, cuando de pronto una camarera se me acercó y me dijo: "Señor, ¿se dio cuenta de que usted solo está tragando su comida?" Siempre estuve agradecido por esa alma maternal y aunque no siempre la obedecí, muchas veces siento su sombra sobre mi hombro y su suave reproche cuando solo trago la comida. Todos necesitamos de un ángel guardián para alejarnos del suicidio con las armas llamadas cuchillo, tenedor y cuchara.

(4) *Cuando coma, comience pensando en su comida.* Mientras piense en la apetitosa comida, usted realiza un ritual similar al que hace el hindú que ruega que los dioses asistan a su banquete, solo que usted dice: "Vengan, jugos gástricos y asistan a este banquete". Porque si ellos no vienen, entonces el dios hindú Yama, el dios de la muerte, prematuramente asistirá a su funeral.

(5) *Asegúrese de consumir un mínimo del requerimiento vitamínico.* El doctor Greene dice: "Las reacciones químicas de la vida son alteradas más frecuentemente por una deficiencia vitamínica que por cualquier otra causa". Por ejemplo: "la falta de vitamina A, produce alteraciones en los riñones, en la piel y trae problemas gastrointestinales, además de diarrea, falta de apetito, mal comer, colitis crónica, bronquitis y una desnutrición seguida de un estado de salud general muy decadente, y también un alto índice de muertes por enfermedades infecciosas, especialmente por tuberculosis y neumonía". Si hubiera espacio, podríamos mostrar una tabla de otras enfermedades causadas por la falta de vitaminas B, C y D. Por ejemplo, en una dieta pobre en vitamina C, los dientes de los conejillos de Indias o de los monos sufren una progresiva pérdida mineral y pronto se vuelven blandos como el caucho. Las vitaminas son necesarias para la vitalidad. Un tercio de todos los problemas de salud puede atribuirse a las deficiencias nutricionales.

Químico divino, tú has escondido en el corazón de la comida a los gérmenes de la vitalidad y de la salud, te agradecemos por esto. Ayúdanos ahora a descubrirlos y a utilizarlos al máximo. Porque son tu regalo. Amén.

SEMANA 25 - JUEVES

Proverbios 30:7-9; Santiago 2:15-16; Mateo 14:14-21

¡Gracia, hierba y sentido común!

Los principios acerca de las vitaminas, comienzan a ser conocidos. Lo que habitualmente no se conoce, es la relación entre la falta de vitaminas y las enfermedades nerviosas. El Dr. J. S. Hughes, una autoridad en cuanto a las vitaminas, muestra estudios de un cerdo que entra en una severa depresión nerviosa con una irritabilidad extrema, como resultado de haberle quitado las vitaminas de su comida. La foto de un cerdo con un ataque de nervios es un cuadro patético. Ese mismo cerdo patético se ve en otras fotos, después de haber sido alimentado con las vitaminas adecuadas, ¡y ahora es un cerdo tranquilo y equilibrado!

Este mismo profesor me dijo al principio del programa Misión Cristiana Nacional, en el que yo tenía que predicar de tres a cinco veces por día durante seis meses enteros: "Si usted toma algunas tabletas de hierba que le daré: las hojas comprimidas del trigo cuando solo tienen cuatro pulgadas de alto, cuando contienen todas las vitaminas de manera concentrada, le garantizo que concluirá esta misión sin ningún agotamiento nervioso al final de los seis meses". Le contesté que yo era su conejillo de Indias y que lo intentaría. Puede haber sido un error en la lógica de "con y por lo tanto a causa de", pero no hay ninguna duda de que terminé esa misión sin ningún agotamiento nervioso; de hecho, estaba mucho mejor que cuando empecé. La hierba me había dado el mínimo requerimiento vitamínico. Alguien me preguntó cómo era capaz de pasar por tan pesado trabajo de agotadores compromisos, descansado y lleno de vitalidad. Le contesté: "Creo que mi vitalidad puede ser explicada por medio de tres cosas: gracia, hierba y sentido común". Yo parecía poco serio, pero en realidad estaba muy entusiasmado. Esta combinación producirá salud y vitalidad: la gracia para que el alma evite los conflictos internos para poder estar en ritmo y armonía; la hierba para que el cuerpo provea la base física de la vida abundante con la provisión adecuada de vitaminas; y el sentido común para que la mente use inteligentemente los regalos de Dios sin exagerar.

¡Cuando menciono en público estas tres cosas, la gente siempre me pregunta más acerca de la hierba que de la gracia y el sentido común!

Padre de gracia, vengo a ti para ser transformado en una persona con vida. Necesitaré de la gracia para que me guarde de los conflictos internos. Necesitaré tu vitalidad almacenada y escondida en el almacén de la naturaleza, y necesitaré una inteligencia dinámica para que me guarde de los errores absurdos. Ayúdame a usar las tres cosas. Amén.

Éxodo 15:26; Salmo 103:3; Mateo 8:7; Hechos 5:16

Examine sus actitudes mentales y espirituales

Algo de nuestra falta de victoria en lo físico puede venir de una real enfermedad estructural; otra parte puede originarse en la provisión inadecuada de vitaminas, pero algo proviene de las actitudes mentales y espirituales equivocadas.

(6) *Examine sus actitudes mentales y espirituales y pida la respuesta a la contraseña: ¿Ustedes contribuyen para la salud física?"* Si no lo hacen, entonces con seguridad que contribuyen a las enfermedades y las alteraciones. Porque según dice una alta autoridad médica británica: "No hay un tejido ni un órgano en el cuerpo que no sea influenciado por la actitud de la mente y del espíritu".

Un médico le dijo a una paciente que le devolvería sus honorarios si ella venía a escuchar lo que yo decía acerca de la relación entre el estado mental y espiritual y la salud, porque el médico no podía encontrar una base física de los dolores que describía. Los dolores eran reales; no estaba fingiendo una enfermedad; pero el origen de esas dolencias estaba en su condición mental y espiritual. Había pasado su enfermedad mental y espiritual a su cuerpo.

Otro médico comentó sobre mi discurso en cuanto a este tema: "Usted tiene toda la razón, pero no dijo ni la mitad". Otro comentario de la esposa de un médico: "Mi esposo dice que él podría morir si albergara algún resentimiento". ¡Muchas personas lo hacen! O viven casi muriéndose. Otro médico dijo: "Usted podría haber añadido enfermedades cardíacas causadas por la preocupación y la ansiedad". Las enfermedades del corazón se han incrementado de manera alarmante en la vida estadounidense, el índice de muerte creció; y estas enfermedades ahora están clasificadas en primer lugar entre las causas de muerte. El aumento de la preocupación y de la ansiedad es el responsable de la mayor parte del incremento de este índice. Un médico muy competente me dijo: "El temor es la cosa más perjudicial que podamos tener". Las úlceras estomacales suben y bajan con las ansiedades de la guerra. La preocupación es una causa frecuente de constipación. La mente crea o destruye a la enfermedad.

Oh, Dios, veo que debo tener una mente saludable si quiero tener un cuerpo saludable. Dame una mente limpia de todo temor, de toda preocupación y de todo resentimiento, para que mi cuerpo sea limpio de toda enfermedad paralizante y libre de toda debilidad. Porque debo ser fuerte para ti. Hazme lo mejor que yo pueda ser. Amén.

Mateo 4:23; Proverbios 4:20-22; 16:24; 3 Juan 2

La persona total llega a enfermarse

El Dr. Frank Hutchins, un especialista en los nervios, dijo: "El 70% de los casos médicos necesitan nuevas actitudes mentales y espirituales para la salud". La poderosa influencia de la mente sobre el cuerpo está ilustrada por la doctora Adelaide Woodard, una médico misionera en la India, a quien le amputaron un dedo luego de una dolorosa infección. Todavía tiene el dolor en su dedo aunque el dedo fue amputado. "¿Cómo te sientes hoy Miriam?", le preguntaron a una nena. "Estoy bien", contestó, "¡solo que tengo un dolor en el hombro de mi hermana!" ¡Lo más probable es que el dolor fuese muy real para Miriam!

Una anciana vomitaba siempre, y descubrieron que la causa era la preocupación causada por la inseguridad financiera. La preocupación había causado una alteración en su aparato digestivo.

Me dijo un médico que su hermano, un hombre muy adinerado, se había rehusado a dar una parte especial de la herencia de su familia a su hermana, quien había cuidado de sus padres cuando ya eran ancianos. La parte sería de unos seiscientos dólares. Mostrando egoísmo y resentimiento, se rehusó a que este dinero fuera dado a su hermana. Como resultado, le apareció una úlcera. El médico llamó a larga distancia a su hermano y gastó cinco dólares por el llamado para decirle que la úlcera estomacal era el resultado de sus resentimientos y su egoísmo. El hermano estaba tan impresionado al saber que el doctor gastó esa cantidad de dinero para aconsejarle que abandonara sus resentimientos, que la úlcera estomacal fue sanada.

El hombre es una unidad y no puede estar enfermo en parte sin pasar la enfermedad a las otras partes. El hombre debe ser redimido en su totalidad. Y el Evangelio provee para esa redención total. Provee salud para el cuerpo, limpieza para la mente de todo conflicto y de toda división, y perdón y comunión para el alma: la totalidad de la persona unificada, coordinada y transformada para ser eficaz.

¡Esta es la salvación plena!

Oh, mi Dios, te agradezco porque, "mi cuerpo y mi alma te anhelan" y porque en cuerpo y alma, te necesito. Dame una salud radiante en cada parte de mi ser, de tal manera que no quede "ninguna parte oscura". Te rindo cada parte de mí para tu sanidad. Amén.

SEMANA 26 - DOMINGO

Salmo 1:1; Habacuc 2:12-14; Miqueas 2:1-2

Un orden social no cristiano

Ahora hemos llegado al décimo tercer e importante enemigo de la vida abundante: *un orden social no cristiano.* Ocuparemos un espacio en este repaso de los enemigos, solo para enumerar los efectos de un orden social no cristiano en el individuo, que expondremos en detalle más adelante. Debemos mencionarlo aquí para ver claramente los perjudiciales efectos de lo que muchos considerarían *el* mayor enemigo.

Comenzamos a ver el efecto del orden social sobre el individuo. No vamos a debatir la cuestión de si la herencia o el medio ambiente es la influencia decisiva en la vida del individuo. Tal vez llegaremos a ver que la influencia decisiva en la vida de un individuo es su reacción ante lo que recibe por herencia o del medio ambiente. Porque solo aquello a lo que usted responde puede influenciarlo. Pero debemos enfrentar la realidad de que el individuo usualmente responde a su herencia social y esa herencia social luego procede a cambiarlo a su propia imagen. La herencia social, tiene un asombroso poder para convertir al individuo para bien o para mal. No mecánicamente, note usted, porque repetimos que solo aquella parte de su herencia social a la que usted responde puede cambiarlo.

Los psicoanalistas enfatizan que la causa del desajuste a la vida está dentro del individuo, y la escuela de psicólogos Meyer hacen hincapié en que los factores medioambientales son los responsables de la falta de adaptación del individuo. Ambas suposiciones son ciertas, porque el individuo y su medio ambiente actúan y reaccionan el uno sobre el otro. Pero si tuviera que elegir entre ambos, creo que tendría que concluir en que un orden social no cristiano produce vidas más frustradas y perturbadas que cualquier otra causa. El decano de una escuela pública de señoritas, me dijo que los tres factores más importantes en la producción de niños con problemas son: “La pobreza, los hogares destruidos y la falta de asistencia a la Escuela Dominical o a la iglesia”, todos factores sociales.

La conciencia social se está haciendo cada vez más importante y más sensible a medida que nos enfrentamos a la realidad.

Oh, Cristo, comenzamos a ver más claramente tu rectitud al presentar un nuevo orden en la tierra, el Reino de Dios. Debemos someternos a ese nuevo orden y debemos ser hechos a su imagen. Debemos rendirnos a cada uno de sus impulsos y de ese modo llegar a ser sensibles a lo supremo. Amén.

SEMANA 26 - LUNES

Amós 8:4-7; Oseas 4:1-3

El orden social convierte al individuo

Debemos continuar con nuestro estudio sobre los efectos de un orden social no cristiano en el individuo. Muchas de las cosas que pensamos que nacen dentro del individuo, son impuestas al niño a través de la herencia social a una edad muy temprana. La herencia social en China convierte a su imagen a 400 millones de personas cada treinta años. Un niño chino que al nacer es transferido a los Estados Unidos y puesto en un hogar puramente estadounidense, crecería en la imagen de la herencia social norteamericana, con la perspectiva, la mentalidad y el espíritu del norteamericano.

Si las manos de un tintorero son coloreadas por los colores con los que trabaja, así también el alma del individuo es coloreada por los colores de la herencia social del medio donde vive, actúa y tiene su existencia. Un hombre hace una máquina y luego la máquina lo hace a él. Alguien lo dijo de esta manera:

> Algunas máquinas nos levantan, nos ayudan a hacer la mayor parte de nosotros. Otras nos destrozan y nos hacen caer. Una máquina hecha para el hombre es una cosa, pero un hombre hecho para una máquina es otra. Lo primero es humano, le da la oportunidad de estar en su mejor forma. Lo otro es mecánico, trabaja en usted como un cortador de engranajes, rebajándolo gradualmente, cincelando su interior, haciendo surcos, haciéndolo como todos los pequeños engranajes que están en línea.

Así como la máquina corta dentro de su ser interior, así también el medio ambiente social corta dentro de su ser, lo cincela y hace de usted un nuevo modelo. Al lado de la conversión individual estoy comprometido con la necesidad de la conversión social. Si alguien no muestra interés en convertir el orden social no cristiano, entonces por esa misma razón la persona tiene poco interés en la conversión individual porque, fuera del Espíritu Santo, el poder más grande para cambiar al individuo, es el orden social.

Jesús ve esto claramente y reemplazaría este impracticable y corrompido orden social con el orden de Dios, es decir, con el Reino de Dios. Cambiaría a los individuos; cambiaría el orden total, convertiría la vida totalmente.

Oh, Dios, perdónanos por haberte hecho un Dios a medias, como si gobernaras la mitad de un Reino. Tú eres Dios y toda la vida, individual y social, debe doblar sus rodillas ante tu voluntad y encontrarse en esa voluntad. Porque tu voluntad es vida para toda la vida. Amén.

SEMANA 26 - MARTES

Mateo 6:22-24; 7:13-23

La falta de una disciplina total

Ahora tomemos brevemente, esperando un desarrollo más amplio, al enemigo número catorce de los enemigos más importantes de la vida abundante: *la falta de una disciplina total.*

El futuro del mundo está en las manos de la gente disciplinada. *"Los mansos* (literalmente, los entrenados) *heredarán la tierra"*. Sin embargo, esta declaración en cuanto a que el futuro del mundo está en las manos de la gente disciplinada debe ser modificada. El futuro del mundo está en las manos de las personas que son disciplinadas con la más alta disciplina total. Muy a menudo nuestras disciplinas son demasiado pequeñas; somos orientados hacia ideas y propósitos que son demasiado pequeños; de manera que permanecemos en lo pequeño con la estrechez de nuestros conceptos y nuestros propósitos. Muchos son orientados hacia la disciplina de la familia, la cual puede ser muy buena; pero es muy inadecuada a menos que la familia esté orientada hacia algo más allá de sí misma. La disciplina de una casita, un club, una asociación, una iglesia, un país, puede ser buena pero no es tan buena. Debemos ser disciplinados con algo que nos dé un sentido total hacia la vida total.

Es precisamente esta disciplina total la que falta en la vida moderna. La vida moderna está tan dividida, tan especializada, tan separada en partes, que carece de un significado total. La ciencia es el conocimiento abstracto, resume el conocimiento de cosas específicas, pero no puede tratar con la suma total de la realidad y su significado; por eso que la ciencia nunca puede ejercer una disciplina total. El psicoanálisis divide a la persona en partes, pero muchas veces no puede volver a unirla en un nivel más alto. Usa el psicoanálisis, pero no la psicosíntesis, en consecuencia no puede ejercer una disciplina total. "Me dividieron en partes, pero no pudieron unirme otra vez", dijo una brillante pero perturbada mujer. Así como los rayos de una rueda quedan sueltos sin un eje, así también los poderes de la vida permanecen inactivos a menos que estén sujetos al eje central: a Dios y a su Reino. Sencillamente no hay nada dentro de lo que podamos ser totalmente disciplinados, excepto en una cosa en el orden absoluto de Dios, en el Reino de Dios. Esta disciplina, sola y exclusivamente, es la que da un significado total a la vida.

Padre de gracia, hasta que ponga cada pensamiento en la obediencia de tu Reino y cada relación bajo su señorío, no tendré nada para hacer y la vida carecerá de significado total y, por consiguiente, carecerá de propósito y de poder. Ayúdame a tener una disciplina completa en tu Reino. Amén.

SEMANA 26 - MIÉRCOLES

Mateo 13:52; 1 Corintios 9:23-27

Disciplinados para el Reino

Pensamos que el hombre ha sido creado para la libertad. Y es así. Pero la libertad puede venir solo a través de la obediencia. Soy libre del policía si obedezco a las leyes que él representa; dentro del marco de las leyes que él representa, soy libre. Cuanto mayor es la unidad a la que obedezco, mayor es la libertad que disfruto. Si obedezco a las leyes de los Estados Unidos, soy libre dentro de los límites de ese país.

Cuando soy disciplinado para el Reino de Dios y obedezco sus leyes, entonces soy libre dentro de los límites de su área. Pero su área es universal; por lo tanto soy universalmente libre. El cristiano, disciplinado en el Reino de Dios, es la única persona universalmente libre. Una persona sin limites

Y esto funciona de otra manera. Si es disciplinado para usted mismo y sus propios deseos, entonces es libre dentro del área de usted mismo y de sus deseos. Ha elegido una pequeña unidad de obediencia, en consecuencia se volverá hacia lo pequeño. Además, se volverá detestable para los otros, hacia los que no tiene ninguna lealtad o no ama. Al final, se detestará a sí mismo por sentirse tan pequeño y por ser detestado por otros. Esto es un círculo vicioso, una espiral descendente. Pero si es disciplinado para el Reino, gustará de usted mismo por la grandeza y la nobleza de sus lealtades, y su obediencia y otras personas le responderán, porque usted les responde a ellos; y, lo mejor de todo, el universo estará a su lado, lo respaldará y lo hará sentir como en su casa y libre. Esta es una espiral ascendente.

Una mujer que había estado muy atada por el miedo y por una depresión física y nerviosa, escribe después de su liberación: "¡El sentido de libertad y de liberación, el nuevo entendimiento y eso que parece ser casi como encontrar un sexto sentido, es maravilloso!" Ese "sexto sentido" es el sentido universal, de ser universalizado, de una existencia completa y de estar a tono con la suma total de la realidad. Al ser disciplinado para el orden total, de una manera total, con cada parte avanzando hacia una sola meta, usted llega a ser una persona *limitada* con un propósito *limitado.* Pero en el mismo momento en que usted es limitado, será ensanchado dentro de los propósitos y de la vida del Reino. Usted es totalmente libre.

Oh, Dios, quiero que cada área de mi vida tenga una lealtad y solo una. Porque no puedo ser una persona indisciplinada, ni disciplinada para una pequeña lealtad. No podré descansar hasta que esté bajo el señorío de lo supremo, hasta que lo supremo tenga el señorío definitivo. En el nombre de Jesús. Amén.

1 Juan 3:2-3, 11, 14, 16-17, 22-24; 4:21; 5:2-4

La falta de un amor creativo y extrovertido

Hemos llegado al último de los quince mayores enemigos: *la falta de un amor creativo y extrovertido.* He guardado a este enemigo para el final, porque es la *condición esencial* de la vida abundante. Si fuera capaz de vencer a cada uno de los catorce mayores enemigos, todavía le faltaría lo único necesario: poseer un amor extrovertido. Porque la vida no fue creada para logros negativos, está hecha para una contribución positiva, para un amor extrovertido. Aquel que no ama no vive, y todo aquel que ama más, vive más.

Intencionalmente he usado la palabra "creativo" en el título y en la definición, porque hay una clase de amor que sale para buscarse a sí mismo. Sale para traer. Esa clase de amor extrovertido es tan malo como un amor egoísta, porque siempre dice, "dame". Pero el amor "creativo" es el amor que estimula, que ayuda y que despierta a otros. Y al estimular, se estimula a sí mismo y al despertar a otros, se despierta a sí mismo.

El amor siempre da,
perdona, sobrevive,
y siempre está con las manos abiertas extendidas;
y mientras vive, da,
porque este es el privilegio del amor:
Dar y dar y dar.

Y el autor de estas líneas pudo haber añadido,

Y mientras da, vive,
porque esta es la recompensa del amor:
vivir y vivir y vivir.

Nunca podrá librarse de sus problemas, a menos que se haga cargo de los problemas de otros. El santo Keble dijo: "Cuando usted está oprimido por la melancolía, lo mejor es salir y buscar algo bueno para hacer a favor de alguna persona". O como alguien dijo: "Cuando desentierro a un hombre de un problema, el agujero que queda es la tumba en donde entierro mi propia tristeza". Por tanto, salga cada día y haga algo que nadie excepto un cristiano puede hacer.

Oh, Dios, veo que me has formado para un amor creativo. Tú, Dios creador, me has creado para ser también un creador. Comparto tu poder para hacer y para rehacer. Estoy contento de no ser más un ser negativo; soy positivo, extrovertido y creativo. Te agradezco. Amén.

Mateo 12:34-35; 15:19-20; Colosenses 3:8-15

El milagro empieza desde adentro

Hoy perseguimos la necesidad de un amor creativo y extrovertido. En las palabras del profesor W. E. Hocking, este amor es "la actitud más radicalmente creativa hasta ahora conocida por los hombres la determinación de hacer lo que la eterna misericordia hace". La misericordia eterna es creativa y extrovertida en amor. Como alguien dijo: "Si usted quiere sobrevivir, obtenga la fe y hágala contagiosa... Las oportunidades están del lado de esa audacia a la que llamamos amabilidad".

Leslie B. Salter dice:

> Cada hombre o mujer normal anhela más vivamente el amor, una cálida amistad, la admiración y la sensibilidad humana de sus compañeros que cualquier otra cosa en la vida... ¿Ama usted la vida? Entonces empiece a dar a quienes están a su alrededor la impresión que ellos anhelan. Comience a transmitir un buen ánimo y un amor fraternal, y a cambio recibirá una amabilidad personal y una felicidad genuina que jamás pensó que fuera posible, y esto revolucionará toda su vida.

No espere recibir un milagro desde afuera, un milagro que lo levante por encima de sus temores, de sus dudas y de su egocentrismo. Ayude a Dios desde su interior, dé el amor extrovertido a otros y milagrosamente sus temores, sus dudas y su egocentrismo, se desvanecerán. El milagro empieza desde dentro, no desde afuera. Centre su voluntad en el amor extrovertido, y todos los recursos sanadores del universo lo respaldarán.

Ni Dios ni el hombre podrán ayudarle si permanece contenido en usted mismo. No fue creado para vivir de esa manera, y toda la medicina que pueda tomar, todo el consejo que pueda recibir, todas las oraciones que pueda hacer, no le harán ningún bien a menos que coloque su voluntad en el amor extrovertido. ¡Salga de usted mismo, o perezca!

Allan Hunter dice: "Podemos descubrir, como sugiere un filósofo contemporáneo, que el hecho de amar a nuestros enemigos porque primero amamos a Dios, es mejor tratamiento para la indigestión nerviosa que una operación o un análisis". Es un mejor tratamiento no solo para la indigestión nerviosa, sino también para casi todo lo que nos aflige.

Oh, Dios, tú siempre me despiertas y extiendes tu mano delante de mí en amor, ayúdame en este día a hacer lo mismo. Ayúdame a avivar y a despertar alguna vida por medio del toque de mi amabilidad y de mi amor. No debo temer, nunca es posible ser demasiado afectuoso. Ayúdame. Amén.

SEMANA 26 - SÁBADO

Salmo 26:1-2; Colosenses 3:5-7; Salmo 19:12-14

Un examen final

Hemos llegado a la mitad de nuestro año y al final de nuestro estudio de los quince mayores enemigos. Hoy debemos hacer un repaso, haciéndonos preguntas correctas acerca de estos enemigos. Mientras nos hacemos estas preguntas, no dejemos ningún punto débil, no dejemos que permanezca ninguna cosa del enemigo. La vida o la muerte dependen de una liberación completa. Haga estas preguntas lentamente y dé respuestas bien pensadas.

¿Tengo fe en y lealtad hacia algo que está más allá de mí mismo y que me da un significado definitivo, coherencia y una meta para la vida? ¿Y ese algo, es Dios? ¿O todavía hay áreas de egocentrismo? ¿Y estas áreas no limpias producen como consecuencia la deshonestidad? ¿La codicia y la avaricia? ¿El prejuicio y la intolerancia? ¿El orgullo? ¿El rechazo a la responsabilidad y a la cooperación? ¿Realmente he cambiado el centro de mi vida de mí mismo a Dios?

¿Hay algún sentido de culpa no resuelto y que todavía me acecha? ¿Me he apartado para siempre del negativismo y de las actitudes de inferioridad? ¿Todavía queda alguna insinceridad consciente o inconsciente en alguna parte de mí ser? ¿Son controlados mis deseos? ¿El pensamiento impuro del sexo tiene algún lugar en mis pensamientos? ¿Y el resto de mis apetitos, está bajo el control de nuestro Dios? ¿Todavía quedan algunas lealtades divididas dentro de mí?

¿Balanceo mis virtudes con sus virtudes opuestas? ¿Todavía me entorpecen la ignorancia y la falta de buen juicio? ¿Existe alguna falta de armonía física arraigada en actitudes mentales y espirituales equivocadas? ¿Me debilita la falta de una nutrición adecuada? ¿Estoy haciendo lo mejor para cambiar el orden social no cristiano que nos afecta tan profundamente? ¿Estoy ahora bajo una disciplina total en la totalidad de mi vida? ¿Soy libre y extrovertido en el amor creativo hacia otros?

Si en términos generales, podemos contestar a estas preguntas correctamente, estamos en camino hacia la vida abundante.

Oh, Dios, he enfrentado a mis enemigos y en tu nombre los he derribado. Te agradezco. Ahora, ayúdame a no entrar en ninguna alianza con ningún enemigo que suplique permanecer. Ayúdame a hacer una buena limpieza. En el nombre de Jesús. Amén.

SEMANA 27 - DOMINGO

Romanos 5:20-21; Colosenses 2:6-10; Filipenses 4:13

Nos volvemos a nuestros recursos

Completamos la primera mitad de nuestra búsqueda de vida abundante, en la que vimos a los quince mayores enemigos de la vida humana. De tanto en tanto, hicimos una pausa para dar un vistazo a nuestros recursos, con el fin de encontrar y destruir a los enemigos. Es necesario perseverar en nuestra fe en que pueden ser vencidos, porque a menudo, al tratar con problemas, nos volvemos tan obsesionados con ellos que se meten en nosotros y llegamos a ser un problema para nosotros mismos y para otros. Debemos observar fija y seriamente nuestros recursos hasta que estos controlen nuestras vidas y hasta que traten con cada célula nerviosa y con cada fibra de nuestro ser. Debemos mirarlos fijamente hasta que seamos controlados por ellos; hasta que ya no los poseamos, sino que nos posean a nosotros.

Alguien dijo: "Los primeros cristianos no decían con preocupación: 'Miren a lo que ha llegado el mundo', sino que con deleite decían, 'miren lo que ha llegado al mundo'". No veían simplemente la ruina, sino los recursos para la reconstrucción de esa ruina. No veían simplemente que el pecado abundaba, sino que la gracia era mucho más abundante. Con esa seguridad, el centro de la historia cambió de una confusa desesperación, de una pérdida del valor moral y del fatalismo, a la fe y a la confianza en que al fin el pecado había encontrado su oponente, en que algo nuevo había llegado al mundo, en que no solo aquí y allí, sino en una gran escala, los hombres alcanzarían ese imposible: la bondad. Y no solo la bondad, sino la salud en la mente, y en el cuerpo el ritmo y la armonía en todo el ser.

Ese mismo sentido de confianza debe poseerlo a usted si quiere pasar de ser un tipo de persona anémica, no creativa y negativa, a alguien que es maestro de sí mismo, de sus circunstancias y de su destino.

Pero esta confianza y esta fe no deben estar basadas en autosugestión, en un paraíso mental y espiritual de bobos; deben estar basadas en la sólida confianza en que nuestra vida está relacionada con la suma total de la realidad de Dios, y que esa realidad trabaja con usted y no contra usted.

La totalidad del secreto de la vida abundante puede ser resumida en esta expresión: "No es tu responsabilidad, sino tu respuesta a la habilidad de Dios".

Oh, Padre y Dios de gracia, mi corazón palpita un poco más rápido, mis pulsaciones vibran expectantes con la esperanza de llegar a ser la persona que alguna vez, en mis mejores momentos, sentí que podría llegar a ser. Y ahora debo ser esa clase de persona. Sigo adelante. Amén.

SEMANA 27 - LUNES

Juan 14:1-12; 1 Juan 1:7; 2:8-13

¿Es poco realista el camino cristiano?

Ayer dijimos que no puede haber ninguna victoria permanente ni completa, a menos que sintamos que la suma total de la verdadera realidad está con nosotros, y que nosotros estamos con esa realidad y no en contra de ella. Que trabajamos con la corriente del universo y no contra ella. Si alguna duda avanza lentamente en este punto, es una duda fatal y pone su mano fría y mortal sobre nuestras mayores esperanzas y posibilidades.

Pero esta duda es solo la esencia, ¿cómo podemos estar seguros de que al seguir el camino cristiano seguimos realmente el camino de Dios? ¿No puede el camino cristiano ser un sueño hermoso, pero poco realista, que asfixia la base de una horrible pero sólida realidad? Al tratar de ser cristiano, ¿no intentamos ser algo para lo cual no fuimos creados; esforzándonos por alcanzar metas que por la realidad de nuestra naturaleza humana no podemos alcanzar? ¿El idealismo del camino cristiano, no quiebra sus delicadas alas en los duros hechos de la realidad? Puede funcionar en algún otro mundo, pero en este mundo no debemos desperdiciar nuestro tiempo con lo imposible, que solo nos emociona con mucho ruido y pocas nueces; eso solo nos da una picazón que no puede ser aliviada; eso solo nos deja preocupados e insatisfechos a causa del fracaso, interiormente condenados porque no podemos ser lo que anhelamos ser, sino lo que por nuestra propia naturaleza somos incapaces de ser.

Esa es la persistente duda del hombre moderno, y nosotros no podremos entrar en el alma de esta era derrotada hasta que la duda sea enfrentada y derribada.

Y puede serlo solo cuando vemos que hemos sido creados esencialmente para el camino cristiano, y que tratar de vivir de alguna otra manera, no solo será un error, sino también un imposible. Usted no puede vivir en contra de la verdadera realidad *y huir con ello*. Usted se lastimará. Jesús no se sorprendía tanto por la maldad de los hombres, sino por la estupidez de ellos. "¿No ven?", les decía siempre. "Viven en contra de la vida y eso es imposible, se lastimarán; están lastimados".

El pecado es un intento de actuar en contra de Dios y no en contra de nosotros mismos. Eso es imposible.

Padre mío, tú has creado mi ser para ti, y cuando yo trato de transformarlo en alguna otra cosa, mi vida llega a complicarse totalmente. La suma de mi vida no será correcta. Ayúdame a tomar tu camino, porque descubrí que es mi camino. En el nombre de Jesús. Amén.

2 Corintios 5:10; Juan 6:39; Gálatas 6:7-8; 1 Pedro 1:23

El juicio de Dios y el juicio de la vida

Ayer concluimos que el veredicto de la vida y el veredicto de Cristo son lo mismo. Él es la vida, *"Yo soy la vida"* y vivir contra Él es vivir contra la vida. Si esa simple declaración es cierta, entonces es la verdad más trascendental que ha sido presentada al hombre. J. Middleton Murry dice:

> Y si los hombres no se preocupan por el Reino, encontrarán la misma lección enseñada por la vida. La vida no puede ser abusada. Para al tribunal de Dios el hombre debe llevar con él solo la vida que ha sido vivida: y el juicio de Dios y el juicio de la vida son lo mismo.
>
> *Héroes del pensamiento*, p. 24.

Dos líneas de experimentación humana, conducidas independientemente en su mayor parte, ahora convergen: el camino cristiano y el camino científico. La vida los coloca en escena en el mismo lugar. Algún día la ciencia va a poner todo sobre la mesa y dirá: "Este es el camino para vivir y no este otro". Y cuando veamos todo, nos asombraremos y exclamaremos: "Pero lo que ustedes aseguran que es el camino para vivir es el camino cristiano, y el camino que ustedes afirman que no es el camino para vivir, es un camino no cristiano". Y el científico contestará: "De eso no podemos hablar, pero podemos afirmar que la vida se proyecta de esta manera". El camino cristiano está escrito en la constitución de las cosas. Es la manera natural de vivir. Escuché a dos personas inteligentes dar el mismo veredicto. Uno era un notable especialista en nervios, que había tratado con nervios cortados y raídos durante toda su vida, y esta era su conclusión sobre la vida: "El cristianismo es simplemente un claro sentido común". El otro era un joven brillante quien al empezar a experimentar con la vida dijo: "El camino cristiano es simplemente percepción". El joven por medio de una intuición rápida y el médico a través de toda una vida de experimentación, habían llegado a la misma conclusión: el camino cristiano es el camino natural.

Si usted trata de vivir en contra de la naturaleza, su vida se complicará totalmente, la vida irá de problema en problema.

Tú, Dios de todo mi ser interior, de mis nervios, de mis tejidos y de mi sangre, ¿cómo puedo pecar contra ti sin pecar contra mí mismo? Tus juicios son rápidos y seguros, porque todos ellos son inherentes. No puedo escapar de ellos. Quiero escapar hacia ti. Amén.

Hebreos 2:6-9; Hechos 19:9; Juan 14:6-7

El camino cristiano es el camino natural

El camino cristiano está forjado en la textura de la vida. Es la vida. Hay un pasaje impresionante en Juan 1:3: *"Por medio de él todas las cosas fueron creadas; sin él, nada de lo creado llegó a existir"*. En otras palabras: hay un camino impreso en todas las cosas, la vida fue creada para andar en ese camino; y ese camino es el camino de la vida: *"sin él nada de lo creado llegó a existir"*. El sello de Cristo está en todas las cosas, es el camino creado para que la vida funcione. Es la intención divina escrita en la carne y en la sangre, y en la organización total de la vida.

El Dr. H. F. Rall dice que uno no le dice a un cocodrilo: "Ahora sé un cocodrilo", *solamente* porque nunca será otra cosa. Pero uno le dice al hombre: "Ahora sé un hombre". ¿Por qué? Porque un hombre puede y muchas veces vive en contra o por debajo del camino para el que fue creado, para vivir como hombre. Puede ser antinatural. Y ser antinatural es estar frustrado. En pecado está "tratando de vivir antinaturalmente", literalmente está "errando al blanco" para el que fuimos creados. Esa "marca" que está labrada en nuestras células sanguíneas, en nuestros tejidos y en nuestras células nerviosas, es la voluntad de Dios. Las leyes de nuestro ser no son otras que las leyes de Dios; *son* las leyes de Dios forjadas en la constitución de nuestro ser. Ser fiel a ellas es ser fiel a Dios y ser fiel a Dios es ser fiel a ellas.

Los primeros cristianos sentían esto cuando usaban la frase, *"todos los que pertenecieran al Camino"* (Hechos 9:2). No simplemente al "Camino de salvación", sino al "Camino" el camino en el que la vida funciona, el camino para el cual fue creada: ¡El Camino!

En la presentación más antigua del Evangelio, hemos hablado de esa bendita palabra *"todo aquel"* (Juan 3:16) y muy correctamente. Era el *"todo aquel"* de una promesa ilimitada y redentora. Pero hay otro *"todo aquel"* en Mateo 7:24, que habla de un hecho ilimitado; si construyes sobre mis palabras, dijo Jesús, tu casa permanecerá bajo la vida; si no lo haces, entonces caerá en grande destrucción. No hay excepciones: *"todo aquel"*.

Oh, Cristo, cómo puedo dejar de agradecerte de que en medio de los tropiezos de la vida yo haya aparecido en este ¡el Camino! Me llena de sorpresa constantemente el hecho de saber que incluso yo, haya encontrado el camino. Ya no tengo más dudas. Ahora sigo adelante ¡para siempre! Amén.

SEMANA 27 - JUEVES

Juan 3:20; Salmo 1:1-6; 1 Pedro 3:9-13

El mal es autodestructivo

Dijimos que el camino cristiano es "el Camino", no un camino, sino *el Camino*. En cada situación posible este es el camino para actuar. No puedo admitir ninguna excepción. Si trata de actuar de alguna otra manera, las sumas no le saldrán bien; la vida llegará a ser un enredo.

El mal enreda cada situación, porque el mal está en contra de la naturaleza de la realidad. Por tanto, tratar de fortalecer una situación por medio del mal, simplemente es enredar la situación aún más. Por eso, el mal no es solamente malo; es estúpido. En el idioma inglés, la palabra mal *evil* es la palabra vivir deletreada al revés, *live*. El mal es la voluntad de vivir al revés; es la vida volviéndose contra sí misma. La naturaleza del hombre es alérgica al mal. La naturaleza del hombre no fue creada para andar por el camino del mal. En el mal, la vida desea obtener la libertad, pero obtiene solo la libertad de destruirse a sí misma. ¡Se escapa de la salvación! ¡Se rebela contra la vida!

A algunos estudiantes se les permitió desmontar una máquina tragamonedas para estudiar su funcionamiento interior. Encontraron que en su construcción interna la máquina estaba diseñada para entregar al jugador solo una moneda de diez centavos de cada diez. Los jugadores podían quejarse y enfurecerse o llamar a la dama de la suerte, pero en el fin habría solo un resultado y solo uno cada diez centavos era el promedio. La suerte no estaba en contra de ellos, la máquina estaba contra ellos. Así que cada mañana la máquina se vaciaba y cada noche estaba llena. Los hombres lo descubrieron científicamente a través de la ley del promedio, e introdujeron ese conocimiento en la máquina. Cualquiera que trata de golpear a esa máquina no solo está mal; ¡es un tonto!

En consecuencia, cada pecador resulta ser una cosa y solo una: un problema para sí mismo y para otros. Dios nos tiene sujetos, no podemos rebelarnos contra Dios sin rebelarnos contra nosotros mismos. Si usted choca con Dios, chocará con usted mismo. El intento de refutar esta declaración ha llenado al mundo de escombros humanos.

Cada hombre que lo intenta, piensa que él será una excepción, pero no hay excepciones.

Padre mío, tú has hecho que sea imposible para mí lastimarme o dañarme sin que tu protestes. Las penalidades ligadas al mal no son las señales de tu ira, sino de tu amor, de tu amor redentor. Ayúdame a trabajar con ese amor y no en contra de él. Amén.

1 Corintios 1:18-31; Hechos 6:10; Mateo 13:54; 1 Corintios 2:7

Jesús, la nota estándar

Ayer vimos que el pecado no es solamente malo; también es tonto. Lo opuesto también es verdad; la bondad no solamente es buena; también es sabia. Esa es la razón por la que Jesús se identificó a sí mismo como la sabiduría: "No obstante, la sabiduría es justificada por todo lo que ella hace". Simplemente Él hablaba de sí mismo. Él afirmó ser la sabiduría y añadió: "La vida aprueba esa declaración, porque aprueba y justifica todo lo que yo hago". El énfasis está sobre la palabra "todo"; no solo que estuvo aquí y allá tocando notas correctas, sino que nunca equivocó la nota correcta. Cuando Jesús y su enseñanza son puestos bajo la luz de la vida para ver cuál es el veredicto, hay solo un veredicto: es justificado por *todo* lo que Él hace.

Pablo retoma la misma nota y dice: *"Cristo el poder de Dios y la sabiduría de Dios"*. Note que conecta a ambas cosas el poder y la sabiduría. Están unidos para estar conectados. Porque la suma total de la realidad está detrás de la sabiduría, todo el universo moral la respalda. Tarde o temprano la sabiduría está ligada a la victoria. Lo opuesto también es verdad: el pecado y la debilidad están conectados inseparablemente, porque la totalidad de la realidad está contra el mal. Tarde o temprano el fracaso vendrá. El mal tiene las semillas de su propia decadencia dentro de sí mismo. En el mal no puedo ganar; en el bien no puedo perder. Las estrellas en su trayecto trabajan en contra del pecado. Las estrellas en su trayecto trabajan a favor del bien. Hay un dicho que dice que "solo las estrellas son neutrales". Pero las estrellas no son neutrales, la naturaleza está del lado del bien y no responderá al mal. La bondad es sabiduría y la bondad es poder.

En Washington, todos los días se toca por la radio la nota musical "*la*" en 440 Hz como la nota estándar por medio de la cual la nación debe afinar sus instrumentos. Todo lo que está fuera de esa nota es disonancia, y en consecuencia es una tortura. Esta nota estándar no es arbitraria; es inherente. La nota estándar de la vida humana se toca en Jesús. Todo lo que se afina a esa nota captura la música de la atmósfera; todo lo que se desvía de ella es discordia y tortura. Dios no ocasiona ninguna tortura. El hecho de desviarse produce la tortura. Es innato.

Oh, Cristo, tú, la nota estándar del vivir humano, perdóname porque he tratado de vivir en contra de esa nota. El resultado ha sido inevitable e invariablemente la discordia y la tortura interior. Afino mi vida plena y totalmente a tu vida desde esta hora. Amén.

Colosenses 1:17; Efesios 2:21; Apocalipsis 1:17-18

¡Seamos normales!

Ayer concluimos que Jesús es la nota estándar que Dios ha tocado para nosotros, y que Dios pide que todos los hombres afinen sus vidas y sus instituciones a ella, o de lo contrario serán parte del caos. Un hombre decía de sí mismo: "El problema conmigo es que estoy en armonía con el caos". Todo lo que no está en armonía con Cristo, está en armonía con el caos. La elección es literal: Cristo o el caos.

El Dr. Fritz Kunkel, un notable psicólogo, tiene un libro titulado ¡*Seamos normales*! Su psiquiatría y su cristianismo lo llevan al mismo lugar: Cristo es la norma, apartarse de Él es ser anormal y, por lo tanto, es estar frustrado. Seamos normales, seamos cristianos. La conclusión científica de este gran psicólogo y la conclusión intuitiva de un formidable trabajador, son lo mismo. Al cierre de un discurso, el trabajador dijo bruscamente: "Bien, no podemos tener demasiado cristianismo". ¿Hay algo, literalmente algo más, de lo que pueda decirse que no podemos tener demasiado? ¡Nada!

David Seabury dice:

> La enfermedad, en parte o en todo, es una pérdida del equilibrio del organismo. Puede empezar en el espíritu y terminar en una desintegración corporal. Puede empezar por causas físicas y reaccionar en el alma. Pero siempre es una pérdida de equilibrio en el ser esencial de la persona. La muy poca o demasiada emoción se registra inmediatamente en el sistema endocrino. Ni la inhibición ni la liberación salvaje del sentimiento tienden hacia la salud (...) Demasiada o muy poca comida, el ejercicio, o el dormir, en realidad demasiado o muy poco de cualquier cosa (...) destruye a la salud. Solo logrando un equilibrio psíquico y físico en y entre cada plano de la vida podrá mantenerse el vigor de un hombre.
>
> *Cómo Jesús sana nuestras mentes actualmente*, p. 310[1]

Podemos tener demasiado de todo excepto de una cosa: de Cristo, porque Él es el equilibrio; Él es la norma; Él es la vida en sí.

¿Fue simplemente casual que los primeros escritores cristianos hablaran de Cristo como *"La Vida"*, o fue una deducción de los hechos? Ellos encontraron que Él era la Vida con "V" mayúscula.

Oh, Cristo, ahora, al fin y al cabo tengo algo de lo que nunca puedo tener demasiado. No puedo ser demasiado como tú, nunca puedo tener mucho de tu espíritu. Ayúdame a absorber mucho de tu mente y de tu camino. Amén.

---

1. Reimpreso con el permiso de los editores de Little, Brown & Company.

SEMANA 28 - DOMINGO

Lucas 8:27-37; Hechos 26:22-25; 1 Pedro 4:3-4, 14

¡Miedo a la cordura!

Un pastor de la iglesia de Inglaterra expresó algo muy profundo en una de nuestras conferencias de Mesa Redonda, dijo: "Estoy tratando de vivir el camino natural de la vida, el camino cristiano". En 2 Pedro 2:19 leemos: *"Les prometen libertad, cuando ellos mismos son esclavos de la corrupción"*, y señala algo que está en decadencia. El mal es simplemente eso, es la vida bajo la sentencia de la decadencia. El camino cristiano es la vida que florece y se desarrolla. Por eso, el camino cristiano es el camino natural.

Es verdad que hay una falsa naturaleza construida por un falso vivir, pero no es la verdadera naturaleza que Dios imprimió en nosotros en la creación. Esa naturaleza falsa que el hombre trata de construir está en guerra con la naturaleza verdadera. En consecuencia, el hombre que peca está en guerra contra sí mismo y contra Dios.

A través del nuevo nacimiento viene la rendición y el abandono de este falso mundo de maldad, y la aceptación del verdadero mundo de Dios. El hombre se convierte en "un recién nacido", reajustado para el propósito original de Dios. Cuando se convierte en un hombre de Dios, realmente se convierte en un hombre.

Llegamos a estar tan habituados al mal que pensamos que el camino cristiano es el camino antinatural. El pueblo vino y vio al endemoniado, de quien Jesús había expulsado a los espíritus malos, *"vestido y en su sano juicio: y ellos tuvieron miedo"*. ¿Miedo de qué?

¡Tenían miedo de la cordura! Nos acostumbramos tanto a nuestras dementes costumbres de la vida que tenemos miedo de la verdadera sanidad del camino cristiano. Un hombre me contó que había manejado una bicicleta con un manubrio curvo por tanto tiempo, que cuando alguien lo enderezaba, se caía. ¡Se había habituado a andar encorvado! Para nosotros, habituados a este orden encorvado e imposible, el realismo de Jesús parece idealismo; es un realismo que está tan lejos de nosotros que para nosotros es idealismo. Pero en realidad, es realismo.

El mal es la gran ilusión, ¡es la falsa creencia en que usted puede vivir en contra del diseño del universo y escapar de las consecuencias!

Oh, Cristo, hemos tenido temor de la espléndida cordura de tu mente, del asombroso equilibrio de tu vida: hemos tenido miedo de la vida. Y ahora te pido que me ayudes a habituarme a la tierra natal de mi alma, el Reino de Dios. Amén.

Lucas 17:20-21; Romanos 8:9-11; Miqueas 6:8

La tierra natal del alma: el Reino de Dios

Ayer en nuestra oración hablamos de "la tierra natal de mi alma, el Reino de Dios". ¿Es eso cierto? ¿Es el Reino de Dios la tierra natal de mi alma? ¿Es el Reino el aire nativo del alma? Cuando lo encontramos, ¿nos encontramos a nosotros mismos?

Una carta reciente de una brillante pero perturbada persona decía: "Soy fácil de complacer, pero difícil de satisfacer". ¿Por qué es que los sentimientos de una persona son fácilmente complacidos en la superficie, pero en las profundidades son difíciles de satisfacer? ¿Será porque el alma conoce su tierra natal y no será disuadida con substitutos?

Cuando Jesús dijo: *"El Reino de Dios está en vosotros"*, expresó una de las cosas más importantes jamás pronunciadas. Las semillas de una nueva humanidad están en esa declaración. Muy rara vez esta verdad ha sido tomada seriamente por el cristianismo ortodoxo; solo los cultos la han aceptado y la han usado. Ahora debe ser reclamada y usada. Debe ser puesta nuevamente en la corriente del cristianismo ortodoxo y allí llegar a ser poderosa. Porque esta gran verdad es poderosa. Sé cuál es el temor que ha impedido que ese versículo llegue a ser una moneda corriente: si el Reino de Dios está dentro de nosotros, en todos nosotros, incluso en los no convertidos (porque este versículo fue dirigido a los fariseos, quienes eran inconversos), entonces no existe la necesidad de un nuevo nacimiento; una visión meramente optimista de la naturaleza humana toma el lugar de la visión trágica de la naturaleza humana pecaminosa y de la necesidad de redención, por eso la salvación viene por medio de la visión y no por el arrepentimiento, la rendición y la fe. Aprecio ese temor, pero no lo comparto.

Si el Reino de Dios está dentro de nosotros, escrito en la constitución de nuestro ser, si es la manera en la que estamos hechos para vivir, entonces el pecado no es menos trágico, sino más trágico. Porque pecamos no solo contra Dios a distancia, sino también contra un Dios que está en ese Reino dentro de nosotros, es un rechazo íntimo, un asesinato íntimo. Por otro lado, pecamos no solo contra Dios; también pecamos contra nosotros mismos. Por lo tanto, el pecado no pertenece a la naturaleza de nuestro ser; está en contra de nuestra verdadera naturaleza y contra Dios quien la creó.

Oh, Dios, veo que el pecado no se vuelve menos trágico, sino aún más. Cuando peco contra el reino interior, me divido a mí mismo, a mis posibilidades, a mi futuro y a mi todo. Y peco contra ti enamorado íntimo y rey de ese Reino. Perdóname. Amén.

SEMANA 28 - MARTES

Romanos 7:24-25; 8:1-2; Juan 7:9; Lucas 10:9

¡Dentro de ti, a tus puertas!

Actualmente hay dos grandes corrientes de pensamiento religioso en el mundo. Una corriente sostiene: "Todo está dentro de ti; todo lo que tienes que hacer es despertar tus poderes latentes; tienes la chispa de lo divino dentro de ti, enciéndela". O de manera extrema, como en la filosofía Vedanta[1] en la India: "Usted no solo tiene a lo divino en su interior; usted es divino; usted es Dios, entiéndalo". La capital de este reino de pensamiento es Benarés, India.

La otra corriente afirma: "Usted es una criatura pecaminosa; no hay nada bueno dentro suyo; necesita la invasora gracia de Dios desde fuera para despertarlo y para redimirlo". La capital de este reino de pensamiento es Berne, Suiza, el hogar de Karl Barth.

¿Tenemos que votar con nuestras vidas a favor de alguno de estos dos puntos de vista? No. Cada uno tiene una verdad, pero es una verdad a medias, la verdad en ambos casos está aún más allá. Está en el Reino de Dios. El Reino de Dios debe cumplirse: *"hasta que sea cumplido en el Reino de Dios"*. La media verdad de cada uno es cumplida en toda la verdad del Reino. El Reino cumple la verdad en inmanencia *"el Reino de Dios está en vosotros"*. Cumple la verdad en trascendencia *"el Reino de Dios viene"*, el Reino de Dios está a tus puertas. El Reino de Dios es tan penetrante en inmanencia como invasivo en trascendencia; está dentro de nosotros y más allá de nosotros.

El hombre cuando peca lo hace, no solo contra el Dios que lo creó, sino también contra el Reino escrito en la textura de su ser, está pecando contra sí mismo. Este punto de vista hace al pecado peor que cuando un hombre es visto como naturalmente pecador; porque si es naturalmente pecador, ¿entonces el pecado es tan malo, si es natural? ¿Por qué yo tendría que ser castigado por hacer lo que es natural, por cumplir con mi propia naturaleza? Pero si el pecado no es solo pecaminoso, sino también antinatural, entonces el pecado es doblemente malo, es rebelión contra Dios y contra mí mismo. Pero el pecado no es natural; es un intento de vivir en contra de mi verdadera naturaleza.

Por eso el pecado está contra la vida.

Oh, Dios, tú no nos has formado en nuestro ser interior para luego abandonarnos, sino para volvernos hacia fuerzas mucho más poderosas para nosotros. Tú te opones a cada paso de nuestra ruina. Ayúdanos a no consentir nuestra ruina. En el nombre de Jesús. Amén.

---

1. La doctrina *aduaita*, o *vedanta adwaita* es una rama del hinduismo que afirma la unidad entre las almas *(atman)* y la divinidad *(Brahman)* (nota del traductor).

SEMANA 28 MIÉRCOLES

1 Juan 4:4; Romanos 6:2, 11-23

El Reino de Dios y la tensión moral

Si el Reino de Dios está dentro de nosotros, entonces ¿dónde estarían las tensiones establecidas entre el Reino y nosotros, que causan la crisis, el arrepentimiento y el nuevo nacimiento? ¿Acaso este énfasis en "el Reino de Dios en vosotros" no derriba esas tensiones y pone fin a la crisis?

Por el contrario, el énfasis en "el Reino de Dios en vosotros" provoca las tensiones y lleva definitivamente a la crisis, porque ahora vemos que no estamos en rebelión contra Dios, ni contra nosotros mismos. Descubrimos que obtenemos una doble respuesta en el arrepentimiento y la conversión para esta afirmación, al compararla con la que sostiene que el hombre es pecador por naturaleza y nada puede hacer al respecto, a menos que Dios soberanamente lo rescate. El énfasis en que el hombre es naturalmente pecaminoso no solamente hace caer las tensiones, sino que también hace caer el ego. Porque si el hombre es pecador por naturaleza, ¿por qué pelear contra la naturaleza? De todos modos sería una batalla perdida. Eso paraliza la esperanza y, en consecuencia, la voluntad.

En la India muchas veces escuché a un hombre excusarse de su pecado y decir: "Soy un hombre". Bien, si él es un hombre, esa es una de las razones más poderosas para no pecar; porque cuando un hombre peca se siente menos que un hombre, siente que no está en armonía consigo mismo, ni en armonía con Dios, ni con su prójimo, y aún la naturaleza se viste de duelo. Pero cuando un hombre hace lo correcto, ¿se siente menos que un hombre? Él siente su personalidad elevada; está en su casa en el universo; camina en la Tierra como vencedor. Por eso la bondad es natural para nosotros y el pecado es antinatural, es una aberración, una desviación, una derrota, una degradación. Es lo acostumbrado, pero no lo natural. No es más natural que un cáncer, o que un grano de arena en el ojo.

El punto de vista con respecto a que el hombre es pecador por naturaleza produjo estas líneas:

"Un joven dijo: 'Ahora me doy cuenta,
ya que no puedo hacer lo correcto,
debo descubrir esta noche
qué pecado cometer, ¡y cometerlo!'"

Oh, Dios, establezco una tensión entre mi ser y el pecado. En tu nombre me rebelo contra él, lo repudio y para siempre rompo toda relación con el pecado. Acepto mi tierra natal: tú mismo, tu Reino. Estoy aquí en mi casa, libre y en mi mejor forma. Te agradezco. Amén.

SEMANA 28 - JUEVES

Deuteronomio 32:5; Proverbios 2:12-15; Isaías 59:8

El Reino de Dios y el pecado original

¡El Reino de Dios está dentro de usted! Si es así, entonces ¿qué del "pecado original"? ¿Es todo un error y debemos hablar de la bondad original en lugar del pecado original? Sí, porque nuestro origen está en Dios y por eso la bondad es original, porque Dios es bueno. Él ha impreso sus caminos dentro de nosotros. Sin embargo, hay una verdad en el pecado original, que podemos llamar pecado adquirido racialmente. La raza ha pecado de generación en generación y ha legado a la posteridad tendencias antinaturales para el mal. Los impulsos naturales: el ego, el sexo y el estar con otras personas fueron inducidos por el uso antinatural hacia las tendencias antinaturales. El ego se convierte en un fin en sí mismo en lugar de ser un medio para los fines del Reino de Dios. El sexo también se convierte en un fin en sí mismo en lugar de estar dedicado a procrear como fue pensado. El estar con otros o el instinto social, llegan a sujetarse a entidades sociales menores como la clase, la raza o la condición, en lugar de estar sujetos al Reino de Dios. Todos estos impulsos han sido pervertidos y por eso necesitan ser convertidos hacia los fines para los que fueron originalmente proyectados.

Si somos hechos a imagen de Dios, entonces el pecado no es natural; es adquirido; es un intento de vivir en contra de la naturaleza, de vivir en contra de la vida y escapar a las consecuencias. Pagamos el tributo a este hecho cuando decimos de un mal hombre: "está deformado", al ver que está apartándose de la bondad, de la pureza. Pero si el pecado no es lo natural, sino la deformación antinatural, entonces es lo natural es lo puro, el estándar y la bondad. Cuando decimos de un hombre: "es impuro", de este modo sugerimos que se ha apartado de lo puro, de la intención original. La impureza entonces es antinatural; la pureza es natural. "Mi fuerza es como la fuerza de diez, porque mi corazón es puro". ¿Por qué? Porque la suma total de la realidad está detrás del hombre puro porque está alineado con la naturaleza de las cosas; por eso es fuerte y tiene la fuerza de diez. La impureza está alineada en contra de la naturaleza de las cosas; en consecuencia, una persona impura es débil en su personalidad. Los ojos son maliciosos; el rostro se vuelve apagado y sin brillo y la personalidad, turbada.

Oh, Dios, me enseñas tus caminos, escritos en tu mundo y también escritos en mí. Mi carne, mis nervios y todo mi ser empiezan a sonar con tus propósitos y a vibrar con tu vitalidad. Soy el vehículo de tu victoria, ayúdame a rendirme a tus propósitos para que pueda vivir abundantemente. Amén.

SEMANA 28 - VIERNES

1 Corintios 2:15-16; Filipenses 4:8-9; Colosenses 1:12-18

El Reino de Dios es la norma

Cuando decimos: "El Reino de Dios está dentro de usted", ¿hablamos de ficción teológica o de hechos teológicos? En otras palabras, ¿imponemos nuestros puntos de vista sobre la naturaleza, o esos puntos de vista están escritos en los propósitos de la naturaleza? He mencionado el libro del Dr. Fritz Kunkel, titulado, ¡*Seamos normales*! Él, como psicólogo, al estudiar la personalidad humana en la luz blanca de la ciencia, ¿encontró que hay una norma dentro de nosotros, y que apartarse de esa norma es acabar en quebranto y frustración? ¡Sí! El psicólogo escribiría esa "norma" con una "n" minúscula, pero nosotros que creemos que nuestro origen está en Dios la escribiríamos, "Norma". El Reino de Dios dentro de nosotros es esa Norma. Apartarse de ella es perdernos a nosotros mismos, es frustrarnos a nosotros mismos. El Dr. Kunkel estaría de acuerdo, porque su fe cristiana y sus estudios psicológicos lo llevan al mismo lugar: hay una norma escrita dentro de nosotros, apartarse de esa norma es ser anormal y, en consecuencia, estar falto de salud y fracasado.

El cristiano es la persona normal; todos los demás son anormales. Todos los demás están un poco "apagados", a veces muy apagados. No son simplemente malos, sino también necios, porque tratan de vivir en contra de la norma, realizan un esfuerzo imposible. Están destinados a acabar de una sola manera: en derrota y frustración. La derrota y la frustración son inevitables, porque la naturaleza de las cosas funciona de esa manera. El pecado y su castigo son uno, son la misma cosa, porque el pecado está "errando al blanco" *amartia*, una salida de esa norma. Un cáncer es un tejido anormal; por eso es un cáncer. Uno no tiene que imponer un castigo sobre el cáncer por ser un cáncer, porque el hecho de ser un cáncer es su propio castigo está destinado a destruirse a sí mismo y al otro tejido del cuerpo por su propia naturaleza. El fin es la muerte. *"La paga del pecado es muerte"* (Romanos 6:23). *"La paga"*, el resultado natural, el pago, está destinado a ser la muerte, porque el pecado es sí es muerte, es apartarse de lo normal; es actuar "por cuenta propia", no tiene ninguna raíz en la realidad; en consecuencia, perecerá por falta de sustento.

Oh, mi Padre Dios, con temor estoy asombrado de tu bondad. Veo tus huellas en todo lugar. Están dentro de mí. Cuando miro hacia dentro, estoy en tierra santa, porque tu presencia está en cada zarza ardiente de la emoción, en cada llamado que viene de lo profundo de mí ser. Soy tu templo. "Que todo lo que está dentro de tu templo diga: ¡Gloria!" Amén.

SEMANA 28 - SÁBADO

Efesios 5:8-18; Isaías 11:2; Ezequiel 2:1-2

El Reino de Dios y el hombre natural

¡El Reino de Dios está dentro de usted! Si el Reino de Dios es nuestra verdadera naturaleza, ¿entonces, qué debemos hacer con la declaración de Pablo: *"Pero el hombre natural no percibe las cosas que son del Espíritu de Dios, porque para él son locura y no las puede entender, porque se han de discernir espiritualmente"*? (1 Corintios 2:14 RVR 60) En la traducción del original dice: "El hombre no espiritual rechaza las verdades del Espíritu de Dios". El contexto muestra que la discusión no está entre lo natural y lo antinatural, sino entre lo espiritual (vv. 13 y 15) y lo no espiritual.

El hombre espiritual es un hombre controlado por el Reino de Dios; por lo tanto, es el verdadero hombre natural. El hombre no espiritual es un hombre que vive en su interior en contra de ese Reino; en consecuencia es el hombre antinatural.

Una vez más preguntamos: la psicología, cuando llega a ser realmente biológica es decir, cuando está de acuerdo con las realidades de la vida ¿llega al mismo lugar que el cristiano? Dejemos la respuesta para el Dr. Henry Link, un psicólogo:

> Defino a la personalidad como la extensión en la que el individuo ha desarrollado hábitos y habilidades que interesan y sirven a otras personas (...) Su énfasis está en hacer cosas con y para otras personas. Su esencia es el sacrificio y no la satisfacción propia. De hecho, la búsqueda de la personalidad para ganar amigos y posición es muy propensa a resultar timidez.
>
> *El redescubrimiento del hombre*, p. 60-61.

Note que el Dr. Link define a la "personalidad" en términos cristianos, un servicio sincero a otros, y esto sin mezclar motivos. Y una persona que se pierde a sí misma por servir a otros con motivos generosos, es el cuadro de un cristiano. El Dr. Link dice que esta es la "personalidad". ¿El cristiano y la personalidad son uno y una misma cosa? ¡Sí! Cuando usted descubre el modo de vida cristiano, descubre su propio modo de vida como persona. Adoptar el modo de vida cristiano es tener una personalidad elevada. Porque esa personalidad está unificada, ajustada a la naturaleza de la realidad y por lo tanto ya no está más bajo la ley de la frustración, sino bajo la ley del beneficio: *"Según el Espíritu les daba que hablasen"*. (Hechos 2:4). La verdadera expresión de ellos empezó a aparecer cuando fueron llenos del Espíritu. ¡Ahora podían permitir que la naturaleza danzara!

Oh, Dios, he tenido temor de rendirme a tu voluntad, para que mi voluntad no se perdiera. Qué necio he sido. Ahora veo que tu voluntad es mi voluntad más profunda, y que encontrar tus propósitos es encontrar mi persona. ¡Oh, déjame expresarme en ti! Amén.

SEMANA 29 - DOMINGO

Mateo 25:34; 13:44-45; 16:24-28

¡El Reino de Dios es la causa!

La semana pasada estudiamos la declaración: "El Reino de Dios está dentro de vosotros" y hemos tratado de recuperar el pensamiento para ponerlo como la base de la corriente principal de la cristiandad. Debemos perseguir este pensamiento hasta que llegue a ser no un argumento, sino un axioma, algo que ya no controlamos nosotros, sino algo que nos controla a nosotros.

Vimos que los psicólogos, por la misma presión de los hechos, definen a la personalidad en términos cristianos, el cristiano es la norma. Los educadores alcanzan la misma conclusión. Alguien preguntó al profesor W. H. Kilpatrick, el gran educador, cuál era el descubrimiento más grande de la educación moderna y contestó: "El descubrimiento más grande de la educación moderna es: el que quiera salvar su vida la perderá y el que quiera perder su vida por alguna gran causa volverá a encontrarla".

No, profesor Kilpatrick, ese no fue un descubrimiento de la educación moderna, fue un redescubrimiento, porque Jesús usó esa frase cinco veces, excepto que la palabra "causa" la sustituyó por la expresión "el Reino". "El Reino" es la causa. La educación moderna, en sus experimentos con la naturaleza humana y cómo funciona, llega a la conclusión de que si un hombre se centra en sí mismo, su ser perderá el control; solo cuando se pierda por una gran causa más allá de sí mismo, encontrará que su ser vuelve a él integrado y exaltado. Esa es una ley de la vida humana integrada tan profundamente en nuestro universo moral y espiritual, como la fuerza de gravedad está integrada en nuestro universo material. Un hombre de negocios católico romano me dijo en el cierre de una conferencia en una asociación benéfica: "Usted no nos predicó a nosotros; simplemente nos dijo cosas". Él vio que yo elevaba leyes del mundo moral y espiritual escritas en la constitución de las cosas y que ellas se autentifican a sí mismas, uno no puede discutir estas leyes; simplemente las declara y ellas se defienden por sí mismas. No se puede discutir un axioma en geometría: "Las cosas iguales a una misma cosa son iguales entre sí". Uno lo declara y la ciencia lo defiende.

La gente que escuchó a Jesús se preguntaba por su "autoridad", era la autoridad de los hechos.

Oh, Dios, tratamos febrilmente de apoyar a tu universo con nuestros débiles argumentos. Somos como aquellos que organizan una sociedad para la protección del sol, cuando alguien le arroja barro al sol. Perdónanos y ayúdanos a confiar implícitamente en tu verdad, la cual es válida en sí misma. En el nombre de Jesús. Amén.

Mateo 22:36-40; 25:34

El Reino de Dios y los negocios

¡El Reino de Dios está dentro de usted! La psicología, la educación e incluso los negocios tropiezan con las leyes del Reino en su búsqueda de un modo de vida mejor. Yo digo, "tropiezan con", porque eso expresa los descubrimientos casuales que se realizan. Un día nuestros prejuicios se perderán por completo, cuando todas las otras formas de vida lleguen a manifestarse como impracticables y nos dedicaremos metódicamente y con impulsividad al descubrimiento de las leyes del Reino. Entonces en una década, la humanidad dará un salto hacia adelante en una progresiva vida abundante mayor de lo que logra en un siglo en la actualidad.

Cuando alguien le preguntó a Daniel Willard, el gran jefe del Ferrocarril de Baltimore y de Ohio, cuáles eran las calificaciones sobresalientes para un ejecutivo exitoso, contestó: "La habilidad y la disposición para ponerse en el lugar de la otra persona". Pero eso es claramente cristiano, es amar a su prójimo como a usted mismo, hacer por otros lo que otros harían por usted, proyectarse en la comprensión de la simpatía y apropiarse de las dificultades y los problemas de la otra persona. Este gran ejecutivo llegó a tal convicción no a través de la argumentación dogmática desde un púlpito, sino a través del método de la prueba y el error, ninguna otra cosa funcionaría; la vida de acuerdo con esta actitud y en desacuerdo con cualquier otra. En un periódico financiero encontré esta ignorada declaración: "Más y más compañías descubren que es bueno tratar a las visitas con una amable cortesía". ¿Por qué? Porque la buena voluntad está escrita en la constitución de las cosas; la mala voluntad es como arena en la maquinaria. La vida funcionará con buena voluntad, pero no con mala voluntad. Usted puede tratar con infinita habilidad de mantener unido a su universo con mala voluntad, pero tarde o temprano colapsará y se hará pedazos. La mala voluntad está en contra de la naturaleza de la realidad.

"*Anima naturalis Christiana*", "el alma es naturalmente cristiana", dijo Tertuliano. Fuera de esto, cualquier otra cosa es antinatural, porque viviría en contra de sí misma y acabaría en inutilidad y frustración.

Oh, Dios, ¿cómo puedo agradecerte lo suficiente por crearme interiormente de tal manera que pueda llegar a ti tan naturalmente como los pulmones toman el aire? Tú y mi alma han estado alejados, pero no son extraños; hemos estado separados, pero no estamos separados. Tú eres mi vida, mi aliento, mi ser, mi todo. Te agradezco. Amén.

Lucas 17:21; Proverbios 3:29; Lucas 10:29-37

¡El Reino de Dios está entre vosotros!

¡El Reino de Dios está en vosotros! Pero surge una duda posterior: ¿no es otra traducción: *"El reino de Dios está entre vosotros"* (Lucas 17:21)? la respuesta es que "entre vosotros" y "en vosotros" son realidades tan profundamente verdaderas que Jesús pudo haber usado una u otra, o ambas expresiones. Hemos visto que el Reino de Dios está escrito en la constitución de nuestra estructura física, mental y espiritual, de tal manera que usted tiene un cerebro cristiano, un sistema nervioso cristiano, un estómago cristiano, glándulas cristianas y un organismo cristiano en toda su constitución. Quien dijo que se ocupaba de "despertar lo de Cristo en cada hombre", se refería a esto. Así como san Francisco cuando simpatizaba con hombres malvados porque no podían expresar la santidad reprimida dentro de ellos. ¡El Reino de Dios está en vosotros! ¡Pero el Reino de Dios está entre vosotros!

Si hay una forma de llevarse bien con usted mismo, hay una forma de llevarse bien con otras personas, y en ambos casos esa forma de llevarse bien es de Dios. Si el Reino de Dios está impreso en la constitución de su ser, también está escrito en todas sus relaciones sociales interpersonales. A menos que sus relaciones sociales actúen del mismo modo que ciertas leyes inherentes, serán destruidas. Usted no crea ni transfiere esas leyes, solo las descubre; y si usted las quebranta se quebranta a sí mismo y a la relación. Usted puede con infinita paciencia y habilidad tratar de construir de algún modo diferente al modo de Dios, pero al final no se llevará bien ni con usted mismo ni con otros. Por ejemplo, no necesita amar a su vecino como a usted mismo; pero si no lo hace, no podrá llevarse bien con él. No se librará de su vecino no amándolo; lo transformará en un problema y en una aflicción. Él vuelve a sus manos, no como vecino sino como un problema. Usted quebrantó las leyes de las relaciones humanas y por eso esas relaciones se estropearon.

La sociología no construye las leyes de las relaciones humanas, las descubre. Son leyes que han sido "dadas", es algo escrito dentro de las relaciones humanas con una pluma que no es la nuestra.

Padre de toda gracia, tú has escrito el espíritu que debe regir nuestras relaciones con el resto de la familia. Cuando quebrantamos esas leyes transformamos a la familia en una contienda, confundimos a nuestras relaciones y a nosotros mismos. Perdónanos y ayúdanos a capturar tu pensamiento en nuestra relación con otras mentes, tu Espíritu en relación con otros espíritus. En el nombre de Jesús. Amén.

Gálatas 6:7-8; 1 Juan 4:7; Colosenses 2:19

El Reino de Dios y las relaciones humanas

¡El Reino de Dios está entre vosotros! Note las maneras en las que los hombres mutuamente se relacionan: (1) algunos tratan de dominar a otros; (2) algunos se apartan de otros; (3) algunos son indiferentes para con otros; (4) algunos trabajan con otros; (5) algunos trabajan con y para otros.

¿Cuál de estas actitudes será aceptada por la vida? Suponga que usted toma lo primero y trata de dominar a otros de una u otra manera, ¿Qué sucede? Las relaciones se deterioran y se enredan. Un hombre resumió esto con tristeza cuando dijo: "En el hogar he tratado de *serlo*, pero descubrí que mi esposa estaba en contra". El tipo de acción determinó la reacción. Un dictador trata de conquistar el mundo y encuentra un éxito inicial; luego inevitablemente tiene que encontrarse con una alianza del mundo contra él y cae. El carácter produce carácter. *"Los que tomen espada, a espada perecerán"* (Mateo 26:52) *"No se engañen: de Dios nadie se burla. Cada uno cosecha lo que siembra"*. (Gálatas 6:7). *"No os engañéis"* en cuanto al éxito inicial en la dominación, porque *"de Dios nadie se burla"*, la naturaleza de la realidad está contra usted y al final lo destruirá. *"El que siembra para agradar a su naturaleza pecaminosa"*, la carne de la dominación, *"de esa misma naturaleza cosechará destrucción;"* (Gálatas 6:8), la situación y usted se corromperán, se deteriorarán, se dividirán y se derrumbarán. La naturaleza de la realidad sentencia el derrumbe.

Pero *"el que siembra para agradar al Espíritu,"*, está alineado con las realidades eternas, *"del Espíritu cosechará vida eterna"*, la suma total de la realidad lo respaldará; usted tendrá el poder de la supervivencia, porque vive con y no contra la corriente del universo. Cosechará un camino eterno para vivir la vida eterna.

El secretario de estado A. A. Berle hijo, dice: "Ningún grupo de seres humanos, aunque esté equipado, ha sido capaz de desafiar al gran diseño". El gran diseño es el Reino de Dios. Viva de acuerdo con él y vivirá; vaya en contra de él y perecerá.

A ti, el creador del gran diseño, te agradecemos por el hecho de que nuestros corazones están ajustados a ese gran diseño, para adecuarse en él, para que nuestras vidas sean moldeadas por él, para estar totalmente rendidos a sus propósitos y de este modo vivir... y vivir abundantemente. Amén.

1 Juan 4:20; 2 Juan 5-6; 1 Corintios 12:12-27

El Reino de Dios es ayuda mutua

¡El Reino de Dios está entre vosotros! Está impreso en nuestras relaciones mutuas, es la manera en la que fuimos creados para vivir corporativamente. El presidente de una universidad contó esta anécdota: Cuando era niño, estaba con otro chico en un parque jugando alegremente hasta que saltó del subibaja cuando su extremo estaba abajo, e hizo que el otro chico cayera y chocase ruidosamente en el suelo. El chico no quiso seguir jugando con él. Pero finalmente lo persuadió de volver al juego y entonces el otro chico lo hizo caer a él de la misma manera, con la misma violencia. Como ninguno de los dos confiaba en el otro; el juego se terminó definitivamente. Uno de los chicos había quebrantado la ley de la amistad y al final había perdido la amistad del otro chico y el juego. "Usted no puede lastimar a sus amigos y tenerlos". No puede violar la ley del amor más de lo que puede violar la ley de la gravedad sin salir lastimado. Suponga que la ley de la ayuda mutua, que es la ley de la vida entre los órganos y los miembros de nuestros cuerpos, fuera violada por ellos, el estómago peleándose con el corazón y rehusándose a dar su alimento; el corazón desquitándose y negándose totalmente a dar sangre al estómago; los pies rehusándose a cooperar mutuamente, uno yendo en una dirección y el otro en otra; las arterias y las venas negándose a cooperar, las arterias reteniendo la sangre pura y las venas reteniendo la eliminación de las impurezas; en resumen, si los órganos del cuerpo llegan a ser egoístas y competitivos en lugar de ser desinteresados y cooperativos, todo el sistema colapsaría y con él cada una de las partes. Si las partes quieren salvar sus vidas en el egocentrismo, la perderán. Solo cuando se pierden a ellos mismos en el interés de lo supremo, vuelven a encontrarse.

Esta ley de ayuda mutua no es algo impuesto en el cuerpo desde afuera como un decreto; está escrito en la constitución propia de su ser. Así como nadie ha impuesto la ley, así también nadie impone el castigo, es inherente y automático: quebrante la ley de la ayuda mutua y el resultado vendrá automáticamente, será fracaso y desastre.

Nuestro Padre Dios, venimos a ti como niños ingenuos, niños que intentan vivir en contra de tus caminos y lo único que conseguimos es lastimarnos a nosotros mismos. Perdónanos. Y danos entendimiento, simplemente una comprensión clara, para que podamos ver que tus leyes son tu amor y que tus leyes son nuestra vida. En el nombre de Jesús. Amén.

SEMANA 29 - VIERNES

1 Juan 4:21; Gálatas 2:11-13; 1 Corintios 1:10

El aislarse de la gente

¡El Reino de Dios está entre vosotros! Vimos que hay cinco maneras en que los hombres intentan llevarse bien con los demás. Hemos considerado el primero de los cinco, el método de tratar de dominar a otros. Eso destruye las relaciones.

El segundo: algunos tratan de vivir apartados de los demás. Esta es el punto opuesto en la oscilación del péndulo: si no podemos dominar a otros, entonces viviremos separados de los demás.

¿Qué le sucede a aquel que adopta esta actitud? ¿Puede cortar las relaciones humanas y aislarse en su caparazón, sin afectar su propio ser? En realidad no. Esa persona se corrompe. Si no puede tener un mundo de verdaderas relaciones humanas, construye un mundo de relaciones falsas, llena su mente con fantasías e ilusiones de una grandeza personal superior. Él es de una clase superior en consecuencia, permanece aislado del rebaño común o se mira a sí mismo como inferior y justifica su aislamiento, pensando que no es digno de tener buenas relaciones con otras personas. En cualquier caso el retroceso individual lastima su naturaleza mental y espiritual. El hombre está hecho inherentemente para relacionarse con otros, y cualquier intento de vivir apartado trae castigos inherentes.

Usted quebranta la ley del amor tanto si se aparta de las personas como si intenta dominarlas. Ya no puede apartarse de la gente y vivir plenamente más de lo que un cerebro puede cortar su relación con el corazón y vivir. Toda la vida está sujeta a una plenitud de vida, y una persona no puede estar separada sin estar trastornada. Por eso que una persona solitaria es una persona rara, una persona desequilibrada. Porque trata de vivir en contra del Reino de Dios, el cual es un Reino de relaciones afectivas.

Tratar de apartarse de la gente con el fin de protegerse moral y espiritualmente de la tentación, también es una estrategia falsa. Descubro más tentaciones cuando estoy solo que cuando estoy con otras personas. La gente puede ayudarnos a estar en nuestra mejor forma a través de sus expectativas.

Si el hecho de alejarse de las personas no funciona, tampoco la actitud de ser indiferente producirá algún resultado. Estos métodos terminan en frustración y en una ruptura de relaciones.

Padre de gracia, tú has establecido dentro de nosotros a la familia, y tampoco debemos apartarnos de otras personas. Enséñanos a tener relaciones mutuas afectivas, y a ayudar y a ser ayudados en la interacción de la vida en la vida. Porque tú nos encuentras en otros. Ayúdanos a verte en ellos. Amén.

SEMANA 29, SÁBADO

3 Juan 5-8; Colosenses 4:11; 1 Corintios 3:3-9

Trabajar con y para otros

¡El Reino de Dios está entre vosotros! La cuarta actitud que podemos asumir hacia otros es: trabajar con otros. Esto suena como un gran avance por encima de las otras posiciones y, sin embargo, tan imperioso y tan exigente es el Reino de Dios, que incluso esto resulta ser inadecuado. Porque podemos trabajar con otros, pero al mismo tiempo ocultar nuestra vida interior. Tan sensibles son las leyes del Reino que un conformismo exterior hacia la hermandad no las contentará. Si el ser interior está oculto, las relaciones se deterioran.

Solo hay una quinta actitud hacia los demás que puede funcionar: trabajar con y para otros. Usted no solo debe trabajar con personas; también debe trabajar para ellos. Debe tener una abierta y positiva buena voluntad, un deseo de ayudar a la otra persona así como querría ser ayudado. El trabajo y el capital suelen trabajar juntos, pero en una atmósfera sospechosa y casi hostil cumpliendo con los contratos. Esta relación es solo una guerra reprimida y se manifestará en una hostilidad explícita en la primera provocación. De esta situación resulta solo una producción mínima, cada uno hace tan poco como pueda por el otro. Solo cuando la relación es construida sobre una base generosa y justa, digamos un 50% de las utilidades para el trabajo y el otro 50% para el capital, habrán actitudes reposadas de buena voluntad, un nuevo espíritu en las relaciones, un nuevo aumento en la producción total y en consecuencia, un aumento en las utilidades. La generosidad literalmente es la mejor política. Obedece a la ley del Reino: *"Amarás a tu prójimo como a ti mismo"*. Esta ley está escrita en la constitución de nuestras relaciones y por eso tiene el respaldo del universo. La generosidad simplemente produce estabilidad. La injusticia y la desigualdad producen inestabilidad, porque trabajan en contra del Reino; en consecuencia, destruyen.

Cuando John Hay, el gran hombre de Estado, declaró que la única manera en que las naciones podrán llevarse bien unas con otras es aplicando la Regla Dorada en sus relaciones, se refería a que la realidad de esta ley de la buena voluntad positiva está escrita en nuestras relaciones, y que por eso es ineludible.

Dios, nuestro Padre, perdónanos porque hemos tratado de vivir juntos con principios que están en contra del Reino. Vemos los resultados en relaciones confusas, en guerras, en pobreza y en una ruina general. Estos resultados son inherentes y no impuestos. Perdónanos porque no vemos. Abre nuestros ojos para que podamos ver y vivir. Amén.

SEMANA 30 - DOMINGO

Marcos 1:14-15; Mateo 12:28; 6:10

El Reino está a tus puertas

¡El Reino de Dios está a tus puertas! Hemos visto que el Reino de Dios está dentro de usted, también que el Reino de Dios está entre nosotros; ahora pasamos al paso siguiente: el Reino de Dios está a tus puertas. El Reino está en nosotros, entre nosotros; pero también está por encima de nosotros, más allá de nosotros y está preparado para invadirnos desde fuera.

Este Reino está dentro de la historia y más allá de la historia; está en el tiempo y más allá del tiempo, es eterno. Está dentro de nosotros, pero también está a nuestras puertas esperando nuestro consentimiento para una invasión a pleno desde afuera. La doctrina que insiste en que el Reino está dentro de usted y hace hincapié en esa idea exclusivamente, está basada en una verdad a medias. Por otro lado, la doctrina que insiste en que el Reino debe ser encontrado solo a través de una invasión divina desde afuera también está basada en una verdad a medias. El Reino incluye ambas cosas. Si usted insiste solo en el Reino que está en nosotros, terminará en un misticismo ambiguo el cual muchas veces se afianza en técnicas humanistas para despertar sus poderes latentes. Y si insiste solamente en el Reino que viene de afuera, terminará por naturalizar al pecado, convertir al hombre en un desvalido, se volverá pesimista en cuanto a la naturaleza del hombre y aceptará a un Dios trascendental, más o menos ausente y totalmente de otra clase. El énfasis en esto último anula el hecho de que somos hechos a imagen de Dios, de que tenemos sus leyes impresas en la constitución de nuestro ser, de que tenemos afinidad con Dios y, que por lo tanto, la religión no es antinatural sino nuestro propio aire natural.

Sin embargo, debemos hacer hincapié en el Reino que viene de afuera para que no tropecemos con una teosofía ambigua y subjetiva, la cual no tiene anclaje en la historia. ¿Cómo vemos la naturaleza de este Reino al mirar a nuestro ser interior, al ver al Reino de Dios dentro de nosotros? Sí, pero no supremamente. Solo cuando vemos al Cristo histórico podemos ver realmente el significado pleno del Reino.

"Usted es el nuevo orden", le dijeron a un cristiano. Pero solo en Cristo podemos ver realmente el nuevo orden.

Oh, Cristo, ahora nos volvemos a ti para ver el significado de ese Reino, porque no debemos equivocarnos, y si lo hacemos, toda la vida se equivoca también. En nuestra búsqueda de significado, ayúdanos a mirarte a ti firmemente. Con nuestra mirada puesta en ti, nunca iremos por mal camino. Te agradecemos. Amén.

SEMANA 30 - LUNES

Juan 10:38; 14:7-11; 1:1-5

Dios gobierna en términos de Cristo

¡El Reino de Dios está a tus puertas! ¡La divina invasión está cerca! Podemos ver la naturaleza de esa divina invasión en Cristo. Él es el acercamiento personal desde lo invisible. En Él descubrimos la verdadera naturaleza. En Él vemos dentro de la naturaleza de Dios y también dentro de la naturaleza del Reino de Dios. Dios redime en términos de Cristo. Él también gobierna en términos de Cristo. Cristo es la revelación de Dios y también la revelación del Reino de Dios. Se identifica a sí mismo con Dios y también con el Reino de Dios.

En Cristo el Reino recibe contenido y carácter. Si el Reino estuviera solo en nosotros y solo entre nosotros, entonces no estaríamos seguros de su carácter, porque nuestro carácter empañaría el suyo. Pero en Cristo el carácter del Reino está determinado. Si Dios es Cristo universalizado, así también el Reino es el Espíritu de Cristo gobernando. Esto es importante, porque significa que no podemos traer el Reino por medio de ningún método que no sea cristiano; cuando pensemos que lo hemos traído, no será el Reino, será cualquier otra cosa. Los métodos que hemos usado en nuestro intento de traer el Reino llegarían a formar parte y estropearían la meta hacia la cual nos esforzamos. En otras palabras, los medios entrarían y corromperían los fines. "Porque los medios preexisten en los fines y los determinan".

En Cristo el Reino no solo recibe un contenido de carácter, sino también un contenido personal. En Él el Reino ya no es simplemente un orden impersonal. Cuando me entrego al Reino, me entrego a la persona que encarna a ese Reino. Eso hace que mi relación con el Reino sea cálida, tierna y personal. Yo puedo ser leal a un orden, pero no puedo amarlo. Pero en Cristo es posible tanto ser fiel como amar al Reino. Porque en Él el Reino me mira con ojos tiernos, me ama con un amor cálido y me toca con manos fuertes y redentoras, es personal.

Cristo es el Reino personalizado.

Cristo, en ti puedo ver el corazón y el significado del Reino de Dios. Tú has fijado el carácter de ese Reino. ¿Qué más puedo pedir? ¿Cómo puedo estar satisfecho con algo menos? A tal Reino puedo rendirme con una entrega total. Me rindo. En tu nombre. Amén.

SEMANA 30 - MARTES

Juan 3:1-5; Romanos 5:1; 8:6; Lucas 18:17

El Reino y el arrepentimiento

¡El Reino de Dios está a tus puertas! Ese Reino está a nuestras puertas en la persona de Cristo.

Necesariamente debemos despertar a dos cosas. (1) Debemos ser despertados para el Reino dentro de nosotros, descubrir los poderes latentes ocultos en los lugares secretos de nuestro ser, para estar vivos a nuestras posibilidades, para estar al tanto de nuestro origen divino y de nuestro destino divino. (2) Debemos ser despertados para el Reino fuera de nosotros, el Reino invasor. La presencia de este Reino invasor precipita la crisis. Sentimos una tensión entre este Reino y lo que somos. Porque si es verdad que el Reino está escrito en la constitución de nuestro ser, también es verdad que hemos tratado de escribir algo más ahí, caminos incompatibles, caminos de pecado. Estos caminos incompatibles de pecado establecen un conflicto entre ellos, y el Reino interior y el Reino exterior. El conflicto interno sobreviene. El Reino exterior levanta esa tensión y la lleva a la crisis.

Esa crisis demanda que nos arrepintamos, que nos sometamos, que seamos cambiados, que seamos convertidos y que permitamos que este Reino exterior nos invada con su sanidad, su reconciliación y con su vida. Cuando de un empujón abrimos las puertas de nuestro ser y dejamos que la invasión del Reino nos posea, no dejamos entrar algo extraño, algo ajeno. Dejamos entrar la misma realidad para la cual hemos sido creados. El Reino dentro de nosotros se levanta para encontrarse con el Reino que está fuera de nosotros, y juntos expulsan el reino antinatural del pecado y del mal.

La venida de este Reino invasor tiene el sentir de un regreso a casa. Hay un sentir de que el alejamiento se terminó, que la reconciliación ha tenido lugar, que la tierra natal de nuestra alma ha sido encontrada. ¿Por qué? Bien, cuando damos la bienvenida al Reino, damos la bienvenida a aquello para lo que fuimos creados. El Reino que está dentro y el Reino que está afuera son equivalentes, son uno. Por eso sentimos un profundo sentido de unidad y un ser universal.

Oh, Cristo, Reino, tú eres el amor de mi amor, el gozo de mi gozo, la paz de mi paz, el ser de mi ser. Cuando te doy la bienvenida, doy la bienvenida a mi ser que estuvo separado por mucho tiempo, el pródigo viene al hogar. Y ahora puedo descansar, estoy en paz, en adaptación, en casa. Te agradezco. Amén.

Juan 3:16; Mateo 13:37-43; Juan 15:1-6

El Reino como inundación e invasión

¡El Reino de Dios está a tus puertas! Ayer vimos que cuando damos la bienvenida a este Reino invasor, damos la bienvenida a la naturaleza celestial, la tierra natal de nuestra alma. Jesús dijo que la tierra produce fruto por sí misma, el suelo y la semilla están hechos el uno para el otro. El suelo de nuestro ser y la semilla del Reino tienen afinidad. Usted ha tratado de cultivar las venenosas cizañas del pecado en el suelo de su ser, pero todo el proceso no produjo alivio, sino conflicto; no produjo descanso, sino rebelión.

Cuando un bebé pasa de la matriz al mundo exterior, encuentra un mundo para el cual ha sido creado, aire para sus pulmones, luz para sus ojos, comida para su estómago, amor para su naturaleza afectiva y un mundo de crecimiento para sus posibilidades latentes. El bebé y el mundo fueron creados el uno para el otro. Así que usted y yo somos creados para el Reino.

Pero el cristianismo no es simplemente el despertar del Reino interior; es una invasión del Reino desde afuera. Si fuera solo lo primero, obtendríamos la interpretación de la naturaleza del Reino al mirar nuestro interior. Pero la naturaleza del Reino no puede ser vista realmente mirando hacia dentro, porque hemos recubierto tanto ese Reino con caminos de vida antinaturales, que la interpretación es borrosa. Solo en el rostro de Cristo vemos la naturaleza del Reino. Pero vemos más que la naturaleza del Reino de Dios en Cristo, vemos en Él lo que le cuesta a Dios venir a nosotros, debido a nuestro pecado. El Reino está allí a nuestras puertas solo porque en Cristo ese Reino descendió a nosotros por medio de una encarnación, vino a nosotros por medio de una cruz, vino a nosotros por medio de una resurrección, vino hasta el mismo umbral de nuestro ser. Vino hasta ahí para esperar nuestro consentimiento para entrar.

Algo crucial, algo decisivo tuvo que pasar en la historia antes de que el Reino pudiera estar a nuestras puertas. Las barreras han sido destruidas desde el lado de Dios por la ofensiva de su amor sufrido y redentor. Por eso la cruz es el eje sobre el cual gira la historia.

Cristo de gracia, tú has venido a mí con un costo supremo. Ayúdame a responderte con todo el costo que yo pueda pagar. Porque tu Reino toca mis puertas con manos que han sido atravesadas. Ayúdame a abrir con manos que estén dispuestas a ser atravesadas. Amén.

Romanos 6:23; Lucas 18:18-27; 11:23

El Reino significa elección, crisis y conversión

¡El Reino de Dios está a tus puertas! Ayer vimos que la venida del Reino a nuestras puertas fue muy costosa. La toma de conciencia de este Reino no es ningún asunto social. El costo fue Dios y será nosotros mismos. El costo es Dios. Arnold Lunn satiriza las opiniones superficiales actuales del Evangelio con estas palabras: "Dios amó tanto al mundo que inspiró a cierto judío porque había mucho para decir con respecto a amar a su prójimo". No. *"Dios amó tanto al mundo, que dio a su Hijo unigénito, para que todo aquel que en él crea no se pierda mas tenga vida eterna"*. Aquellos que no reciben a este Reino, literalmente "perecen", porque las fuerzas de sus vidas se rompen por la contradicción y la contienda. Cuando deja entrar este Reino, usted tiene vida eterna, está alineado con las realidades eternas de la existencia; y por eso vive ahora y para siempre.

La venida de ese Reino significa crisis, elección y conversión. Las doctrinas que le dicen que si el Reino está dentro de nosotros, significa que usted solo tiene que desarrollarse, omiten la profunda nota trágica de la religión. Pablo no dijo: "¡Oh, qué criatura progresiva soy! ¿Quién me ayudará a evolucionar?" Sino que dijo*: ¡Soy un pobre miserable! ¿Quién me librará de este cuerpo mortal?* La figura es la de un hombre vivo con un cuerpo mortal encadenado a él, llevando consigo un cadáver decadente como castigo. Esa figura es exacta: un pecador es un hombre con el Reino de Dios escrito dentro de él, llevando consigo un decadente cadáver de pecado, decadente por sus intrínsecas maneras y actitudes contra la vida. El pecado está contra el Reino, por eso está contra la vida; en consecuencia está condenado a la decadencia; aquel que lo alberga "perece". Pero ese mortal cuerpo de pecado no es el hombre verdadero, es algo extraño a la vida, una carga inútil e infecciosa. El hombre verdadero es el hombre con el Reino de Dios escrito dentro de él.

Oh, Cristo, tú has venido a aflojar las cadenas de este cuerpo mortal y a liberarme de la muerte decadente. Gustosamente accedo a dejar ir el pecado cuyo abrazo es la muerte. Perdóname si he dudado, pero he vivido con la muerte por tanto tiempo que a veces pienso que es la vida. Pero lo acepto, porque puedo verlo. Amén.

Lucas 9:23-26; 24:49; Hechos 1:8

La crisis de la conversión y de la limpieza

¡El Reino de Dios está a tus puertas! La divina invasión precipita la crisis interior y nos hace resistir o rendirnos a esta invasión redentora. A veces resistimos. Un brillante médico, cuya vida interior era un cúmulo de conflictos, me devolvió un Nuevo Testamento dedicado con esta inscripción en la envoltura: "Lo odio a Dios y lo odio a usted". Acababa de leer este arrebato cuando de pronto llegó otra carta que decía: "¿Dónde está Dios y dónde está usted?" He aquí la dura primera etapa de la invasión del Reino, un alma resistiendo a Dios, pero también acercándose a Él; ¡diciéndole que se vaya, pero también rogándole que se quede! Rebelarse, rechazar, ceder, arrepentirse: estos son los latidos alternos del corazón que siente la presión de la invasión divina. Consentimiento y conversión, son los latidos alternados en la primera etapa de la aceptación.

Cuando el consentimiento es dado, la invasión divina habitualmente tiene lugar en dos grandes crisis. (1) La crisis de la conversión, (2) la crisis de una limpieza profunda. El alma prospera a través de una serie de crisis y habitualmente por estas dos grandes crisis. La crisis de la conversión trae liberación de pecados infectados y marca la introducción de una nueva vida. La conversión es una liberación gloriosa, pero no una liberación total. Los pecados infectados se han ido, pero las raíces de la enfermedad todavía están allí. La nueva vida es introducida, pero no reina plenamente. La vieja vida está sometida, pero no rendida.

Fui operado de una apendicitis aguda. Cuando volví a estar consciente, el médico que estaba al lado de mi cama me dijo: "He drenado el apéndice inflamado, pero no lo pude sacar, porque habían demasiadas adherencias. Esto lo aliviará, pero después tendrá que ser operado para extraer el apéndice y las adherencias". Me sentía mejor, pero no estaba bien. Seis meses después me sacaron el apéndice y las adherencias. Entonces, no solo me sentía mejor sino que estaba bien. El pecado lanza sus adherencias sobre los órganos de la vida, pero ni el pecado ni las adherencias son naturales. La salvación, en estas dos grandes crisis, extrae el veneno, afloja las adherencias y restaura lo verdaderamente natural, ¡provee salud!

Tierno y hábil invasor de mi alma, rindo mi vida herida a tu sanidad. Extrae cada gota de veneno de mi ser y luego elimina de ese veneno los resultados que causan adherencias. "Sé una doble cura del pecado". Porque no solo quiero estar mejor; también quiero estar bien. En el nombre de Jesús. Amén.

Juan 8:31-32; Romanos 6:16-23; Gálatas 5:1

El Reino de Dios es nuestra propiedad

¡El Reino de Dios está a tus puertas! Si algún hombre alberga el pecado dentro de sí, es capturado entre dos fuegos: el Reino de Dios en su interior y el Reino de Dios que está a sus puertas. Tiene que vivir su vida bajo un doble reclamo: la protesta de lo que realmente es, en contraste con el mundo falso que ha construido, y la queja por no llegar a ser lo que podría ser. Una protesta viene del Reino que está adentro y la otra, del Reino que está afuera. Por eso el pecado es capturado con un movimiento de pinzas. Esta intrusión llamada mal, debe rendirse y sucumbir si el hombre quiere vivir. Cuando el mal se rinde realmente, entonces el Reino que está dentro se hace uno con el Reino que está afuera y el hombre es poseído por una unidad interior; ¡es poseído por la vida! Ahora es verdaderamente natural y en consecuencia tiene ritmo y armonía, además de ser correcto.

Jesús resumió esto cuando dijo: *"Y si con lo ajeno no han sido honrados, ¿quién les dará a ustedes lo que les pertenece?"* (Lucas 16:12). ¿Qué es aquello que nos puede ser "dado", siendo que ya es de nuestra "propiedad"? ¡Qué otra cosa sino el Reino! El Reino es de nuestra "propiedad", está escrito en la constitución de todo nuestro ser, es nuestra naturaleza verdadera. Pero el Reino también "dado" a nosotros, es "dado" cuando nos sometemos a él y le permitimos que nos posea. La paradoja es esta: cuando encontramos este Reino invasor, nos encontramos a nosotros mismos; no discuto; solo testifico que cuando más pertenezco al Reino, más pertenezco a mí mismo. Cuando trato de vivir de una manera contraria al Reino, lo pierdo y me pierdo a mí mismo.

Entonces, en el Reino encuentro mi perfecta libertad. Piense en la paradoja de esta declaración: ¡un Reino en donde usted es gobernado es un lugar en donde es perfectamente libre! La libertad de la locomotora está en las vías que la limitan; la libertad de la electricidad está en los cables que la encierran, porque la locomotora y las vías están hechas la una para la otra. Así también es con el Reino y yo, cuando el Reino me es dado, "he recibido aquello que me pertenece".

Mi Dios, ¡he llegado! Veo todo claramente. Tomo el yugo del Reino y veo que es fácil, porque tu yugo es mi anhelo. Tomo tu carga y siento que es liviana, porque tu carga es mi libertad; por eso, por supuesto, tu carga es liviana. Te tomo a ti y me encuentro a mí mismo. Te agradezco. Amén.

SEMANA 31 - DOMINGO

Lucas 15:15-16; Romanos 1:19-25; 2 Pedro 2:19-22

Naturalizado en lo antinatural

¡Buscad primeramente el Reino de Dios! Vimos que el Reino de Dios está escrito en nuestra verdadera naturaleza, y que vivir de acuerdo con él es encontrarnos a nosotros mismos. Pero estamos tan acostumbrados a falsos estilos de vida que pensamos que estos son nuestra verdadera naturaleza. Nos aferramos a nuestra falsa naturaleza y desconfiamos de la verdadera naturaleza de Dios. Una mujer que había vivido toda su vida en el repugnante y pesado aire de los barrios bajos de Nueva York, dijo que se había enfermado físicamente cuando fue al campo y respiró el aire puro y fresco. ¡Sus pulmones estaban tan acostumbrados a la suciedad antinatural que la frescura natural era antinatural! En una ciudad de Sudamérica, se construyó un nuevo mercado, limpio e higiénico, con piso cerámico y paredes de azulejo. Pero la gente que tenía establos en el sucio y antiguo mercado, no quería entrar al nuevo. Una mujer dueña de un establo, explicaba su actitud de esta manera: "Ese mercado es tan limpio que me enferma. ¡Es casi como un hospital!"

Es la tragedia de nuestra humanidad. Vemos que nuestros métodos no funcionan y aún así dudamos en aceptar el método de Dios. El generoso alcalde de una ciudad de la India, quien había limpiado grandes sectores de los barrios pobres y en su lugar había construido hermosos departamentos y hermosas y limpias cabañas, me dijo: "A veces, por las noches camino alrededor de los sectores miserables que todavía quedan en la ciudad, y pienso: 'Si la gente solo me lo permitiera, podría hacer algo por ellos'. Pero sé que no me lo permitirán. Porque están acostumbrados a la suciedad y se aferran a ella, aunque la suciedad los mata como moscas". ¡Cuánta similitud a Cristo tiene esa gran figura solitaria, al suspirar por la gente que no aceptaría la vida que les ofrecía! ¡Cristo debe hacer lo mismo hoy en día! Él nos ve con nuestras impracticables formas de vida, correr por callejones sin salida, acabar en frustración e inutilidad, perder nuestro medio de vida y nuestras vidas, y nos vuelve a decir: *"Más buscad primeramente el reino de Dios y su justicia, y todas estas cosas les serán añadidas"* (Mateo 6:33). Pero nosotros buscamos otras cosas en primer lugar y todas estas cosas son sustraídas de nosotros.

Padre de gracia, hemos equivocado nuestra estrategia de vida y las cosas no saldrán bien. Nos enredamos completamente por no tomar tu camino. Ayúdanos a comprender, simplemente a ser inteligentes. Entonces abandonaremos nuestros caminos de inutilidad para andar en tus caminos de fertilidad. Ayúdanos a buscar primeramente el Reino. En el nombre de Jesús. Amén.

Mateo 6:24-33; Colosenses 3:1-2

¿Qué debemos buscar primero?

¡Buscad primeramente el Reino de Dios! La lucha en el mundo es únicamente por una pregunta: ¿qué debemos buscar primero? ¿Qué es lo que en última instancia nos gobernará? No creo que pueda entenderse la situación del mundo, con sus terribles enfrentamientos, a menos que lo veamos principalmente como un asunto religioso. Preparada para su discusión final, la pregunta de fondo es esta, ¿a qué obedeceremos finalmente? ¿En dónde doblaremos la rodilla?

Alguien dijo que los errores en la táctica y en la detallada ejecución de los planes en una guerra, pueden ser perdonados; pero ningún perdón puede ser otorgado por un error en la estrategia, es decir, en el plan general de acción a gran escala. Usted puede ser perdonado si comete pequeños errores dentro de un plan correcto de vida, pero ninguna acción detallada correcta puede expiar una equivocada estrategia de vida. Si su estrategia de vida es equivocada, toda la vida será una equivocación con esa estrategia. Si usted busca primero lo equivocado, entonces toda la vida estará de acuerdo con ese error.

¿Cuáles son las respuestas que fueron dadas a la pregunta: "qué debemos buscar primero"? Los japoneses tienen su respuesta: "Buscad primero al emperador; sé leal a él en completa obediencia y todas las cosas os serán añadidas". Los chinos también tienen su respuesta: "Buscad primero a la familia y todas las cosas os serán añadidas". Los gobiernos pueden ir y venir, pero la familia ha sido el centro de lealtad en China. La India tiene su respuesta: "Buscad primero la casta y todas las cosas os serán añadidas". Si usted solo obedece a la casta *dharma*, o al deber, entonces tendrá un mejor nacimiento en la próxima vuelta de la Rueda de la Reencarnación. El musulmán también tiene su respuesta: "Buscad primero la voluntad fatalista de Alá y todas las cosas os serán añadidas". El Islam literalmente significa "sumisión", sumisión a un destino que ha sido decretado por Alá. Y el budismo dice: "No busque nada primero; corte la raíz del deseo, incluso el deseo por la vida, y el Nirvana os será añadido".

Padre de gracia, tus hijos están en obvia confusión. Vivimos en una contradicción en nuestros objetivos principales, y por eso nos contradecimos unos a otros. Tómanos de la mano y ayúdanos a ver las cosas desde tu punto de vista. Solo entonces podremos ver. De otra manera, somos ciegos buscando la luz a tientas. Ayúdanos a ver en tu luz. En el nombre de Jesús. Amén.

Lucas 16:1-12

La lista de las estrategias de vida

¡Buscad primeramente el Reino de Dios! Continuamos con nuestro requerimiento de la lista de las estrategias de vida. El comunista moderno dice: "Busca primero a la sociedad, la sociedad expresada en la voluntad de su dictador proletario y todas las cosas os serán añadidas". La sociedad y sus intereses son supremos; lo individual cuenta poco, la sociedad es todo.

El fascista tiene su respuesta: "Busca primero al Estado y todas las cosas os serán añadidas". El Estado es supremo: "Nada por encima del Estado; nada fuera del Estado; nada contra el Estado, todo dentro del Estado". El nazi está preparado con su respuesta: "Busca primero la raza, la raza superior aria, y todas las cosas os serán añadidas".

La sociedad capitalista moderna tiene su respuesta: "Busca primero el dinero y cuando lo tengas, todas las cosas os serán añadidas". Un hombre lo expresó de esta manera: "Oh, dinero, dinero, tú eres vida, salud y paz. Aquel que te tiene, puede sacudirle sus bolsillos al diablo". Muchos que interiormente sostienen ese punto de vista, dudarían en expresarlo en esos osados términos, pero creen en el dinero y actúan en base a esa creencia. El hedonismo moderno, la búsqueda del principio del placer dice: "Buscad primeramente la emoción y todas las cosas os serán añadidas".

Podría añadirse que un corolario para los objetivos de la sociedad capitalista moderna es el objetivo: "Buscad primeramente ser capaces de hacer las cosas sin trabajar; id al lugar en donde otros trabajarán para ti y todas las cosas os serán añadidas". Alguien resumió este objetivo, al describir al cielo de la siguiente manera:

"Ningún golpe, ninguna aceleración, ningún despido.
Todos son ricos en el cielo,
viviendo en paz, en el eterno y arduo trabajo
de los condenados".

El cristiano se vuelve a Cristo por la respuesta divina: *"Más buscad primeramente el reino de Dios y su justicia, y todas estas cosas les serán añadidas."*. ¿Cuál estrategia de vida es la correcta?

Dios, hemos llegado a la pregunta suprema de la vida y a la elección suprema de la vida. No nos dejes andar a tientas en este punto, porque si lo hacemos, entonces todo se caerá en pedazos. Tratamos esta decisión individual y colectiva con una oración en nuestros labios, porque nuestra sabiduría nos falla , te necesitamos. Amén.

Proverbios 14:12; Romanos 3:4; 1 Juan 2:16-17

El Reino es la rectitud eterna

¡Buscad primeramente el Reino de Dios! Hemos nombrado la lista de las estrategias de vida de varias personas y grupos, y hemos encontrado la estrategia del Emperador, de la familia, de la casta, de la voluntad fatalista de Alá, de la nada, de la sociedad, del Estado, de la raza, del dinero, de las emociones, del cese del trabajo y del Reino de Dios. Aquí tenemos doce respuestas, ¿cuál es la correcta?

Jesús siempre fue muy correcto en todo. Él nunca se engañó tras un asunto subordinado, nunca se deslizó hacia lo marginal, hacia lo que no vale la pena. Siempre estuvo tan concentrado y fundamentalmente seguro, ¿se equivocó en esto? ¿Perdió el camino aquí? Hacer la pregunta es contestarla. Su respuesta se eleva por encima de las otras respuestas, así como el Everest sobrepasa a cualquier colina. Cuando la declaramos, su respuesta se autentifica por sí misma. Cuando miramos atentamente el fin de las otras estrategias de vida, vemos que no existen alternativas, debemos tomar esta respuesta de Jesús o señalarnos como necios, tontos y mediocres. Si esta respuesta de Jesús no es la respuesta, entonces no existe ninguna respuesta.

Muchas veces me asombran las palabras que Jesús añadió: *"Buscad primeramente el Reino de Dios y su justicia"*, ¿por qué dijo *"y su justicia"*? ¿No está esto incluido en el Reino? ¿No es una adición innecesaria? Tal vez podamos descubrir la respuesta si escribimos "y su rectitud". Esta respuesta de Dios, el Reino de Dios, es la rectitud de Dios. Es eternamente "apropiada", y todo lo que no está en armonía con ella está equivocado, es falso, no funciona; está condenado a romperse por sí mismo bajo la rectitud eterna. Si no es la interpretación correcta que debe extraerse de estas palabras, de todas maneras es una realidad. Cuando busca primeramente el Reino, entonces, está en lo correcto, la suma total de la realidad está detrás suyo y trabajando con usted; la suma de su vida sale bien. Pero si busca alguna otra cosa primero, se ubica en contra de la suma total de la realidad; la suma de su vida no crecerá, porque usted estará equivocado.

La razón por la que la situación del mundo va de confusión en confusión es que estamos concentrada y fundamentalmente equivocados, buscamos lo equivocado en primer lugar.

Oh, Cristo vivo, ¿cómo puedo dejar de agradecerte por tu respuesta. Es tan correcta. Todo en mí dice lo mismo. Ahora, ayúdame a tomarla con el consentimiento de todo mi ser. En tu nombre. Amén.

Filipenses 4:5-6, 11-13, 19; 2 Corintios 8:14-15

Aclare lo espiritual y lo material será garantizado

¡Buscad primeramente el Reino de Dios! Esa es la propuesta. Ahora, ¿cuál es el producto? Jesús agregó: *"Y todas estas cosas les serán añadidas"*. Aclare lo primero, dijo Jesús y absolutamente todas las cosas saldrán bien, *"todas estas cosas les serán añadidas"*. ¿Qué quiso decir con *"todas estas cosas"*? Mencionó estas simples cosas: la comida, la bebida y el vestido (Mateo 6:31). En otras palabras, el Reino de Dios está interesado no solo en darnos un mundo celestial después de la vida, sino también en suplir nuestra necesidad para el sustento corporal en esta vida. Aclare los hechos espirituales centrales, dice Jesús, y sus realidades materiales se aclararán también. Ambas cosas son uno. Usted no puede estar equivocado en una parte sin estar equivocado en la otra.

Al buscar primeramente el Reino de Dios, dice Jesús, la base material de la vida humana le será garantizada. Conseguirá lo que *necesita*. *"Porque su Padre sabe lo que ustedes* ***necesitan*** *antes de que se lo pidan"* (Mateo 6:8 énfasis añadido). Note que recibirá de acuerdo a su necesidad, no de acuerdo a su *avaricia*. Usted tiene un derecho tanto a lo material como a aquello que lo capacitará mental, espiritual y físicamente para los propósitos del Reino de Dios. Usted y yo somos constitucionalmente creados de tal manera que si recibimos menos de lo que necesitamos, o más de lo que necesitamos, nos lastimamos a nosotros mismos. Por tanto, cualquiera que se esfuerza por recibir más de lo que necesita, trabaja para hacerse mal a sí mismo.

Los hechos lo demuestran. Una amiga mía está a cargo de los niños con problemas de una ciudad que está dividida en tres clases económicas: El 25% está bajo la línea de pobreza, los menos privilegiados; el 25% por encima del nivel medio, los ricos, los más privilegiados; y el 50% que no tiene ni poco ni mucho. Ella dice que los niños con problemas vienen del 25% de los menos privilegiados, o del 25% de los más privilegiados. El otro 50% son niños normales de nuestra cultura. Los hechos dicen que si usted tiene muy poco o demasiado, tiende a producir la persona problemática o la sociedad problemática.

Dios, nuestro Padre, tú has escrito tus leyes en la materia tanto como en la mente y en el espíritu. Ayúdanos a descubrir esas leyes y a vivir de acuerdo con ellas. Porque si no lo hacemos, nos lastimamos a nosotros mismos y a otros. Ayúdanos a descubrir tu mente en la materia y a vivir de acuerdo con ella. Amén.

SEMANA 31 - VIERNES

Proverbios 30:8; 11:24; 2 Corintios 9:5-12

Muy poco y demasiado, son igualmente perjudiciales

¡Buscad primeramente el Reino de Dios! Debemos continuar con nuestro estudio en cuanto a la base material de la vida espiritual. Dios ha escrito en la constitución de las cosas que muy poco y demasiado son similares e igualmente peligrosos. Digo, "similares e igualmente", porque los hechos demuestran la verdad de esta afirmación. Todos vemos los devastadores efectos de la pobreza: se muestran en cuerpos enfermizos, mentes atrofiadas y almas con problemas. Es verdad que en todo lugar una persona puede luchar contra la pobreza absoluta; puede agudizar su ingenio, su determinación, su habilidad y levantarse sobre los obstáculos hacia las metas. Pero cuando alguien triunfa, una docena es quebrantada o paralizada por la pobreza. No dejemos que nuestra jactancia por el logro de esa persona impida que veamos la devastación de la docena. La pobreza es mala porque produce males en el cuerpo, en la mente y en el alma.

Pero si la pobreza es mala, también lo es la riqueza. Esto último no se ve fácilmente porque está recubierto por refinamientos, por la cultura, por objetos de valor y por el encanto del prestigio y el poder. Los ricos mueren maravillosamente. Pero mueren; y no digo solo físicamente. La decadencia de la persona se pone de manifiesto, a menos que sea detenida por medio de un plan para dar sus riquezas. Las personas que lo hacen detienen el proceso de decadencia al introducir nuevamente vida por medio de la aventura de proporcionar para las necesidades humanas a partir de lo que ellos tienen. Tales personas están seguras. Aquellos que se aferran a lo que tienen, inevitablemente se arruinan, sus rostros pierden el brillo, lucen apagados, la luz de la aventura se ha ido. La luz ha salido del rostro porque la luz ya no está en el corazón. Jesús describió la existencia de esta mirada de párpados pesados en estas palabras: *"los **ahogan** las preocupaciones, **las riquezas** y los placeres de esta vida"* (Lucas 8:14 énfasis añadido). El hombre que toma las riquezas como un fin, ahoga las fuerzas de su vida, se asfixia, se estrangula a sí mismo. Cuando decimos, "tres generaciones en decadencia", no queremos decir solo físicamente; queremos decir en la totalidad de la hombría y en la totalidad de la condición femenina. Derramo lágrimas amargas por los niños menos privilegiados; pero también por los más privilegiados. Están condenados a la ruina, a menos que algún milagro de la gracia, o de un esfuerzo personal, los rescaten de la mano mortal de las riquezas, la que lentamente se acerca para asfixiar las fuerzas de sus vidas.

Dios de gracia, hemos estado ciegos. Hemos hecho que nuestro objetivo sea aquel que al fin resulta ser nuestro veneno. Perdónanos por este suicidio individual y colectivo, aunque nuestra muerte pueda ser lenta. Ayúdanos a estar relacionados con lo material, de tal manera que pueda ser nuestro ministerio y no nuestro maestro. En el nombre de Jesús. Amén.

Hechos 4:32-35; Mateo 6:8, 11; 20:1-16

Los resultados de muy poco y demasiado

¡Buscad primeramente el Reino de Dios! Con el fin de tener una base física adecuada para la vida abundante, debemos renunciar a la voluntad de ser ricos y determinar mantener la riqueza necesaria para suplir nuestras necesidades, y nada más. De la misma manera, debemos renunciar a la voluntad que se reconcilia con la pobreza y determinar producir lo suficiente para suplir nuestras necesidades, y nada más. Dos clases sociales deben pensar mucho con respecto al dinero, los que tienen demasiado y los que no tienen suficiente. Yo solo quiero los suficientes bienes materiales para poder olvidarme de ellos y seguir adelante con los asuntos de la vida humana. Alguien dijo que "el pobre tiene que pensar en su próxima comida y que el rico tiene que pensar en su última comida". Ambos resultados son malos. La necesidad debe ser suplida, nada menos y nada más.

Ahora note que esta ley que dice "a cada uno conforme a su necesidad" está escrita en la constitución de las cosas y en La Escritura. Hay una base y solo una, para la vida material en el Nuevo Testamento y esa base está resumida en la frase: *"Y se repartía a cada uno según su necesidad"* (Hechos 4:35). La palabra "necesidad" es usada siete veces en relación a lo material en el Nuevo Testamento. Esto constituye una prueba positiva de la inspiración divina. ¿Cómo llegaron a esa conclusión los primeros cristianos? No sabían nada de economía, ni de sociología, ni de ciencia; pero por su experiencia en Dios llegaron a esa conclusión. La alcanzaron por medio de la inspiración.

Y ahora, la sociedad, por el método de la prueba y el error, por los experimentos para ver qué es lo más adecuado, lentamente aunque con seguridad, alcanza la misma conclusión.

Ninguna otra cosa será adecuada; la vida no avalará ninguna otra cosa. Todo lo demás se destruye por los hechos escritos en la constitución de las cosas, y termina en una frustración personal. Las frustraciones en la sociedad moderna, sus inestabilidades, sus guerras, en gran medida se deben al quebrantamiento de esta ley del Reino. Algunos tienen muy poco; otros tienen demasiado. El resultado: guerra, inestabilidad, frustración. El camino de Dios es nuestro camino. Y si tomamos nuestro camino en contra del camino de Dios, lo hacemos por cuenta propia y para nuestra frustración.

Dios, nuestro Padre de gracia, tú salvas a tus hijos de rechazos difíciles. Tú no nos dejarás descansar en el error, porque el error es la ruina. Por eso permites que nos lastimemos al chocar contra tus leyes. Que nuestras lesiones nos hagan volver a ti para sanarnos y poder entender. En el nombre de Jesús. Amén.

SEMANA 32 - DOMINGO

2 Tesalonicenses 3:8-10; Mateo 25:24-30

Recibir de acuerdo a la necesidad, dar de acuerdo a la habilidad

La semana pasada recalcamos que Dios garantiza que nuestras necesidades serán suplidas. Ahora debemos retroceder y recalcar la condición sobre la cual está hecha esa garantía: *"Buscad primeramente el reino de Dios"*. Todas las promesas de Dios son condicionales, porque Dios no debe simplemente dar, debe dar de tal manera que la persona que recibe sea estimulada y no asfixiada. Dios no quiere simplemente hacer un regalo; quiere hacer una persona.

La vida abundante no vendrá por recibir eternamente. Uno se puede secar por completo mientras recibe eternamente. La vida abundante depende del dar abundantemente. Si en consecuencia nos detuviéramos en el pensamiento *"a cada uno según su necesidad"*, crearíamos una sociedad parásita, cada uno extendería su mano y recibiría según su necesidad. Eso causaría degeneración. La otra cara de la moneda dice: "de cada uno según su habilidad". Si usted no provee para el bien de la sociedad según su habilidad, entonces no recibirá de acuerdo a su necesidad.

Y si alguien levanta sus manos y dice: "¡Pero eso es socialismo!" ¡Usted no puede asustarme con una palabra! Los dos principios mencionados, es decir, *"a cada uno según su necesidad"* y "de cada uno según su habilidad", están arraigados profundamente en el Nuevo Testamento y han estado ahí desde mucho antes de que el nombre del socialismo fuera pensado. Los dos principios arraigados en el Nuevo Testamento son: *" se distribuyera a cada uno según su necesidad"* y *"Si alguno no quiere trabajar, que tampoco coma"* (2 Tesalonicenses 3:10) . Usted fácilmente podría decir que el espíritu de cooperación es democracia porque Andrew Jackson tenía el segundo principio en una de sus monedas: "ningún trabajo, ninguna comida".

Prefiero decir que esta forma de vida no es ni socialismo ni democracia, sino cristianismo, porque de ahí fue que estos principios vinieron originalmente. Los cristianos deberían reclamar lo que es de ellos. Cualquiera sea la procedencia de la idea, lo que dice es: si usted no da, no puede recibir. La vida es receptividad y respuesta, ambas cosas.

Padre, tú creaste a tus hijos para la actividad creativa. Nos creaste para ser creadores. Ayúdanos entonces a ser canales de tu energía creativa. Ayúdanos a aferrarnos a nuestras tareas y haz de ellas la demostración de tus propósitos. Ayúdanos a crear a través de ti. En el nombre de Jesús. Amén.

Salmo 27:14; Juan 5:30; Lucas 6:38; Hebreos 11:6

Buscar primero el Reino de Dios significa acción

No se puede insistir demasiado en que la vida abundante significa dar abundantemente. Usted ha sido creado de esa manera en la misma estructura de su ser. Así como podría asfixiarse hasta morir si solo aspirara el aire y se resistiera a exhalarlo, así también si no es sociable, todo el proceso en cuanto a recibir se detendrá y usted morirá espiritual, mental y físicamente. Si una vaca no es ordeñada, se secará. Si no está dando a otros, usted también se secará en su espíritu.

Dios se encargará de que *"todas estas cosas"* no sean *"añadidas"* si usted no *"busca primero el reino de Dios"*. Si no devuelve a la sociedad según su habilidad, tampoco recibirá de acuerdo a su necesidad. ¿Qué significaría cumplir con la primera parte del mandamiento *"Buscad primeramente el reino de Dios"*? Muchos lo traducirían en su pensamiento como "reconocer primeramente el Reino de Dios", una actitud mental que reconoce su superioridad. Pero esto es mucho más profundo que eso. Conozco a un hombre que vive en un constante estado de referencia a sí mismo, pero tiene como lema: "En todas las cosas Dios puede tener la preeminencia". El lema como título, era una compensación mental. No, buscar primeramente el Reino significa más que solo reconocerlo; significa acción.

Buscar primeramente el Reino de Dios significa comprometer toda la vida con la propuesta en cuanto a que el Reino es lo primero, lo último y lo de siempre, y actuar bajo ese compromiso. El contexto nos da el contenido de la palabra "buscar". Así como los hombres "buscan" comida y ropa, así también usted debe "buscar" el Reino, esto debe dominar su pensamiento, sus emociones, su voluntad y a usted. Eso significa que disciplina la vida unidireccionalmente. En cada situación pregunta: "¿En esta situación, qué me demanda hacer el Reino?" y *lo hace*.

En dos pasajes de La Biblia, el Reino y el hacer la voluntad de Dios son idénticos: *"Venga tu reino. Hágase tu voluntad (...) así tambien en la tierra"* (Mateo 6:10), aquí *la venida* del Reino era *el hacer* la voluntad de Dios.

"No todo el que me dice: "Señor, Señor", entrará en el reino de los cielos, sino sólo el que hace la voluntad de mi Padre que está en el cielo" (Mateo 7:21).

El Reino y el llevar a cabo la voluntad de Dios son uno y son inseparables.

Oh, Dios, permíteme rendir mi voluntad a tu voluntad, no para ser sostenido, sino para ser completo. Porque tú me has forjado para un propósito de grandes esfuerzos; y a menos que trabaje, me marchitaré; pon tu celo dentro de mí y déjame arder por ti. En el nombre del Maestro. Amén.

SEMANA 32 - MARTES

Isaías 26:2; 58:2; Mateo 28:19; 1 Pedro 2:9

El Reino y el Estado

El Reino de Dios debe ser sostenido y practicado como lo primero. Es lo absoluto, confronta a todo relativismo con una imperiosa demanda: rendirse, someterse, obedecer y perder su vida para encontrarla. Existe solo un absoluto y solo uno: el Reino de Dios. Todo lo demás es relativo hacia algo superior desde lo cual recibe vida e importancia. Pero esta vida y su importancia vienen solo cuando lo relativo se rinde a lo absoluto y lo obedece.

El Reino de Dios confronta el relativismo del Estado, de la raza, de la clase, de la iglesia, de Mamón, de la familia y del ego, con la exigencia de que todos y cada uno, doblen sus rodillas, se rindan, obedezcan y encuentren el significado de sus vidas relativas en la vida absoluta. Ninguno de estos puede ser un fin en sí mismo. Si lo fueran, se perderían.

Si el Estado llega a ser un fin en sí mismo, si quiere salvar su vida centrándose en sí mismo como algo supremo, perderá su vida. Cuando una cosa relativa llega a ser una cosa absoluta, usted tiene idolatría. Amo a mi país y le daré todo, excepto una cosa, mi conciencia. Mi conciencia pertenece al Reino de Dios. Y cuando hay un choque entre mi país y mi conciencia, entonces mi conciencia debe inclinarse solo ante una autoridad: el Reino de Dios.

Nuestra nación reconoce esa posición cuando da el derecho de objeción de conciencia ante la guerra. Al hacerlo, reconoce que hay una autoridad más allá del Estado ante la cual la conciencia individual es responsable. El Estado no va a destrozar ni forzar esa consciencia, porque pertenece a Dios y no al Estado. Por eso, el ser objetor consciente es legal y su patriotismo como tal es incuestionable. El peligro para el Estado no viene de aquellos que tienen poca conciencia, sino de aquellos que no tienen ninguna. Son los quintos columnistas que menoscaban la moral y, en consecuencia, la moral del país.

El Estado encuentra su importancia y su vida cuando se rinde y lleva a cabo los propósitos de algo que está más allá de sí mismo, es decir, el Reino de Dios.

Oh, Dios, tú tienes un plan para nuestra nación. Ayúdanos como personas a rendirnos humildemente a tu plan y a desarrollarlo. Porque si tomamos nuestro camino, perderemos nuestro camino. Pero si tomamos tu camino, encontraremos el nuestro. En el nombre de Jesús. Amén.

Hechos 17:26; Colosenses 3:11; Apocalipsis 5:9-10

El Reino y la raza

Debemos continuar con nuestro estudio sobre el orden absoluto, es decir, sobre el Reino de Dios. Dios hace una demanda absoluta a que todos los órdenes relativos se sometan y se pierdan en este orden superior para que puedan encontrarse otra vez. En el nazismo, el reino de la raza es supremo y absoluto. Pero no solo en el nazismo. Muchos de nosotros tenemos la religión de ser blancos. En donde hay un choque entre el Reino de Dios y el reino de ser blanco, elegimos y actuamos bajo la realidad de la raza. La raza es nuestro dios. No podemos vivir abundantemente a menos que ofrezcamos nuestra raza en el altar de Dios. Entonces podremos parafrasear a Pablo y decir: *"El cual, aunque existía en forma de la raza dominante, no lo consideró como algo a qué aferrarse, sino que se despojó de su reputación tomando forma de siervo, haciéndose semejante a los hombres (...) por lo cual Dios también le exaltó hasta lo sumo"*. ¿Cómo puede ser suprema la raza blanca? Solo de una manera: que la gente blanca se convierta en la sierva de todos; entonces llegará a ser la más grande de todas. Ninguna raza puede ser grande excepto si se da en gran medida para el servicio a otros. Los que gobernarán al mundo en el futuro serán los que sirvan al mundo. Esa es una ley inexorable escrita en nuestro universo y, por lo tanto, es ineludible. Pero note: "siervo de *todos*". Algunos están dispuestos a ser siervos de algunos, sus amigos, sus familias, su clase, o su raza, pero no están dispuestos a ser siervos de *todos*.

Solo dos salieron de la última guerra con una mejor reputación, Cristo y los cuáqueros. ¿Por qué? Bien, los cuáqueros eran los siervos de *todos*. Una mujer polaca los vio alimentando a los que padecían hambre en ambos lados del conflicto, y le dijo a uno de ellos: "¿Ustedes están alimentando a todos, no? Polacos, rusos, alemanes, a todos, ¿a amigos y enemigos? Yo sabía que debía haber gente como esa en el mundo, pero no sabía que realmente existían". No es de extrañar que los cuáqueros fueran sostenidos por ese tierno afecto, los siervos de todos habían llegado a ser los más grandes de todos. El futuro pertenece a aquellos que pertenecen a otros en un servicio afectuoso.

Maestro de gracia, tú has obedecido a esta ley, tú llegaste a ser el siervo de todos. Y ahora tú estás dentro de nuestros corazones para siempre. Ayúdame a perder mi racismo en tu pasión por el servicio y de ese modo volveré a encontrarme. En tu nombre. Amén.

SEMANA 32 - JUEVES

1 Corintios 1:10, 26; Romanos 1:14; 1 Timoteo 6:8-11

Los reinos de la clase social y del dinero

El reino de la clase social debe arrodillarse ante el Reino de Dios. Pensamos y actuamos en términos de la clase social y no en términos cristianos. Antes de actuar, miramos a nuestro alrededor para ver qué es lo que nuestra clase social aprueba. No actuamos; solo reaccionamos. No somos una voz; somos un eco. No somos personas conscientes; somos objetos de la clase social. No pensamos con nuestras mentes; reaccionamos con nuestras emociones. Esto es esclavitud. Ningún cristiano puede permitirse el hecho de convertirse en un prisionero de su clase social y esperar seguir siendo cristiano. La conciencia de la clase social y la conciencia del cristiano son incompatibles. Porque el Reino de Dios es una sociedad sin clases sociales. Los comunistas se esfuerzan por tener una sociedad sin clases sociales. En el Reino de Dios la tenemos. ¿La tenemos? Sí; porque si alguno en el Reino de Dios empieza a obedecer a los mandatos de la clase social en lugar de obedecer a los mandamientos del Reino, automáticamente se queda afuera. Tampoco puede entrar en el Reino de Dios, a menos que renuncie al reino de la clase social.

Cuando perdemos nuestra trivial conciencia de clase social, encontramos una conciencia humana y con ella una conciencia de Dios. La clase social debe perder su vida para encontrarla otra vez.

El reino del dinero debe arrodillarse ante el Reino de Dios. En nuestra sociedad adquisitiva el dinero es dios. Usted tiene éxito cuando tiene éxito en términos de acumulación. Nuestro bienestar es medido por la riqueza. Un hombre "vale" la cantidad que acumula. Estos valores son falsos y deben ser abandonados. Seguir al dios del dinero es entrar en un callejón sin salida. El hombre más rico de una ciudad dijo patéticamente: "Ahora que he hecho mi dinero, quiero hacer las dos cosas que más quise hacer en el mundo que no puedo hacer, es decir, fumar y jugar al golf". Un toque en el corazón y su mundo, el cual laboriosamente ha construido, se cae en pedazos.

Cuando el dinero es dado como un medio para los fines del Reino, es encontrado otra vez. Solo lo disfrutan aquellos que lo dan. Dar significa entregarlo a Dios para que sea usado en los propósitos del Reino.

Oh, Maestro de mi corazón, te ofrezco todo aquello que dividiría a ese corazón. La clase social silenciosamente ha entrado y ha establecido su altar dentro de mí. Lo destruyo hoy. Y el dinero reclamaría mi obediencia y mi corazón. Arranco ambos altares y me vuelvo a ti, oh Cristo, único Señor y Siervo. Amén.

Mateo 16:18; Efesios 5:25-27; 4:11-16

El Reino y la Iglesia

El reino de la iglesia debe doblar la rodilla ante el Reino de Dios. Así como queremos que nuestro Estado, nuestra raza y nuestra clase sean dominantes, así también queremos que nuestra iglesia sea dominante. La iglesia puede ser un evidente ego religioso más, pero todavía es ego. Puede ser el ego del grupo que se afirma hacia la supremacía, aunque cubierto con adornos religiosos. Si el Reino de Dios viene a nosotros, como iglesia nos gustaría hacerlo entrar, puesto que el hecho de tener el Reino nos haría predominantes.

La idea de que cualquier denominación puede ser el canal exclusivo o particular de la gracia de Dios, está tan muerta como Cristóbal Colón, ¡y él está bien muerto! Dios a veces trabaja a través de la denominación y a veces a pesar de ella, pero nunca de manera exclusiva ni particular en ninguna de ellas. ¡Si eso lastima su orgullo denominacional, puede ayudar a su humildad cristiana! Los santos están distribuidos de igual manera en todas las denominaciones. No hay ninguna denominación exclusiva para los santos. El grado en el que Dios usa a una persona está determinado, no por la denominación a la cual pertenece, sino por la profundidad de su rendición a Dios, sin tener en cuenta de dónde es la persona. ¡Si Dios parece muy generoso y muy liberal y no lo suficientemente consciente de las diferencias denominacionales, entonces discutan con Él, no conmigo!

Ninguna denominación tiene la verdad. La verdad está en Cristo, pues Él es *"la verdad"*. Lo que nosotros sostenemos son verdades acerca de la verdad. Estas "verdades" se aproximan más o menos a la verdad, pero no son la verdad. Él está más allá de todos nosotros y es más que todos nosotros. Entonces, necesitamos concentrar nuestras verdades, para que la suma total de estas verdades se aproxime más a la verdad.

El reino de la iglesia debe rendirse al Reino de Dios. La Iglesia no es un fin en sí misma; es un medio para el fin del Reino de Dios. Si la Iglesia es un fin en sí misma, se perderá. Tanto la Iglesia como el individuo, deben perderse en el Reino de Dios, para volver a encontrarse.

Oh, Dios, nuestro Padre, perdónanos porque hemos hecho de tu gloriosa Iglesia un ídolo. Ya no lo hacemos más, te la ofrecemos a ti para que sea el instrumento de tu redención. Ayúdanos para que este maravilloso instrumento permanezca como un instrumento y no se convierta en un fin, para que no perezca. En el nombre de Jesús. Amén.

SEMANA 32 - SÁBADO

Mateo 12:46-50; 10:37-39

El Reino y la familia y el Reino y el ego

El reino de la familia debe estar rendido ante el Reino de Dios si es que quiere volver a encontrarse. Pero la familia muchas veces se convierte en un fin. Los intereses de la familia deciden los asuntos. Tal familia está condenada al deterioro. Una familia que vive en un estado de autoreferencia vivirá en un estado de autofrustración. A menos que la familia esté dedicada a algo más allá de sí misma y desde ese algo pueda recibir objetivos, inspiración y guía, se convertirá en un grupo egoísta y oportunista. Las probabilidades son que, al ser egoísta, el grupo familiar será autodestructivo, si la familia no está unida por propósitos elevados, se arruinará. Es interesante notar que mientras que hay un divorcio de cada seis matrimonios en los Estados Unidos, entre la gente de la iglesia solo hay uno de cada cincuenta. Eso significa, si es que algo significa, que el hecho de tener algo más allá de la familia, a lo cual la familia es devota y fiel, hará que esa familia se conserve unida. La lealtad hacia algo más allá de sí misma será el cemento que los mantendrá juntos. Una familia que pierde su vida, la ganará.

Y ahora hemos llegado a la última parte que debe ser entregada: el reino del ego. Hemos recalcado tanto esto que aquí solo debemos mencionarlo. La pérdida del individuo en algo más allá de sí mismo con el fin de encontrarse, no es ninguna imposición puesta sobre la vida para matar; es la ley de la vida que corre desde lo más bajo hasta lo más alto. Usted tiene que morir en un nivel para vivir en otro. Esa es la ley que Dios ha escrito en la constitución de las cosas. El reino mineral se rinde ante el reino que está por encima de él, el reino vegetal y es tomado por ese reino para ser transformado de materia muerta a formas de vida. El reino vegetal se rinde ante el reino animal y es levantado en formas de pensamiento y de sentimientos. El reino animal se rinde ante el reino del hombre y llega a ser incorporado en la vida más alta del hombre. El reino del hombre se rinde ante Dios y disfruta de una vida superior. La ley de la vida es: pierda su vida para encontrarla.

Cerramos esta consideración con las palabras de Robert Browning: "Aquel que mantiene un fin en vista hace que todas las cosas lo sirvan".

Oh, Dios, ¡hemos encontrado el camino! El camino está escrito en las formas de vida desde el reino de la materia hasta el Reino de Dios. Es nuestro camino, nuestra vida. Si perdemos tu camino, perdemos nuestro camino y perdemos nuestra vida. Ayúdanos en este día a aceptar tu camino, a rendirnos a él, a vivir de acuerdo a él, ¡y de este modo vivir! En el nombre de Jesús. Amén.

SEMANA 33 - DOMINGO

Mateo 26:42; 2 Corintios 12:7-10; Salmo 143:10

La oración es rendición

La semana pasada vimos que todo, desde el reino mineral hasta el hombre, tiene que perderse en algo superior para poder encontrarse. Amamos a Washington porque él se perdió en la causa de la libertad, por eso se encuentra guardado en nuestros corazones como el padre de nuestro país. Amamos a Lincoln porque se perdió en la causa de la libertad de la gente de color y, por eso, hoy se encuentra como el gran emancipador. Toda la vida llega a una conclusión:

> Más dulce es el esfuerzo cuando en la canción
> el cantante se ha perdido.

Perdemos el "yo-que-soy" para poder encontrar el "yo-que-debo-ser". Esto se logra por medio de una rendición hecha por única vez, pero también se alcanza a través de un proceso continuo. El proceso continuo es la oración. La oración es fundamental y esencialmente la rendición de uno mismo. Una vez le pregunté a Toyohiko Kagawa, el gran cristiano japonés, qué es lo primero en la oración y contestó: "La rendición". Y tenía razón.

Pero la idea de rendirse afecta a la idea habitual de ver la oración como un método para obtener de Dios nuestros deseos. Esa idea es una presunción. Esto es rendición de uno mismo. ¿Entonces la oración es una sumisión pasiva? ¿Una negación a la voluntad de vivir? ¿Es la voluntad de morir? Nada de eso. La oración es la voluntad de morir en el nivel de una vida derrotada, vacía, ineficaz y desviada, y la voluntad de vivir en el nivel de una vida victoriosa, plena, efectiva y conectada con lo grandioso. Es la renuncia al ego con el fin de encontrar la realización personal. Usted renuncia a su insignificante ego para que su potencial pueda ser realizado. La oración es el cable que se rinde al generador, la flor que se rinde al sol, el niño que se rinde a la educación, el paciente que se rinde al cirujano, la porción que se rinde a la totalidad, la oración es la vida que se rinde a la vida de Dios.

Una rama que no está rendida a la vid, sino que se corta por sí misma, no está libre; está muerta. Una persona que no ora, no es libre; es inútil. Es una persona cegada que no rendirá su ceguera al cirujano para poder ver. Pero es libre, para seguir siendo ciego.

Oh, Dios, mi Padre, perdóname porque temo rendir mi voluntad dividida a tu voluntad salvadora. Tengo miedo de la vida. Ayúdame, al comenzar con esta aventura de oración, para que no sea ninguna actividad al margen. Que puede llegar a ser yo, para que pueda llegar a ser tú. Porque debo tener tu vida para vivir. En el nombre de Jesús. Amén.

Lucas 21:36; Juan 15:7; Filipenses 4:6-7; Efesios 6:18

La oración es la actitud pasiva en alerta

Ayer vimos que la oración es esencialmente rendición, pero no una rendición pasiva. Es una "pasividad en alerta". Es una pasividad que nos despierta a una actividad asombrosa. El músico escucha la música en el silencio, se rinde a ella y luego la escribe en completa rendición. Es creativo porque es receptivo.

El científico se rinde ante los hechos de la naturaleza, abre de un empujón las puertas de sus sentidos para ser guiado y dirigido por los hechos. Es pasivo, pero con una pasividad en alerta. Sus hechos ahora se convierten en elementos, estos elementos son reunidos y puestos en funcionamiento en fábricas, luego se convierten en productos terminados para servir al mundo. La rendición fue realmente una maestría.

Un día, en el tren, en lugar de pensar, simplemente me rendí al pensamiento. Mi mente estaba perfectamente pasiva, pero también perfectamente activa. Parecía que ese pensamiento despertaba mi pensamiento. Logré pensar más y mejor en esas dichosas horas que en días de pensar por mí mismo. Debemos aprender a vivir en la voz pasiva. Solo aquellos que lo hacen saben lo que significa vivir en la voz activa. La escrupulosa actividad del hombre moderno no es vida; es la convulsión de sus nervios desordenados y hambrientos. Cuando los animales carecen de ciertas vitaminas, se ponen nerviosos, asustadizos e histéricos. La prisa de la vida moderna no es la tranquila y equilibrada seguridad del dominio o maestría. Por el contrario, es la histeria de los desnutridos nervios que claman por vitaminas de la vida real. Alguien dijo que nadie comete suicidio por estar cansado de la vida, sino por estar cansado por la falta de vida.

Jesús habló de las alternativas de esta manera: *"Los hombres siempre tienen que orar y no desfallecer"*. Es orar o desfallecer, literalmente así. Los que oran no desfallecen y los que desfallecen no oran. Usted puede llegar a sentir la vida hasta en la punta de sus dedos, que cada célula de su cuerpo esté alerta, activa y sea creativa, siempre y cuando ore. De otra manera usted desfallece.

Ore o sea una presa, una presa para el temor, para la inutilidad, para la ineficacia.

Padre de gracia, te agradezco porque el poder está abierto para mí si es que yo lo tomo. Ayúdame a vaciar mis manos de juguetes inútiles para que pueda tomar las cosas que tú me ofreces, liberación, poder, victoria. ¿Por qué yo y otras personas tenemos que actuar equivocadamente en esto? Y somos débiles cuando podemos ser fuertes, y víctimas cuando podemos ser victoriosos. Amén.

SEMANA 33 - MARTES

Juan 14:3; Mateo 7:7; Salmo 55:22

¿Es la oración autosugestión?

¿Pero no es la oración "autosugestión", "pensamiento de deseo", o "un eco de nuestra voz"? Suponga que solo es autosugestión; aún en ese nivel sería una cosa saludable, porque se sugiere a usted mismo lo supremo en lugar de lo más bajo. Incluso si fuera no más que autosugestión, la oración valdría la pena. Levantaría nuestros poderes para sugerirles lo supremo. ¿Pero cómo es que aquellos que usan más la oración están convencidos de que se trata de la sugerencia de otro en lugar de autosugestión? Solo aquellos que la usan menos, o nada, afirman que es autosugestión. ¿Son testigos competentes? La oración nunca hubiera sobrevivido si hubiera sido solo sugestión, sin ninguna voz que contestara nuestra voz, sin ningún corazón que le contestara al nuestro.

Aquel que ha sentido el Espíritu del Supremo
no puede confundirse, ni dudar de Él, ni negarlo;
¡Sí!, con una voz, oh, mundo, aunque tú lo negaras,
¡quédate en ese lado, porque aquí estoy yo!

¿Puede la flor creer que el sol es solo la proyección de sí misma? ¿Cree el cable que la energía en su interior proviene solo de él y no de la fuente generadora? El sentido de ser otro está en la oración verdadera. Algo contesta y contesta en términos que son dignos: liberación, poder, vitalidad, visión y grandes logros.

La oración es el instrumento perfecto para el desarrollo y para la actividad, es extrovertida, es recibida; es fe en Dios y fe en uno mismo; es activa, es pasiva; es vigorosa, es tranquila; funciona como si todo dependiera de nosotros y confía como si todo dependiera de Dios. ¿Es esa fe, tan convincente y vivificante, solo un engaño? Las tendencias producen tendencias. ¿Cómo es que el amargado y el desilusionado se burlan de la oración, pero el tranquilo, el equilibrado, el esperanzado y el radiante, se deleitan en la oración? De William E. Gladstone se dijo: "Vivía desde la profundidad de su ser". ¿Es mejor vivir desde la profundidad de nuestro ser, o vivir desde la vida superficial que nos rodea?

Mi Dios y mi Padre, quiero vivir en ti y que tú vivas en mí. Porque entonces, mi vida palpitará con energía y equilibrio, con poder y con paz. Entonces yo también viviré desde la profundidad de mí ser. Enséñame a orar, porque quiero vivir, vivir abundantemente. Amén.

Juan 5:16; Salmo 30:2; Lucas 11:1; Salmo 27:14

La oración, el único y mayor poder

El Dr. William Sadler, psiquiatra, dice que si descuidamos la oración estamos "descuidando el único y mayor poder para la sanidad de la enfermedad". Se rehúsa a atender a un paciente que no cree en Dios, dice que es imposible que los pacientes se fortalezcan a menos que tengan algo más allá de ellos que amen y a lo que estén ligados. Literalmente caemos en esta alternativa: meditación o medicación. Y aún esto último no es efectivo a menos que esté unido con lo primero.

De manera que debemos aprender el arte de la oración, porque los depósitos del poder están a nuestra disposición, si podemos aprovecharlos. "Si lo aprendemos", esa es la clave. La gente espera resultados sin tener ninguna práctica del arte. Juzgaríamos de insensata a una persona que se acercara a algún instrumento musical solo ocasionalmente, esperando llegar a ser el ejecutante y estar a tono con la música sin un largo período de práctica y entrenamiento. El pequeño hijo de un misionero compró una armónica en la India y volvió a su casa llorando: "Ese hombre me engañó. No hay ningún 'Dios salve al rey' en esta armónica". Nosotros tontamente creemos que vamos a obtener resultados preparados de antemano sin la práctica de la oración.

Vivimos en un universo abierto. Todo lo que está bien es posible si obedecemos las leyes de la construcción y nos relacionamos con sus poderes. Así como Dios ha dejado abiertas ciertas cosas condicionadas a la voluntad humana y esas cosas jamás serán logradas a menos que la voluntad decida; así también dejó ciertas cosas condicionadas a la oración, cosas que nunca serán alcanzadas a menos que oremos. Parafraseando las palabras de Kipling: "Cualquiera pudo haberlo escuchado, pero el susurro del Señor vino a ella". ¿Por qué? Porque había sido entrenada en el arte de escuchar.

Hay tres pasos en el arte de la oración: (1) escuchar; (2) aprender; (3) obedecer. Sin estos tres, la oración será una farsa en lugar de una fuerza.

Si pasamos la mitad del tiempo para aprender el arte de la oración tal como lo hacemos para aprender cualquier otro arte, obtendríamos diez veces los resultados.

Cristo de gracia, enséñame a orar. Porque si caigo aquí, caeré en todas partes, la anemia se propagará en todo mi ser. Dame la mente para orar, el amor para orar y la voluntad para orar. Permite que la oración sea el aroma de cada acción, la atmósfera de cada pensamiento, mi aire natural. En tu nombre. Amén.

SEMANA 33 - JUEVES

Mateo 6:5-15; Santiago 1:6

Nueve pasos en la oración

Aunque los tres pasos que mencionamos en el cierre de ayer, escuchar, aprender y obedecer, son los tres pasos generales en la oración, ahora veremos pasos específicos en el arte de la oración. Son nueve.

1. *Decida lo que realmente quiere.* Debemos remarcar el "usted", no una parte de "usted", no una parte errática de "usted" que pasea durante la hora de oración como en una aventura. Debe ser la totalidad de "usted". Porque la oración no es un lujo; es una vida. Si acepta las cosas de Dios, habrá un resultado: Dios lo aceptará a usted, o la oración cesará, será bloqueada por el rechazo a la abnegación. La petición debe ser respaldada por usted, o la respuesta no será respaldada por Dios. Dios no puede darle cosas fuera de Él mismo y usted no puede tomar cosas de Dios fuera de usted mismo. La oración implica una abnegación mutua. Decida lo que realmente quiere, porque si la totalidad de usted realmente no lo quiere, la oración está bloqueada.

2. *Juzgue si lo que quiere es algo cristiano.* Dios es como Cristo; sus actitudes son como las actitudes de Cristo y puede contestar la oración solo si lo que se desea está de acuerdo con Cristo. Eso fue lo que Jesús quiso decir cuando dijo: *"Si algo pidiereis en mi nombre"* (Juan 14:14), en mí mismo, de acuerdo a mi espíritu. No pretenda que Dios haga algo que no es como Cristo. Él no puede, porque no puede hacer nada en contra de su naturaleza. Dentro de ese límite, le da la libertad de pedir *"cualquier cosa"*.

3. *Escríbalo.* La expresión intensificará la impresión. Descubrí que escribir una cosa es casi el destino. Pienso que puedo cambiarlo; pero una vez que está escrito, es casi imposible cambiarlo. Con Pilato podemos decir: *"Lo que he escrito, he escrito"* (Juan 19:22). Si usted está dispuesto a comprometer su oración en un papel, probablemente es lo que realmente quiere decir. Al escribir su oración usted hace dos cosas: la escribe más profundamente en su corazón y se obliga más plenamente con una línea de acción. Escribir la oración es dar un paso en el propio compromiso.

Cristo paciente, mi pie tropieza en este sendero de oración. Estoy aprendiendo a caminar, ayúdame en los lugares difíciles. Porque quiero aprender este arte. Es vida y debo aprenderlo. Empiezo a sentir que puedo hacer todo en ti y contigo. Mis libertades amanecen. Te agradezco. Amén.

SEMANA 33 - VIERNES

Salmo 62:5; 55:22; 46:1-2, 10

Más pasos en la oración

Hemos llegado al siguiente paso en el arte de la oración:

4. *Aquiete su mente.* Así como la Luna no puede reflejarse bien en un mar agitado, así también Dios no puede tratar con una mente inquieta. "Permanece quieto y aprende"; sea inquieto y no aprenderá, Dios no podrá tratar con usted. En la quietud la oración puede ser corregida. Porque Dios no solo contesta la oración; también corrige la oración y hace que pueda ser contestada. Una noche, incliné mi cabeza en oración silenciosa antes de un sermón y susurré a Dios diciendo: "Oh, Dios, ayúdame". La respuesta vino muy rápidamente: "Haré algo mejor; voy a usarte".

Esta corrección decididamente fue mejor. Le pedía a Dios que me ayudara y yo era el centro; yo invocaba a Dios para mis propósitos. Pero la frase "voy a usarte" significaba que yo no era el centro; el centro estaba fuera de mí y yo era solo el instrumento de ese propósito que estaba fuera de mí mismo. La respuesta de Dios cambió totalmente el centro de gravedad de la oración.

5. *Hable con Dios al respecto.* El orden de estos pasos es importante: escuchar a Dios antes de hablar. Porque, como alguien dijo: "En lugar de decir: *'Habla, Señor, que tu siervo oye'*, muchos dicen: 'Escucha, Señor, que tu siervo habla'". Permita que Dios diga la primera palabra y la última palabra, usted hable en el medio. Que su hablar con Dios sea principalmente pasar la totalidad del asunto a las manos de Dios, usted debe convertirse en el instrumento para sus propósitos. Recuerde, la frase es "hablar con Dios" y no, "hablar a Dios". Haga de la oración una conversación de ida y vuelta.

6. *Prométale a Dios lo que hará para que esta oración sea una realidad.* Así como la conversación es un asunto de ida y vuelta, así también el cumplimiento es un asunto doble. Dios contesta la oración, no para usted, sino con usted. La respuesta de la oración es un esfuerzo cooperativo. Porque el interés de Dios no es el de darle cosas a usted, sino el de formarlo a través de la obtención de esas cosas. El fin de todo el proceso de la oración no es la oración en sí, sino la persona.

Oh, Padre, comienzo a ver, mi objetivo han sido las cosas que pensé que necesitaba, y ahora veo que tu objetivo es formarme. Pido lo que es poco; tú estás dando lo grande, lo permanente, lo eterno. Ayúdame a ser obediente en la profundidad de tus propósitos. En el nombre de Jesús. Amén.

SEMANA 33 - SÁBADO

Salmo 40:1; 121:7-8; 1 Pedro 5:10; 1 Juan 3:16-18

Los pasos finales de la oración

Seguimos con los nueve pasos de la oración.

7. *Haga todo lo afectuoso que viene a su mente en relación a la oración.* Esa palabra "afectuoso" es importante. Si lo que es sugerido a su mente no tiene afecto, proviene de abajo, tal vez desde las profundidades de su subconsciente; pero si es "afectuoso", proviene de lo alto. Un amigo inteligente dijo: "La única cosa con la que el diablo no puede involucrarse, es con el amor de Cristo, porque si lo hiciera ya no sería más el diablo". La palabra "hacer" también es importante, porque si usted no está dispuesto a actuar, ata las manos de Dios, Él no puede hacerlo si usted no lo hace. La oración es la elaboración de los detalles de lo que Dios trabaja en nosotros.

8. *Agradezca a Dios por contestar como Él quiere.* Recuerde que un "no" es una respuesta, tanto como un "sí". A veces tiene que guardarnos, como dice Rabindranath Tagore, "con duros rechazos". Pero si Él se rehúsa en un nivel, solo se rehúsa para hacer un ofrecimiento en un nivel superior. Su "no", es solo con el fin de dar un "sí" más grande. Pero las probabilidades dicen que si la oración ha pasado por las zonas peligrosas de los primeros pasos y ha sobrevivido hasta esta etapa, es una oración contestable con un "sí". Pero ese "sí" puede ser demorado con el fin de poner persistencia y fibras endurecidas en nosotros. Muchas veces nos posterga para fortalecer nuestro carácter, para que no seamos llorones espirituales cuando no recibamos todo de una sola vez.

9. *Libere la totalidad de la oración desde su pensamiento consciente.* Si la oración es real y se ha aferrado a usted, trabajará en el subconsciente, habrá una voz baja de oración en todo lo que haga. Pero debe ser liberada desde la mente consciente para que no se convierta en un centro de ansiedad y usted esté tenso y en estado de nerviosismo. La liberación de la oración de la mente consciente es un acto de fe en Dios. Usted descansa y confía en Dios para hacer lo correcto en el asunto.

Estos nueve pasos componen la escalera por la que subimos desde el vacío hacia la plenitud de Dios. Y la oración es simplemente eso, es la apertura de un canal desde nuestro vacío hasta la plenitud de Dios.

Espíritu de gracia, no puedo orar como debo a menos que sea enseñado por el Espíritu. Inspira las oraciones en mí para que pueda orar según tu voluntad y, en consecuencia, recibir respuesta según tu poder. Porque quiero vivir una vida inspirada por el Espíritu. En el nombre de Jesús. Amén.

SEMANA 34 - DOMINGO

Romanos 5:11, 17; 8:5; Gálatas 3:2; Colosenses 2:6; Marcos 11:24

Receptividad relajada

Hemos estudiado una escalera para la oración. Pero las escaleras no se usan si provocan lo que toda escalera sugiere, es decir tensión y esfuerzo. Usted no llegará lejos en la oración si lo hace en el espíritu de tensión y el esfuerzo, como si fuera a exprimir del universo el objeto de su oración. El espíritu de la oración debe ser lo opuesto, pasividad en alerta. Pasividad en alerta significa que mientras su sensibilidad espiritual, mental y física, está despierta y en estado de alerta hacia Dios, también está relajada y es receptiva. Digo relajada y receptiva, pero las dos actitudes realmente son una sola, porque el descanso es receptividad.

Y aún existen dos lados en la oración verdadera. Si solo estamos descansados, somos débiles. El Dr. Alexis Carrel dice: "Reducir la presión sanguínea también es peligroso. El cerebro y otros órganos demandan cierta tensión arterial". Ese es el lado de la alerta. Pero el cerebro y los otros órganos demandan cierta relajación para estar en su mejor forma. La oración une el descanso con la tensión, y por eso es el instrumento perfecto del bienestar humano.

Puesto que la oración es presentada por muchos como una alerta tensa –y la parábola de la viuda inoportuna es el texto especial que ejemplifica esta fuerza tensa– debemos recalcar la actitud relajada en la oración. Un taquígrafo que está completamente tenso, nervioso y ansioso por ser un buen taquígrafo, probablemente es uno muy malo, porque la ansiedad literalmente bloquea a la energía.

> Cuando están tensos, suceden dos cosas: La sangre fluye por sus fibras con menor facilidad y los músculos tensos en su conjunto presionan o aprietan algún hueso, nervio, vena o arteria, y disminuye de este modo toda la actividad, al menos por un momento. Pero cada reducción de actividad tiende a bloquear la libre circulación de las secreciones curativas y de la sangre.
>
> Walter B. Pitkin, *Tu vida*, enero, 1941.

El descanso es receptividad, lo cual a su vez, se convierte en un recurso. En la actitud relajada permite que Dios trate con usted; es una invitación a venir y una espera expectante.

Padre de gracia, vengo a ti para aprender a recibir. En tu presencia dejo caer todas las barreras de mi ser, y te pido que entres en cada fibra, en cada célula cerebral, en cada grieta de mi ser. Así como la sangre corre por todo mi cuerpo y lo limpia, sana, restaura y capacita, así también tú recorres mi ser, mi espíritu, mi alma y mi cuerpo para limpiar, sanar, restaurar y capacitar. Te agradezco. Amén.

Salmos 37:11; 119:165; Juan 14:27; 16:33

Relajación corporal

Con el fin de alcanzar un modo de pasividad en alerta, empezaremos con el cuerpo, el marco exterior de la oración.

Jesús dijo: *"Mas tú, cuando ores, entra en tu aposento, y cerrada la puerta, ora a tu Padre que está en secreto"* (Mateo 6:6). ¡Cierra la puerta! Toda distracción exterior debe ser reducida al mínimo. Cada hogar debe tener un rinconcito, o una habitación, o una capilla privada y debe saberse que cualquiera que se encuentre ahí no debe ser molestado. Él está en la *"Tienda de reunión"* (Éxodo 27:21). ¿Quién molestaría a alguien que estuviera en una audiencia, digamos, con el rey de Inglaterra? Estar en esa tienda de reunión debe ser algo sagrado y respetable.

Así como el ambiente debe estar libre de cualquier perturbación, así también cuide de usted y relaje cada músculo de su cuerpo. Diga sucesivamente a sus órganos algo como lo siguiente: "Mi cerebro, ahora estás en la presencia de Dios. Descansa y escucha. Él habla, Él entra, Él sana. Recibe, recibe". Y a los ojos: "Mis ojos, cansados de mirar a este mundo que distrae la atención, ciérrense y no vean nada interiormente excepto a aquel ante cuya presencia están ahora. Él toca mis ojos y quedan en descanso, tranquilos, sinceros y sanados". Y a los nervios: "Oh, nervios, el departamento de inteligencia de mi ser, tensionados y desgarrados por vivir en un mundo de caos, ahora les impongo que trabajen en la tarea de reportar mejores noticias, tu Dios viene, viene con las buenas nuevas de la calma, del equilibrio, de los recursos, de la redención. Abra cada célula a esa sanidad, a esa calma, a esa restauración. Reciban, reciban, reciban". Y a su vida sexual: "Oh, parte creativa de mí, te rindo al Dios creador. Cuando niegas tu expresión normal en la procreación, sé que puedo transformar tu poder en otras formas, arte, poesía, música, creación de nuevas esperanzas, nuevas almas, nueva vida; puedo llegar a ser creativo en otro nivel. Por eso te pongo a disposición de Dios. Él limpia; Él da una nueva dirección". Y a todo el cuerpo: "Él ahora está en cada parte, desatando los anudados nervios en su dulzura, bañando cada célula cerebral con su presencia, reforzando cada lugar débil con su fuerza, sanando todas sus enfermedades, coordinando todas las partes y haciéndolas entrar en un conjunto cooperativo". Abra cada puerta; entréguele todas las llaves.

Oh, Dios, mi Señor, mi vida, abro cada poro, cada célula, cada tejido, cada arteria, cada vena y cada hueso ante ti. Este cuerpo, en todas sus partes, es tu templo, santificado por tu presencia, limpiado por tu pureza y tomado por tus propósitos. ¡Oh, cuerpo, contempla a tu Señor! Amén.

Romanos 15:13; Filipenses 4:7; Colosenses 3:15; 2 Tesalonicenses 3:16

Relajado en el espíritu

El Dr. Alexis Carrel dice: "No se ha hecho ningún intento para crear, en medio de la agitación de la nueva ciudad, islas de soledad, en donde la meditación sería posible". Tanto la ciudad como el hogar están empobrecidos sin estas "islas de soledad", en consecuencia se produce una civilización de superficie y personalidades superficiales. Como dice Kenneth Fearing:

> Y murió como vivió,
> yendo a la oficina y luego a casa para dormir.
> Y se casó, luego tuvo hijos y después fue despedido.
> Y así vivió y así murió.

Debemos tener estas "islas de soledad", ¡o solo produciremos estas desesperadas personalidades! En estas "islas de soledad" el cuerpo puede relajarse y restaurarse, tal como lo vimos ayer. Pero, dentro del cuerpo, el espíritu debe estar relajado. Así como el cuerpo llega a inmovilizarse por las tensiones físicas, así también el alma llega a paralizarse por las tensiones morales y espirituales. Estas tensiones del alma son pasadas al cuerpo. Ninguna técnica de relajación corporal será útil si la tensión está en el alma. Muchas técnicas modernas tratan con las obras exteriores y descuidan la ciudadela. Es imposible tener un cuerpo relajado si la mente y el alma están llenas de conflictos y tensiones.

En Romanos 12:2 leemos: *"No se amolden al mundo actual, sino sean transformados mediante la renovación de su mente. Así podrán comprobar cuál es la voluntad de Dios, buena, agradable y perfecta."*. Note que dice: *"sean transformados mediante la renovación de su mente"*. Evidentemente, la mente renovada puede renovar la naturaleza. La mente es la clave. La mente decide cuál será o no, la naturaleza de nuestra naturaleza. Decide ante qué influencias deben ser expuestas la naturaleza interior y la naturaleza exterior. Pero a la mente no se le puede decir que esté tranquila, despejada y serena a menos que descanse en algo más allá de sí misma. Por eso encuentra su tranquilidad definitiva cuando es "capaz de comprender cuál es la voluntad de Dios". Definitivamente debe adquirir su equilibrio y su tranquilidad al unirse y tener el respaldo de un propósito eterno.

Mi Padre, veo que necesito todas las técnicas que pueda dominar; pero en el análisis definitivo, mi técnica más segura es aquella que me incluye en tus propósitos y en tus planes. Solo puedo sentirme frustrado si no puedo comprender el significado del universo. Por eso debo estar bien contigo con el fin de estar bien conmigo mismo. En el nombre de Jesús. Amén.

SEMANA 34 - MIÉRCOLES

Salmos 37:7, 9; 62:5; Isaías 40:31; Lamentaciones 3:23-26

Establecerse en Dios

Ayer vimos que no debe tratar de conseguir una posición establecida en la vida por medio de técnicas de relajación, sino que debe arraigarse en la verdadera naturaleza. Solo entonces podrá estar inquebrantablemente tranquilo y equilibrado. A menos que pueda confiar y rendirse ante la verdadera naturaleza y creer en ella bajo cualquier circunstancia, no tendrá la victoria. "¿Cómo le pareció el vuelo?", le preguntaron a un nervioso hombre que había volado por primera vez. "Muy bueno –contestó–, pero nunca asenté todo mi peso"[1]. Podría no haber ningún placer en un viaje en avión, o en su viaje más largo a través de la vida, a menos que usted aprenda a "asentar todo su peso". Obviamente, no hay nada, absolutamente nada, sobre lo que usted pueda asentar todo su peso, excepto en *Dios*.

Aquellos que se rehúsan a hacer lo que dicen los Cuáqueros: "establecerse en Dios", o "centrarse en Dios", sino que toman sus problemas y desilusiones en sus propias manos, están frustrados. La mujer más frustrada y más perturbada que conozco, es una que cree que si ella se dejara llevar y entregara estas frustraciones a Dios, su universo se caería en pedazos. Tiene que mantener su universo unido y muy patéticamente trata de hacerlo así. Uno de los hombres más nerviosos y frustrados que conozco, es un hombre que siente que si no se preocupa del negocio de su esposa, estarían condenados al fracaso. Su esposa es equilibrada, capaz y más práctica que él; pero solo se siente respetado y satisfecho al pensar que él sostiene el mundo de ambos por medio de su preocupación. La verdad es que su nerviosa preocupación es contraproducente y le causa un problema, en lugar de resolverle alguno. Dice que su "aversión es que la fe es optimismo". No ve que la fe como pesimismo produce una persona que es un problema para sí mismo y para otros. Toda la atención dada a los nervios de estas dos personas, será en vano, a menos que en el centro decidan descansar y permitir la obra de Dios, a menos que se rindan en completa confianza a la voluntad de Dios y vivan y trabajen como niños felices alineados con esa voluntad.

Oh, Dios, ¿cómo puedo estar seguro y descansado a menos que esté convencido de que estoy completa y absolutamente comprometido con tu bondad y tu poder? Perdona mis pequeñas bromas sobre la independencia, ¡de qué manera siempre me decepcionan! Permíteme vivir en la dependencia de Dios, llevando a cabo tus propósitos y no los míos. Entonces viviré, porque viviré en ti. En el nombre de Jesús. Amén.

---

1. Expresión que significa no puede descanzar. (Ndel C.)

SEMANA 34 - JUEVES

Isaías 30:15; Hebreos 3:6; 10:35; Salmo 27:1-3, 5, 13-14

Relajados, incluso al no estar liberados

Ayer vimos que nunca hay una relajación completa a menos que esa relajación descanse definitivamente en el amor y la bondad de Dios. Ese amor y esa bondad podrían negar lo que se ha pedido, pero solo con el fin de dar algo mejor. El joven hebreo dijo: *"el Dios al que servimos puede librarnos del horno y de las manos de Su Majestad. Pero aun si nuestro Dios no lo hace así, sepa usted que no honraremos a sus dioses ni adoraremos a su estatua"* (Daniel 3:17-18). "Pero si no lo hace", si nuestra confianza en esta liberación inmediata no se cumple, de todas maneras haremos lo correcto. No tenían su confianza en esa liberación inmediata, sino en lo más importante, en el amor y la bondad de Dios. Eso es fe. No deje que su fe descanse en algún caso particular, sino en la bondad de Dios, la cual será la misma ya sea que ese caso en particular se resuelva o no. "Él nos librará... pero si no lo hace", a veces usted tendrá que vivir en el "pero si no lo hace" y seguir haciendo lo correcto.

Hileras de hermosos árboles yacían en el suelo luego de una tormenta. ¿Cuál fue la razón? El agua estaba muy cerca de la superficie; entonces los árboles no tenían que poner sus raíces en lo profundo para buscar agua; de ahí la tragedia. Dios puede negarnos una respuesta superficial con el fin de lograr que pongamos nuestras raíces en lo más profundo de la realidad eterna, para que en alguna futura tormenta podamos permanecer firmes.

Nada de lo que sucede puede lastimarme,
ya sea que pierda o gane.
Aunque la vida pueda ser cambiada en la superficie,
yo vivo lo más importante en mi interior.

Cuando la tormenta de la guerra rugía en Europa afligiendo a todos, algunos cristianos decían: "En la superficie hay tormenta, pero a diez metros de profundidad hay una dulce calma".

Alguien le preguntó a una persona de color cómo podía estar tan tranquilo, equilibrado y alegre, a lo cual respondió: "He aprendido a cooperar con lo inevitable". ¡Ese es el secreto! Usted coopera con lo inmediato inevitable porque sabe que en y a través de las cosas, la voluntad de Dios es llevada a cabo y esa voluntad desea nuestro bien.

Mi Dios y Padre, tendré que centrarme en ti. No puedo centrarme en lo inmediato, por eso tendré que centrarme en lo definitivo. Mi fe mira, no a un panorama, sino a una persona. "Cambia y se destruye todo lo que veo alrededor; oh, tú, el que no cambia, mora conmigo". Amén.

Daniel 3:24-25; Juan 16:32; Salmo 27:10; Isaías 42:16

El acompañante secreto

Ayer vimos que "debemos aprender a vivir en este tiempo y en la eternidad simultáneamente". Si el lado del tiempo de la vida está equivocado, entonces el lado del tiempo de la eternidad nos sostiene firmes y nos hace descansar "a pesar de". Si no podemos vivir "a causa de", entonces debemos aprender a vivir "a pesar de".

El "cristianismo es un acompañante secreto –dijo un misionero chino–, por eso, cuando estoy fuera por meses en donde no encuentro a ninguna persona de mi raza, no estoy solo. Tengo un acompañante secreto". Probablemente tendrá que caminar por la vida mano a mano con la decepción; pero al otro lado, sosteniendo su brazo, está el acompañante secreto, *"Y el que creyere en él no será avergonzado"* (Romanos 9:33). Usted es a prueba de defraudación, porque siempre tiene una cita con el acompañante secreto. Puesto que ese centro lo sostiene con firmeza, no necesita estar tenso en las situaciones inestables que lo rodean.

Una mujer inteligente me dijo que estaba tan tensa y tan nerviosa por lo que pensaba era un casamiento inevitable para su hijo, que empezó a tener terribles dolores de cabeza y de pronto se encontró en un hospital, incapaz de respirar. La neumonía se desarrolló y ella siguió muy nerviosa hasta quedar inconsciente. Solo entonces pudo descansar. Cuando salió del estado de inconsciencia, entregó todo el asunto a Dios y volvió al equilibrio y a la salud. Había estado al borde de la muerte por causa de sus resentimientos, que producía tensiones internas en el alma y a su vez estas tensiones producían un cuerpo desestabilizado. Permitía que su vida tuviera altibajos con las situaciones en lugar de centrar su vida en el acompañante secreto. Si nuestra felicidad está basada en lo que sucede, será algo fugaz, algo breve. Usted tiene que tener un amor por Dios tan fuerte, tan elemental, que si todo lo que lo rodea fuera eliminado, su trabajo, su familia, su prestigio, su poder, entonces lo que está en su interior continuará, a pesar de todo.

"En descanso y en reposo seréis salvos; en quietud y en confianza será vuestra fortaleza" (Isaías 30:15 RVR 60).

Dios de toda gracia, no descanso en lo inmediato; descanso en lo definitivo, en ti. Por lo tanto soy inexpugnable. Veo el panorama de la vida en quietud y en confianza, de tal manera que la última palabra será expresada por ti. La última palabra será para mi bien definitivo. Por eso espero como un niño destetado en quietud y en confianza. Te agradezco. Amén.

Marcos 9:33-34; Mateo 19:22; Lucas 18:11-12; Mateo 6:1-4

Autorreferencia o referencia en Dios

Cuando está tenso y nervioso, todavía está centrado en usted mismo. Es el centro de referencia y trata de sostener unido a su mundo. Cuando descansa, cambia el centro de referencia hacia Dios. Ya no es más una persona egoísta, sino una persona centrada en Dios. Relajación significa liberación de usted mismo. Cuando está nervioso y tenso, es como una persona que retiene su respiración con el fin de preservar sus pulmones. Los pulmones son preservados únicamente cuando les permite aspirar y exhalar. Por eso, usted también es preservado solo cuando aspira la oración y exhala el servicio a otros.

Cuando vive en un estado de egoísmo, automáticamente se desconecta de la guía de Dios y, en consecuencia, de los recursos de Dios. La ciudad de Lyons, Iowa, estaba situada en un lugar angosto en el río Mississippi en donde, pensaban los ciudadanos, el puente del ferrocarril sería construido. Pero detuvieron a la compañía ferroviaria con el precio exorbitante que pedían por la tierra. En consecuencia la compañía ferroviaria decidió cruzar por Clinton, porque esa ciudad les proporcionaría tierra libre. Clinton ha prosperado; Lyons se ha marchitado. Si usted vive en un estado de autorreferencia, terminará en un estado de autoempobrecimiento.

El Dr. Alexis Carrel dice: "De este modo el psicoanálisis, al dirigir la mente del paciente hacia sí mismo, puede agravar el estado de desequilibrio. En lugar de dejarse tentar por un autoanálisis, es mejor escapar de uno mismo por medio de un esfuerzo que no disperse la mente".

La única manera de escapar de usted mismo, es hacer que Dios y su voluntad sean el centro de su conciencia y de los planes de su vida. Entonces vivirá en un estado de referencia en Dios, en lugar de vivir en un estado de referencia en usted.

No podemos causar ninguna impresión en una mente conscientemente tensa. La relajación es receptividad. "Este pueblo no me dejaría hacer nada por ellos, ni por ti", dijo Cristo a un alma distraída que saludó en una catedral. Cuando en su interior pudo descansar, entonces el poder de Dios fue derramado en ella, levantándola de la depresión y la derrota y poniéndola en liberación y en victoria. Ahora ella tiene un alma desocupada de sí misma, es el instrumento del poder de Dios para otros.

Mi Dios redentor y Dios de gracia, he bloqueado tu poder en mi vida con mis profundos temores e impedimentos. Permite que en este día pueda estar tan descansado y ser tan receptivo como un niño. Entonces la vida se volverá un juego y mis tareas más difíciles se convertirán en gozo. La espontaneidad rebosará en cada acto y en cada pensamiento mientras sigo en mi camino liberado y feliz. Te agradezco. Amén.

SEMANA 35 - DOMINGO

Salmos 5:3; 88:13; 119:147; Isaías 50:4

El tiempo de quietud de la mañana

Con el fin de tener un continuo estado de receptividad relajada, debemos tener períodos de quietud para obtener el equilibrio y el poder que nos seguirán durante todo el día. Aquellos que dicen que pueden vivir en un estado de oración sin tiempos definidos para la oración, probablemente encontrarán que no tienen ninguna de las dos cosas. Es como intentar vivir con la idea de poseer un estado de nutrición física sin tiempos definidos para las comidas: perecerán.

Le pregunté a una pareja que vivía una vida de derrota si tenían un tiempo de quietud en oración; y la ingenua respuesta vino: "Sí, mi esposo y yo nos sentamos y fumamos en el tiempo de quietud una media hora después del desayuno". ¡El equivalente moderno del tiempo de quietud! No es ninguna sorpresa que el esposo tuviera un nervioso descanso. Esas sinceras pero derrotadas almas encontraron la liberación y la victoria cuando establecieron un verdadero tiempo de quietud en el cual tomaron de los recursos del Dios viviente, en lugar del despreciable sustituto de nicotina. Respirar a Dios en lo profundo de su interior produce una elevación sin ninguna "decepción" subsiguiente.

Establezca el tiempo de quietud, preferentemente por la mañana, antes de salir a cumplir con el día. James Russell Lowell dice:

> Si el alma elegida nunca puede estar sola
> en medio de un profundo silencio, abriendo la puerta a Dios,
> ninguna grandeza jamás ha sido soñada ni realizada (...)
> El alimento de las almas maduras es la soledad.

Es mejor tener el tiempo de quietud "en las puras y poderosas horas de la mañana, cuando el alma del día está en su mejor momento". Lave su pensamiento en el pensamiento de Cristo antes de enfrentar el día.

> Cada mañana apoya tu brazo por un momento
> en el umbral de la ventana del cielo
> y mira a tu Dios.
> Luego, con la visión en tu corazón,
> fortalécete para enfrentar tu día.

Oh, Dios, "tarde y temprano, al recibir y consumir, destruimos nuestros poderes" y ahora nos volvemos a ti para ser restaurados y llenos. Sin ti, estamos vacíos y distraídos y nos sentimos mal. Contigo estamos tranquilos, somos equilibrados y nos sentimos completos y suficientes. Por lo tanto, "sin ti, no damos ni un paso en el umbral; contigo, vamos a cualquier parte". Amén.

SEMANA 35 - LUNES

Salmo 62:5; Jeremías 15:16; Salmo 119:9-16

Expectativa tranquila en el tiempo de quietud

Ayer vimos que deberíamos elegir la mañana para nuestro tiempo de quietud. Por supuesto, si usted no puede arreglar una hora de la mañana, entonces tome cualquier otra hora del día. Pero la mañana es mejor. Un reloj estaba atrasado. El relojero preguntó en qué momento el dueño le daba cuerda y cuando le dijo "en la noche", contestó, "dele cuerda en la mañana. Dele del fresco manantial en la parte más difícil del día, cuando usted va de un lado para el otro". Dé a su alma del fresco manantial de la vigilia de la mañana antes de salir a enfrentar la parte difícil del día, las tareas diarias y los problemas.

¿Qué hace usted en la vigilia de la mañana? Solo puedo decirle lo que yo hago. Cuando estaba en la universidad, decidí apartar diariamente al menos una hora y media para cultivar mis recursos (los recursos de Dios). Habitualmente tomo una hora y media por la mañana y una hora al atardecer. En la hora de la mañana, tomo mi Biblia, generalmente leo un capítulo, a veces solo algunos versículos si es que me sorprenden. Tomo mi lapicera, esa lapicera es una señal de fe en que algo digno de anotar en el margen va a salir. Muy rara vez falla. Si usted no escribe su inspiración, pronto desaparecerá.

La Biblia será valiosa para usted. Lo encontrará en sus niveles más profundos. Sabrá que es inspirada, porque la encontrará inspiradora. Sabrá que Dios está dentro de ella, porque Dios sale de ella. Es una revelación, porque revela. Es una mina inagotable. Usted cree que la ha agotado, pero después, con la vara de la meditación, toca nuevos yacimientos de ricos minerales. Su propio cerebro estará ansioso, alerta y con esperanza. Tendrá lo que Spinoza llama "un amor intelectual de Dios".

Quizás tendrá que ser instruido de antemano y estimulado por medio de alguna de estas "ayudas", como este libro o alguna otra literatura devocional. Pero estas ayudas son secundarias y no los substitutos de un contacto de primera mano con La Palabra de Dios. Si el mejor hombre que vivió se alimentó de La Palabra de Dios, usted también debe hacerlo.

Oh, Dios, tú has dado aliento en estas palabras a tu Palabra y se han convertido en La Palabra. Haz tocado estos caminos y se han convertido en el camino. Ayúdame a saturar mi pensamiento y mis razones con tu mente, hasta que no pueda decir en donde termina mi mente y en donde empieza la tuya. Entonces viviré con plenitud y a salvo. En el nombre de Jesús. Amén.

Isaías 40:29; Miqueas 3:8; Zacarías 4:6; Hechos 1:8

La vida no es un estanque, sino un canal

Ahora que ha leído La Palabra de Dios, hizo lo que hace un piloto cuando pone a punto sus motores para iniciar el vuelo. La Palabra ha puesto en marcha su mente, sus aspiraciones, lo dirige en la dirección correcta, lo ha preparado para hacer oraciones que puedan ser contestadas. Lo ha alineado con la voluntad de Dios y en donde la voluntad de Dios es realizada, el poder de Dios puede venir.

Ahora veamos el lado negativo de la oración, el librarse de los obstáculos acumulados que han bloqueado el fluir del poder. Digo "que han bloqueado el fluir del poder" porque no somos estanques, sino canales. Hablando de las palabras de J. A. Hadfield, David Seabury dice:

> Muchas personas tienen la idea de que en cada uno de nosotros hay un estanque que contiene cierta cantidad de energía. Se supone que esta energía es estrictamente limitada en su cantidad. Si nuestro consumo es excesivo, dicen, nuestra energía se agota y sufrimos de fatiga. Así que adoptamos la actitud de economizar nuestro pequeño depósito de fuerzas, conservando nuestros recursos, para no agotar las mezquinas fuentes. En contraste con este punto de vista, hay otro semejante a la enseñanza de Jesús. Es decir, nuestras energías parecen ser consumidas, no porque fluye, sino porque el canal está bloqueado o porque no hemos aprendido a usar correctamente nuestras capacidades. En otras palabras, estamos cansados no cuando hacemos mucho sino cuando hacemos muy poco (...) Nuestras fuentes secretas no son del cuerpo sino del espíritu; no somos recipientes sino conductores.
>
> Jesús conocía la tendencia humana de vivir muy mesuradamente, de olvidar la fuente de nuestra fuerza y de no tomar a Dios como el poder que nos sostiene perpetuamente. Es más, Él reconocía nuestro hábito de acumular nuestras posesiones materiales tanto como espirituales
>
> *Cómo Jesús sana nuestras mentes hoy*, pp. 170-172.

Su método era: *"Den y se les dará: se les echará en el regazo una medida llena, apretada, sacudida y desbordante"* (Lucas 6:38).

Dejemos que eso arda en nuestro interior: "¡No somos recipientes, sino conductores!"

Oh, Dios, he sido mezquino y temeroso de usar mis recursos para no agotarlos. Pero veo que solo cuando doy, puedo recibir. Ayúdame entonces a dar con completa liberalidad. Y entonces podré usar grandemente tus recursos y viviré por medio de ellos. Te agradezco por esta seguridad. Amén.

Isaías 9:6; 14:3; Gálatas 5:1, 7; Romanos 8:15

Abrir los canales bloqueados

Si somos canales y no estanques, entonces una de las primeras cosas para hacer en la oración, después de leer La Palabra, es estar en silencio delante de Dios y permitir que Él ponga su dedo sobre cualquier canal bloqueado. La tendencia será tratar de orar en torno a esa parte bloqueada o de actuar como si ese lugar no existiera. Esa es una parte de nuestra defensa interior. Pero no se defienda usted mismo, ni pública ni secretamente. Enfrente directamente el lugar bloqueado; confiese en donde se ha equivocado; entregue a Dios simple y francamente su problema y dígale que hará cualquier cosa para corregirlo, con su ayuda. O mejor aún, Él lo hará con su ayuda. Porque Él es quien toma la iniciativa para que usted llegue a ser lo mejor.

Esto es lo que un alma liberada y feliz dijo: "He sido un cristiano a veces y un miembro de la iglesia desde que tenía nueve años de edad... pero he vivido con temor y no por fe... descubrí que tenía muchos miedos y decidí que si usted me mostraba el camino de salida, seguramente yo trataría de seguirlo. Bien, usted lo hizo y en consecuencia salí de todos mis temores acumulados, de mis pánicos y mis ansiedades, y le pedí a Dios que entrara en donde nunca antes lo había dejado entrar. Él lo hizo y estoy muy feliz porque estoy seguro de que la vida nunca volverá a ser la misma".

Estar relajado es estar liberado. Por tanto, descanse en Dios y rápidamente Él hará alguna propuesta para limpiar su vida. Pero tal vez usted no descansa con respecto a las personas. Quizás tenga resentimientos hacia ellos. Ponga esos resentimientos en el amor de Dios. Ese amor los disolverá.

Tal vez está tensionado al pensar en otros porque usted quiere vivir sus vidas por ellos. Entregue a Dios a esos seres queridos. Le escribí a mi hija y a su esposo cuando se casaron: "Me gustaría que mi actitud fuera nunca estorbar, pero tampoco alejarme". Si usted trata nerviosamente de manejar a otras personas en sus supuestos intereses, renuncie a esa complicación, es puro egoísmo. Esa actitud lo atará a usted y a otros.

Oh, tú, dulce Espíritu, habla mientras yo guardo silencio. Di la palabra que me liberará, me sanará y me hará oportuno. Sin ninguna reserva, quiero que drenes todo pantano de egocentrismo y de temor. Límpiame hasta lo más profundo. Porque el mundo está enfermo y yo quiero ser parte de la cura y no de la enfermedad. En el nombre de Jesús. Amén.

2 Corintios 10:5; Lucas 2:35, Hebreos 4:12; Jeremías 4:14

Cuando la mente anda errante

Ayer vimos que nos atamos a nosotros mismos si tratamos de vivir las vidas de otras personas por ellos. Una madre no quería que su hija se casara, era egocéntrica, quería la atención de su hija. La hija esperó tener treinta y un años de edad antes de casarse. La madre se desmayó en la boda. Su autocompasión le produjo toda clase de enfermedades. Pero su esposo contrajo un cáncer de colon. La esposa luchó por él y por atenderlo, y se olvidó de sí misma. Había cambiado la base de sus relaciones con otras personas, del interés en ella misma al interés por otros, y así corrigió las relaciones y se ayudo a sí misma.

En la oración permita que Dios le muestre los lugares en donde usted tiene tensiones. Usted será tan delicado como el punto de ebullición cuando Él ponga sus dedos en esos lugares.

Si en el silencio Dios no expone nada en la superficie, entonces dé por hecho que no hay nada. Ahora usted está preparado para una comunión positiva. Sin embargo, surge otra dificultad. Cuando usted empieza a entrar en una comunión positiva, su mente vaga errante. Esto aflige grandemente a algunas personas. No debería ser así. Suponga que la mente divaga; deje que aquello en lo que divaga sea el medio a través del cual usted se comunique con Dios. Por ejemplo, mientras escribía esta línea, miré por la ventana hacia arriba y vi una paloma blanca y mi mente empezó a vagar:

Cada mañana su blanco pensamiento se dirigía hacia Dios,
como una paloma mensajera, con mi nombre bajo sus alas.

Suponga que mi mente divagaba, finalmente iba hacia Dios. Suponga, como dijo alguien, que usted es distraído por una sirena. Entonces diga: "¡Oh, que yo pueda ser advertido por una sirena aún más grande del peligro que rodea a las almas adormecidas y descuidadas!" Haga que la distracción tenga una dirección, hacia Dios. Vuele aún en las alas de la tormenta, hacia Dios.

En poco tiempo será capaz de poner cada pensamiento en cautiverio a la obediencia de Cristo. Porque cuanto más lo obedece, Él será cada vez más el centro de su afecto: *"Porque donde esté tu tesoro, allí estará también tu corazón"* (Mateo 6:21).

Hermoso y fuerte Hijo de Dios, te conviertes más y más en mi tesoro. No puedo pensar fuera de ti, no puedo amar fuera de ti, no puedo estar lejos de ti. Te pertenezco. Y ahora, en donde está mi tesoro, también está mi corazón. Puedo descansar, puedo estar en equilibrio y en poder. Amén.

SEMANA 35 - VIERNES

Salmo 130:1; Mateo 12:35; Isaías 26:3; Efesios 3:16-19

Construir desde el subconsciente

Tal vez la dificultad más grande en la meditación es que usted sienta que nada sucede. Usted está de acuerdo en que la oración es la comunión con Dios, pero parece que nada vuelve a usted. Gerald Heard, un experto en meditación, que pasa horas en esto cada día, dice: "No se desanimen cuando nada sucede, cuando no aparece ninguna lucidez, ningún sentido de importancia, ninguna gran quietud. Este proceso que trabaja en nosotros funciona, o debería funcionar, primero en el subconsciente. Lo que construimos en nosotros, es un cimiento desde el fondo del mar del subconsciente hasta la superficie. Bolsa tras bolsa de cemento es vaciada ahí y luego aparece por encima de la superficie". El hábito de practicar la presencia de Dios se forma; nuevos surcos en los canales de atención se abren.

Pronto la oración llegará a ser una voz baja, tanto como una voz alta de su vida. De Felipe Brooks se dijo adaptando las palabras de Tennyson: "Sus ojos eran el hogar de la oración silenciosa". La totalidad de su actitud empezó a ser una actitud de oración. Alguien dijo de John Forman, un misionero santo: "Todo lo que pensaba de las personas gradualmente se transformaba en oraciones". Esto significa que usted no debe desperdiciar su tiempo, no importa en qué situación se encuentre. Si las personas lo hacen esperar y desperdicia su tiempo, inmediatamente usted puede activar su atención a la oración y empezar a orar por la gente que lo hace esperar. Así hace desaparecer sus resentimientos y usa constructivamente un período que de otra manera habría perdido. Usted puede incluir al mundo y a la necesidad del mundo en ese momento en blanco. Alguien dijo de los cristianos de Europa que padecen persecución: "Nuestra gente puede soportar el confinamiento solitario mejor que otros". ¿Por qué? Porque aún en el confinamiento solitario podrían poblar la celda con la gente en necesidad, traída hasta ahí al extender las manos de la oración para reunirlos.

Así que la oración puede volverse un hábito, es decir, puede ser más fácil hacerla que no hacerla. Sin embargo, los hábitos son formados por la regularidad. Ore controlando el tiempo, si es necesario, y pronto empezará a orar por un impulso interior. Entonces conocerá el significado de estar *"detenido delante de Jehová"* (1 Samuel 21:7 RVR 60), y usted no será capaz de apartarse.

Ahora mismo puedo estar "detenido delante de Jehová". Aquí, en tu presencia, oh, Eterno, me pongo a mí mismo, pongo en tus manos mis asuntos, mis preocupaciones, mis frustraciones y mis posibilidades. Los he sostenido estrechamente; ahora, con amor te los confío a ti. Amén.

Juan 6:29; 9:4; Filipenses 2:13; Colosenses 1:29; Gálatas 5:6

La fuerza relajada

Aprendemos que la relajación es liberación, liberación no solo de inhibiciones y temores, sino también de tareas imposibles.

> La relajación de la personalidad es realmente una evidencia de fe y confianza (...) El hombre que cree absolutamente en Dios, en la divina confiabilidad y bondad, no está tenso ni mental ni espiritualmente, con temor de que en algún momento algo malo va a sucederle, sino que contrariamente, descansa en completa confianza en que todas las cosas ayudan para bien a los que aman a Dios. Como resultado, tiene paz en su mente y quietud en el centro de su vida (...) Este estado mental relajado y pacífico le da un cerebro brillante, hace posible el libre ejercicio de todas sus facultades y en consecuencia es capaz de atacar a sus problemas con cada gramo de la habilidad que posee. El hombre relajado es el hombre poderoso. El tenso, el de personalidad atada, es vencido antes de empezar la batalla.
>
> *La fe es la respuesta*, Blanton y Peale, pp. 84-85[1].

El fin de los períodos de relajación es la fuerza relajada. La adoración se convierte en trabajo. En lugar de decir "ahora me voy a dormir", con lo que muchos adultos son propensos a terminar sus oraciones, podemos decir:

> Ahora me levanto a trabajar,
> oro al Señor que no lo evitaré.
> Si yo muriera antes de la noche,
> oro al Señor para que mi trabajo esté bien.

Otra manera de comenzar nuestra comunión matinal:

> Al afrontar mi tarea, estas cosas pido:
> ser verdadero, durante todo este día;
> estar contento con el trabajo honesto,
> temiendo solo la posibilidad de no ser responsable;
> ver, saber y hacer lo que es correcto;
> llegar a casa en la noche, sin tacha alguna.

Padre de gracia, con amor pongo mis asuntos en tus manos, porque sé que solo lo que es para mi mayor bien vendrá a mí. Pero ahora que he puesto todo en tus manos, tú y yo trabajaremos en cada uno de esos asuntos. Empezamos con una gran cooperación. Amén.

---

1. Reimpreso con el permiso de los editores, Abingdon, Cokesbury Press.

SEMANA 36 - DOMINGO

Salmos 37:1-11; 121

Relajación física y mental

Usaremos un ejercicio posible para lograr la relajación:

1. Ponga los brazos sobre la cabeza, las palmas hacia arriba y presione duramente contra el cielo raso, levantándose en puntas de pie tanto como pueda. Luego baje los brazos, flojos. Repita la acción.
2. Siéntese en una silla. Levante el brazo derecho, cada músculo debe estar endurecido; el brazo es muy, pero muy pesado. Baje el brazo al costado, flojo. Repita la acción. Haga lo mismo con el brazo izquierdo.
3. Levante la pierna derecha, con la rodilla flexionada, cada músculo debe estar endurecido, hágalo tan pesado como le sea posible. Baje la pierna, floja. Repita la acción. Haga lo mismo con la pierna izquierda.
4. Cuando se siente en la silla, hágalo con soltura, con cada músculo relajado. Ahora usted es una muñeca de trapo, no tiene ningún músculo rígido; su cuerpo está flojo. Sus manos descansan sobre sus piernas con las palmas hacia arriba. Las palmas hacia arriba significan receptividad, ahora usted recibe en cada poro de su ser.
5. Su cabeza cae sobre su pecho, sus ojos cerrados, su mandíbula está relajada y suelta, la boca parcialmente abierta.
6. Ahora gire su cabeza hacia la izquierda y hacia atrás como le sea posible y complete el círculo; hacia la derecha, luego sobre su pecho, con soltura. Repita la acción, haciendo que su nariz sea como pedazo de tiza que dibuja un círculo tan grande como sea posible.
7. Ahora estoy sentado, en mi imaginación, en una silenciosa ladera de una montaña. Delante de mí, veo un lago tranquilo y fuertes montañas más allá con sus picos cubiertos de nubes. Los árboles levantan sus ramas en silenciosa oración y absorben de la fuerza dc Dios. El pasto también levanta sus briznas y recibe. Todo recibe y yo también. Respiro en la paz de Dios y exhalo su calma; paz, calma; paz, calma; un ritmo suave. En cada parte de mi ser estoy tomando la vida de Dios, por eso puedo descansar, descansar, en Dios, en Dios.
   Estoy relajado, soy receptivo y estoy liberado.

Padre mío, suave y silenciosamente respiro tu calma y tu paz en cada parte de mi ser. Mi fiebre ha desaparecido en la gran quietud de Dios. Soy receptivo en cada fibra y en cada tejido. La sanidad de Dios pasa por mí. Estoy agradecido. Amén.

SEMANA 36 - LUNES

Mateo 6:25-34; 1 Pedro 5:7

Lo enfrento hoy

Puedo hacer una pausa en este estudio para añadir una palabra personal. Además de vivir físicamente relajado, vivo mental y espiritualmente relajado. Estoy espiritualmente relajado porque creo que la hipótesis central de mi vida es correcta. La vida es una verificación prolongada de esa hipótesis central. Esta realidad marca un sentido de estabilidad interior. Esta actitud hacia la vida fue probada en un avión que volaba sobre San Luis cuando dimos vueltas por arriba de las nubes durante dos horas, tratando de aterrizar. Las nubes estaban tan bajas que no podíamos volar por debajo de ellas. Tenía un tiempo para pensar. Así que escribí una conclusión sobre la vida:

> Estoy en este avión y hemos dado vueltas sobre las nubes durante un par de horas. Si no aterrizamos con seguridad, me gustaría dejar mi último deseo y mi testamento a mis amigos y compañeros seguidores de Cristo: hay paz, perfecta paz. Fuera de mi infidelidad hacia lo Alto, no hay ningún pesar en cuanto al curso general de mi vida. La vida con Cristo es la manera de vivir. En esta hora hay seguridad, Dios está por debajo de todas las inseguridades de la existencia humana. Por eso descanso en Dios. Lo mejor de Dios para todos ustedes. Viviendo o muriendo yo soy de Él, solo de Él. ¡Gloria!

Trato de adoptar esa seguridad en mi trabajo. Lo que está centralmente correcto, no me decepcionará en los detalles. Enfrento a estos detalles en confianza. La palabra "consolador" significa "valiente en compañía de otro". Con Él yo puedo ser un "valiente en compañía de otro".

Lo enfrento hoy. No puedo resumir toda la semana próxima en el día de hoy. Recorto mis compromisos uno por uno así como una persona recorta sus cupones. Como dijo el Dr. William Osler, el gran cirujano: "La carga del mañana, añadida a la de ayer, acarreada hoy, crea la incertidumbre más fuerte. Debemos aprender a cortar con determinación tanto el futuro como el pasado".

Uno más grande que Osler dijo: "*Basta a cada día su propio mal*" (Mateo 6:34). A veces he tenido que expresarlo así: "Basta a cada hora su propio mal". Me voy a mi cama sin llevarme ninguna preocupación. El obispo Quayle cuenta que estaba despierto tratando de conservar al mundo por medio de su preocupación, cuando Dios le dijo: "Ahora, William, tú te vas a dormir y yo me voy a sentar".

Mi Padre de gracia, ¿cómo puedo preocuparme y alarmarme cuando tú vives en mí y me cuidas? Como tu hijo feliz yo juego en tu casa, sin ninguna preocupación desgastante. Incluso mi trabajo más pesado es un juego. Interiormente bailo al realizar mis tareas, y en medio de ellas siento la alegría de tu amor. Tú me has enseñado a reír, me río con incredulidad al pensar en que incluso yo, he encontrado este tesoro. Amén.

SEMANA 36 - MARTES

Mateo 5:43-48; 1 Corintios 15:33; Gálatas 2:11-12

¿Somos dirigidos por las circunstancias?

Hemos llegado al tema de la guía. Para vivir de la mejor forma, debemos poseer el sentido de llevar a cabo los propósitos no por cuenta propia, sino cumpliendo una voluntad que es definitiva. Debemos "recuperar el significado de ser guiados", como insiste un pastor. Sin ese significado de ser guiados, la vida depende de cabos sueltos, carece de una meta y de la dinámica para avanzar hacia esa meta. "¿Alguno se sube a un auto para ir a ninguna parte?", decía alguien en una reunión pública. ¡Ninguno se reía! Sin embargo, es una idea reveladora, debemos ir a alguna parte; la dirección no importa. Mucho de nuestra vida es así, carece de dirección y de metas.

Si perdemos el significado de ser guiados, nos convertimos en víctimas de nuestras circunstancias. Los varones de una iglesia estaban en una cena y al no estar acostumbrados al manejo de las comidas, le dieron órdenes contradictorias al administrador. Él se enojó por estas órdenes contradictorias y protestó. Después de lo cual un hombre preguntó: "Bien, Henry, si usted se enoja con nosotros, ¿qué hace cuando vienen las mujeres?" A lo que contestó: "Es fácil, simplemente pongo mi mente en neutro y voy hacia donde me siento impulsado". Muchas personas simplemente ponen sus mentes en neutro y van hacia donde las circunstancias los empujan. No saben nada en cuanto a ser guiados.

Otra opción es permitir que las acciones de otras personas determinen su conducta. Son dirigidos por las circunstancias en lugar de ser dirigidos por Cristo. Jesús nos advirtió contra el hecho de permitir que otra persona determine nuestra conducta. "Si una persona te golpea", no tomes sus armas; mantén tus propias armas. La mejor venganza que puede tener sobre un enemigo es no tratar de ser como él. Un obispo escribió que algo de lo que yo escribí lo había sanado de lo que él llamaba "una especie suave de blasfemia episcopal". Cuando iba por la ruta en la noche y bajaba sus luces cuando veía que se aproximaba otro auto, si el conductor que se acercaba no le respondía, él subía sus luces hacia el rostro del otro conductor para hacerle saber lo que pensaba de él. "Ahora", dijo: "Bajo mis luces sin importarme lo que el otro hombre haga, y las mantengo bajas. ¡Es más seguro y me siento más como un obispo! No permito que el otro hombre determine mi conducta".

Oh, Cristo, cuántas veces hemos dejado que las circunstancias y las personas determinen nuestra conducta. Ayúdanos a ser impulsados desde adentro, en lugar de ser impulsados desde afuera. Oh, Cristo, permite que pueda someterme a tu dirección para que no sea una víctima de mi medio ambiente. Quiero ser una persona y no una cosa. Amén.

Lamentaciones 5:15-17; Mateo 15:14; Apocalipsis 3:15-18

Guía de segunda mano

Ayer vimos que si no somos guiados por Dios, probablemente seremos guiados por la gente. No actuaremos, solo reaccionaremos, nos convertiremos en cosas, no en personas. Al tratar de encontrar una salida entre EE.UU y Japón, dije a unos altos oficiales: "¿No ven lo que sucede? Permiten que los japoneses determinen la conducta de ustedes. Ustedes dicen, 'si ellos hacen esto, nosotros haremos aquello'. Permiten que ellos determinen la conducta de ustedes. Eso lleva directamente a la guerra. ¿Por qué no trabajan frente a esta situación desde sus propios principios y buscan un arreglo a través de la aplicación de esos principios?"

Los cristianos debemos trabajar desde nuestros principios, no desde nuestras presiones. No importa lo que la otra persona hace, debemos mantenernos como cristianos. Como lo expresa Shakespeare:

> No me dejen asociado a las mentes que
> admiten impedimentos. Amor no es el amor que cambia
> cuando está frente a alguna alteración.

Sin un sentido de guía, la vida se vuelve torpe e insípida. Algunos de los líderes más activos de la iglesia, famosos por su eficiencia ejecutiva, personas que siempre hemos admirado, son expuestos bajo la luz de los rayos X de la eternidad y resultan ser personas agitadas, medio comprometidas, melancólicas, que buscan calmarse a sí mismas, a quienes el poder y la serenidad de lo eterno nunca llegaron. Carecen del significado de ser guiados. Eso nos lleva a lo que Thomas Kelley describió con estas palabras: "Los años han sido abordados con una mediocridad ordinaria. No hay ninguna excelencia especial, ninguna derrota especial. Simplemente es así. Y eso es detestable. Porque el mundo estalla con novedades, con aventuras en sus ideas. Y no las recibimos aquí. Estamos sanos y salvos". ¡Sí, sanos y salvos, y de segunda mano!

Cuando los israelitas desobedecieron a Dios, el castigo fue este: *"Enviaré un ángel delante de ti (…) Yo no los acompañaré, porque ustedes son un pueblo terco (...)"* (Éxodo 33:2-3). La religión llegó a ser un asunto de segunda mano a través de los ángeles, en lugar de ser un contacto directo con Dios.

Oh, Dios, los que tenemos miedo de ser guiados por ti llegamos a ser guiados por las cosas y por el ambiente. Nuestra religión se vuelve incierta y de segunda mano, en lugar de ser viva y de primera mano. Queremos recuperar el concepto en cuanto a ser guiados, la idea de que estamos en contacto directo y que la vida tiene un significado de primera mano. En el nombre de Jesús. Amén.

Isaías 8:19; 1 Reyes 19:12; Juan 10:4; Isaías 30:12

¿Guiado por Dios o por las cosas?

El crecimiento de la astrología en los Estados Unidos es una señal de la falta de un contacto directo con Dios. Si no somos guiados por Dios, trataremos de ser guiados por las estrellas. Volverse a las estrellas para buscar una guía es una señal de decadencia, mental y espiritual. El hecho de creer que su vida está determinada por trozos de materia que flotan en el espacio es materialismo puro. Es una señal de la pérdida del valor, usted no enfrenta los hechos de la vida con el valor y el Espíritu de Cristo, sino que se vuelve a las esquivas estrellas. La astrología puso su mano paralizante en la mente de Grecia y la mató. La mente griega era una mente brillante, que enfrentaba valientemente los hechos de la vida, hasta que perdió el valor y se volvió a las estrellas para buscar el destino escrito allí. La mente de India era una mente creativa, que produjo la asombrosa literatura sánscrita, hasta que la astrología la volvió estéril y no creativa y la llevó hacia las estrellas en lugar de conducirla hacia los hechos de la vida.

Los hombres serán guiados por Dios por caminos seguros, o serán guiados por subterfugios hacia pantanos y marañas de desesperación.

Debemos recuperar el significado de ser guiados. Hace unos dos años, cuando estaba listo para zarpar de vuelta hacia la India, anuncié que la voz interior me insistía que me quedara en los Estados Unidos al decir: "Te necesito aquí". Este anuncio provocó un extenso comentario general, parte de él era desfavorable, como si el hecho de ser guiado por Dios directamente y de primera mano fuera algo extraño y supersticioso. Esta reacción fue muy reveladora. Mostró cuánto del cristianismo norteamericano estaba al menos a un paso de distancia de la realidad de primera mano. Parecía ser un conocimiento acerca de Dios y no una relación con Dios.

Si hay un Dios, Él debe tener un plan, algún propósito para cada vida. Cuando nos hizo a cada uno de nosotros, al parecer rompió el molde, todos somos diferentes. Cada vida tiene un significado esencial. Si encontramos ese plan de Dios y trabajamos en él, no podemos fracasar. Fuera de ese plan, no podemos tener éxito.

Ser el instrumento de los propósitos de Dios es lo supremo en la vida.

Padre de gracia, tú que has prestado atención al detalle, labrando la célula más sencilla con una obra hecha a mano. ¿No tienes un plan para mí y para mi vida? ¡Tú lo tienes! Ayúdame a encontrar ese plan, a pagar el precio por llevar a cabo ese plan y a hacer de ese plan la aventura de mi vida. En el nombre de Jesús. Amén.

Isaías 6:1-9; Juan 20:21; Hechos 8:29

Un sentido de misión y sumisión

Siempre que voy a predicar, le pido a la audiencia que inclinen sus rostros en oración y siempre le recuerdo a Dios mi versículo, un versículo que recibí hace años al empezar con mi ministerio: "*No me escogieron ustedes a mí, sino que yo los escogí a ustedes y los comisioné para que vayan y den fruto, un fruto que perdure. Así el Padre les dará todo lo que le pidan en mi nombre*" (Juan 15:16).

Repetir este versículo me da la sensación de haber sido enviado, de tener el respaldo de lo eterno y de hablar en un nombre que no es el mío. Pero también hace otra cosa: me impone el significado de la obligación de rendirme y de ser obediente a la realización de este plan. Da a la vida un sentido de misión y sumisión. El sentido de misión da dignidad y significado a la vida. El embajador de un país pesa sus palabras, porque son palabras representativas, habla en nombre de su gobierno. Nosotros también debemos sentir esa misma capacidad representativa, debemos sentir que hablamos, pensamos y actuamos en un nombre que no es el nuestro. El significado de una vida es determinado por el significado de lo que representa.

Pero ese sentido de misión trae un sentido de sumisión. En lugar de hacerlo orgulloso y arrogante, tiene el efecto opuesto. Tiene un temor reverencial y está humillado. Siente que debe caminar suavemente delante de Dios. "Usted está en la aventura de la humildad".

La guía golpea en la ciudadela de la personalidad y demanda la rendición de la autosuficiencia. Dios es llevado al centro de las elecciones de la vida. La guía implica rendición. Es el cambio de vida de la voluntad propia a la voluntad de Dios. Esa voluntad, no la suya, se vuelve suprema. La voluntad de Dios se convierte en su constante marco de referencia.

En lugar de que la guía sea un lujo espiritual para almas extrañas, es una mínima necesidad para cada alma cristiana: *"Porque todos los que son guiados por el Espíritu de Dios son hijos de Dios"* (Romanos 8:14). Ningún liderazgo, ninguna filiación. La guía es la misma esencia del cristianismo.

Oh, Dios, empiezo a ver que si yo vivo, debo vivir en ti o no vivir. Porque tú eres mi vida y mi forma de vida. Cuando encuentro tu plan, encuentro mi persona. Porque he sido formado desde la estructura de mi ser para vivir en tus caminos. "Tu voluntad es mi paz". Mi voluntad es mi guerra. Estoy ansioso por tu mente. Amén.

Deuteronomio 31:12; Mateo 11:29; Hechos 5:20; Jeremías 42:6

Escuchar, aprender, obedecer

Puesto que Dios tiene un plan para cada vida, debemos tener mucha habilidad en el arte de conocer y llevar a cabo ese plan. Hemos sugerido que cuando vamos a orar deberíamos tener tres actitudes: "escuchar, aprender y obedecer". Algunos escuchamos pero no aprendemos, y algunos aprendemos, pero no obedecemos. El cristiano es una persona que escucha, que aprende y que obedece. Si el cristiano no se acerca a Dios con estas tres actitudes, en poco tiempo no habrá nada para escuchar, ni para aprender ni para obedecer. La voz será cada vez más silenciosa. Mientras tengamos estas tres actitudes, escucharemos algo.

Si no tenemos la guía, probablemente está oculta por una de dos razones: no estamos entrenados o no estamos dispuestos. La guía no surge porque sí. Es el resultado de ubicarse para ser guiado. Una radio no recibe mensajes simplemente por casualidad; es sintonizada por medio de una intención deliberada y luego recibe. La receptividad es necesaria para la percepción, usted percibe solo cuando usted recibe. Con esta psicología está de acuerdo cuando explica la vida como un "instrumento". Cuando el rey se quejó ante Juana de Arco de que nunca había escuchado la voz de Dios, ella le contestó: "Usted debe prestar atención y entonces podrá oír".

No obstante, muchos de nosotros no queremos escuchar a Dios, porque tenemos miedo de que si Dios nos revela su voluntad, sea desagradable. El hecho de que hayamos cambiado "hágase tu voluntad" por "nos resignamos a tu voluntad", algo desagradable y difícil de sostener, muestra que miramos la voluntad de Dios como algo que se debe aceptar con un suspiro, como la muerte de un ser querido.

Ese punto de vista sobre la voluntad de Dios como algo desagradable debe ser revertido completamente, o no llegaremos a ninguna parte con la guía. Jesús revierte ese punto de vista cuando dice: *"Mi comida es hacer la voluntad de aquel que me envió"*. Mi carne, mi comida. La voluntad de Dios es comida, comida para cada tejido, para cada célula cerebral, para todo lo que es bueno para nosotros. Mi voluntad es mi veneno cuando choca con la voluntad de Dios. Para la vida verdadera, la voluntad de Dios es un refuerzo, no una restricción.

Perdóname, oh, Dios, porque he dudado en derribar toda barrera para tu guía. ¿Por qué mi ojo tiene miedo de la luz? ¿Mi estómago, oprimido por el hambre, tiene miedo de la comida? Yo ya no debería tener miedo de tu voluntad. Ya no tendré temor. ¡Cada facultad es sensible y está abierta a tus sugerencias, oh, mi Dios! Amén.

Jeremías 1:4-10; Isaías 30:20-21; Hechos 15:28; 16:6-10

Guarde silencio delante de Dios

La semana pasada vimos que si no vivimos bajo la guía de Dios, la razón es que no teníamos ningún entrenamiento o que no estábamos dispuestos.

Debemos ser entrenados para escuchar, para aprender y para obedecer. Primero a escuchar. Muchos hablamos muy rápido en la presencia de Dios, con el temor de que si guardamos silencio Dios va a decirnos algo desagradable. Debemos aprender a escuchar, a vivir en la voz pasiva. Un pastor se levantó en una de nuestras reuniones y dijo: "Dios está mostrándome que debo cambiar el énfasis de mi vida, en lugar de hablar debo aceptar". Aprendía receptivamente.

Nuestro traductor interpreta el mandamiento, *"Estad quietos, y conoced que yo soy Dios"* (Salmo 46:12), de esta manera: "Guarda silencio delante de Dios y Él te moldeará". Guarde silencio delante de Dios y Él lo formará y lo moldeará para que llegue a ser un instrumento para sus propósitos. Una voluntad todopoderosa reforzará su débil voluntad, pero solo cuando esa débil voluntad esté alineada con los propósitos de la voluntad todopoderosa. Una mente omnisciente incubará en su mente, para despertarla, estimularla y hacerla creativa. Un amor que lo abarca todo avivará su amor y lo hará sensible al mundo hasta que "Dios establezca el mundo en su corazón".

Dios tiene tres cosas en mente en relación a nosotros: propósito, plan, persona. Tiene un propósito para lograr que usted llegue a ser lo mejor. Tiene un plan que encarna ese propósito. Dios tiene un plan para cada vida. El paso siguiente es para que sea la persona que llevará a cabo ese propósito y ese plan. En el silencio debe escuchar la revelación de ese propósito y ese plan. Literalmente usted se convierte en el propósito y en el plan de Dios, un pensamiento encarnado de Dios, La Palabra hecha carne.

Cuando alguien escuchó hablar a un hombre de Dios, miró hacia arriba y allí decidió "que haría de su vida un milagro". Dios lo convirtió en un milagro. Un trozo de cable desconectado es algo, pero un trozo de cable unido a un generador y a un motor, realmente es otra cosa. Si usted está solo, es una cosa; unido a los propósitos de Dios, usted es completamente otra cosa.

Oh, Dios, si estoy solo, soy un cable sin corriente; pero unido a ti, vibro con energía y brillo con luz. Haz que mi conexión contigo sea segura, para que periódicamente no me quede sin energía y sin luz. Que yo pueda mantener la conexión para poder "mantener el brillo espiritual". En el nombre de Jesús. Amén.

SEMANA 37 - LUNES

Éxodo 34:29-30; 40:33-34; Hechos 26:19

El modelo en el monte

Hemos visto que debemos ser entrenados y que debemos estar dispuestos si queremos ser guiados. Debemos estar dispuestos a ser guiados por Dios, no simplemente de vez en cuando, sino como una propuesta de vida. No puede conseguir luz en una crisis, a menos que esté dispuesto a tener la luz ininterrumpidamente. No debe llamar a Dios para que lo saque de los líos en los que se ha enredado por su continua obstinación.

Una escritora sueca quería que Dios le dijera cuál era el paso siguiente que debía dar en su carrera; hasta que finalmente, una voz irrumpió en todo su ser, le pareció escuchar a Dios decir: "¿Cómo puedes esperar que te hable cuando me has amordazado por tanto tiempo?" No amordace a Dios continuamente y luego espere que le hable en el momento de la crisis.

Al principio de la guía, entonces, tome una decisión que decida por todas las otras decisiones, la decisión de que la voluntad de Dios es primera, última y siempre en su vida. Asegúrelo. No permita que haya alguna laguna de excepciones. Que su decisión sea absoluta.

El plan de su vida puede ser revelado en un momento de visión repentina, o puede ser un descubrimiento gradual. La revelación gradual puede ser la mejor forma de guía. *"Los pasos de un buen hombre son ordenados por el Señor"*, cada cincuenta centímetros. *"Tu palabra es una lámpara a mis pies"*. Note, *"a mis pies"*, la luz suficiente para que el siguiente paso pueda ser dado y luego el siguiente. Eso pone aventura en la vida y una confianza momento a momento. Hay una sorpresa en cada esquina.

Sin embargo, la guía de la vida puede ser una visión repentina. Un día, cuando era joven, puse una carta en una silla y me arrodillé delante de ella. La respuesta a esa carta determinaría mi obra principal. La voz interior dijo: "Es India". Me levanté y dije: "Entonces, es India". Ese claro momento fue un momento verdadero y me ha mantenido estable en medio de los momentos de desánimo en cuanto a la India.

La voz del Espíritu en nuestro interior trae unidad interior.

Oh, Dios, ayúdame a construir según el modelo que veo en el monte, en el momento en que tu voz es clara y yo soy receptivo y obediente. Porque no puedo vivir en una suposición, sino en un llamado; no en una hipótesis, sino en un objetivo. Espero tu invitación y tu bendición. Amén.

Salmos 25:9; 32:8; 73:24; Isaías 58:11

Las siete formas de la guía de Dios

Si la guía da a la vida un sentido de misión y un sentido de responsabilidad a cada momento, entonces, ¿cómo nos guía Dios?

Supongo que el gran problema para Dios es cómo guiarnos sin pasar por encima de nosotros. Él debe guiarnos y desarrollarnos como personas al mismo tiempo. Guiarnos y al mismo tiempo producir iniciativa en nosotros es una tarea digna de la sabiduría divina. Esa tarea es el problema de cada padre pensante. Muchos padres son tiranos benevolentes que apagan la iniciativa y la personalidad. La guía debe ser tal que cada persona es guiada hacia una personalidad libre, creativa y que pueda elegir por sí misma.

Para hacer esto Dios guiará de muchas maneras, despertará la personalidad a la vitalidad y al estado de alerta mental y espiritual con respecto a su guía secreta. La guía de Dios debe ser suficientemente obvia, pero no tan obvia como para matar la necesidad del pensamiento y de la visión discriminante. Debe ser "un secreto abierto", pero suficientemente secreto como para hacernos profundizar.

Dios nos guiará en alguna de estas formas: (1) Da una guía general a través del carácter y la persona de Cristo. Cristo nos hace saber cómo es Dios y en consecuencia, cómo debemos ser nosotros. (2) Nos guía a través de la experiencia colectiva de la iglesia, la sabiduría corporativa cosechada a través de las edades. (3) Nos guía a través del consejo de gente buena. (4) Guía a través de providencias abiertas, nos hace coincidir con alguna oportunidad o necesidad abierta. (5) Guía a través de la ley natural y de sus descubrimientos a través de la ciencia. (6) Guía a través de una elevada inteligencia y visión moral, nos convertimos en personalidades capaces de ejercitar sanos juicios morales. (7) Nos guía a través de la voz directa del Espíritu Santo dentro de nosotros, nos habla en términos inconfundibles en las profundidades de nuestro ser.

Las probabilidades muestran que Dios nos guiará en más de una de estas maneras, para que ningún método nos limite.

Padre de gracia, mi ser vibra dentro de mí porque deseo descubrir el camino y ser guiado en él. Porque sé que tu camino es realmente mi camino, el camino para el que fui creado en mi estructura interior y al cual debo obedecer. Por eso ayúdame a buscar tu camino con todo mi ser y sin reservas. Porque sé que tu mano es mi salud. En el nombre de Jesús. Amén.

SEMANA 37 - MIÉRCOLES

Juan 13:15; 14:6-9; 1 Pedro 2:21

La guía general a través de la revelación en Cristo

Ahora veremos esas siete formas de guía un poco más detalladamente.

(1) *Dios da una guía general a través del carácter y la persona de Cristo.* Cristo nos ha revelado la naturaleza de Dios, nos ha mostrado cómo es Él; ha puesto en alto relieve las leyes que son la base de nuestro universo moral y las leyes que son la base de nuestro ser espiritual, intelectual y físico. En resumen, nos ha revelado la naturaleza de la realidad. Entonces Cristo es nuestra "guía general". Si queremos vivir según la naturaleza de la realidad, entonces debemos vivir según Cristo.

El mahometano dice que usted no puede tener la guía de Cristo, porque Cristo no estaba casado y entonces no puede dar ninguna guía al casado. Hay dos formas de ser un ejemplo: una es vivir toda situación posible y luego mostrar a todos cómo vivir en esa situación en particular: a un hombre casado cómo vivir como un hombre casado, a un mecánico cómo vivir como mecánico y así sucesivamente. Este tipo de guía, obviamente, es imposible. La otra forma de ser un ejemplo es vivir de tal manera que la vida de uno en una situación particular, sea vivida por encima de los principios universales, para que el espíritu de estos principios pueda ser aplicado en todo lugar. Jesús tomó este último método. No hay ninguna situación concebible en donde su Espíritu no sea la norma para esa situación. Él es la conciencia universal de la humanidad.

Cuando usted tiene esta guía general en Cristo, es inútil pedir una guía específica porque esa guía está cubierta por su guía general. Muchas veces pedimos una guía específica porque no estamos dispuestos a tomar la guía general en Cristo. En cualquier situación haga la pregunta: "¿Qué haría Cristo en esta situación?" Y si lo hace no se equivocará. Es inútil tratar de insistir en que Dios apruebe cualquier acto o actitud que no sea como la actitud de Cristo. Dios no puede actuar ni aconsejar en contra de su propia naturaleza, porque Él es como Cristo.

¡Piense en tener la propia guía de Cristo en cada momento!

Oh, Dios, veo que estoy predestinado para ser conforme a la imagen de tu Hijo, porque la naturaleza de la realidad es como la naturaleza de Cristo, y si yo vivo según esa naturaleza, apareceré ahí. ¡Qué destino me espera! Ayúdame para estar dispuesto a estar predestinado de este modo, porque así viviré. En el nombre de Jesús. Amén.

SEMANA 37 - JUEVES

Mateo 18:17, 20; Efesios 3:10; Hechos 13:1-3

La guía a través de la experiencia colectiva

Hemos llegado al segundo método a través del cual Dios nos guía.

(2) *Él nos guía a través de la experiencia colectiva de la iglesia, la sabiduría corporativa cosechada a través de las edades.* La importancia de este método salta a la vista cuando nos damos cuenta de que la Iglesia Católica Romana hace de esto el único instrumento de guía para el individuo. No podemos aceptarlo como el único método, sino ciertamente como uno de los métodos principales. Las experiencias acumuladas de las distintas épocas están a disposición de las personas.

La Iglesia ha sido la madre de mi espíritu; y así como un niño se vuelve a su madre para buscar dirección en una crisis, así yo puedo volverme a la Iglesia buscando dirección. El pastor es el portavoz de esa sabiduría colectiva. Por eso él no debería buscar ser novedoso, sino interpretar la sabiduría de las edades a la gente que tiene delante. El decano de una institución dice que los niños problemáticos lo son por tres causas: (1) La pobreza; (2) los hogares destruidos; (3) la falta de asistencia a la iglesia o a la escuela dominical.

(3) *Dios guía a través de la buena gente.* Cuando miramos hacia atrás a través de los años, encontramos que una palabra aquí, una frase allí, una conversación con un amigo más allá, han levantado horizontes, han desenredado situaciones complicadas y han puesto en nuestro camino regocijo con juicios y propósitos claros. El consejo ya no es un asunto que se da al azar; se convierte en un arte y en una ciencia. El ministro que no puede combinar el discurso público con el consejo privado está "fuera" como guía segura para su pueblo. Los orientales tienen un dicho que dice que usted no puede poner una gota de medicina en el ojo de una persona desde la ventana de un tercer piso. La guía debe ser íntima, personal y confidencial. El aconsejar requiere de una gran responsabilidad. "¿Debería casarme con este hombre?", preguntó una chica después de describirme al hombre. Cuando le dije que no me parecía, ella contestó: "Ahí está, eso lo resuelve. Anoche le prometí a Dios que tomaría tu respuesta como su respuesta". Contuve mi respiración. ¡Qué responsabilidad!

Una conversación entre un joven y un profesor, resultó en un joven que se ha convertido en un recurso mundial.

Padre de gracia, te agradezco por aquellos que han venido a mi vida con palabras amables y conceptos profundos. Ayúdame en este día a ser el portador de tu pensamiento para alguna otra persona. Ayúdame a decir esa palabra que levantará la oscuridad de algún alma que ande en tinieblas. En el nombre de Jesús. Amén.

1 Corintios 2:9; 2 Corintios 2:12; Apocalipsis 3:8; 1 Corintios 12:8

Dios guía a través de providencias abiertas y a través del orden natural

Hemos llegado al paso siguiente de la guía:

(4) *Dios guía a través de providencias abiertas, nos hace coincidir con alguna oportunidad o necesidad abierta.* Un pequeño niño abandonado en las calles de Londres se acercó tímidamente a un médico y le dijo: "¿Quiere ver en donde vivimos?" Tomó al médico por la mano y lo llevó por los callejones en donde los muchachos dormían en cajas y bajo escaleras y se agrupaban para tratar de mantenerse en calor. Antes del amanecer, ese médico supo que pertenecía a esos chicos y creó los Hogares del Dr. Bernardo, a través de los cuales, miles de chicos fueron bendecidos. La guía de Dios fue lo que abrió los ojos del doctor para que pudiera ver una necesidad. Si Dios le deja ver a usted una necesidad, el hecho de verla es una invitación para que supla esa necesidad.

(5) *Dios guía a través de la ley natural y de sus descubrimientos a través de la ciencia.* Tenemos una fe primaria en la revelación y una fe secundaria en la ciencia. Pero en un sentido la ciencia es la revelación de Dios que nos habla a través del orden natural. El orden natural es el orden de Dios. Es confiable porque Dios es confiable. Dios trabaja por medio de la ley y el orden, y no por medio del capricho ni de la fantasía. Hubo un tiempo cuando tratamos de poner a Dios en los inexplicables vacíos de la naturaleza, dijimos "Dios debe estar ahí, porque esos vacíos son misteriosos e inexplicables". Pero cuando la ciencia empezó a llenar estos vacíos, Dios fue expulsado. Haber relegado a Dios ha sido un error, porque Dios se revela en la misma ley, en el orden y en los hechos explicables de la naturaleza y no simplemente en lo inexplicable y lo misterioso. La ley y el orden expresan a Dios mucho más que lo inexplicable y lo misterioso. Porque ambos son de Dios, Él está en ellos, es su autor, trabaja a través de ellos, pero no es limitado por ellos. Porque esta ley y este orden están llenos de sorpresas y libertades. Un sistema cerrado de la naturaleza ahora es poco científico. Dios guía a través de la ciencia. Acepte ese hecho.

Esperar ser guiado por las revelaciones de la ciencia, hace que abra su mente a la vida a su alrededor tanto como a la vida superior.

Oh, Dios, cuya voluntad es forjada en el orden natural y quien, por medio de ese mismo orden nos disciplina para una vida legítima y ordenada. Ayúdanos a aceptar y a regocijarnos en esa disciplina. Porque tus disciplinas son nuestras libertades. Ayúdanos a aceptar tus leyes, las que se han convertido en nuestras libertades. En el nombre de Jesús. Amén.

Hebreos 5:14; Lucas 12:57; Efesios 1:17-18; Romanos 8:14

La guía a través de la inteligencia moral y a través de la voz interior

Nuestro próximo paso en la guía es:

(6) *Dios guía a través de la elevada inteligencia y la visión moral, nos convertimos en personas capaces de ejercitar sanos juicios morales.* Esto es lo habitual y tal vez la forma de guía más confiable. Creo que es la forma en la que Dios más se goza. Es la forma en la que se deleitan los padres con discernimiento, cuando ven que sus hijos ya no se apoyan parasitariamente en ellos, sino que son capaces de ejercitar sanos juicios por cuenta propia. Esa es la señal de una personalidad libre. El Padre Dios debe amar aquello. Jesús lo amaba: *"¿Por qué no juzgan por ustedes mismos lo que es justo?"* (Lucas 12:57). La comunión con Cristo levanta nuestros conceptos y nuestros juicios morales. Él es el creador de los hombres.

(7) *Dios guía a través de la voz directa del Espíritu que está en nosotros.* Me sorprende que este método de guía sea considerado por muchos líderes de la iglesia como algo extraño y oculto. Lo que puede ser mal usado, no debe ser negado. Pueden surgir pensamientos desde el subconsciente, que podemos confundir con la voz del Espíritu. Cualquier sugerencia que escuchamos debe ser probada, particularmente con respecto a si se ajusta o no a la guía que recibimos a través de la persona y de la enseñanza de Cristo. Si la guía no está en completo acuerdo con eso, entonces desconfíe y rechácelo. Y no dependa de la voz interior como el método habitual de guía, porque si lo hacemos, podemos ser tentados a inventar una guía a través de nuestros propios deseos cuando no escuchamos ninguna voz interior. La guía de la voz interior viene, al menos para mí, cuando ninguno de los otros pasos en la guía puede suplir mi necesidad particular. Necesito una palabra especial para esa crisis especial. Entonces la voz interior habla. Y se distingue como algo auténtico y autoritario. Cuando una voz se levanta de mi subconsciente, esa voz discute conmigo. La voz del Espíritu no discute; es autentica en sí misma.

Oh, Dios, que nos guías a través de la conciencia y aún más allá de la conciencia, cuando la elección no es una cuestión de correcto y equivocado, sino tal vez una cuestión de bueno y mejor, ayúdame a ser sensible a esa voz interior. Y ayúdame a obedecer a cualquier costo. Porque tu guía es tu forma de capacitarnos. En el nombre de Jesús. Amén.

Juan 15:1-9; Hechos 4:32-35

La vida es cooperación, o es muerte

En nuestro estudio sobre la guía, hemos omitido una mención específica a una forma de guía, que debido a su importancia, necesita un tratamiento por separado: la guía grupal. Esto se dejó entrever en la guía a través de la Iglesia, pero la guía a través de la Iglesia suena demasiado oficial y demasiado realzado para expresar lo que queremos decir con guía grupal.

Tengo temor de la guía individual que no es examinada por la guía grupal, pues la persona necesita la corrección o la confirmación del grupo. La gente que dice: "Dios me dijo tal y cual cosa", debería estar dispuesta a someter aquello a un grupo disciplinado para ver la reacción de ellos. En el fin, la persona tendrá que actuar según su propia guía, pero no es seguro hacerlo así, a menos que estemos dispuestos a obtener un juicio grupal al respecto. El individualismo es una media verdad, por tanto la guía individual es solo una guía a medias e insegura en sí, a menos que sea corregida por medio de un chequeo general corporativo.

El cristianismo empezó como un movimiento grupal. Jesús reunió a su alrededor a una docena de hombres, e implantó su perspectiva y su espíritu en ese grupo. El cristianismo no empezó como un individualismo, sino como colectivismo. Pero era un colectivismo en el que el individuo encontraba su libertad perfecta. Porque usted no puede encontrar su libertad en el aislamiento y la separación. La encuentra solo a través de un grupo. Usted es un ser social por naturaleza. Dos células se unen para producirlo, por eso usted es un ser social en su origen y en su constitución.

Galveston, Texas, tenía todas las ventajas por estar situada en el golfo y por tener un maravilloso puerto. Pero tres familias de Galveston empezaron a competir unas contra otras por el dominio de la ciudad. Se eliminaron unos a otros. Galveston no podía crecer. Houston no tenía casi ninguna de las ventajas de Galveston, porque estaba situada a ciento cincuenta kilómetros hacia lo alto del sinuoso río. Y con todo, Houston superó a Galveston y se ha convertido en la ciudad más grande de Texas. ¿Cuál fue el secreto? Los líderes de Houston aprendieron a cooperar.

La ley de la vida es: cooperar o desintegrarse y morir. La ley es inexorable. El cristianismo tenía razón, por eso en su momento empezó como un orden cooperativo, un movimiento grupal, la célula de un nuevo orden mundial.

Oh, Dios, tú eres nuestro Padre y nosotros tu familia. La familia no ha aprendido a vivir en unidad y por eso somos reducidos a fragmentos. Perdónanos y ayúdanos desde hoy a aprender a vivir en ayuda mutua en el centro de nuestro ser y en el centro de nuestros propósitos. Amén.

SEMANA 38 - LUNES

Lucas 1:5-7, 13-17; Mateo 1:18-20

Los redencionistas

Antes de que Jesús iniciara un movimiento grupal a su alrededor, había otro del cual se desprendió el de Jesús. Este movimiento grupal existente ha sido llamado: "Los redencionistas", integrado por aquellos que "buscaban la redención de Israel".

Había decadencia dentro de Israel. La voz de la profecía había cesado; la religión era formal y estaba muerta: era la "tierra seca", de la cual la raíz, Jesús, crecería. Disraeli describió su religión como la "página en blanco entre el Antiguo y el Nuevo Testamento". La página entre el Antiguo y el Nuevo Testamento estaba en blanco, excepto para un remanente, los redencionistas. Ellos mantenían en alto la antorcha de la realidad en medio de la oscuridad que los rodeaba. Eran la tierra para la semilla de un nuevo orden, el germen de un mundo nuevo.

Podemos localizar a los redencionistas en los primeros capítulos del Evangelio de Lucas, por la semejanza familiar de las ideas que corrían a través de todos ellos. El grupo estaba integrado, con toda probabilidad, por Zacarías y Elizabet, María y José, Simeón, Ana y los pastores. Eran intensamente nacionalistas y con todo eran agentes de un nuevo orden basado en una igualdad de oportunidades para todos. La palabra "justo" fluye como un refrán a través del relato de todos ellos. Ellos representaron una justicia que contribuyó con la igualdad para todos. Zacarías y Elizabet eran "ambos justos". Los ángeles le hablaron a Zacarías de "la sabiduría del justo", una frase que quemaría dentro de la civilización moderna; ser justo es ser sabio, ser injusto es ser necio. José era un hombre *justo*", pero con una nueva clase de justicia: *"Como José, su esposo, era un hombre justo y no quería exponerla a vergüenza pública"* (Mateo 1:19). Aquí había una justicia que era de misericordia, que era redentora y no de castigo. Los ángeles dijeron a los pastores: *"Paz en la tierra y buena voluntad para los hombres"*, buena voluntad para los hombres, no para algunos hombres, sino para todos los hombres, dejando a un lado la raza, la estirpe y el color.

Oh, Dios, vemos el funcionamiento de tus propósitos a través de aquellos que se dan unos a otros y a ti. Que yo pueda ser parte de un núcleo en el que el futuro descansa como un embrión en la matriz, que pueda tener dentro de mí los gérmenes de tu nuevo orden. Entonces viviré ahora y en el futuro. En el nombre de Jesús. Amén.

SEMANA 38 - MARTES

Job 17:9; Salmo 1; Lucas 2:25-29; Proverbios 10:28

Un hombre inflexible

El hombre que resumió el espíritu de los redencionistas en sí mismo, fue Simeón, probablemente el centro humilde de este grupo. Este hombre era el origen del nuevo orden. *"Había un hombre"*, él no estaba adornado con algún título u oficio, ni por ninguna jerarquía; el énfasis estaba en el hecho de que era simplemente un hombre, lo cual era la nota clave del nuevo orden. Nada contaba excepto esto, el hombre. Este sencillo hombre común era el vehículo del pensamiento de Dios para la nueva etapa.

Él no era solamente un hombre, sino también un hombre inflexible: *"era justo"*, hacia el hombre; *"devoto"*, hacia Dios; *"y aguardaba con esperanza la redención de Israel"*, hacia su nación; *"El Espíritu Santo estaba con él"* hacia sí mismo (Lucas 2:25).

Su fe lo hacía sano en cada relación, una personalidad multifacética. Algunos son justos hacia el hombre, pero no son devotos hacia Dios. Algunos son devotos hacia Dios, pero no son justos hacia el hombre. Algunos son amantes patrióticos de su país, pero interiormente están vacíos, el Espíritu Santo no está sobre ellos. Y algunos son devotamente místicos y espirituales, pero no están interesados en los asuntos de su nación, son estrechamente personales. En Simeón el Reino de Dios estaba funcionando como una total integridad y salud.

Simeón estaba bien en general y, como resultado de eso, encontró una guía particular en una situación particular: *"Movido por el Espíritu fue al templo"* (Lucas 2:27). Usted no puede esperar una guía particular si rehúsa permitirle a Dios que le dé una guía en la totalidad de su vida. Dios no puede ser llamado como si fuera un mozo de hotel para hacer los mandados en situaciones particulares de dificultad, si usted lo aleja del manejo total de su vida. Él no es un botones; es el dueño y el administrador de este hotel llamado el mundo. Debemos estar bajo su guía general y particular.

En esa crisis Dios encontró a un hombre totalmente preparado en su naturaleza total para ser el vehículo de un nuevo orden.

Oh, Dios, así como Simeón se mantuvo en forma en cada parte de su vida, de tal manera que en la crisis estaba disponible para ti, ayúdame a estar en forma a cada momento, para que yo también pueda estar preparado para ser usado en la crisis, ser tu hombre para ese trabajo. Ayúdame a ser disciplinado y a estar preparado para tu crisis. En el nombre de Jesús. Amén.

Lucas 2:29-32; Mateo 19:26; Lucas 17:12-16; 1 Corintios 6:11

Descubrir las posibilidades humanas

Toda la naturaleza de Simeón era adecuada y armoniosa, así que cuando el gran momento de su vida llegó, no lo sorprendió con la guardia baja, sino que estaba preparado y con la visión clara para ver el significado del gran evento. Tomó al niño en sus brazos y vio: *"Porque han visto mis ojos tu salvación, que has preparado a la vista de todos los pueblos: luz que ilumina a las naciones y gloria de tu pueblo Israel"* (Lucas 2:30-32).

Simeón era un gran patriota, *"aguardaba la redención de Israel"*, pero no estaba limitado por su patriotismo, porque vio que esta salvación era para *"las naciones"*, tan profética fue su visión; que vio la universalidad de Cristo. Pero, posteriormente, vio que Cristo no era solo "salvación" para los "gentiles", a quienes llamó "perros gentiles", sino que también fue para descubrir a los gentiles como "lectura de segunda importancia". Estaba para descubrir la relevancia de los gentiles, para revelar sus posibilidades. La revelación que Cristo traería, sería una revelación de Dios, pero también era una revelación del hombre. Jesús descubre a nuestro Padre y también descubre a nuestro hermano, levanta el velo de nuestros ojos llenos de prejuicios y nos permite ver la importancia infinita de cada hombre, de cada raza, de cada color, de cada clase. Los gentiles ya no serían más "problemas"; tenían que ser posibilidades.

Se habla de "los problemas de la gente de color"; deberíamos hablar de "las posibilidades de la gente de color". El problema no está en la persona de color; está en nosotros, quienes por nuestros prejuicios y temores lo hemos hecho un problema en lugar de una posibilidad. El cristianismo blanco necesita un bautismo del espíritu de Simeón para convertir nuestra religión en una revelación de posibilidades en las personas, en lugar de algo que sostenga nuestros prejuicios. El cristianismo es una doble revelación, de Dios y del hombre, y cuando no es así, no es cristianismo, sino un soporte religioso del racismo.

Necesitamos una fe religiosa que produzca fe en las personas tanto como en Dios.

Oh, Dios, tú eres nuestro Padre y el Padre de todos los hombres. Ayúdame en este día a capturar tu visión de las posibilidades infinitas en todas las personas, aunque estas posibilidades puedan estar recubiertas por extrañas envolturas. Y ayúdame a poner en marcha la gran aventura de manifestar esas posibilidades en toda la gente. Tal vez, si lo hago así, algunas de mis posibilidades podrán ser traídas a la luz. En el nombre de Jesús. Amén.

SEMANA 38 - JUEVES

Lucas 2:34-35; Mateo 16:21; Romanos 9:1-3

Su propia alma traspasada

Pero Simeón no era ningún sentimental, veía la profundidad de las cosas implícitas en Cristo: *"Este niño está destinado a causar la caída y el levantamiento de muchos en Israel y a crear mucha oposición a fin de que se manifiesten las intenciones de muchos corazones. En cuanto a ti, una espada te atravesará el alma"* (Lucas 2:34-35). Su patriotismo no lo cegaba a la realidad de que Jesús estaba destinado para la caída tanto como para el levantamiento de muchos en Israel, una nación tropezará en Él para su ruina. El patriotismo es solo un parloteo y un disparate si no ve que una nación puede y muchas veces tropieza en Jesús para su propia ruina. "Europa ha perdido a Cristo y Europa perecerá", dijo un escritor ruso; y esto puede decirse de cualquier nación que haya perdido a Cristo.

"Destinado a ser una señal para el ataque del hombre". Aquel que vino para descubrir a todos los hombres, hará que algunos eviten ese descubrimiento y los hará atacar la luz que revela las horribles profundidades de sus corazones. Jesús es la conciencia del mundo. Así como forcejeamos y a veces combatimos contra la conciencia, así también forcejeamos y combatimos contra este hombre. Jesús es el hombre que debemos ser, que lucha con el hombre que es. Él revela "los objetivos secretos de muchos corazones", y a muchos no les gusta que sus objetivos secretos sean revelados.

"Su propia alma será traspasada por una espada", María sufría indirectamente. La nación sufriría por causa de este rechazo y María sufriría porque su nación había rechazado su redención. Cristo causa un sufrimiento doble, a aquellos que rechazan y a aquellos que aman a los que rechazan.

Pero María sufriría por causa del mismo mensaje que vino a través de ella, porque tenía la esencia de una revolución: "Él ha esparcido a los altivos por la imaginación de sus corazones", autofrustración para los hombres duros. "Derribó a príncipes de sus tronos", revolución política. "Exaltó a los de bajo rango", revolución social. "Al hambriento que tenía lo llenó con cosas buenas; y al rico que tenía lo envió con las manos vacías", revolución económica. Con ese mensaje, no es de extrañar que ella sufriera.

Oh, Dios, mi Padre, veo que la entrada de tu nuevo orden no es ningún juego de niños; costará sangre y lucha, no de otros, sino de nosotros quienes estamos dedicados a introducir en este nuevo orden. Porque los hombres aman las oscuras pero habituales costumbres, y pelearán ciegamente contra la luz. Ayúdanos a ser fuertes, como Jesús lo fue. Amén.

Lucas 3:4-6; Mateo 19:21; 20:14; Santiago 2:1-9

Igualdad de oportunidad, la idea fundamental

Ana esperaba *"la redención de Jerusalén"* y Simeón buscaba *"la consolación de Israel"*, el hombre trató con la gran escala, Israel; y la mujer trató con el minuto y la Jerusalén que tenía a mano. En esto se comportaron como era de esperarse, el hombre piensa en lo magnífico; la mujer piensa en el minuto. Ambos son necesarios en el Reino.

Fuera de este grupo redencionista, en Jerusalén surgieron dos movimientos, uno era el movimiento de Juan el Bautista y el otro el movimiento de Jesús; dos de los movimientos más grandes que jamás habían tocado nuestro planeta. El movimiento de Juan el Bautista enfatizaba las actitudes igualitarias de los redencionistas: *"Todo valle será rellenado"*, el deprimido y el desamparado serían puestos en un mismo nivel: *"toda montaña y colina será allanada"*, el privilegiado sería disminuido: *"los caminos torcidos se enderezarán,"*, los hombres serían juzgados por el mérito y no por la habilidad y la astucia: *"Y todo mortal verá la salvación de Dios"*, esta igualdad de oportunidades está abierta a *"toda carne"* y no a grupos raciales ni nacionales (Lucas 3:4-6). Juan continuaba con este énfasis igualitario en cada aplicación práctica cuando decía: *"El que tiene dos camisas debe compartir con el que no tiene ninguna –les contestó Juan– y el que tiene comida debe hacer lo mismo"* (Lucas 3:11).

Jesús usó la misma nota: *"Ve, vende todo lo que tienes y dalo a los pobres (...) y ven y sígueme"*. *"Es mi voluntad dar a este último y también a ti"*. La igualdad de oportunidades delante de Dios, del hombre y de la vida era la nota fundamental de los redencionistas y su mensaje fue alcanzado y ejecutado en el Reino que Jesús proclamó. En consecuencia, este grupo era la tierra que contenía la semilla de un nuevo orden.

En la actualidad deberíamos tener grupos que mientras el antiguo orden se cae a pedazos, contengan en ellos los gérmenes de un nuevo orden. Estos pequeños grupos disciplinados son la esperanza del futuro, porque el futuro está en ellos.

Dios, nuestro Padre, ayúdame a ser parte de aquellos que pertenecen no solo al pasado y al presente, sino al mañana. Porque el pasado y el presente han sido sellados y son propensos a ser quebrantados. Ayúdanos a ser el origen de lo inquebrantable; ayúdanos a estar preparados con nuestra respuesta cuando las respuestas a medias sean destruidas. En el nombre de Jesús. Amén.

Lucas 12:32; Mateo 17:20; 13:31-32; Marcos 9:23; Filipenses 4:13

Hacer lo imposible

La frase clave de los redencionistas se encuentra en estas palabras: *"Porque para Dios no hay nada imposible"* (Lucas 1:37); y en la respuesta de María al llamado del ángel para que fuese el vehículo de la redención de Dios: *"Aquí tienes a la sierva del Señor –contestó María–. Que él haga conmigo como me has dicho"* (Lucas 1: 38). El grupo y el individuo se pusieron a disposición de Dios. Dios trabajó a través de ambos, ¡poderosamente!

Lo más absolutamente poderoso que hay en este planeta es un pequeño grupo disciplinado para grandes fines. Una cantidad de gotas de lluvia reunidas en la ladera de una montaña son los inicios de un poderoso río. Una semilla es un conjunto de fuerzas dedicadas al crecimiento. Jesús habla de la semilla como *"la palabra del reino"* (Mateo 13:19 RVR 60); pero continúa y dice: *"La buena semilla, son los hijos del reino"* (Mateo 13:38 RVR 60). Aquí *"la palabra del reino"* se hace carne en *"los hijos del reino"*. Los hijos del Reino son las semillas del nuevo orden. Ellos no dan La Palabra, porque son La Palabra. No buscan una respuesta, porque son la respuesta, el Reino en miniatura. No hay nada tan absolutamente poderoso que un grupo inquebrantable que se dan unos a otros y también a Dios, incondicionalmente. Son semillas y no hay nada más poderoso que una semilla.

No se necesita mucha gente para lograr cosas. Una pequeña, decidida y disciplinada minoría puede hacer cualquier cosa. Alguien dijo: "El 5% de la gente piensa; el 10% de la gente cree que piensa y el resto de la gente preferiría morir en lugar de pensar". Es ese 5% que cambia situaciones. Un puñado de personas hicieron a Alemania nazi y a Italia fascista. En 1914 alguien dijo que encontrar a dos comunistas en París (la sede del comunismo) sería una maravilla, y que encontrar a cuatro sería un milagro. Y con todo en cinco años los comunistas tomaron Rusia y desafiaron al mundo. Menos de un centenar de personas produjeron tanto el Renacimiento como la Reforma en Europa. Diez personas crearon la Unión Federal de los Estados Unidos. El Dr. W. H. Welch de Johns Hopkins, con un pequeño grupo disciplinado de jóvenes médicos, su alrededor, cambió la vida médica en Norteamérica durante décadas.

Padre de gracia, veo que si estoy en sumisión contigo, entonces cualquier cosa puede suceder. He determinado permanecer en esa sumisión contigo, a cualquier costo. Porque veo que "contigo nada es imposible". Estoy a tu disposición: "He aquí el siervo del Señor". Amén.

1 Pedro 1:22-23; Mateo 25:34-40; Efesios 2:19-22

Un remolque para el compañerismo

Estudiamos la vida corporativa en un pequeño grupo disciplinado. Debemos seguir adelante y ver las leyes que son la base de la vida corporativa. Hay una manera de llevarse bien con la gente, y es la manera de Dios. Está escrita en la constitución de nuestras relaciones y es definible según ciertas leyes de asociación bien confirmadas.

Cuando usted empiece con la vida corporativa, deje que arda en su conciencia que la vida es social y que hay leyes definidas de asociación y vida corporativa. Puede hacer un remolque para el compañerismo. La vida corporativa requiere de inteligencia tanto como de buena voluntad.

1. *No debe tratar de dominar el grupo.* Eso es fatal, porque eso engendra lo mismo en otros; y entonces el escenario está preparado para el choque y la contienda. En el principio de la vida corporativa hay una rendición personal. "No puedo dominar su mente", dijo un desconcertado hombre que trataba con una mujer de espíritu independiente en su empleo. Le dije que tenía que abandonar el deseo de dominar y empezar a cultivar la voluntad de cooperar. Eso cambia la actitud y permite que usted pueda ver la verdad en la posición de la otra persona, en lugar de tratar de hacer comprender su posición a otros.
2. *No debe tratar de usar al grupo.* Puede ser percibido enseguida si intenta usar al grupo para cualquier propósito ulterior, engrandecimiento propio, hacerse ver, negocios, escalar socialmente con algún nombramiento o el deseo de quedarse.
3. *Adquiera y cultive el poder de ponerse en el lugar de la otra persona.* Esa simpatía imaginativa es la clave para la vida, en realidad, es la vida en sí, porque la vida es sensibilidad. Uno de los secretos del poder de Jesús sobre nosotros es simplemente esta calidad de simpatía imaginativa. Pero no es solo la simpatía en la imaginación, es simpatía en realidad, o literalmente, "sufrir con". Nuestro anhelo es el de Él; nuestro cautiverio es el suyo, *"Tuve hambre y me diste de comer (...) estuve en prisión y me viniste a ver"* (Mateo 25:35,36). En la medida en que adquirimos y cultivamos este espíritu de simpatía imaginativa somos cristianos y podemos llevarnos bien con otras personas.

Oh, Dios, en este delicado y difícil pero atrapante negocio de llevarse bien con otras personas, dame habilidad, visión y paciencia, infinita paciencia. Tú eres paciente conmigo a pesar de mis torpezas, ayúdame a ser paciente con otros, porque ellos también tienen que soportarme. Amén.

Proverbios 25:8-11; Mateo 5:25; 7:1-5; 1 Juan 2:8-10

Pasos posteriores en la vida corporativa

Continuamos con nuestra escala para la vida corporativa.

4. *Decida no mantener ninguna crítica secreta en el grupo.* Una consigna en nuestro lugar de reunión dice: "El compañerismo está basado en la confianza; la crítica secreta destroza esa confianza; en consecuencia, renunciaremos a toda crítica secreta". Si no hay ninguna crítica exterior, entonces sabemos que no hay ninguna crítica interna; entonces el compañerismo está relajado y libre. Debemos dar la bienvenida a la utilidad mutua de la crítica constructiva, porque "lo mejor de nosotros es que solo somos cristianos en formación". Si tenemos miedo de la crítica, vivimos a la defensiva, vivimos por temor y no por fe. Bajemos las barreras y recibamos lo peor, ¡y probablemente encontraremos lo mejor!
5. *No busque la perfección en las personas.* Usted tiene que llevarse bien con usted mismo, a pesar de usted; por eso, decídase a llevarse bien con otros, a pesar de ellos.
6. *Vea en otros, no lo que son, sino lo que pueden ser.* Ese era el secreto de la influencia de Jesús en la gente. Él creía en ellos cuando no podían creer en sí mismos, porque los veía no como eran, sino como lo que podrían ser con su ayuda. Esa actitud le dará a usted, no un humor quejumbroso de insatisfacción hacia los demás, sino un humor constructivo de esperanza de posibilidades. Yo respondo a la fe de Jesús en mí cuando no tengo ninguna fe en mí. ¡Tengo fe en la fe de Él!
7. *Decida no establecer diferencias cuando estas se levanten, no deje que se enfríen.* Muchos malentendidos pueden ser disueltos por una rápida acción. Si los deja permanecer, causarán dolor. *"Ponte de acuerdo con tu adversario rápidamente, mientras estás en el camino con él"* (Mateo 5:25).
8. *No busque el desprecio.* Aquellos que lo buscan, generalmente lo encuentran. Tenga un gran propósito que absorba su atención para que no perciba cuándo es despreciado. Como alguien dijo: "Hablar sobre cómo forjar el mundo es mucho más importante que hablar de nuestras circunstancias".

Dios, mi Padre, empezamos a ver que tu camino es el camino, no simplemente de la teología, sino de la vida. Porque tú has establecido relaciones. "Ser es estar en relación con otros". Ayúdame a reavivar en esas relaciones tu inagotable paciencia y tu buena voluntad, de tal manera que sea yo quien disuelva los malentendidos y quien sane las heridas. En el nombre de Jesús. Amén.

Job 22:1; Romanos 14:17; 12:10-18; 1 Timoteo 1:4-7; 2 Timoteo 2:24-26

Mantenga en alto la perspectiva y el espíritu

Continuamos con nuestros pasos para la vida corporativa.

9. *No acepte sentirse pequeño, manténgase grande.* Cuando algunos elementos en Israel no reconocían a Saúl como rey, *"él mantenía su paz"*. A un hombre más pequeño le hubiera dado un ataque de ira. Saúl nunca fue más rey que en ese silencio bajo la provocación. "No soy lo suficientemente grande, o aquellas cosas no me lastimarían", dijo un misionero con un suspiro cuando descubrió que su majestuosa vida de trabajo había sido estropeada por haber permitido que las trivialidades lo enfadaran.
10. *Busque los privilegios del servicio y no los privilegios de sus derechos.* La persona que siempre insiste en sus derechos nunca los obtiene. Porque los derechos no son algo que puede ser otorgado, tienen que ser ganados. Y se ganan cuando usted brinda servicio a otros. Quien sirve a otros logra mucho más que con todo lo que sabe hacer.
11. *No trate de hacer que la gente sea buena, ámelos.* Tagore dice: "El que trata de hacer que la gente sea buena, siempre estará tocando la puerta, pero el que ama siempre encontrará la puerta abierta". Si alguno quiere hacerme bien, me siento como queriendo esquivar algo; pero si alguien me ama, me conquista enseguida. Una actitud de amor abre todas las puertas, en cualquier parte del mundo.
12. *A menudo compare su decisión con la decisión del grupo.* Porque el grupo puede ver más objetivamente que usted. Mantenga el poder de decir, "lo siento". Aquellos que siempre tienen razón siempre están equivocados. Sus actitudes muestran su equivocación.
13. *Si hay alguna injusticia fundamental en las relaciones dentro del grupo, no aconseje solamente paciencia, corrija la injusticia.* Es imposible tener un compañerismo verdadero con y en torno a una injusticia. Esa injusticia infectará su compañerismo y lo corromperá. Corrija la injusticia y el compañerismo vendrá naturalmente.
14. *No trate de tener compañerismo, trabajen juntos para grandes fines y el compañerismo será evidente.* Si trata de tener compañerismo, solo logrará sutilezas rebuscadas. Pero si trabaja para los grandes fines del Reino, el compañerismo vendrá como un resultado adicional. No trabaje para el compañerismo, sino sea compañero para grandes causas.

Oh, Cristo, te agradecemos porque al descubrir los fines de tu Reino nos descubrimos unos a otros. Tu causa nos une. Por eso, fúndenos juntos en lazos de grandes esfuerzos. Porque no debemos pensar en nosotros, sino en ser liberados para tus propósitos. En el nombre de Jesús. Amén.

Romanos 12:3-8; Efesios 4:25; Juan 15:11; Filipenses 2:2-4

Miembros los unos de los otros

15. *Recuerde, somos "miembros los unos de los otros"*. Esta idea de Pablo nos apartará de los celos. Si somos *"miembros los unos de los otros"*, entonces la otra persona me suple y es un complemento para mí cuando soy débil. Si una persona puede cantar mejor que yo, entonces esa persona es la parte de mí que canta, estoy complementado por su fuerza. Si otro puede manejar las cosas mejor que yo, entonces no debo ponerme celoso, sino reconocer que él es parte de mí para suplir mi habilidad ejecutiva. Tal vez hay algo que yo pueda hacer mejor que la otra persona, y soy parte de esa persona para esa situación en particular. Tal actitud hará que seamos completos, no con celos, sino con orgullo por la habilidad de la otra persona.
16. *Espere lo mejor de otros.* Si espera lo mejor, probablemente lo conseguirá; si espera lo peor, probablemente lo obtendrá. *"De acuerdo a tu fe te sea hecho"*.
17. *Ayude a otros a ayudarse, no los asfixie demostrando mucha ansiedad en ayudarlos.* Sea un formador de hombres. "Ahora realmente he tenido éxito", dijo un gran secretario de Asociación Cristiana de Jóvenes cuando vio a la persona a quien había entrenado, ser elegido para tomar su lugar. Desarrollar a otros es el único éxito. No sea un tirano benévolo. Permita que crezca la gente a su alrededor.
18. *Mantenga su capacidad de reír.* Cuando las cosas se ponen tensas, ríase a carcajadas. Practique reírse de usted mismo delante del espejo. Si pierde su capacidad para reír, está perdido. Por eso, haga que su voz sonría cuando habla. El cultivo de la voz es cultivar la voz que expresa amor.
19. *Mantenga siempre ante el grupo el pensamiento de que es disciplinado por algo que está más allá del grupo, el Reino.* El grupo nunca debe llegar a ser un fin en sí mismo, debe permanecer como un medio para los fines del Reino. Si se convierte en un fin, se volverá farisaico y "más santo que tú" en sus actitudes. El grupo debe tener un constante sentido de responsabilidad en el Reino.

Dios, nuestro Padre, ayúdame en este grupo a ser la clase de persona que quiero que otras personas sean. Ayúdame a recordar que las personas viven en soledad y necesitan amor. Ayúdame a dar amor sin límite y sin reservas. Ayúdame a tomar la iniciativa y no a esperar a que los demás lo hagan. Porque tú no esperaste a que yo tomara la iniciativa. Te agradezco. Amén.

Salmo 133:1; Mateo 2:1-3, 9-12; Hechos 6:3; Efesios 4:13-16

Pensamientos generales sobre la vida en grupo

Algunos pensamientos generales que resumen la vida en grupo.

1. Dios habita y usa la vida del grupo especialmente. *"Porque donde dos o tres se reúnen en mi nombre, allí estoy yo en medio de ellos"* (Mateo 18:20). Es más seguro para Dios usar a un grupo que usar a una persona. El uso de una persona puede resultar en individualismo, pero el uso de un grupo resulta en un énfasis corporativo. El individuo se encuentra a sí mismo en esa vida corporativa.
2. El grupo debe ser organizado en torno a objetivos encarnados y no en torno a ideas confusas, si piensa sobrevivir. Los redencionistas en Jerusalén vivieron en el movimiento de Jesús porque estaban organizados en torno a la idea de la igualdad para todos. Esa idea fermenta en el mundo y aún podría salvarlo. Los Magos de Oriente, otro movimiento corporativo, eran observadores de estrellas. Llegaron hasta el pesebre, dieron su homenaje, regresaron y nunca se volvió a oír de ellos. Su movimiento desapareció. Estaba organizado en torno a la observación estelar, no era concreto ni estaba encarnado. Joe Louis y Nova se reunieron para un encuentro. Ellos representaban dos ideas. Louis representaba el renovado interés por la libertad de un pueblo. Cuando se expresaba, consciente o inconscientemente, esa acción era un golpe por la libertad de una raza suprimida. Nova, al haber estado interesado en el misticismo hindú, creía que si usted estaba en armonía con el cosmos, podría dar un golpe cósmico, el universo golpearía cuando usted golpeara. En consecuencia, un golpe racial se enfrentó a un golpe cósmico. El golpe racial derribó al golpe cósmico. ¿Por qué? Por una cosa: el golpe racial de Louis tenía una causa concreta, la libertad de un pueblo aquí y ahora. Nova representaba en su golpe, a un ideal confuso y desencarnado, el cosmos golpearía con él. Esa idea confusa y desencarnada sucumbió ante la causa encarnada.

   Permita que el grupo tome esto con seriedad. Si las ideas son confusas, desencarnadas y fuera de una realidad concreta, entonces el grupo será rechazado por movimientos que tienen objetivos concretos en donde los miembros tienen una definida tarea que realizar. Permita que la iglesia también tome esto seriamente. El futuro pertenece a los movimientos que están articulados dentro de tareas concretas realizables.

Dios, quiero aprender a sumergir mi voluntad y mis afectos en una voluntad más grande y en un afecto más grande, para que pueda encontrar mi voluntad y mis afectos purificados, aclarados y ampliados por la vida del grupo. Ayúdame a perder mi vida para volverla a encontrar. Amén.

SEMANA 39 - VIERNES

Efesios 5:25-33; Colosenses 3:18-19; Gálatas 5:13-16

Guía para las relaciones familiares

Mientras hablamos sobre la vida corporativa disciplinada, vamos a realizar algunas sugerencias sobre cómo hacer que la relación matrimonial sea lo mejor que pueda ser. La mayoría de estas sugerencias pertenecen al Dr. Paul Popenoe, tal como fueron expresadas en un artículo por Emmet Crozier en *Revista americana* de junio de 1933, con mis sugerencias añadidas en uno y otro lugar.

Reglas generales para el esposo y la esposa: (1) No regañar. (2) No trate de transformar a su cónyuge. (3) No critique. (4) Brinde una apreciación honesta. (5) Ofrezca pequeñas atenciones. (6) Lea un buen libro sobre el aspecto sexual del matrimonio, el matrimonio tiene una base física que debe ser satisfactoria para ambas partes.

Para los esposos: En el siguiente cuestionario puede contestar las preguntas dándose diez puntos si la respuesta es afirmativa.

1. ¿Todavía "galantea" a su esposa con un ocasional regalo de flores, recordando su cumpleaños y su aniversario de bodas, o con alguna atención y ternura inesperadas?
2. ¿Tiene el cuidado de nunca criticarla delante de otras personas?
3. ¿Le da dinero, por encima de los gastos de la casa, para que lo gaste realmente en lo que ella quiera?
4. ¿Hace un esfuerzo para entender su cambiante humor femenino y para ayudarla en sus momentos de fatiga, de nervios y de irritabilidad?
5. ¿Pasa al menos la mitad de sus horas de recreación con su esposa?
6. ¿Tiene un interés definido por su vida intelectual, por sus relaciones sociales, por los libros que ella lee y por sus puntos de vista sobre los problemas cívicos?
7. ¿Se mantiene alerta en cuanto a las oportunidades para alabarla y para expresar su admiración por ella?
8. ¿Le agradece por los pequeños trabajos que ella hace para usted, como por ejemplo coserle un botón o poner su ropa en el lavarropas?
9. ¿Oran juntos siempre, van a la iglesia juntos?
10. ¿Mantiene usted el altar de su corazón intacto para ella?

Nuestro Padre, que nos has establecido en familias y nos has puesto ahí para procrear la raza y así entrenarnos en el arte de vivir juntos para que podamos formar una familia de Dios fuera del caos del mundo, ayúdanos a empezar en donde estamos. Ayúdanos a lograr que el Reino sea eficaz en las pequeñas cosas del hogar. De este modo estaremos preparados para la familia más grande, la iglesia. En el nombre de Jesús. Amén.

Gálatas 3:28; 5:22-26; Efesios 4:1-6

Guía para las esposas

Continuamos con nuestro estudio sobre cómo vivir juntos en el grupo familiar.

Para las esposas:

1. ¿Tiene una comprensión inteligente de los negocios de su esposo de tal manera que puede considerarlos con él?
2. ¿Puede enfrentar las adversidades financieras, con valentía y con alegría sin criticar a su esposo por sus errores, o lo compara desfavorablemente con hombres más exitosos?
3. ¿Hace un esfuerzo especial para llevarse bien y ser amable con la madre o con otros familiares de él?
4. ¿Se viste con la atención puesta en los gustos de su esposo en cuanto al color y al estilo?
5. ¿Llega a un arreglo por las pequeñas diferencias de opinión en interés de la armonía?
6. ¿Está al tanto de las noticias del día, de los libros nuevos y de las ideas nuevas para poder mantener el interés intelectual de su esposo?
7. ¿Mantiene su vida privada de oración de tal manera que puede enfrentar cada situación que se levanta en el hogar con un sentido de equilibrio, de dirección divina y con visión?
8. ¿Ha creado un pequeño altar en el hogar en donde su esposo, usted o sus hijos pueden apartarse para tener un tiempo de quietud y oración sin ser molestados?
9. ¿Ha aprendido a decir "lo siento", o siempre tiene la razón?
10. ¿Mantiene sus relaciones en la iglesia e intenta que sean amistades verdaderas, o solo envía a sus hijos a la escuela dominical?
11. ¿Es la clase de persona que quiere que sus hijos y su esposo sean?

Sugerencias generales para ambas partes:

"Abstenerse de compartir tales intereses con otras personas del otro sexo ya que son propensos a atraer a alguno hacia una relación que es una amenaza para la relación matrimonial. *Podemos* ayudar a evitar enredarnos en alguna alianza si *nunca empezamos* a compartir estos intereses implícitos con el otro sexo ya que nos llevarían a una intimidad" (*La familia vive su religión*, Regina Westcott Wieman, Harper, 1941, p. 80).

Dios, estas tiernas relaciones del hogar pueden ser un altar o pueden ser un enredo. Mantén mi altar interior fuera de toda lealtad dividida, de toda actitud quejumbrosa y de toda preocupación y ansiedad. Déjame acercarme cada día con la confianza en que "Todo lo puedo en Cristo que me fortalece". Amén.

SEMANA 40 - DOMINGO

1 Corintios 9:24-27; 1 Timoteo 6:11-12

No me dejaré dominar por ninguna cosa

La voluntad de vivir es lo que impulsa todo. Cada cosa busca la perfección. El impulso por la realización es tal vez el más insistente de todos los impulsos. La religión está arraigada en este impulso de la vida, la religión es el impulso de la vida en forma cualitativa. Queremos vivir, no solo vivir plenamente, sino mejor. La voluntad de vivir puede convertirse en la voluntad de insistir, a menos que esa voluntad sea gobernada por la voluntad de Dios.

Pablo habló de esta voluntad de dominar con estas palabras: *"Todo me está permitido, pero no todo es para mi bien. Todo me está permitido, pero no dejaré que nada me domine."* (1 Corintios 6:12). Esa frase, *"no dejaré que nada me domine"*, es una de las frases más grandes y jamás pronunciada que declara el propósito de una vida. El hombre que era totalmente dominado por la voluntad de Dios dijo que él no sería dominado por *ninguna cosa*. Lo opuesto a esto también se aplica: si usted no es dominado por Dios será dominado por cosas, por usted mismo, por otras personas, por las circunstancias, por el mundo, o por tristezas y desengaños.

Tome las dos últimas cosas que nos dominan: el mundo y las tristezas y desengaños. Algunos son dominados por el mundo. Habitualmente es un proceso muy lento y silencioso. Sabemos escasamente lo que sucede, pero somos lentamente dominados por una perspectiva materialista. La historia dice que a un petirrojo le ofrecieron un gusano a cambio de una pluma. El pájaro pensó que aquello era un buen negocio, se ahorraría el trabajo de atrapar gusanos por perder una pluma. Pero un espantoso día, el petirrojo despertó para ver que sus plumas ya no estaban y que no podía volar. Había vendido su poder para volar a precio de gusanos. Estaba limitado a estar en tierra. El equivalente de aquello sucede a nuestro alrededor, los poderes del alma y la habilidad para remontarse son cambiados por las cosas. Pronto el hombre es un alma muerta rodeada de muchas cosas.

Luego son dominados por algún desamparo o alguna desilusión. Se refugian en su casilla de la vida como un perro cuando es castigado. La vida es demasiado para ellos. Están agotados. Allí se entregan a la autocompasión interior. La voluntad de vivir se convierte en la voluntad para quejarse de la vida.

Oh, Dios, fuera de ti soy dominado por esto o por aquello. Contigo nada puede dominarme, excepto tú. Entonces soy libre. Líbrame de ser dominado por cualquier tristeza o desengaño. Ayúdame a elevarme como un avión, contra toda resistencia. En el nombre de Jesús. Amén.

SEMANA 40 - LUNES

Juan 15:11; 16:33; Romanos 8:35-39

Vida abundante "a pesar de"

A veces la vida abundante es "a causa de", pero muchas veces es "a pesar de". Cuando las circunstancias están contra nosotros, debemos ser capaces de izar las velas de nuestras almas y de usar incluso los vientos contrarios. La fe cristiana no promete la exención de la tristeza, ni del dolor ni de la frustración; promete el poder, no solo para soportar, sino también para usar estas adversidades. El secreto de usar el dolor, el sufrimiento y la frustración es de muchas maneras el secreto más grande de la vida. Cuando haya aprendido esto, será insuperable e inquebrantable.

Un joven médico me dijo:

> Su modo de vida es diferente al del psicoanalista, quien da al paciente un conocimiento de sí mismo y luego espera resolver las dificultades de ese paciente; es también diferente al método de la escuela Meyer, la cual cambiaría el ambiente ante la aparición de factores desestabilizadores. Usted va más allá, le da al hombre un conocimiento de sí mismo, trata de cambiar su ambiente en donde sea posible y luego consigue que el paciente se tome de los recursos de Dios, de tal manera que si no puede cambiar su ambiente, puede usar su ambiente adverso y hacerlo servir en sus propósitos. Su modo de vida es más completo y más adecuado.

¡Él tenía razón, excepto que no era mi método! ¡Yo lo descubrí! Es el modo de vida de Cristo.

El cristiano "puede tomarlo", porque puede tomar a la adversidad para usarla. Un maestro de niños de los barrios carentes confeccionaba una lista de las cualidades de Jesús con los chicos. Cuando la lista aparentemente estaba terminada, un vendedor de periódicos levantó sus sucias manos y dijo: "Lo colgaron en una cruz y Él podía llevarla". El muchacho tenía razón, pero la razón por la que podía llevarla, no era por una actitud estoica. La razón era más profunda: podía llevarla porque podía usarla. Llevó la cruz, porque podía usar la cruz. Usted no puede llevar la cruz por mucho tiempo, quebrantará su espíritu, a menos que tome esa cruz y la haga servir en propósitos supremos. El estoico carga la cruz; el cristiano hace que la cruz produzca fruto.

Cualquier movimiento que ha descubierto el secreto de hacer que el árbol más amargo, la cruz, produzca un fruto dulce, ha aprendido el secreto de la vida abundante.

Oh, Cristo, empezamos a ver tu secreto. Tú te tomaste de la vida cuando la vida decía su palabra más cruel, y transformaste esa misma palabra en La Palabra redentora de Dios. Tú no cargaste la cruz, tú la usaste. Dame el poder para hacer precisamente eso. Entonces, en ti, soy invencible. Amén.

Mateo 5:43-48; Romanos 12:17-21; 1 Juan 4:21

Permita que su paz vuelva a usted

En relación a lo que Jesús enseñaba a sus discípulos, añadió: *"Si el hogar se lo merece, que la paz de ustedes reine en él; y si no, que la paz se vaya con ustedes"* (Mateo 10:13). En otras palabras, si la gente no acepta su paz, la paz se vuelve a usted, ¡y obtiene la paz que tiene, más la paz que dio! De todas maneras gana. Es una cuestión de "Cabezas yo gano; colas, ustedes pierden". ¡Tal vez escuchó sobre un vallado de piedra tan grande que aún con el paso del tiempo seguía tan alto como al principio! ¡El cristiano es de la misma manera! Prospera en las dificultades, porque transforma sus dificultades en puertas y sus calvarios en mañanas de pascua.

¿Es usted criticado? Entonces, si la crítica es verdadera, corrija aquello que es criticado. Haga de sus críticos "los impagables guardianes de su alma". Todos somos "solo cristianos en formación"; por eso, haga que las críticas lo formen a usted. Si la crítica es falsa, entonces no permita que haga diferencia alguna en su actitud hacia quien lo critica. Permita que sus pensamientos sobre la persona que lo critica se conviertan en oraciones. De la injusticia usted arrebatará una victoria moral. No tendrá enemigos, porque no tendrá ninguna enemistad. ¡Es una manera fácil y pacífica de librarse de sus enemigos! La única manera posible de librarse de un enemigo es convertirlo en un amigo. Incluso si él no se reconoce como amigo y actúa como un enemigo, lo ha transformado en un amigo de dos maneras: solo tiene sentimientos amigables hacia él y puede cambiar las críticas recibidas y lograr que esas mismas críticas lo formen a usted. Ya sea que él quiera o no, es su amigo. Usted es quien decide.

La única manera de vencer a su enemigo es no ser como él. No deje que ponga armas en sus manos. Si él muestra enemistad, usted da amor. Mantenga sus propias armas. Dos odios nunca crearon un romance. Usted sea el maestro.

Recuerde la frase: "Un alma que respira paz"; sea esa clase de persona, respire paz en todos. Si ellos no la aceptan, entonces la paz se volverá a usted.

Maestro de gracia, debo caminar en medio de la adversidad con mi cabeza en alto. Pero no puedo hacer esto a menos que ponga mi cabeza en el polvo a tus pies para entender tus caminos. Porque tus caminos son caminos de maestría. Nada te intimidó; nada te detuvo. En ti yo también soy invencible, humilde, gustosa y gozosamente. Ayúdame a estar rebosante, de tal manera que pueda eliminar la enemistad con todo lo demás. Amén.

SEMANA 40 - MIÉRCOLES

Jeremías 51:58; Romanos 8:16-33; 2 Corintios 7:8-12

El dolor es la gracia preventiva de Dios

El cristianismo sobrevivió a lo peor que podría sucederle, es decir, la muerte de su fundador, y la transformó en la mejor cosa que podía pasar en el mundo. Redimió al mundo a través de una catástrofe. Una fe que puede hacer eso tiene un valor de supervivencia y durará más que las vacías y superficiales filosofías de la vida. Nada menor a esa clase de filosofía puede permanecer en la vida.

Podemos ver por qué Dios permite el dolor, es su gracia preventiva. Si no hubiera dolor en el mundo, no hubiéramos sobrevivido como raza. Por ejemplo, si el dolor no estuviera ligado a la enfermedad, probablemente permitiríamos que esa enfermedad nos consumiera, no nos dolería; ¿entonces, por qué preocuparse? Pero el dolor nos traspasa, nos despierta y dice: "Presta atención, hay algo malo aquí; ten cuidado". El dolor es la bandera roja de Dios para advertir el peligro fundamental que asecha. Por lo tanto, debemos agradecer a Dios por el dolor.

Pero esto no podemos hacerlo a menos que hagamos algo con el dolor que no sea soportarlo estoicamente. A menos que el dolor trabaje para algún fin, nos destruye. Es por eso que el profeta vio que *"los dolores de los paganos fueron en vano"* (Jeremías 51:58). Aquellos que viven apartados de Dios, los paganos, no saben qué hacer con el dolor; lo desperdician. Los dolores terminan simplemente en un dolor sin sentido, monótono e infructífero. Los lleva a ninguna parte. Gran parte del dolor del mundo es desperdiciada. Durante 1914-1918, sufrimos terriblemente y desperdiciamos ese dolor del mundo. Lo mejor que pudimos hacer con él fue registrarlo en el Tratado de Versalles; y ahora volvemos otra vez, a ser impulsados a la práctica del miserable negocio. Y vamos a hacer lo mismo con el dolor de este mundo actual, a menos que podamos transformarlo en un propósito determinado para hacer de él un mundo nuevo, para que la guerra no vuelva a levantarse. Solo cuando vemos redención en el dolor podemos tener alguna liberación mientras lo sentimos, el dolor sin propósito es paralizante[1].

Cristo, tú, maestro del dolor crucial, ayúdanos a dominar el dolor crucial tanto como el dolor marginal. Ayúdame a tomarme de la vida cuando la vida sea difícil e imposible y de este modo hacer que la vida no solo sea posible sino también llena de posibilidades. Porque la lucha está activada, debo dominar o ser dominado. Ayúdame a dominar a través de ti, oh maestro. Amén.

1. Este libro fue escrito entre las I y II Guerra Mundial

SEMANA 40 - JUEVES

Filipenses 1:12-18; Hechos 16:6-10; Gálatas 4:13

Gracia apartada

Si "los paganos desperdician su dolor", entonces nosotros como cristianos debemos aprender a lograr que nuestros dolores sean productivos. Ayer vimos que el dolor puede ser usado para un propósito, el dolor redentor. Pablo habla de *"La tristeza que proviene de Dios"* (2 Corintios 7:10), puede haber un dolor guiado por Dios. El dolor puede ser aceptado en los propósitos de Dios y ser transformado en un carácter adecuado, en una mayor ternura y en una mayor utilidad. Puede ser convertido en dolores de parto, puede dar a luz una vida nueva.

Tome uno de los dolores más difíciles de soportar, la frustración de nuestros planes en la vida. Muchas veces esto arroja confusión en todas las cosas que han estado involucradas en esos planes de vida. ¿Cómo enfrentó Jesús tal situación? Un pequeño incidente revela su secreto.

Cuando Jesús sanó al endemoniado, la gente vino y vio al hombre *"vestido y en su sano juicio, tuvieron miedo"* (Marcos 5:15). ¡Miedo de la sanidad! Le rogaron a Jesús *"que se fuera de sus contornos"* (v.17). Su presencia les había costado demasiado. Jesús pensaba que los hombres valían más que los cerdos. ¡Cualquiera que piense eso es peligroso! Es desconcertante y para algunos desalentador, descubrir que los mejores esfuerzos de uno están bloqueados por la ignorancia y la egoísta avaricia.

Sin embargo, ¿estaba Jesús bloqueado por esta ignorancia y esta avaricia? No, no estaba bloqueado, sino apartado. Su gracia no estaba paralizada, sino apartada. Simplemente se volvió hacia otra dirección. Por eso se retiró en una barca, ¿frustrado? ¡Oh, no! La gracia fue apartada y dirigida hacia otras personas y otras situaciones. Él hizo algunas de las cosas más grandes de su vida como resultado de ese bloqueo, ¡ese bloqueo se convirtió en mucha bendición! Sanó a un paralítico, llamó a Mateo, enseñó sobre el conservadurismo, sanó a una mujer que tenía una hemorragia, resucitó a un muerto, etc., etc., etc. La frustración se convirtió en fructificación. Si no podía hacer esto, podía hacer aquello. Y ese "aquello" tenía en sí una profunda cualidad de carácter, tenía una victoria sobre la amargura y el resentimiento. Ese "aquello" fue mejor que "esto". Jesús obtuvo no solo la victoria, sino la victoria, ¡además de!

Oh, Cristo, no seré detenido por pequeñeces ni por un sólido bloqueo de mis planes. En ningún caso me detendré. Encontraré un camino alternativo si tengo el paso cerrado. Dame esa elasticidad de espíritu que se dobla, pero nunca se rompe. Porque me levantaré sobre toda resistencia de la vida. Ayúdame a estar a la altura de cualquier cosa, por tu poder. Amén.

Lucas 10:25-37; 15:2-7

Las frustraciones se vuelven fructíferas

Ayer vimos cómo la vida de Jesús no estaba estancada, sino apartada ante la oposición y la frustración. Esa misma oposición puede ser un estímulo.

Glenn Cunningham, el hombre que llegó a ser el hombre más rápido en una carrera, sufrió una quemadura tan grave que los médicos pensaban que estaría siempre en una silla de ruedas. El muchacho destinado a ser un inválido, cambió ese destino al convertirse en el hombre más rápido del mundo. Whistler, el pintor, quería ser un soldado; pero fracasó en la academia militar West Point y se dedicó al pincel como una segunda opción. Walter Scott quería ser un poeta, y abandonó porque no podía igualar a Byron. Avergonzado de ser un novelista, escribía anónimamente; sin embargo, dio al mundo la obra *Ivanhoe*. Un joven universitario había perdido ambas manos en una explosión; puesto que ya no podía usar sus manos, decidió usar su cabeza al máximo y se convirtió en maestro de una gran universidad. Phillips Brooks quería ser maestro y fracasó miserablemente, de mala gana empezó la carrera de predicador y llegó a ser uno de los más grandes del mundo.

Alguien le preguntó a un hombre sobre su constitución y contestó: "Eso fue hace mucho tiempo, ahora vivo en los estatutos". Algunas personas viven mejor en sus estatutos que mucha gente en su constitución. Kagawa lo hace, vive radiante y eficazmente con un pulmón, ¡y hace más con ese pulmón que mucha gente con dos!

Tal vez usted se encuentre en medio de dificultades y frustraciones por causa de su posición cristiana. Entonces tendrá que hacer lo que hizo Juan: *"Yo, Juan (...) estaba en la isla de Patmos por causa de la palabra de Dios y del testimonio de Jesús"*, aislado por causa de la convicción. Pero el pasaje continúa: *"En el día del Señor vino sobre mí el Espíritu y oí detrás de mí una voz fuerte, como de trompeta, que decía: «Escribe en un libro lo que veas...»"* (Apocalipsis 1:9-11). Aislado de los hombres, vio el cielo abierto y recibió la visión de la victoria por venir. El aislamiento se convirtió en revelación.

¿Están desbaratados los planes de su vida? Entonces puede, por la gracia de Dios, hacer planes nuevos y mejores.

Cristo victorioso, impárteme tu secreto. Porque la vida se vuelve inevitable una y otra vez. No tengo el poder para cambiar mi ambiente, entonces déjame cambiar mi alma. Y a través de mi alma cambiada haré del ambiente inevitable la piedra de afilar sobre la cual mi alma será pulida para tus propósitos. Contigo no puedo ser vencido. Amén.

Hechos 16:19-34; 2 Corintios 12:7-10; Mateo 16:23

Usemos las enfermedades y los impedimentos

Ayer terminamos con la idea de que las frustraciones pueden impulsarnos. Pablo fue impedido en Galacia por causa de una enfermedad, ¿frustrado? ¡Oh, no! *"Como bien saben, la primera vez que les prediqué el evangelio fue debido a una enfermedad"* (Gálatas 4:13). Impedido por una enfermedad, usó esa frustración y predicó el Evangelio y a través de su predicación levantó una iglesia cristiana y le escribió una carta, una carta que ha enriquecido al mundo. Eso es victoria.

Cuando Pablo le pidió a Dios que quitara el *"aguijón de la carne, el mensajero de Satanás que lo golpeaba"* (2 Corintios 12:7), recibió por respuesta, *"Bástate mi gracia: Porque mi poder se perfecciona en la debilidad"* (v.9). Recibió promesa, no de liberación, sino de recibir el poder para usar la enfermedad. Pablo se levantó y dijo: *"Por tanto, muy gustosamente me gloriaré más bien en mis debilidades (...) porque cuando soy débil, entonces soy fuerte"* (v.10). Si el mensajero de Satanás estaba para abofetearlo él determinaría la dirección en la que los golpes lo enviarían. ¡Los golpes lo enviaban hacia delante!

La Guerra Mundial había dejado lisiado a un hombre, estaba postrado en una cama. ¿Vencido? ¡Oh, no! Desde esa cama hace funcionar un negocio muy grande y su casa es el centro de la diversión sana. Pudo haber convertido a su madre en alguien dedicado solo a atender sus necesidades, pero se rehusó; él y su madre viven sus vidas con logros individuales y en una hermosa cooperación.

El predicador más grande del mundo podía decir: *"Quizás yo sea un mal orador, pero tengo conocimiento"* (2 Corintios 11:6); sin embargo, ¿esa falta de habilidad en la oratoria detuvo a Pablo? Solo lo estimuló hacia los éxitos más importantes. Si él hubiera sido un buen orador, con toda seguridad hubiera dependido de eso y un éxito secundario habría bloqueado el éxito principal. Mucha gente se arruina por algún éxito secundario, llegan a enredarse en sus técnicas y nunca llegan a la meta. Uno de los hombres espiritualmente más útiles de los Estados Unidos, más bien se gloría en ser el "peor orador del Estado". Y lo es, pero logró que ese golpe lo empujara hacia delante, él funciona en donde su utilidad realmente importa.

Jesús, tú, maestro de cada situación, incluso sobre una cruz, en donde concediste el perdón a quienes te crucificaban y perdonaste a un ladrón que estaba a punto de morir, dame esa maestría sobre las circunstancias. Porque no soy vencido si no es interiormente. Contigo no soy vencido en mi interior. Permanece conmigo y entonces podré soportarlo todo. Amén.

SEMANA 41 - DOMINGO

Mateo 14:12-21; 16:21; 1 Pedro 2:21-24

Trabajar con una herida en su interior

Tan importante es este poder para cambiar lo peor por lo mejor, que debemos quedarnos otra semana con el mismo tema. Porque si aprendemos este secreto, sabremos cómo vivir. Si no lo aprendemos, entonces iremos a tientas en este negocio de vivir. Simplemente es imposible, con respecto al sufrimiento, explicar siempre el por qué. Usted no puede desenredar el misterio del sufrimiento y dar una respuesta lógica. Pero, si bien no puede explicar el por qué, puede aprender el cómo, el cómo de la victoria sobre el sufrimiento, a través del sufrimiento y en torno al sufrimiento. No existe ninguna respuesta lógica, pero hay una respuesta de vida: puede usar el sufrimiento. Es mucho mejor dar una respuesta sustancial que una respuesta verbal. ¡Deje de preocuparse por el por qué y vaya hacia el cómo!

Vea este cuadro: Jesús acababa de escuchar que Juan el Bautista, su primo y su predecesor, además de su amado amigo, había sido decapitado. Y el relato continúa: *"Cuando Jesús recibió la noticia, se retiró él solo en una barca a un lugar solitario"*, quería estar solo para que la herida en su corazón se sanara un poco. *"Las multitudes se enteraron y lo siguieron a pie desde los poblados"*, ellos deshicieron sus planes. *"Cuando Jesús desembarcó y vio a tanta gente, tuvo compasión de ellos y sanó a los que estaban enfermos"* (Mateo 14:13-15). Y luego alimentó a la multitud. Trabajó para otros con una herida en su pecho. Muchos de nosotros tenemos que pasar por la vida y trabajar con una herida. Pero esa herida, en lugar de amargarlo por la injusta decapitación de Juan, hizo que fuera más tierno con otras personas: *"Cuando Jesús desembarcó y vio a tanta gente, tuvo compasión de ellos y sanó a los que estaban enfermos"* y sació el hambre de ellos. Si usted tiene que trabajar con una herida en su interior, recuerde que esa herida será sanidad para otros, su anhelo de consuelo puede alimentar a otros. Justo cuando estaba a punto de predicar en una capilla de la India, un misionero amigo recibió un cable que decía que su padre había fallecido. No nos dijo nada antes del servicio, sino que continuó y predicó un mensaje tiernamente maravilloso, la transcripción de su hermosa alma. Solo después del servicio nos dijo que había recibido la noticia. Trabajó con una herida y esa herida fue sanidad para otros.

Maestro de la herida interior, enséñame tu maestría. Que yo no haga un gesto de dolor, ni retroceda, ni mire hacia atrás ni siquiera en el pensamiento, cuando sea herido por la vida. Ayúdame a permanecer firme, sabiendo que tus heridas responden a mis heridas. Puede ser que mis heridas puedan contestar a las heridas de alguna otra persona. Porque este es un mundo herido. Has de mis heridas, sanidad. En tu nombre. Amén.

Isaías 37:3-7; 41:10, 13; 42:16

La fruta en la boca

En África hay una fruta pequeña que cuando se la sostiene en la boca, endulza el sabor de todas las comidas africanas. El cristiano tiene algo similar, tiene el poder para transformar cada calamidad en una oportunidad. Ese poder para usar todo es la fruta que endulza la más amarga calamidad.

Alguien habló de "obtener música de los restos de la vida". A veces la vida no deja nada en nuestras manos excepto restos. ¿Pero puede usted reunir esos restos y hacer música de ellos? A una persona así vi ayer, una persona cuyo rostro estaba tallado en la fuerza y en la belleza. Fue herida por la parálisis infantil a los veintiocho años de edad; su esposo falleció cuando ella tenía cuarenta y cinco. Decidió que podía caminar, aún después que los médicos le habían dicho que sus músculos ya no tenían vida. Pero ella creó músculos nuevos por su propia voluntad y por la gracia de Dios. A los cuarenta y siete hizo un curso de estenografía, dactilografía y secretariado, y ahora hace lo que hace cualquier otra persona, y aún más. Y lo hace de una manera radiante y triunfante. Está haciendo música de los restos de su vida.

"Un cristiano es un hombre que cuando llega al final de su cuerda, hace un nudo y espera atentamente". Porque sabe que ese extremo es la oportunidad de Dios. Alguien sugirió que "el silencio en el cielo de aproximadamente media hora", mencionado en Apocalipsis, es porque Dios está cambiando el escenario para el siguiente acto. El silencio, los períodos de sufrimiento en su vida quizás son debidos a que Dios lo prepara para el siguiente gran acto. Manténgase firme; el siguiente acto vendrá. Mientras tanto tome sus momentos monótonos y pesados y hágalos producir música. Al hablar de cierta persona, alguien sugirió: "Denle una lista para la lavandería y él lo adaptará a la música".

Todas las posibilidades latentes están en la vida, tome de ella lo que quiera. Los rusos dicen: "Un martillo rompe el vidrio, pero forja el acero". Las calamidades que destruyen algo lo forjarán a usted en su carácter hacia el logro final.

Oh, Dios, mi Padre, veo que no debo lamentarme ni quejarme. Puedo hacer música de mi miseria, puedo hacer una canción de la tristeza, un logro de un accidente. No puedo ser vencido. Porque todo es provisión para mi molino. Cambiaré todo lo bueno, lo malo, lo indiferente, en algo más. Te agradezco. Amén.

Gálatas 4:13-15; Joel 2:25-32

Ciego y sordo, pero suficiente

Ayer hablamos de la fruta pequeña en la boca que endulza todo. Esa fruta es un espíritu de valor y de fe. Un brillante joven, mi primer alumno en la escuela dominical, examinaba un pantano cerca de una fábrica de pólvora. Golpeó un pedazo de madera sobre la que había una ampolla de nitroglicerina, la ampolla explotó y lo dejó totalmente ciego y sordo. A los veintiséis estaba ciego y sordo, condenado a vivir como en un desierto, sin luz, sin sonido.

"Por veinticuatro horas –dijo– fui vencido. 'Ninguno de mis familiares jamás murió antes de los ochenta y yo tengo veintiséis', me dije a mí mismo, vencido interiormente". Pero al final de las veinticuatro horas "salí de golpe de ese estado" –así lo expresaba– y determinó enfrentar la vida como cristiano; encontraría gracia en el desierto. Y la encontró. Trajo una familia al mundo a la que sostenía por medio de un negocio que instaló. No hay forma de comunicarse con él excepto presionando las letras de las palabras en el dorso de su mano. Cuando le pregunté cómo se siente el haber sido cortado del mundo, se rió y dijo: "No estoy cortado del mundo". No lo está, cada parte de su ser vibra con receptividad. Está informado de todo.

A mi pregunta con respecto a cuál era su discapacidad más grande, contestó: "Tengo un mal temperamento y me enojo con aquellos que amo". ¡Un hombre ciego y sordo dice que su discapacidad más grande es una incapacidad moral! Cuando le pregunté si había algo con respecto a él que no quería que yo dijera, me contestó: "No se exprese demasiado bien de mí, porque la gente pensará que usted exagera o que yo soy un superhombre. Hable de tal manera que todos puedan entender: ninguna persona debe ser vencida, no importa lo que suceda".

Este hombre ilustra el hecho de que lo que importa no es lo que le suceda, sino lo que usted hace con ello después que sucede. El cristiano no le teme a nada, porque puede hacer uso de todo.

Jesús dijo: *"Nada de lo que viene de afuera puede contaminar a una persona. Más bien, lo que sale de la persona es lo que la contamina"* (Marcos 7:15). Su reacción a lo que sucede determina el resultado.

Cristo valiente, hazme valiente. Incluso si me sucediera lo peor, podemos cambiarlo por lo mejor. Digo "nosotros", porque solo no puedo hacerlo. Contigo puedo hacer todo, soportar cualquier cosa, pasar por cualquier cosa. Sin ti, me marchito. Pero estoy contigo; por eso enfrento el futuro con un gozo tranquilo. Todo está bajo mis pies. Amén.

SEMANA 41 - MIÉRCOLES

Filipenses 1:12-14; Romanos 8:28-39

Hacer que todas las cosas trabajen para bien

Ayer dijimos que nada puede vencernos, siempre que tengamos la actitud mental correcta. Cuando la tormenta ataca al águila, si sus alas están inclinadas hacia abajo, se estrellará con violencia en la tierra; pero si sus alas están inclinadas hacia arriba, se elevará, haciendo que la tormenta lo mantenga en alto más allá de su furia. La posición de sus alas decide la derrota o la victoria.

El cristianismo ofrece un estado del alma, de tal manera que cuando el problema, la frustración y el desastre golpean a una persona, esa persona se eleva, las alas de su alma apuntan hacia arriba. El mismo desastre golpea a otro y las actitudes de su alma están inclinadas hacia la tierra; entonces se retuerce de angustia en el polvo. La muerte golpea una casa y deja en ella amargura y frustración; en otra, una victoria calma y tranquila además de un beneficio mayor.

Algunos estudiantes que analizaban Romanos 8:28, le dijeron al profesor de una universidad teológica: "Pero, profesor, usted no cree que todas las cosas cooperan para bien, todo el dolor, el sufrimiento y la miseria, ¿no?" El profesor contestó: "Las cosas en sí pueden no ser buenas, pero ustedes pueden hacerlas trabajar juntas para bien". Esa tarde su esposa murió y él quedó lisiado en un accidente automovilístico. Sin embargo, le envió al presidente de la institución una nota que decía: "Dígale a mis alumnos que Romanos 8:28 sigue siendo correcto". El profesor murió ese año. En su tumba grabaron este pasaje de Romanos 8, porque ya estaba grabado en sus convicciones. Uno de los más grandes predicadores del Sur estuvo una y otra vez al lado de esa tumba con la cabeza descubierta orando y pidiendo poder tener esa clase de gracia. El maestro, a través de su espíritu triunfante que resplandeció en esa tragedia, fue más allá de lo que pudo haber logrado durante largos años de enseñanza mediocre. Uno puede vivir como un reloj de arena o como el latido del corazón, y a veces aquellos que viven solo en el latido del corazón, viven más plenamente y con mayor poder de influencia.

Oh, Cristo, tú viviste y trabajaste solo durante tres cortos años. Pero las eternidades estaban comprimidas en las horas de esos años. Si vivo mucho o poco, permite que mis horas tengan la eternidad comprimida dentro de ellas. ¿No estarás en cada una de estas horas? Y entonces nada puede intimidarme. Porque tengo el secreto. Yo también puedo hacer que todas las cosas cooperen para bien. Te agradezco. Amén.

2 Corintios 2:14; Juan 16:32-33; Lucas 23:27-28

La victoriosa vitalidad domina las circunstancias

La vitalidad victoriosa es una vitalidad capaz de dominarlo todo, porque puede usar todo. Puede apoderarse de las materias primas del vivir humano, la justicia y la injusticia, el placer y el dolor, el elogio y la crítica, y aplicarlos en el propósito de nuestras vidas para transformarlos en carácter y utilidad.

Justo por el pasillo del lugar en donde me hospedaba, un pobre hombre, vencido por la vida, entró en un armario de ropa y se colgó de la barra que sostiene la ropa que estaba a solo un metro y medio del piso, él mismo tuvo que alzar sus pies hasta que la vida se le fue. En profundo contraste con este hombre, existe una mujer en otra ciudad, a quien fui a ver ese día. Ella ha estado cuarenta y cuatro años postrada en su cama, pero no fue vencida por la vida. Por el contrario, dominó a la vida. Tenía tres enfermedades, cualquiera de las cuales habría matado a una persona normal; pero ella es de la clase que no muere. Alegremente me dijo: "Los gérmenes de estas diferentes enfermedades, descendieron para luchar unos contra otros en lo profundo de mí ser; y mientras peleaban, se olvidaron de mí y por eso estoy viva".

Postrada sobre su espalda, puso en marcha una tienda de artículos de regalo y fabricó maravillosos pendientes de mariposa. Pronto tenía el dinero suficiente para pagar un impuesto a la renta. Con alegría dijo: "Envié mi cheque al gobierno con amor". Cuando usted puede pagar su impuesto a la renta con amor, bien, ¡eso es un milagro! Una revista le dio a ella cien dólares por la historia de su tienda de regalos, y después le dio mil dólares por la mejor historia real del año. Un editor, al buscar autobiografías de grandes norteamericanos, descubrió la historia de su vida; y por pedido del editor, ahora ella ha escrito cien mil palabras de su autobiografía. Su habitación es el confesionario de la ciudad, el lugar de la cama sobre el que me apoyaba, estaba literalmente desgastado por la gente que se apoyaba en el mismo lugar para contarle sus problemas a esta minusválida mujer. Jóvenes y adultos salen nuevos después de abrir sus corazones a su amable sabiduría y simpatía. Ella tiene setenta y dos, pero es incorregiblemente feliz, su rostro es hermoso por el hermoso espíritu que vive detrás de él.

Oh, Cristo del gozo exuberante, dame este gozo, a pesar de todo. Sálvame de toda autocompasión, de toda lástima por mí mismo, y haz que pueda ser extrovertido y positivo, cargando en mí los problemas de otros. No permitas que ninguna aflicción desgastante me invada. Ayúdame a mantener mis aflicciones como las siervas de las aflicciones de otros. En el nombre de Jesús. Amén.

Efesios 3:13-21; 1 Tesalonicenses 5:23-24; Filipenses 2:12-13

El cuidado y la vigilancia de Dios sobre nuestro espíritu

La señora de la tienda de artículos de regalos de quien hablamos ayer administra "la agenda del médico" en el pueblo. ¡Gente enferma llama a una inválida para preguntar en dónde encontrar a un médico! Cuando le pregunté cuál era el pensamiento principal del año, contestó: "El cuidado de Dios". ¡Piense en una inválida que elige la frase: "El cuidado de Dios" como su agradecimiento principal! Si Dios nos cuida, ¿entonces por qué no la sana a ella?

En el prefacio dijimos que Dios sana de ocho grandes maneras: a través del cirujano, del terapeuta, del clima, de la sugerencia mental, de la nutrición científica, a través de la liberación de los miedos profundos, los resentimientos, el egocentrismo y las culpas, por la operación directa del Espíritu de Dios, y a través de la resurrección. Cualquier cosa que no cure a través de las siete primeras formas, lo hará a través de la octava, la resurrección. A algunos les confía el ministerio del sufrimiento hasta el día de la cura final, la resurrección, mientras tanto, les da poder, no solamente para soportar el sufrimiento, sino para usarlo. El "cuidado" del que habló la mujer noble de Dios era el "cuidado" sobre su espíritu, es decir que su espíritu permanecería nuevo y sano. Con la sanidad en el corazón, ella podía decir: "¡Dejen que el mundo siga su curso!" Sana en el corazón, estaba preparada para cualquier cosa. El cuidado de Dios puede ser particularmente ejercitado en la producción de actitudes interiores, porque en nuestras actitudes interiores se pierde o se gana la batalla.

Una señora se levantó en una de nuestras reuniones y dijo que los médicos le habían dado seis meses de vida, tenía cáncer en los pulmones. "Al principio –decía ella–, yo estaba amargada y rebelde, ¿cómo podría dejar a mis hijos y a mi esposo? Luego me dije a mí misma: 'Si solo tengo seis meses de vida, ¿voy a dejar a mis hijos una herencia de derrota y frustración? ¿Es esa la última cosa que recordarán de mí? ¿O tendrán una herencia de un tranquilo equilibrio y de victoria? Decidí que les dejaría una herencia cristiana de victoria. Desde que renuncié a mi rebelión y a mi amargura, he tenido un calmo equilibrio e incluso gozo. El hecho es que he aumentado cinco kilos". El cuidado de Dios estaba sobre su espíritu, eso estaba intacto. ¡Realmente, eso era lo más importante!

Oh, Dios, vigila mi espíritu y mantenlo sano. Porque si me deprimo en el espíritu, toda la vida se deprime con él. Si mi espíritu se mantiene firme, todo se mantiene firme con él. Por eso, ayúdame a vivir en mi interior con abundancia, para que no importe tanto lo que suceda en lo exterior. En tus manos encomiendo mi espíritu en este día, mantenlo sano, dulce y feliz, ¡a pesar de todo! Amén.

Lucas 9:12-17; Jeremías 1:4-8; Éxodo 4:10-16

Hacer que la vida cuente con un pequeño equipo

No podemos cerrar el estudio de esta semana sobre cómo enfrentar a la calamidad y a la frustración, de una mejor manera que al recordar la historia de una familia misionera. El hijo sobreviviente de la familia, quien tuvo que interrumpir su estudio teológico debido a una operación seria e importante, me vio fuera de un aeropuerto y me dijo: "Estoy orgulloso de mi familia". ¡Y puede estarlo!

Los padres fueron a China y allí el padre contrajo una infección que lo dejó ciego. La madre murió de cáncer después de una prolongada y dolorosa enfermedad. Uno de sus hijos murió en la universidad por el mal de Addison; otro de sus hijos murió en la universidad por una infección seguida de una abrasión en la piel recibida cuando se encontraba realizando actividades deportivas. La hija fue atacada por la parálisis infantil y ahora anda con muletas. ¡Estos son los restos de una familia que salió de su patria para servir en China! ¿Hay algún cuidado de Dios aquí? ¿Realmente Él nos cuida? ¿Por qué este hijo estaba orgulloso de su familia? Bien puede tener razón, porque aunque el padre y la hija tienen en casa solo un perro guía de ciegos y un par de muletas como equipo con el cual enfrentar la vida, así y todo, la enfrentan gloriosamente. El padre es pastor de una iglesia y la hija atiende la casa por él, con muletas. Además, ella organiza los juegos de la iglesia, conduce un auto equipado especialmente y es la mano derecha de su padre. Juntos siguen siendo invencibles y no solo invencibles sino asombrosamente útiles. El padre mantiene una iglesia en marcha y predica en todo el país. ¡Y lo mejor de todo es que él mantiene un alma radiante! Sí, el joven tiene razón, debe estar orgulloso de su familia, y nosotros estamos orgullosos del joven que puede ver más allá de los restos de su familia y ver allí la esencial victoria del Espíritu. Esta es la victoria que vence al mundo de aflicción y de frustración, nuestra fe. Si la fe está intacta, nada más importa realmente, usted puede salir ileso de cualquier situación.

El cristiano está a salvo porque puede usar todo lo que sucede para bien.

Oh Jesús, colgado en la cruz tú dijiste: "Mi Dios", aún cuando la luz se había ido y todo había colapsado. Con estas palabras en tus labios te levantaste gloriosamente de la oscuridad a la gloria. No permitas que ninguna tristeza ni ningún desengaño arranque esas palabras, "Mi Dios", de mis labios y de mi corazón; y yo también prevaleceré por encima de todo. Te agradezco. Amén.

SEMANA 42 - DOMINGO

Lucas 2:52; Salmos 8:1-9; 90:12-17

Hacer hermoso el tiempo del proceso

Al pasar, los años dejan sus depósitos de sufrimiento en nuestras mentes, en nuestros recuerdos y en nuestros cuerpos. Hemos visto cómo enfrentar esos depósitos. Pero muchos descubren que el depósito más grande de dificultad y de sufrimiento dejado por el tiempo del proceso, es simplemente el proceso en sí mismo. Ajustarnos al tiempo del proceso y alcanzar la vida abundante en cada etapa, es importante.

Algunas personas siguen siendo inmaduras y nunca pasan realmente a las etapas de la madurez. Llevan la inmadurez con ellos en cada etapa. Están inadaptados. Algunos que envejecen no quieren ajustarse a esa realidad y siempre suspiran deseando ser jóvenes otra vez, infructuosamente, por supuesto.

Para ser victorioso en cada etapa, uno debe aceptar la realidad del cambio y hacer de ese período particular a través del cual pasa, algo muy hermoso y muy efectivo. Porque cada etapa de la vida tiene algo peculiar para sí en cuanto a las posibilidades y a los logros. La juventud no es la única etapa de posibilidades, cada etapa está colmada de posibilidades de belleza y de logros. Juan vio en Apocalipsis el árbol de la vida que *"produce doce cosechas al año, una por mes"* (Apocalipsis 22:2). En el árbol de la vida aquí y ahora, "cada mes tiene su propio fruto", cada período tiene algo único en belleza y posibilidad, infancia, juventud, madurez y edad adulta.

No vamos a hacer una pausa en la infancia, aunque es la edad más importante, por la simple razón de que los niños no leerán este libro. Pero mientras continuamos, el mensaje de la infancia a las etapas mayores puede ser resumido en una carta de un niño a sus padres: "Querida Mamá, Papá, los amo. Ustedes me dieron vida en la Tierra en este cuerpo. Les agradezco por eso. Con todo mi corazón quiero escuchar y aprender de sus experiencias en la vida. Sé que desde este momento en adelante, ustedes serán simplemente los mejores padres que son capaces de ser". ¿Muy maduro? Probablemente; pero la infancia dice eso, sea expresado en esas palabras o no.

Dios, mientras empezamos con la aventura de vivir cada etapa de la vida, danos visión e imaginación para que podamos hacer que cada etapa sea única y hermosa. Ayúdanos a no desperdiciar nuestro tiempo en pesares inútiles, o intentando alcanzar la Luna; y ayúdanos a embellecer las horas así como vienen y se van, y a imprimir el anillo de sello de la eternidad en cada momento que pasa. Amén.

SEMANA 42 - LUNES

1 Timoteo 4:12; 5:1-2; Eclesiastés 12:1

Una escala para la juventud

Empezaremos con la juventud, la primera etapa en el proceso de la vida, y daremos una escala por la cual subir.

1. *Usted es una personalidad despierta; deje que todo su ser, espíritu, alma y cuerpo, se despierten simultáneamente.* En la etapa del despertar físico, algunos jóvenes llegan a tener extremadamente en cuenta sus cuerpos y especialmente la realidad del sexo. Esto es normal y correcto. Pero también es posible llegar a enredarse tanto en el pensamiento sobre el sexo que incluso podríamos obedecer al cuerpo. Esto puede degenerarse en hábitos autodestructivos, y la cultura de la mente y del alma se olvida tanto que usted se convierte en un simple armatoste físico. Debe despertar en la totalidad de su persona, en su mente y en su alma tanto como en su cuerpo, o será limitado en partes importantes de su ser.
2. *Encuentre una causa a la que pueda dedicar sus esfuerzos y que pueda dar a la vida sentido, coherencia y propósito.* Esa causa es el Reino de Dios. *"Busquen primeramente el Reino de Dios (...) y todas estas cosas les serán añadidas"* (Mateo 6:33). Si primero consigue lo primero, entonces su vida se proyectará correctamente. Si primero consigue lo equivocado, entonces nada saldrá bien.
3. *Encuentre a una persona que encarne esa causa, a quien cuando usted le sea leal, sea leal a esa causa.* Esa persona es Cristo. Cuando usted es leal a Cristo, entonces es leal al orden de Dios, encarnado en Él, el Reino. El Reino se encuentra con usted de manera personal. No está entregado a un orden impersonal, sino a un orden que ha llegado a ser cálido, tierno y personal en Cristo.
4. *Tome usted mismo las decisiones de su vida, no camine sin rumbo.* Algunos permiten que sus circunstancias o sus compañeros tomen las decisiones de sus vidas y no ellos mismos. Estas personas no actúan, solo reaccionan.
5. *No se revele contra el grupo más antiguo para después simplemente repetir lo mismo en su propio grupo.* Eso es sustituir una esclavitud por otra. Cuando su grupo está equivocado, atrévase a ser diferente. No actúe por presiones, sino por principios.

Oh Dios, comienzo con este asunto de vivir de una manera seria. Quiero un camino. No quiero ir sin rumbo de una ola de emoción insignificante a otra, quiero un camino. Si tú, oh Cristo, eres el camino, te seguiré bajo cualquier circunstancia, en la popularidad y en lo desfavorable. Quiero una causa, tú eres esa causa. Te elijo a ti. Amén.

SEMANA 42 - MARTES

Proverbios 7:7-27

La escala para la juventud (continuación)

Continuamos con nuestra escala para la juventud:

6. *Súbase a los hombros del grupo mayor, pero no patee sus cabezas; no son de madera, al menos, no todos.* La sabiduría no empieza y no terminará con usted. Pronto usted pertenecerá al grupo mayor; entonces vea que la generación siguiente le da un punto de observación más alto cuando sube sobre sus hombros.
7. *Desafíe todo y luego desafíese a usted mismo para mejorar las cosas.* El único desafío que será escuchado es una demostración de algo mejor. La protesta no debe ser simplemente verbal, debe ser viva.
8. *No se impaciente si el mundo no cambia de la noche a la mañana de acuerdo a su mandato.* Algunos jóvenes, como no pueden hacerlo todo, no hacen nada. No sea absolutista, haga lo pequeño y de ese modo prepárese para lo que es más grande.
9. *No trate de ser líder, sea siervo de todos y de ese servicio obtendrá el liderazgo como un resultado adicional.* Jesús dijo: *"Ni permitan que los llamen "maestro", porque tienen un solo Maestro"* (Mateo 23:10). La actitud del líder es: "Yo lidero; ustedes me siguen", es una presunción y de esa manera no se puede ser cristiano. De esa mentalidad presuntuosa todo lo que usted produce son molestos encargados de otras personas. Además, dada una docena de personas en una situación, cada uno de los cuales quiere ser líder, ¿entonces qué? Tiene el escenario preparado para el conflicto, la lucha por el lugar. Jesús dijo que había un título que podría confiarnos a nosotros: "siervo"; "el siervo de todos llega a ser el más grande de todos". Si usted se pierde en el servicio a todos, entonces se hará grande por el mismo hecho de perderse a sí mismo. Pero note, "siervo de todos", no siervo de algunos, de su clase, de su raza, de su color; no, siervo de *todos*. Entonces usted se hará realmente grande.
10. *Sea cuidadoso en las pequeñas tareas y oportunidades, de estas pequeñas tareas bien hechas crecerán otras más grandes. "En lo poco has sido fiel; te pondré a cargo de mucho más"* (Mateo 25:21).

Dios, mi Padre, intento subir desde la indignidad hacia la dignidad, de la crítica improductiva a la contribución constructiva, de mí mismo hacia ti. No puedo hacer esto solo. Te necesito. Me apoyo pesadamente en tu fuerza, dependo de tus recursos, busco tu poder. Solo, no puedo tener éxito. Camina conmigo a lo largo de los años y así no fallaré. Amén.

SEMANA 42 - MIÉRCOLES

Lucas 14:1-14; 22:39-46; Josué 24:14-17

Involucre a Dios en las decisiones de su vida

Terminamos con la escalera para la juventud:

11. *Involucre a Dios en su elección de una vida en compañía.* Base su decisión en algo más que una atracción física. Encuentre un acompañante, si es posible, en quien continué interesado y enamorado cuando la parte sexual de la vida haya sido atenuada y solo permanezcan lo mental y lo espiritual. En otras palabras, alguien cuya conversación le intereses para toda la vida. Pero no espere la perfección, puesto que no llevará esa perfección a su acompañante.
12. *La juventud es la etapa de la lucha por la libertad, obtenga la libertad a través de la disciplina.* Hay dos maneras de tratar de buscar la libertad: una es renunciar a toda restricción, y la otra es encontrar la libertad a través de la obediencia disciplinada para los fines supremos elegidos. No obtiene la libertad al desobedecer la ley del policía que está en la esquina; cuando la desobedece es perseguido por el policía en todo momento, pero obtiene la libertad al obedecer las leyes por las que él está en su puesto. La evolución de la moral es quitar al policía de la esquina y ponerlo dentro de su corazón. Entonces obedece desde su interior y en consecuencia es verdaderamente libre. Aquellos que tratan de obtener la libertad renunciando a toda restricción, son libres para meterse en problemas con ellos mismos y con otros.
13. *Empiece bien el día y probablemente lo terminará bien. Aparte algún momento de las horas de la mañana para tener un tiempo de quietud con Dios.* Un médico, después de escuchar las discusiones de algunos psiquiatras paganos, les dijo a algunos de sus colegas médicos: "No sé cómo se sienten ustedes, compañeros, pero me gustaría irme y darle un baño a mi cerebro". Usted necesitará ese baño diario de cerebro y alma, preferentemente en las primeras horas de la mañana. Establezca el hábito para que no sea una decisión que tenga que tomar diariamente. Es algo que hay que dar por hecho y debe estar establecido sin excepciones. Si empieza el día sin su tiempo de quietud con Dios, entonces continúe sin su desayuno como castigo. Ore ya sea que lo sienta o no, ore teniendo en cuenta su reloj, si es necesario. Habrá una mano sobre su hombro cuando salga cada día para empezar su aventura con Dios.

Oh, Dios, así como comienzo este día y este nuevo modo de vida, pongo mi mano en ti. Espero no perder el paso contigo hoy. Que pueda ser literalmente "controlado por el amor de Cristo". Que mis impulsos fuertes sean tomados por tu amor y para los fines del Reino. Te ofrezco mis poderes así como también mis debilidades. En el nombre de Jesús. Amén.

1 Corintios 13:10-11; 2 Corintios 10:3-5; 1 Juan 2:14-17

Una escala para la madurez

Ahora presentamos una escala para la madurez:

1. *Tenga cuidado con la decadencia del entusiasmo y los ideales.* Tenga cuidado con el deseo de deferencia y bienestar. Recuerde que si "el cielo está alrededor de nosotros en nuestra infancia", entonces el mundo está alrededor de nuestra etapa de madurez. Usted es muy propenso a tranquilizarse, a ponerse a salvo y a decaer. Una mujer en la edad de la madurez dijo en una de nuestras reuniones: "Estoy a punto de convertirme en la clase de mujer que no quiero ser".
2. *Observe el creciente poder del dinero sobre usted.* La persona gradualmente puede convertirse en una cartera, llena y mal ventilada.
3. *Observe el creciente poder de la multitud sobre usted.* En la madurez dejamos de ser diferentes, adoptamos la semejanza protectora en nuestro ambiente, nos ajustamos dentro de la multitud y morimos por la sofocación.
4. *Tenga cuidado de un recrudecimiento del sexo.* "Los peligrosos cuarenta" ahora deben ser extendidos hasta "los peligrosos cincuenta" a medida que la vida pasa. No tenga miedo de este período porque también tiene sus compensaciones, pero observe y controle este "recrudecimiento". Si usted es un hombre tan bueno a los cuarenta como lo fue a los veinte, puede cobrar ánimo.
5. *Observe su etapa de madurez.* Hay cuatro señales de la edad que se aproxima: la calvicie, los anteojos bifocales ¡y el aumento de peso! Observe este aumento, podría tener a Dios saturado de usted.
6. *Reconviértase en los cuarenta, en cuanto a los principios generales.* Si fue convertido en la juventud, reconviértase en la madurez para que pueda pasar los días venideros en victoria y con una creciente vitalidad espiritual.
7. *Permanezca como un héroe para su hijo.* Un joven dijo en una de nuestras reuniones, después que su padre hubo hablado: "Quiero ratificar lo que mi padre dijo: solo poniendo algunos signos de admiración". Su hijo lo apoya con énfasis.
8. *Mantenga los intereses fuera de la familia inmediata, para que cuando los hijos crezcan y se marchen, no se sienta perdido.*
9. *Mantenga en crecimiento su mente y su alma después de que su cuerpo deje de crecer.* "Educación es cambio", por eso, instrúyase continuamente.
10. *Mantenga un centro de vida, Dios, en medio de todos los cambios.*

Mi Padre Dios, llego al momento en el que los fuegos de la vida tienden a extinguirse. Oh, no los dejes extinguirse dentro de mí. Porque si se apagan, entonces moriré. A medida que continúo, adquiero experiencia, ayúdame a lograr que esa mayor experiencia sea una expresión más completa. Ayúdame a crecer en utilidad, en poder y en amor. Te agradezco porque puedo hacerlo y lo haré. Amén.

SEMANA 42 - VIERNES

2 Timoteo 4:5-8; Juan 21:15-19

Una escala para la edad adulta

Llegamos a la sagrada tarea de configurar una escala para la edad adulta. Solo hay una manera de seguir siendo joven, y es envejecer con gracia.

1. *Acepte su edad.* Cada edad tiene algo hermoso en sí. No luche con la realidad de envejecer, úsela. No puede tener veintiocho años otra vez; entonces haga que los cincuenta y ocho o sesenta y ocho sean hermosos y útiles. Cada edad tiene su propia belleza y hace su propia contribución. Yo tengo cincuenta y ocho y amo mi edad, no volvería a los veintiocho por nada; ¡los cincuenta y ocho son muy interesantes, plenos y muy audaces! Simplemente me emocionan mis inquietudes. Y en el medio de estas inquietudes hay un equilibrio tranquilo e impasible que no tenía cuando era joven. ¡La vida empieza a los cincuenta y ocho!
2. *Acepte las libertades que vienen con el avance de la edad.* Si la juventud tiene sus libertades, la edad avanzada las tiene también. Una enfermera maravillosamente útil dijo esto a un grupo: "Después de los cincuenta, después de mi cambio en la vida, descubrí una libertad, una calma y un interés por la gente como personas, y no simplemente como seres sexuales". Su libertad para amar y ayudar a otros era muy real. Mientras que las mujeres descubren esta libertad del sexo después de los cincuenta, los hombres no la descubren como una regla hasta después de los sesenta. A menudo hay un recrudecimiento, justo antes del cambio. Pero acepte la libertad para amar más plenamente y más ampliamente cuando ese cambio llegue.
3. *Acepte las responsabilidades que vienen a través de la libertad.* Sus hijos han crecido y se han ido; ahora vea lo que puede hacer por otros niños. Conozco a una mujer que cuando sus hijos crecieron y se fueron, tenía la responsabilidad de llevar a la escuela a no menos de una docena de niños; y ella no era rica, excepto en espíritu y buenas obras. ¿Pero, qué otra riqueza existe? Si usted no puede aceptar niños, entonces tome otras responsabilidades.
4. *Nunca se jubile, cambie su trabajo.* La personalidad humana está hecha para crear; y cuando deja de crear, se deteriora, se agrieta y se estrella. Tal vez no pueda crear tan enérgicamente como antes; no obstante, siga creando. De lo contrario estará cada vez más cansado de descansar. ¡Siga creando, siga creando, siga creando!

Dios creativo, después de que mi cuerpo haya cesado en su función sexual creativa, que mi mente y mi alma sean creativos, para que nunca se cansen, nunca se desgasten. Probablemente este vehículo del cuerpo no responda tan bien como antes, pero ayúdame a mantenerlo en movimiento, alerta y adecuado para los propósitos del Reino de Dios. Estoy a tu servicio, ¡para siempre! Amén.

SEMANA 42 - SÁBADO

Salmo 92:14; Hechos 2:17

Una escala para la edad adulta (continuación)

Continuamos con nuestras sugerencias para la edad adulta:

5. *No trate de atar a sus hijos demasiado cerca, deles espacio.* Los niños deben tener el suficiente espacio para crecer por sí mismos. Dígales, "Nunca sean un impedimento, nunca en el camino". La Biblia dice: *"Por eso dejará el hombre a su padre y a su madre, y se unirá a su esposa, y los dos llegarán a ser un solo cuerpo"* (Génesis 2:24). Esto reconoce la necesidad del joven de *dejar* a su padre y a su madre con el fin de crecer por sí mismo. No interfiera. Recuerde, usted quería libertad para cometer errores cuando empezó a vivir por usted mismo.
6. *Entregue al Señor a sus seres queridos que han fallecido.* No se lamente por ellos con remordimientos inútiles. Una mamá simio siempre llevará consigo el cadáver descompuesto de un bebé muerto. Ese dolor es compasivo, peligroso e inútil, pero no más que el dolor de una madre humana que rehúsa renunciar a los seres queridos que ya han muerto. Una madre, años después que su bebé había muerto, tenía la suficiente leche en sus pechos como para alimentar gemelos, los médicos que la trataban físicamente no podían detener la secreción de leche. Un amigo se dio cuenta de lo que pasaba: la madre interiormente nunca había renunciado a su hijo; de alguna manera todavía estaba en su pecho. Cuando lo entregó en las manos de Dios, descansó y la secreción se detuvo. La madre fue liberada.

   Mucha gente mayor arruina su vida al lamentarse inútilmente por los seres queridos que han partido. Conozco a una mujer inteligente que hace miserable su vida y la de quienes la rodean, por sus lamentos inútiles. Ella cree que demuestra lealtad a su esposo, pero en realidad, es una especie de autocompasión.
7. *Desarrolle la claridad de la mente hasta el fin, y manténgase de manera apropiada para las tareas de hoy y de aquí en adelante.* Nos dicen que la mente nunca envejece. El cerebro, el instrumento de la mente, envejece; pero la mente si no se decepciona ni se debilita puede mantener al cerebro fresco y alerta. Comprométase a leer alguna parte de un buen libro cada día. Ante todo, llene su mente con el Libro Sagrado. Solo así no estará jamás vacío ni solo.

Padre de gracia, ayúdame a envejecer con gracia y hermosamente, para llegar a la madurez majestuosamente. Permite que mi mente y mi alma se llenen de ti, para que cuando la belleza física se marchite, la belleza espiritual pueda tomar su lugar. La belleza física es un regalo; la belleza espiritual es un logro, ayúdame a alcanzarla a través de tu constante compañía. Amén.

SEMANA 43 - DOMINGO

Santiago 3:1-13; Lucas 4:22; Hechos 6:10

Ajustar nuestro vocabulario a la realidad

Estudiamos cómo ajustarnos para pasar el tiempo si queremos vivir de manera abundante y libre. Veamos ahora otro ajuste, el ajuste de nuestro vocabulario a la realidad.

A menudo las palabras pierden su relación con la realidad. Son como costumbres arraigadas en este sentido; porque las costumbres, dadas al principio con el propósito de expresar la vida, muchas veces ahogan esa vida y por eso deben ser constantemente reajustadas y reorganizadas en sus propósitos originales. De la misma manera, nuestras palabras a menudo ahogan la vida que intentan expresar y, en consecuencia, necesitan una constante reconversión y un continuo reajuste.

Esto es así particularmente con las palabras religiosas. Se vuelven sacrosantas, pero totalmente fuera del contacto con la realidad. Tendremos que examinar nuestro vocabulario con una investigación implacable para ver si usamos palabras de las cuales el contenido se ha caído. Esto es importante, porque la generación más joven tiene un fuerte sentido de la realidad, pueden olfatear la mentira desde lejos. Los jóvenes de nuestros colegios y nuestras universidades habitualmente dan al orador los primeros cinco minutos para demostrar que dice la verdad. ¡Si escuchan solo palabras, sacarán un libro y lo leerán!

Debemos revestir las verdades eternas del Evangelio en el idioma que cada edad pueda entender. Pero no lo logrará si el revestimiento es simplemente adoptar las palabras de una nueva era. Las palabras deben tener contenido, realidad en sí mismas, o no dirán nada.

El idioma es un símbolo y tiene que ser cambiado constantemente para adecuarse a los hechos. Los símbolos no son los hechos. Un mapa no es el territorio que representa, un mapa tiene que ajustarse constantemente para llevarlo más cerca de la realidad. Los mapas del aire, usados por los pilotos aviadores, tienen que ser renovados cada pocos minutos, o se volverán peligrosos. Los vocabularios que no evolucionan constantemente para ajustarse a las realidades de la vida, llegan a ser peligrosos.

Sin embargo, no nos gusta el cambio, especialmente en las palabras. Un anciano de cierta denominación, sintió que la declaración producida por la conferencia de 1911 era sacrosanta; y cuando la iglesia la cambió, se suicidó. Pero la iglesia habría cometido suicidio si no hubiera logrado que las palabras se ajustaran a los hechos.

Oh, Dios, tal vez yo también estoy atrapado en frases y en palabras, y soy prisionero de mi vocabulario. Entonces rompe mi discurso; destruye mis palabras, porque pueden ser irreales y vacías. Sé que nada verdadero perecerá en el período de prueba. Por eso, entrego mis palabras y mis frases a ti. Transfórmalas completamente, ayúdame a cooperar en esa transformación. Amén.

Salmo 15:1-3; Proverbios 10:18-21; 12:18-20; Mateo 5:37

Etiquetas que pueden convertirse en calumnias

Este asunto de llevar las palabras hacia una relación más cercana con la realidad que simbolizan, puede tener serias consecuencias. Una joven tenía temor de la palabra "madre". Cada vez que la veía o la escuchaba, un temor caía sobre ella y se sentía mal por esa palabra. Se descubrió que su madre había sido muy cruel con ella y el contenido de la palabra venía de esa realidad. Solo cuando entendió qué significa la palabra "madre" –y significa ternura y amor comprensivo en la experiencia de miles– la relación palabra-hecho fue corregida y ella liberada.

Hemos mencionado a un joven al que lo abandonaron cuando las campanas de la iglesia estaban sonando, y cada vez que veía o escuchaba la palabra "iglesia" u "obispo", el temor y el disgusto se apoderaban de él. La asociación causaba esta reacción. No había nada malo con la palabra "iglesia" ni con la palabra "obispo", sino que él había dado a las palabras un falso significado. Su vocabulario necesitaba limpiarse del temor.

Un profesor de teología correctamente dice: "Las palabras en sí no significan nada, el significado se vuelve a las personas".

Pegamos etiquetas sobre toda la gente al decir: "todos los japoneses son tramposos", "los norteamericanos son materialistas". Estas etiquetas son falsas e injustas. Son calumnias. Algunos japoneses son tramposos, como lo son algunos norteamericanos; pero muchos japoneses no lo son. Algunos estadounidenses son materialistas y algunos no lo son.

Un hombre que era presentado de una manera exagerada, se levantó y dijo: "El adjetivo a menudo es enemigo del nombre". Debemos limpiar nuestros adjetivos y ver que se ajusten a los nombres. Mahatma Gandhi es un ejemplo de esto. Él dijo que no usaría el lenguaje más adornado que la ropa. Restringió la vida y el lenguaje en la simplicidad. Cuando hablaba, sus palabras eran una revelación de la realidad. En Jesús, esta simplicidad del que habla llegó a su perfección. Sus palabras eran tan libres de toda palabrería que eran la realidad. Su declaración era: *"Porque por tus palabras se te absolverá, y por tus palabras se te condenará"* (Mateo 12:37). Entonces debemos entregar nuestro vocabulario para que sea limpio.

Oh, Cristo, rindo mi vocabulario a ti, porque quiero que mis palabras, como dice Tagore: "salgan del corazón de verdad". Limpia de los símbolos de mi lenguaje, toda fantasía, toda semejanza y toda apariencia, y déjame decir palabras que hayan sido limpias por tu palabra. En el nombre de Jesús. Amén.

Mateo 12:36-37; Lucas 20:26; Hechos 26:25; 1 Corintios 14:9

Pasos para disminuir el espacio entre la palabra y el hecho

El Dr. Gordon Campbell, un psicólogo médico y un defensor de la realidad palabra-hecho, ofrece pasos para llevar las palabras hacia una relación más cercana con los hechos. Digo una relación más cercana porque nunca pueden ser una sola cosa, excepto en esa única ocasión en la que "la palabra se hizo carne", la palabra y el hecho eran uno. Una vez en la historia humana el símbolo y la realidad coincidieron, pero solo una vez. Fuera de la única excepción en la que el símbolo y el significado se fusionaron en uno, en Cristo, el símbolo del lenguaje debe ser constantemente ajustado a los hechos. Pasos para disminuir el vacío entre el símbolo y la realidad:

1. *Ponga fecha a su declaración.* La gente cambia; usted cambia. Por ejemplo, si usted hace una declaración acerca de una persona, póngale fecha; de otra manera habla de alguna otra persona, porque entretanto la persona seguro que ha cambiado.
2. *Ponga un índice en las diferencias.* Cuando usted hace una declaración acerca de una persona, luego proceda a modificar la declaración poniendo índices en las diferencias entre la persona y la declaración. La declaración puede ser verdadera en general, pero hay otros factores que modifican la generalización, defina esos otros factores. "Todas las generalizaciones son falsas, ¡incluyendo esta!"
3. *Ponga etcétera, etcétera después de sus declaraciones.* Usted ha dicho ciertas cosas, pero no ha dicho todo. Si ha dicho todo con respecto al asunto, todos los hechos modificarían su declaración. Por ejemplo, al decir alguna cosa con respecto a una persona, si usted no da lugar al hecho de que la persona modifica sus características, entonces la declaración puede ser falsa. Como dice el profesor William James, "Si usted empieza a describir el universo en una oración, entonces agregue una coma en lugar de un punto".
4. *Con frecuencia escriba sus declaraciones entre comillas.* Cuando usa la palabra socialista, o comunista, en referencia a algún hombre, escríbalo entre comillas si desea expresar el uso del término comúnmente aceptado, el cual es muy vago e impreciso. Solo cuando usted está seguro de que la persona es un verdadero socialista o un verdadero comunista puede usar la palabra sin comillas.

Oh, Dios, así como tú limpias mi alma de toda falsedad, así también limpia mi forma de hablar de toda falsedad. Quiero ser puro en mi hablar y en mi alma. Porque mi discurso falso puede hacer estragos y falsear a mi alma. Quiero ser una persona pura. En el nombre de Jesús. Amén.

SEMANA 43 - MIÉRCOLES

Mateo 7:1-5; Romanos 12:10, 16; 15:1-7

Pasos posteriores en la relación palabra-hecho

Continuamos con nuestros pasos en la relación palabra-hecho.

5. *Con frecuencia separe con un guión sus declaraciones.* Al hablar del cuerpo y de la mente, es un error escribirlos por separado, debería ser cuerpo-mente. Porque el cuerpo y la mente están estrechamente entrelazados.

   Algunas observaciones posteriores pueden ser añadidas a los cinco pasos anteriores. Séneca dice: "Un hombre que no lava sus manos no es un cerdo. Es un hombre que no lava sus manos". La diferencia en la actitud mental producidas por estas dos declaraciones es abismal. Si usted hace cualquiera de estas dos declaraciones, su actitud tiene que cambiar en consecuencia. Repetimos, cuando se habla acerca de una persona, no diga: "no me gusta esa persona". Diga: "no me gusta esto, aquello y lo otro de esa persona, prefiero gustar de la persona, pero no me gusta esto y aquello de él". Esa declaración haría toda la diferencia en el mundo en su actitud hacia esa persona. A veces tomamos una sola cosa de una persona y consideramos esa sola cosa y no podemos ver el resto de la persona.

   "No te amo, Dr. Fell:
   la razón del por qué no puedo decirlo;
   pero esto sé y lo sé muy bien:
   no te amo Dr. Fell".

   Las probabilidades son que no ama al Dr. Fell porque ha aislado una cosa de él y usted está ciego con respecto a todo lo demás. Cambie su actitud y diga en relación a esa persona: "La persona en general está bien, pero tal cosa no está bien". Eso hará que usted sea preciso y que la otra persona sea atractiva. Es importante que después de haber distinguido aquello que a usted no le gusta de esa persona, no termine en lo que no le gusta, sino en lo que le gusta de esa persona. Permita que la última impresión sea positiva.

   Las declaraciones imprecisas acerca de la gente son perjudiciales, pero a veces son divertidas. Una mujer dijo: "Stanley Jones es comunista". Cuando le pregunté por qué había dicho eso, ella contestó: "Porque ha escrito un libro sobre el comunismo". ¡No hizo ninguna pausa para preguntarme de qué lado lo había escrito!

Padre de toda gracia, libra mi mente de la extravagancia que distorsiona y destruye. Ayúdame a tener una mente purificada de todo prejuicio y medias verdades. Que pueda ser una persona saludable en la mente y en el habla, porque solo así podré ser la persona que tú quieres que yo sea. En el nombre de Jesús. Amén.

SEMANA 43 - JUEVES

Lucas 16:13-15; 19:31; Mateo 19:21-22

Examinar la relación con el dinero

Pasamos a nuestra relación con el dinero, otro símbolo. Nadie puede vivir abundantemente hasta haber encontrado una relación cristiana con el dinero. El relato dice que "Jesús se sentó frente al arca del tesoro y observaba". Es un momento solemne cuando revisamos la relación con nuestro dinero, con él sentado al lado nuestro observando el efecto del dinero en nosotros.

Hemos visto cómo la vida del cuerpo depende del equilibrio, lo mucho o lo poco produce un desequilibrio y, en consecuencia, una enfermedad. La mucha comida es perjudicial para el cuerpo tanto como el comer demasiado poco. La mucha o poca secreción de una glándula, del mismo modo producirá una enfermedad. "Equilibrio" es la palabra clave para la salud corporal, una palabra que descuidamos por nuestra propia cuenta y riesgo.

¡Cómo hemos descuidado esa palabra "equilibrio" en relación a las posesiones! No hemos puesto ningún freno a la acumulación, cuanto más poseemos, más exitosos suponemos ser. "Me siento como un millón", es nuestra declaración de máximo bienestar. Este desequilibrio en las posesiones produce enfermedades en el cuerpo de la sociedad y en las personas interesadas. Mucho y poco producen una sociedad enferma e individuos enfermos. La decadencia encuentra su lugar en los muy pobres y en los muy ricos. ¿Cuál es el lugar del equilibrio?

El cristianismo tiene la respuesta. El cristianismo no enseña ni el ascetismo ni la avaricia, enseña que usted tiene el derecho y el deber de suplir sus necesidades: *"Y lo entregaban a los apóstoles para que se distribuyera a cada uno según su necesidad"* (Hechos 4:35). La "necesidad" es el lugar del equilibrio. Menos que la necesidad produce enfermedad, y más que la necesidad también produce enfermedad. Algún día estudiaremos el tema científicamente y llegaremos a esa conclusión, porque esa conclusión está escrita en la constitución de las cosas. Un psiquiatra dijo: "Mi problema más grande es el muchacho o la muchacha muy privilegiados que no tienen ningún incentivo para luchar". Ellos y los menos privilegiados, son las personalidades deterioradas de nuestra civilización. Representan el desequilibrio. El cristianismo representa el equilibrio, para cada uno según la necesidad.

Nuestra civilización está desequilibrada porque no es cristiana. En consecuencia, periódicamente cae en la guerra.

Oh, Dios, ahora estamos en una verdadera batalla. Anhelos no naturales han sido creados dentro de nosotros. Somos víctimas de valores falsos, de objetivos falsos. Ayúdanos a volver a la sanidad, al equilibrio y a la armonía. Nos hemos lastimado a nosotros mismos y a otros en nuestra locura. En el nombre de Jesús. Amén.

Marcos 4:18-19; Salmo 62:10; Proverbios 23:4 Jeremías 9:23-24; Lucas 12:16:21; 1 Timoteo 6:6-12, 17-19

Una escala para el dominio sobre el dinero

Con el fin de obtener el dominio sobre el dinero y que él no nos domine a nosotros, sugeriríamos la escala siguiente:

1. *Mantenga en su mente que el dinero es un buen siervo, pero un terrible amo.* Si el dinero está en la cima y usted está debajo de él, entonces su vida está determinada por una cosa; en consecuencia usted ya no es una persona, sino una cosa. Si el dinero es su dios, entonces su debilitada personalidad es el precio que usted paga por la adoración a ese dios.
2. *Rechace la filosofía en cuanto a que usted puede sostener vastas acumulaciones como administrador legal para los pobres.* Carnegie, quien fue la mejor ilustración de esta filosofía dijo: "El millonario será solamente el administrador del pobre, encomendado por un tiempo con una gran parte de la riqueza de la comunidad, pero administrándola para la comunidad mucho mejor de lo que la comunidad habría hecho por sí misma". A lo que el Dr. W. J. Tucker contestó: "Si los pocos pueden administrar riqueza para la comunidad mejor de lo que la comunidad puede hacer por sí misma, entonces la democracia ha alcanzado el límite de la inteligencia y de la responsabilidad". El pobre no necesita nuestra caridad, sino nuestra justicia. Cuando usted proporciona caridad es el hermano generoso; los pobres son los destinatarios. Cuando usted administra justicia sus relaciones cambian, uno llega a ser semejante. Es fácil ser caritativo; es difícil ser justo.
3. *Nada de lo que usted puede hacer por sus hijos será más perjudicial que dejarles tanto que no tengan que luchar ni trabajar.* El camino más seguro hacia el carácter indolente e irresponsable es el camino del mucho dinero.
4. *Hay dos maneras de ser rico, una es en la abundancia de sus posesiones, y la otra en la poca cantidad de necesidades.* Al tomar la segunda manera de ser rico, usted transfiere a su interior la verdadera riqueza que no puede ser arrebatada por la depresión ni por la muerte.
5. *Haga un alto en donde terminan sus necesidades. Después de eso todo lo que haga será para las necesidades de otra persona.* Si puede hacer ese alto, usted es un hombre de carácter y domina las cosas; las cosas no lo dominan a usted.

Oh, Dios, vivo en una sociedad adquisitiva en donde el valor es juzgado por la riqueza. Al mismo tiempo soy cristiano y mis juicios deben ser diferentes. Ayúdame a decidir el camino cristiano, no importa cuán raro pueda parecer. Esa rareza puede ser la señal de que llego a ser más cristiano. Quiero ser simplemente eso. Amén.

Hechos 20:35; 2 Corintios 9:1-15; 1 Corintios 16:12; Malaquías 3:7-10; Marcos 10:17-27

La escala para el dominio sobre el dinero (continuación)

Continuamos con nuestra escala para el dominio del dinero:

6. *Mantenga sus necesidades justo en sus necesidades, que no sean lujos disfrazados de necesidades.* Las necesidades contribuyen; los lujos sofocan. Si usted come comida más allá de sus necesidades, simplemente obstruirá el sistema y dejará ver una gordura inservible, un exceso de equipaje que tiene que llevar consigo. Sucede lo mismo con el dinero y con las cosas. Si tiene demasiado, entonces inviértalo en otras personas. Es el único banco que no quebrará. El banco de la humanidad pagará dividendos por la eternidad. Invierta todo exceso en ese banco.
7. *Establezca el nivel de necesidad a la luz plena de las necesidades de otros, de su conciencia iluminada y del buen juicio de un grupo disciplinado.* Estas tres cosas son necesarias, y las tres convergerían en la decisión final. Hablo de una "conciencia iluminada", porque una conciencia entrenada en la penumbra de la sociedad contemporánea no es una conciencia iluminada. Entrénela a los pies de Cristo. Pero cuando venga a los pies de Cristo, asegúrese de tener la información adecuada en cuanto a las necesidades de otros. La conciencia necesita una información amplia para poder ser una guía segura. Entrene su conciencia y después su conciencia lo entrenará a usted. Un grupo disciplinado es necesario para ayudarlo en las sanas decisiones, porque el grupo es objetivo y representa la conciencia corporativa que prueba la conciencia individual. Una conciencia desenfrenada no es segura.
8. *Mientras levanta su nivel económico sobre el nivel de la necesidad, dé un diezmo de lo que gana. Después de haber alcanzado ese nivel, dé todo lo que gana.* El diezmo es una señal, una señal de que usted no es el dueño, sino el deudor. Así como paga la renta como una señal de reconocimiento de la propiedad de otro, así también paga el diezmo para reconocer la propiedad de Dios sobre los nueve décimos. Cuando el nivel de sus necesidades ha sido superado, entonces *todo* lo que gana es para suplir las necesidades de otros, no como caridad, sino como derecho y justicia.

Oh, Dios nuestro Padre, estoy excavando profundamente en torno a las raíces de mi vida. Trato de atar esta raíz del dinero la cual es "una raíz de todos los males". No puedo cortarla totalmente; pero la ato para que no tome mucho alimento del suelo de mi vida. Quiero absorberla, no quiero que me absorba. En el nombre de Jesús. Amén.

SEMANA 44 - DOMINGO

Filipenses 2:4; Hechos 2:44-47; 2 Corintios 8:1-15

Buscadores de oro o buscadores de Dios

Antes de dejar el tema sobre las posesiones materiales, debemos utilizar un día para resumir nuestros pasos en el último:

9. *Trabaje por un orden cooperativo en el que cada uno piense y trabaje para todos, y todos piensen y trabajen para cada uno.* No hay duda de que el nivel de la necesidad subirá, pero debe subir para todos. No produciríamos menos riqueza en una sociedad corporativa, produciríamos más, pero sería más ampliamente distribuida, el nivel general de vida crecería para todos. En donde hay mucha desigualdad, todos están destinados a la inestabilidad, la impaciencia y el conflicto. Los países escandinavos estuvieron al borde de la demostración de una amplia distribución de riqueza, con gente no muy rica y gente no muy pobre. Y lo lograron silenciosamente, sin ninguna revolución. Debemos continuar desde el punto en donde sus esfuerzos fueron quebrantados completamente por la guerra.

Hemos tenido una demostración en la historia estadounidense de dos actitudes hacia el dinero y cómo estas se han desarrollado. En 1852 dos conjuntos de caravanas con carros cubiertos salieron al camino desde Omaha por las amplias superficies hacia el Lejano Oeste. Durante días viajaban en líneas paralelas y luego se dividían en más de una manera. Un grupo había escrito en sus carros cubiertos: "Buscadores de Dios". El otro, que representaba la fiebre del oro, puso en sus carros: "Buscadores de oro". Este último grupo era individualista, competitivo, con la actitud, "cada hombre por sí mismo y sálvese quien pueda". El primer grupo era una sociedad de ayuda mutua que buscaba el bien de todos y de cada uno. Estos dos puntos de vista y actitudes fueron puestos a consideración de la vida para ver cuál era aprobado. Los "buscadores de oro" encontraron su oro, pero se les escapaba como el agua entre los dedos. Ahora su oro está, en gran parte, en manos de corporaciones. Los buscadores de Dios se establecieron en tierras saladas no fértiles, las cultivaron y ahora tienen una corporación para el bien de todo el conjunto con capitales registrados de 3.500.000.000 dólares. La vida aprobada de una sociedad de ayuda mutua y la vida condenada de una sociedad egoísta y sin piedad.

Oh, Dios, tú nos enseñas, a través de muchos dolores y muchas frustraciones, que debemos vivir como una sociedad de ayuda mutua. Hemos sido tardos en aprender la lección. Nuestra lentitud está escrita en la devastación y el fracaso. Perdónanos. Danos otra oportunidad y aprenderemos los métodos de tu Reino, que son realmente nuestros métodos, como entendimos. En el nombre de Jesús. Amén.

Mateo 23:8-10; Hechos 13:1-3; Colosenses 3:11

Algunos pasos para librarse del prejuicio racial

Este orden cooperativo no debe ser de una clase, ni de un color ni de un credo, sino la cooperación con el hombre como hombre que deja a un lado estas cosas extrañas. Esnobismo es cooperar solo con mi clase social; solo con mi raza o grupo es prejuicio; solo con los que profesan mi credo es fanatismo. Cuando el hombre coopera como hombre es la expresión del cristianismo. Pero en el momento en que tratamos de empezar con un plan cooperativo de vida, tropezamos con el prejuicio racial, uno de los prejuicios más profundos que tenemos que enfrentar. ¿Cómo podemos dominarlos? No podemos vivir una vida abundante si estamos aferrados al pasado; y el prejuicio racial es simplemente eso, una limitación por la obstinación. Si nos libramos de estos prejuicios, no lo haremos por medio de la arrogancia sentimental, sino al enfrentar las verdades irresistibles. ¿Existen esas verdades? Sí.

1. *Tenemos el respaldo del cristianismo en cuanto a que la humanidad es una.* "Dios (...) hizo a todas las naciones de una sola sangre (...) para habitar en toda la faz de la tierra". *"Uno es vuestro maestro (...) y todos ustedes son hermanos"* (Mateo 23:28). *"No hay judío ni griego"* (Colosenses 3:11), no hay distinción racial. "El Espíritu me hizo ir con ellos, sin hacer ninguna distinción", Pedro hacía una distinción racial en su mente y el Espíritu eliminó esto. La iglesia primitiva no solo puso hombres en un nivel teórico, sino que realmente también les dio igualdad de autoridad. Pablo fue ordenado por un Negro en Antioquia, *"Simeón (llamado Níger)"* (Hechos 13:1); y "Níger" literalmente es "el Negro". No hay ninguna duda de que estos prejuicios modernos con respecto al color no estaban en el cristianismo antiguo. En ese tiempo un hombre era considerado como un hombre, "un hombre por quien Cristo murió".

   Pablo dio el concepto cristiano de igualdad en estas palabras con respecto a un esclavo: *"Ya no como a esclavo, sino como algo mejor: como a un hermano querido, muy especial para mí, pero mucho más para ti, como persona y como hermano en el Señor."* (Filemón 16).

   El cristianismo tenía que ser una revelación tanto de Dios como del hombre y más; tenía que ser una fe en ambos. Por eso la fe cristiana es creativa y produce lo mejor en todos los hombres. Cristo es el gran creyente en el hombre. No en algunos hombres, sino en todos los hombres. Por lo tanto, Él es la esperanza del mundo.

Padre nuestro, danos fe en ti y fe los unos en los otros. La duda destruye; la fe edifica; por eso ayúdanos a ver a la gente con los ojos de una fe encendida y no con los ojos de la fría duda. Porque solo así seremos como tú. Porque tú crees en nosotros cuando nosotros no creemos en nosotros mismos; ayúdanos a transmitir tu fe. En el nombre de Jesús. Amén.

1 Juan 4:11-12, 20-21; Hechos 17:24-29; Mateo 7:12

El respaldo de la biología y de la democracia

2. *Tenemos el respaldo de la biología.* La idea de las razas superiores inherentes y las razas inferiores inherentes, ha sido desechada por la investigación científica. Hay razas subdesarrolladas, pero no permanentemente superiores ni inferiores. Un destacado biólogo dice: "Hay diferencias culturales entre las razas, pero no biológicas". Los cuatro tipos de sangre encontrados en una raza se encuentran en todas las razas. El coeficiente intelectual de los niños de color en Nueva York es tan alto como el de los niños blancos. El trasfondo cultural de los hogares de los cuales provienen, pueden ayudar o retrasar su progreso, pero la materia prima es la misma. Un juez inglés en Birmania, quien también había sido juez en Inglaterra, me dijo que había descubierto que el cerebro de la humanidad es uno, ¡porque los abogados en Inglaterra y en Birmania discuten desde las mismas falacias hasta las mismas conclusiones! Cuando viajo por todo el mundo descubro que la gente de todas las razas se ríe exactamente de las mismas bromas de la misma manera. La humanidad literalmente es una.
3. *Tenemos el respaldo de la democracia.* Si la democracia significa algo, significa igualdad de oportunidades para todos, y todos significa todos, de cualquier raza, color, o clase. Si no significa eso, no es democracia, sino hipocresía, la regla de la máscara, en lugar de la regla de la mayoría de gente. Los rusos me dijeron: "Usted está desactualizado. Nosotros somos los verdaderos herederos de la democracia. Usted creció temeroso de su principio de democracia, trató de confinarla a lo político; nosotros fuimos más allá y la aplicamos también a lo económico y lo social. En consecuencia, nosotros somos los herederos de la democracia". Solo hay una respuesta para eso y la respuesta no puede ser una respuesta verbal, debe ser una respuesta viviente, una demostración. Cuando hacemos la promesa de lealtad a la bandera y decimos "con libertad y justicia para *todos*", "para todos" debe significar "todo" o "nada".

Recuerde las palabras de Pedro: "El Espíritu me hizo ir con ellos, sin hacer ninguna distinción". Cuando hacemos distinción racial, entonces rompemos con el Espíritu de Dios y aceptamos el espíritu de arrogancia. Habremos roto con el camino cristiano.

Oh, Dios, ayúdame a pertenecer a "la comunidad del justo". Porque sé que sin justicia no puede haber comunidad. Limpia mi corazón de todo lo que no puede ser hecho en la comunidad, toda tendencia a dividir, todo prejuicio y toda pequeñez. Quiero ser grande, para amar a pesar de las diferencias de color y de raza. Porque en nuestro interior todos somos iguales y lo sé. Amén.

Gálatas 6:2; 1 Pedro 2:17; 1 Tesalonicenses 4:8-9

Continuación de los pasos para librarse del prejuicio racial

Puesto que tenemos el respaldo del cristianismo, de la biología y de la democracia en cuanto a que la raza humana es una y en cuanto a que los prejuicios no son innatos, sino que son artificialmente impuestos a una temprana edad en la mente del niño, entonces podemos deliberadamente dar pasos para construir nuevas actitudes hacia otras razas.

4. *Dejaré de pegar etiquetas en toda la gente.* No es verdad que "los japoneses son tramposos", ni que "los judíos son materialistas", ni que "los alemanes son hunos", ni que "los negros son perezosos"; algunos lo son y algunos no.
5. *Deliberadamente cultivaré amistades con personas de otra raza.* Probablemente encontraré que en lo profundo, bajo las diferencias de la superficie, somos fundamentalmente uno. Una mujer alemana, después de la última guerra, al solicitar un empleo en el que sentía que podría haber algún prejuicio contra ella, dijo: "Señora, ambas derramamos las mismas lágrimas". Es verdad.
6. *Deliberadamente expondré lo que puedo aprender de la gente de otra raza.* Cada raza tiene algo para enseñar a la gente de otras razas. Se necesitan muchas notas diferentes para crear una sinfonía. Las teclas blancas y negras del piano son el símbolo de la realidad en cuanto a que se necesitan ambas razas para manifestar la música completa de la humanidad. Un año descubrí que las tres personas que más me habían influenciado fueron Gandhi, Booker T. Washington y Kagawa, y ninguno de ellos es de mi color ni de mi raza.
7. *Deliberadamente trataré de traer personas de otras razas a mi iglesia.* Cada iglesia blanca debería tener al menos un miembro de la raza de color como un miembro honorable y cada iglesia de color debería tener al menos un miembro blanco, como un símbolo de que la iglesia cristiana es diferente de la sociedad que la rodea.
8. *Deliberadamente me identificaré con el desposeído y con el discriminado, y haré mías sus discapacidades, hasta que todo quede totalmente abierto para todos, sobre la base de la igualdad de oportunidades para todos.* La cruz de ellos será mi cruz; y su resurrección, mi resurrección.

Padre de gracia, aquí encontraré mi cruz en la vida moderna. Seré una parte de las discapacidades que caen sobre otros. Ayúdame a elegir ser identificado con el olvidado y el despreciado. Y haz que esta decisión sea verdadera y no un simple gesto. Porque estoy limitado en el cautiverio de otros y degradado en la degradación de ellos ya sea que me identifique con ellos o no. Ayúdame a aceptarlo. En el nombre de Jesús. Amén.

SEMANA 44 - JUEVES

Romanos 14:4; 1 Pedro 3:12-17

Enfrentamos el asunto de la guerra

Aquellos que se han presentado en este peregrinaje por la vida abundante, probablemente estarán impacientes por enfrentar la pregunta vital que ahora enfrenta cada persona seria: ¿cuál sería mi actitud hacia la guerra? Sería más fácil no enfrentar esta pregunta, porque los hombres buenos están en ambos lados de cada frontera, más fácil y más mortal. A veces en nuestras discusiones he usado el pronombre "yo" en una manera representativa; pero aquí debo usarlo en una manera estrictamente personal y decirle a usted cuán lejos he ido en mis pensamientos y actitudes.

1. *He determinado que mi actitud hacia la guerra no romperá mi compañerismo con aquellos que difieren de mí.* Creo tanto en la libertad de la conciencia, que debo dar a la otra persona libertad de conciencia para diferir de mí sin "descristianizarlo" interiormente, ni en el pensamiento. El compañerismo no debe ser desbaratado.
2. *Estoy completamente desilusionado con respecto al método de la guerra.* Durante la Primera Guerra Mundial prediqué sobre dos textos: "Herodes y sus soldados pusieron a Jesús en cero", el militarismo puso a Jesús en cero. "Pero cuando vieron a los soldados, dejaron de golpear a Pablo"; el poder militar puede ser usado para proteger al inocente. Este último texto me permitió aprobar el método militar. Desde entonces he estado completamente desilusionado con respecto a la habilidad del método para lograr lo que sus defensores creen que puede.
3. *El método militar no puede y no protege al inocente.* Protege al culpable, a quien está detrás de la línea, e involucra al inocente, a civiles y soldados del mismo modo, en una matanza insensata e inútil. Comparar el método militar con el método para proteger a su esposa o a su hija de un violador, es una analogía falsa; porque la guerra expone a la esposa y a la hija, en realidad, a todos los inocentes, a la violación espiritual, mental y física. Comparar la guerra con matar a un perro enojado es una analogía falsa. En la guerra el perro enojado, Hitler, no fue asesinado, sino miles de jóvenes inocentes.

Oh, Dios, mi Padre, vengo a ti para tener tu luz y tu guía en este asunto de la guerra. Estoy involucrado en ella, la elija o no. Y con todo, cuando interiormente la repudio, no estoy moralmente involucrado como lo estoy cuando elijo y apruebo. Ayúdame a repudiarla interiormente, para que pueda librar mi alma de la intervención moral. En el nombre de Jesús. Amén.

Romanos 12:17-21; 1 Pedro 3:8-12; Filipenses 2:5

¿Es la guerra una operación quirúrgica?

Ayer concluimos en la incapacidad de la guerra para proteger al inocente.

Entonces Abner le dijo a Joab:

–Propongo que salgan unos cuantos jóvenes y midan sus armas en presencia de nosotros.

–De acuerdo –respondió Joab (2 Samuel 2:14).

Es el joven que tiene poco o nada que ver con la precipitación de las guerras, quien tiene que soportar los embates de la lucha. Pero en la guerra moderna, probablemente el peor sufrimiento llega a las poblaciones civiles. La guerra ha perdido cualquier poder que tuvo para proteger al inocente, y ahora los expone. Si se ha dicho que hay peores cosas que la guerra, entonces la respuesta debe ser dada en las palabras de otro: "Sí y la guerra produce cada una de esas cosas".

4. *La guerra es un medio incompatible con los fines que espera alcanzar.* Los hombres en todo lugar reconocen que el método de la guerra está equivocado, pero esperan usarla para lograr buenos fines. Esta es una esperanza sin sentido, porque "los medios preexisten en y determinan los fines". Usted no puede descartar los medios antes de que hayan dado forma a los fines. Ellos entran directamente y determinan los fines. Los medios malos producen fines malos. Si el bien alguna vez salió de la guerra, la razón fue que otras influencias constructivas fueron introducidas en el proceso y produjeron fines constructivos, a pesar del método de la guerra.
5. *Comparar la guerra con una operación quirúrgica es una analogía falsa.* Una operación quirúrgica propone en principio a un cirujano inmaculadamente esterilizado con instrumentos inmaculadamente esterilizados, de otra manera hará más mal que bien, como en mi propia experiencia, cuando fui infectado por el tétano al ser operado de apendicitis. ¿Qué nación cuando va a la guerra puede exigir una inmaculada esterilidad para sí misma y para sus instrumentos? Si lo hiciera, entonces el primer germen que infectaría el cuerpo de la humanidad sería la hipocresía. La guerra no puede ser llevada a cabo de una manera inmaculada y esterilizada, sus armas son mentiras, decepciones, hipocresías. "La primera víctima en la guerra es la verdad"; la segunda es el amor, porque es absurdo decir que usted puede ir a la guerra amando a sus enemigos. Si usted amara a sus enemigos sería un soldado muy pobre.

Padre de toda gracia, vengo a ti para pedirte que laves mis ojos y mi corazón. Quiero ver sinceramente y no puedo, a menos que sea sincero. Por tanto, hazme sincero. En medio de las histerias de esta hora, mantén mi alma y mi mente limpias. Porque el odio invade y los prejuicios corroen y empiezo a pensar con mis emociones. Ayúdame a pensar con tu mente. En el nombre de Jesús. Amén.

Lucas 20:25; Hechos 5:29; Mateo 22:36-40

¿Cristo aprobó la guerra?

6. *Tampoco puedo establecer una analogía entre un ejército entrenado para la guerra y una fuerza policial.* Puedo creer y creo en una fuerza policial, porque las fuerzas del orden llevan al criminal a la corte para ser tratado por un tribunal de justicia. Un ejército entrenado para la guerra no lleva al supuesto ofensor al tribunal de justicia, sino lo deja fuera de combate antes de llegar al tribunal. Además, la policía castiga al culpable; en la guerra usted castiga al inocente y al culpable del mismo modo, mayormente al inocente. Una vez más, las fuerzas del orden están entrenadas contra los criminales, una fuerza policial no sale a pelear contra otra fuerza policial como lo hace un ejército entrenado para la guerra.
7. *Tampoco puedo encontrar bajo ninguna tergiversación de ningún significado que Cristo aprueba la guerra.* Simplemente no encaja. Los misioneros en Nanking, China, daban el Nuevo Testamento a los soldados japoneses. Al principio los oficiales estaban contentos de que sus hombres lo tuvieran, pero después vinieron a los misioneros y les dijeron: "Por favor ya no les den más nuevos testamentos a nuestros hombres, porque cuando leen este libro, la lucha se anula dentro de ellos y ya no quieren combatir más".

Decir que Cristo usó la fuerza para la limpieza del templo, es torcer el relato, porque uso la fuerza de esta manera: (1) Él *"volcó las mesas"*, usó la fuerza sobre objetos inanimados. (2) Hizo un azote de cuerdas pequeñas y *"echó a todos fuera del templo, con las ovejas y los bueyes"*, usó el azote en criaturas animadas que no podían entender la fuerza moral. (3) Sobre las personas usó la fuerza moral: *"Quitad esto de aquí"* (ver Juan 2:13-25). No hay ninguna justificación escritural que diga que Jesús usó la violencia física sobre alguna persona, y mucho menos que aprobó la violencia de la guerra.

Cuando dijo: *"Dad al César lo que es del César"*, inmediatamente añadió: *"Y a Dios lo que es de Dios"*. La primera frase es calificada por la segunda. En su interpretación del Reino dijo que toda vida pertenece a Dios. Entonces: Dad al César lo que puede ser reconciliado con dar a Dios, si César encaja en el Reino de Dios, bien; y si no, entonces: *"Buscad primeramente el Reino de Dios"*. La idea de que la lealtad a César está al mismo nivel con la lealtad a Dios es ajena a la fe cristiana.

Padre, ayúdame a tener mis valores y mi fidelidad en pureza. Daré mi lealtad al César mientras no interfiera ni contradiga mi lealtad a ti. Porque tú, no César, eres Dios. Ayúdame entonces a no temer a las consecuencias de mi lealtad hacia ti, primero, último y siempre. Amén.

SEMANA 45 - DOMINGO

Romanos 12:21; Mateo 5:43-48

¿Nos ha mostrado Gandhi una salida?

La semana pasada consideramos nuestra actitud cristiana hacia la guerra. Concluimos en que Cristo y la guerra eran incompatibles. Jesús dijo: *"Mi Reino no es de este mundo, si mi Reino fuera de este mundo, entonces mis siervos pelearían"* (Juan 18:36). Aquí dice sin duda alguna que sus siervos no pelearán, porque su Reino es diferente a los reinos de este mundo y, por lo tanto, sus armas también son diferentes.

8. *El Dios que encuentro en Cristo es un Dios que vence al mal con el bien, al odio con amor y al mundo por medio de una cruz.* Pero si se objeta que Dios redime en términos de Cristo, pero gobierna en términos de un trono, mi respuesta es que Jesús se identificó con Dios y también con el Reino de Dios. Él y Dios son uno y Él y el Reino son uno. Él usó "por mi causa" y "por causa del reino" sinónimamente. Él es el Reino personalizado, el orden y la persona son uno. Por eso Jesús es tanto la revelación del carácter de Dios como la revelación del carácter del Reino de Dios. Nuestro Dios redime en términos de Cristo y gobierna en términos de Cristo: la cruz y el trono son uno.
9. *Hay una moral equivalente a la guerra, Gandhi mostró las posibilidades de poner la cruz dentro de la vida corporativa.* Pacifismo no es inactividad, es activismo desde un nivel superior. Gandhi nos ha mostrado que una nación no necesita sentarse debajo de las incapacidades, tampoco necesita recurrir a las barbaridades de la guerra, puede igualar sus capacidades para sufrir contra las capacidades del otro para dar sufrimiento, la fuerza del alma contra la fuerza física. Gandhi ha entrenado a una nación para decir: "No vamos a odiarte, pero no vamos a obedecerte. Haz lo que quieras". Puso la cruz en la vida pública. Si nuestra nación tomó el camino cristiano de la activa buena voluntad hacia todo, probablemente mataríamos nueve décimas de las posibilidades de invasión; si en la única décima el camino cristiano se viniera abajo, no estaríamos perdidos, porque ciento treinta millones de personas podrían sentarse para decirle a un dictador: "No te odiaremos, pero no te obedeceremos. Haz lo que quieras". Podemos vencer por medio de nuestra capacidad para sufrir. ¿Tonterías? Cristo lo hizo y Él gobierna el mundo.

Oh, Cristo, soy tu seguidor. Así y todo tengo miedo de seguirte totalmente. Pero veo que tu camino es correcto. Y nada más es correcto. Por tanto, déjame tomar tu camino aunque el cielo se venga abajo. Pero no se vendrá abajo, permanece porque está de acuerdo contigo. Ayúdame a estar de acuerdo contigo. Amén.

SEMANA 45 - LUNES

Romanos 8:16-18; 2 Timoteo 2:12; 1 Pedro 2:19-21; 2 Corintios 10:3-5

Las buenas cosas de la guerra

Ayer buscábamos la posibilidad de un equivalente moral para la guerra. Geo Landsbury objetó el uso de esa frase y me dijo: "No existe ningún equivalente moral en un mal". Pero mientras que la guerra es un mal, con todo hay cosas nobles capturadas y usadas por la guerra: el patriotismo, el sacrificio propio, la camaradería en una causa común. Estas cosas no son partes necesarias de la guerra, sino que son tomadas y usadas por la guerra para hacer que la batalla sea tolerable para las almas preocupadas por los propósitos esenciales de la guerra, es decir, matar y destruir.

El paralelo moral para la guerra son las cosas aceptables que la guerra ha reunido y usado, el patriotismo, la camaradería y el sacrificio propio. La disposición de los jóvenes para sacrificar sus vidas me toca profundamente. Podemos rescatar estas buenas cualidades y usarlas en un propósito superior y para fines superiores. La no cooperación pacífica de Gandhi asume el patriotismo, el sacrificio propio y la camaradería en una causa y los une a los constructivos propósitos de vencer al mal con el bien, al odio con amor y al mundo con una cruz. Si nuestros 130.000.000 de personas se sentaran, se rehusaran a obedecer y practicaran la no cooperación pacífica con un dictador, ¿qué pasaría? Las cárceles estarían llenas hasta volverse ridículas, un honor. Nos alinearían contra una pared y nos dispararían para luego dispararse a ellos mismos y a su régimen lleno de agujeros.

Si se ha dicho que esto podría funcionar contra los británicos en la India, pero no contra los alemanes y los japoneses, la respuesta es que los primeros cristianos usaron este método contra el imperio más brutal de la época, el imperio romano, cuyo método ordinario de castigo era la crucifixión. Lo usaron contra ese imperio y ganaron. Desbarataron el imperio romano por medio de su capacidad para tomar el sufrimiento, no para darlo. Durante los primeros tres siglos ningún cristiano fue a la guerra ni estuvo en el ejército después de convertirse en cristiano, era incompatible. Después de los tres primeros siglos, con la conversión de Constantino, ninguna persona excepto un cristiano podía entrar en el ejército. El cristianismo y el método de la guerra se habían confundido.

Oh, Dios, fortalece mi espíritu interior con un modo de vida disciplinado, para que pueda estar preparado para adoptar este camino de no violencia como mi camino, ya sea que otros lo tomen o no. Que pueda abrazar el camino de la cruz aún si eso significa la cruz adicional de estar solo. Porque debemos encontrar un nuevo camino, este camino viejo es destructivo para cualquier persona. En el nombre de Jesús. Amén.

SEMANA 45 - MARTES

Hechos 24:16; 1 Timoteo 1:5; Romanos 13:8-10

Llegar a ser una conciencia encarnada

Así como exponemos esta posibilidad de la cooperación pacífica, hay muchos que dicen: "Bien, puede funcionar si podemos convencer a una suficiente cantidad de personas disciplinadas para que lo intenten. Pero hemos disciplinado a nuestra gente con el otro método, no con este". Es verdad. ¿Y cómo empezamos? ¡Con nosotros mismos! No podemos esperar hasta que todos estén preparados; podemos dejar que este método de la cruz empiece en nosotros, y en pequeños grupos que podemos reunir alrededor de nosotros.

Una oradora intentaba provocar una manifestación de odio contra nuestros enemigos de la guerra. De alguna manera su esfuerzo no iba a funcionar. Finalmente se apartó y dijo algo triste e indignada: "¿Cómo puede usted odiar con Jane Addams en la habitación?" Jane Addams era el nuevo orden encarnado y era la conciencia de la situación.

Un orador estaba conectado con el presidente de una universidad, cuya institución tenía que visitar e impulsar a salir a la guerra a toda marcha, mientras que Rufus Jones visitaba el campo universitario e influenciaba grandemente a los estudiantes en contra de la guerra. El orador trató de hacer lo mejor que podía según le pidieron, pero no llegó muy lejos. El presidente de la universidad dijo después: "¿por qué usted no se extendió realmente?" El orador contestó: "¿Quién puede salir corriendo para la guerra con Rufus Jones en la plataforma?" Rufus Jones era la conciencia cristiana de la situación. El orador tuvo que justificarse ante esa conciencia, y era difícil.

¿Fallará este método? De acuerdo, preferiría fracasar usando este método que tener éxito al usar el otro. ¿Pero fallará? Lo opuesto es fallar en no hacer nada por nosotros excepto llevarnos a la ruina universal. Solo desviar el sentido común nos mantendría fuera de la guerra. Rousseau, hablando de las naciones que se mantienen fuera de la guerra, dijo: "ellos no necesitan ser buenos, generosos, desinteresados, de espíritu comunitario, ni humanitarios. Pueden ser injustos, avaros, o que ponen sus intereses primero; solo pedimos que no sean tontos para llegar a esto". Kant dijo: "incluso una raza de demonios, siempre y cuando fueran inteligentes, se vería forzada a buscar una solución que no fuera la guerra".

Oh, Cristo, mi Señor, hazme un cristiano ya sea que otros se conviertan o no. Siento en mi corazón que este camino es el único que funcionará. Porque es tu camino. Necesitaré valor para tomarlo, porque muchos tienen temor de que el universo no respalde este camino. Pero yo estoy convencido de que el universo no respalda al otro. Ese camino acaba en una ruina sin sentido. Ayúdame a tomar el tuyo. Amén.

Mateo 16:18; 1 Corintios 10:32; Hebreos 12:28

La Iglesia es una sociedad dentro de una sociedad

El argumento en cuanto a nuestras actitudes hacia la guerra, llevó a la necesidad de conseguir pequeños grupos disciplinados para ser las semillas sembradas de un nuevo orden, de tal manera que si el viejo orden pierde el control, el grupo será el germen de un orden nuevo. La Iglesia cristiana llegó a ser justa tal como una tierra fértil cuando el imperio romano, basado en el poder militar, cayó. La epístola a Diognetus, escrita en este tiempo de decadencia, dice: "Lo que el alma es para el cuerpo, así son los cristianos para el mundo, ellos mantienen al mundo unido". Fueron los cristianos entonces quienes mantuvieron al mundo unido, y son los cristianos otra vez los que mantendrán al mundo unido en la actualidad. Porque estamos en un período similar de decadencia. Pitirim Sorokin, un sociólogo de Harvard, dice que nuestra sensible cultura se ha agotado a sí misma y está desapareciendo, y que el futuro debe reformarse en torno a otras ideas y otros propósitos.

El futuro debe formarse en torno al Reino de Dios, o de otro modo, perecerá. Porque el Reino de Dios es el orden final y lo que no se adapte a él, morirá. La Iglesia es la semilla sembrada de ese Reino. En una masiva concentración fue anunciado que cantaría una joven japonesa. Contuve mi respiración para ver la reacción de aquella audiencia. Estábamos en guerra con Japón. ¿Iban a abuchearla? Cantó sencilla y maravillosamente, *"Cuán hermosos sobre las montañas son los pies de los que anuncian las buenas nuevas, de los que anuncian la paz"* (Romanos 10:15). Aunque era un servicio religioso, la audiencia estalló en un aplauso espontáneo. El compañerismo cristiano estaba intacto. La Iglesia no estaba en guerra. Era una hermandad supranacional que se mantenía unida a pesar de la rotura de los lazos nacionales. Solo en una Iglesia cristiana eso pudo pasar durante la guerra, ¡una ciudadana de una nación en guerra contra nosotros ovacionaba públicamente! La Iglesia cristiana es diferente. Es una sociedad dentro de una sociedad, una nación dentro de una nación. Cuando una nación decae, la Iglesia no tiene por qué decaer, está ligada a propósitos y fines no decadentes. La Iglesia es, o debe ser, una expresión en la sociedad de ese *"Reino que jamás será destruido"* (Daniel 2:44). A tal grado que, permanecerá firme en medio de un mundo convulsionado.

Oh, Dios, estoy tan agradecido porque hay una isla de sanidad en medio de un embravecido mar de confusión y de odio. Ayúdame a ser una parte digna de este glorioso compañerismo de aquellos corazones que han sido tocados, iluminados y cambiados, y quienes son el futuro realizado. Que yo pueda ser la miniatura de ese futuro. En el nombre de Jesús. Amén.

Colosenses 1:17-18; Hechos 20:28; Efesios 3:14-15; 5:23-32

Por qué daría mi lealtad a la Iglesia

Con el fin de dar un pleno consentimiento interior a la lealtad hacia la Iglesia, tal vez usted puede dar estos pasos:

1. *No existe religión solitaria.* Si es solitaria, no es una religión, porque Jesús expresó la religión como el amor a Dios y el amor al hombre. No puede haber ningún amor al hombre, a menos que la vida sea vivida en conexión con otros. "Ser, es estar en relaciones interpersonales". La vida cristiana puede ser vivida solo en las concesiones mutuas de las relaciones corporativas.
2. *La Iglesia cristiana está fundada en una necesidad de la naturaleza humana.* Los tres grandes impulsos conductores son el ego, el sexo y el deseo de reunirse con otros. Este deseo de estar con otras personas o instinto social, es frustrado si no desarrollo mi vida espiritual en un compañerismo corporativo. Si la Iglesia fuera destruida en la actualidad, tendría que ser reemplazada mañana por algo similar, porque la naturaleza humana lo demanda. Aquellos que tratan de cultivar su vida espiritual solos, fuera de la Iglesia, están intentando vivir lo imposible. La naturaleza humana está en contra de aquello.
3. *La Iglesia, en un sentido, es una extensión de la vida de la encarnación.* Digo "en un sentido", porque fue solo una vez que "la palabra se hizo carne"; pero la Iglesia intenta, de diversas maneras, reencarnar esa palabra en las relaciones corporativas. Es el único grupo en la sociedad humana que no vive para sus propios propósitos, sino para el propósito de manifestar a tiempo el propósito eterno.
4. *Con todas sus faltas la Iglesia es la mejor institución de servicio sobre la Tierra.* Tiene muchas críticas, pero ningún rival en la obra de la redención humana. Ha llenado el mundo con escuelas, hospitales, orfanatos, asilos para leprosos y ciegos, e iglesias. No hay un punto en la Tierra en donde, si se tiene la libertad para hacerlo, no se haya hecho así. Los cristianos son personas que cuidan.

   Y son personas que cuidan en escala mundial, cuidan de un hombre como un hombre, dejan a un lado la raza, el origen y el color.

Oh, Dios, te agradezco porque tienes una familia y porque puedo pertenecer a ella. Hazme un buen miembro de esa familia. Que el espíritu familiar esté en todo lo que hago, pienso y digo. Porque quiero que otros amen a esta familia. Ayúdame a traer a la familia el constructivo espíritu de amor y de ayuda mutua. En el nombre de Jesús. Amén.

Hechos 2:46-47; 7:37-38; 16:5; 1 Corintios 16:19-20; Efesios 1:17-23

La Iglesia, el único compañerismo irrompible

Continuamos con nuestra escala de pensamientos con respecto a la Iglesia:

5. *La Iglesia, con todas sus fallas, contiene la mejor vida humana en el mundo.* Su carácter es superior, más adecuado y más confiable. Cuando alguien de la Iglesia se equivoca moralmente, es noticia. Algo más se esperaba de él. Examine los grupos de las asociaciones para el bienestar de la comunidad, los cuales habitualmente reúnen a los líderes de la vida de una ciudad: el 90% o más son cristianos. Surgen en la cima como la crema. Si como dije antes, el índice de divorcios es de uno de cada seis matrimonios en general, pero solo uno de cada cincuenta entre la gente de la Iglesia, entonces, evidentemente, produce un tipo de carácter más estable, gente que puede llevarse bien unos a otros, si no es a causa de, entonces lo es a pesar de.
6. *La Iglesia es el único compañerismo irrompible en todo el mundo.* Todos los demás se han roto; el lazo entre los cristianos permanece irrompible. Los misioneros llevan a cabo la obra de las misiones alemanas hasta que la guerra termine, pero les devolverán la obra en el final. La Iglesia, como dijimos antes, no está en guerra. Está sosteniendo un compañerismo inquebrantable. Por lo tanto los cristianos son el puente de todos los abismos.
7. *La Iglesia es la única institución que lo sitúa en el siglo presente y le da un sentido de solidaridad con todos los siglos.* Cuando usted está en una Iglesia, no es un prisionero de su época, tiene un sentido de pertenencia a las edades.
8. *La Iglesia, en su autenticidad, rompe toda clase social y toda barrera racial, y hace que la humanidad se sienta como una sola.* Un ministro de color se levantó en un tren en la Alemania nazi, le dio su asiento a una señora alemana y estuvo de pie durante cuatro horas. Cuando la dama estaba punto de salir, trató de agradecerle, pero él no podía entender el idioma de ella y ella tampoco podía entender el inglés. Finalmente, ella escribió un pasaje bíblico de Isaías y se lo dio: *"El Señor te ha hecho como un jardín"* (Isaías 58:11) etc. ¡Isaías, un judío, reunió a un negro y a un alemán en la Alemania nazi! Celso dijo con ironía: "estos cristianos se aman unos a otros aún antes de conocerse". Sí, realmente se aman.

Oh, Dios, te agradezco porque la Iglesia ha sido "la madre de mi espíritu", la guía de mi juventud, el compañerismo de mis años maduros, el hogar de mi alma. Que ninguna clase social, ninguna casta ni ningún color, puedan manchar el compañerismo abierto de la familia. Ayúdanos a tener un compañerismo tranquilo en el cual todos se sientan en el hogar, excepto aquellos que pecan contra la hermandad. Amén.

Hechos 14:22-23; 1 Corintios 1:2; Hebreos 2:11-12

La Iglesia, la madre de los movimientos

Hemos reunido algunas meditaciones finales sobre la Iglesia.

9. *La Iglesia ha sido y es la madre de los movimientos.* Es una sociedad creativa. Dio nacimiento a las artes, a la educación, a la reforma, a los movimientos misioneros y a la democracia. La democracia es una hija de la fe cristiana. Rhode Island dio al mundo la democracia, y el pensamiento cristiano dio la democracia a Rhode Island. Los bautistas y los cuáqueros pensaban en Dios como Padre, en los hombres como hermanos y en la democracia expresando esa actitud igualitaria en el gobierno. La democracia está basada en un punto de vista de Dios, y en consecuencia en una perspectiva del hombre y, por lo tanto, en una perspectiva del gobierno. La "Democracia", dice Thomas Mann, "es la expresión política del cristianismo". Si la raíz de la democracia decae, el fruto morirá.
10. *La denominación no es la Iglesia.* La Iglesia es más grande que la denominación. Estuve en la cima de una montaña observando un valle. Aquí y allá podía ver lagunas aisladas. Pero no eran lagunas aisladas; eran partes de un río sinuoso. Lo que podía ver en el momento eran solo partes del río. Las denominaciones son partes de un río continuo, la Iglesia. La Iglesia es más grande que las denominaciones. Pensar que hemos acordonado la gracia de Dios y la hemos confinado dentro de nuestra denominación, es tan absurdo como decir que las áreas acordonadas por los nadadores en las playas del mar son el océano.
11. *Como la denominación no es la Iglesia, así también la Iglesia no es el Reino.* La Iglesia contiene la mejor vida del Reino, pero no es comparable con el Reino. Es un medio para los fines del Reino y no un fin en sí misma. Debe perder su vida por los fines del Reino, y luego volverá a encontrarla.
12. *La función primaria de la Iglesia es la adoración a Dios.* Aquí los hombres entran en un vivo contacto con Dios, con el eterno, con el fin de conocer el tiempo, lo fugaz. Aquí los hombres hacen una pausa y tienen "el sello del anillo de la eternidad impreso en los fugaces momentos del tiempo".

    De esa adoración a Dios, surgen motivaciones y movimientos para el servicio del hombre.

Padre de gracia, en tu casa aprendo a vivir simultáneamente en el tiempo y en la eternidad. Allí aprendo que soy el hijo de un propósito eterno y el precursor de un destino eterno. Ya no soy más alguien de poco valor. Tampoco puedo ser dado para fines poco valiosos. Ayúdame a mantener mi corazón limpio para la obra de tus propósitos eternos. En el nombre de Jesús. Amén.

SEMANA 46 - DOMINGO

Deuteronomio 6:5-9; 15:12-17; Proverbios 3:7-8

El sello del dueño

Casi hemos redondeado nuestro estudio sobre las actitudes correctas personales y sociales para la vida abundante. Hemos transformado estas actitudes en nuestras mentes; ahora deben ser impresas interiormente, el estudio debe convertirse en un sello. Pablo dice: *"Por lo demás, que nadie me cause más problemas, porque yo llevo en el cuerpo las cicatrices de Jesús"* (Gálatas 6:17). O, como lo presenta otra versión bíblica, *"el sello de Jesús"*. Las cicatrices eran las marcas del dueño impresas en su carne, como un símbolo de que el sello del dueño estaba impreso en la parte mental y también en la parte espiritual.

En la India usted ve personas que tienen el sello de su dios marcado con hierro en sus frentes, puesto ahí con un hierro candente, imborrable. Los toros de Shiva están marcados con el tridente de Shiva y son de él dondequiera que se encuentren. Pablo pensaba en esta marca con hierro candente cuando afirmaba que estaba libre del hombre por estar unido al Señor. Afirmaba su libertad a través de una total esclavitud. Extraña manera de encontrar libertad, ¡a través de una esclavitud total! Pero veía que Cristo era el cumplimiento de su existencia, el camino para el cual fue creado, el camino verdadero. En otro pasaje Pablo dice que somos *"predestinados"* a *"a ser transformados según la imagen de su Hijo"* (Romanos 8:29). Hemos discutido durante siglos por la predestinación. Pero con todo parece simple: si usted lleva a cabo el destino que está escrito en la constitución de su ser, será hecho conforme a la imagen de Cristo. Usted está predestinado para ello por medio de la naturaleza de su ser y por medio de la naturaleza del universo. Está predestinado para ser cristiano, para ser una persona como Cristo, si cumple con lo establecido en su ser. Este es su destino y puede escapar de él simplemente pecando contra ese destino. Es decir, solo pecando contra el Dios que escribió ese destino dentro de usted. De modo que "el sello del dueño" es solo la señal exterior de algo que está impreso dentro de usted constitucionalmente. Usted da su consentimiento a la constitución, y el camino se convierte en El Camino. El sello del dueño está grabado en usted.

Cada simple órgano, cada tejido y célula nerviosa está hecho para funcionar de una manera cristiana. Ese es su destino, está escrito en la constitución de cada uno de ellos.

Oh, Cristo, veo que tú eres el camino. Si cumplo con aquello para lo que fui creado, seré como tú. No me atrevo a pecar contra ese destino. Porque veo que no es un decreto arbitrario escrito en un libro e impuesto, sino que está escrito en mí y es ineludible. Por eso, ayúdame a permitir con todo mí ser, ser marcado como tu propiedad. Amén.

Lucas 19:40; Efesios 6:1-3; Proverbios 17:22; Salmo 139:14-16

"Brotará repentinamente de la tierra"

Ayer vimos que por las mismas leyes de nuestro ser, estábamos predestinados a ser cristianos. Esta es la predestinación en la que creo con todo mi corazón. El Dr. Bosworth una vez dijo: "Si los principios de Jesús fueron extraídos de los cielos, brotarán de la Tierra". Y de la naturaleza de nuestro ser. Usted tiene pulmones cristianos, glándulas cristianas, un estómago cristiano, un corazón cristiano, un hígado cristiano, un sistema nervioso cristiano, la organización total es cristiana; y disponer estos órganos para usos no cristianos es sacarlos fuera del mecanismo y, peor aún, moler los engranajes de la vida el uno contra el otro, vivir en un conflicto interior.

"Brotará de la tierra". El Dr. Henry Link, al estudiar psicología, renunció al cristianismo como una superstición anticuada. Cuando, no obstante, empezó a tratar de desenredar vidas confundidas, descubrió que tenía que darles algo para amar que estuviera fuera de ellos. Lo único permanente que podía dar era Dios; y pronto se encontró hablando de volver a Cristo. La vida no estaría bien de ninguna otra manera. Se convirtió en un cristiano y escribió dos grandes libros, fue llevado nuevamente a lo mismo por las presiones de la vida. El camino cristiano, arrancado de los cielos, brotó de la tierra. El estudio de la psicología y el estudio de la fisiología llevarán a la conclusión de Aunt Het, quien dice curiosamente: "La naturaleza trata de hacernos bien. Solía enojarme tremendamente hace algunos años, pero tuve que abandonar aquello porque me causaba mala digestión". El Dr. Frank Cranes dice: "La depresión, la tristeza, la desesperación y el pesimismo, matan a diez personas por cada uno que muere por tifoidea, influenza, diabetes o neumonía. Si la tuberculosis es la gran plaga blanca, el temor es la gran plaga negra". Pero el temor, la depresión, la tristeza, la desesperación y el pesimismo, no son cristianos. Matan, por eso los columnistas del diario dicen: "Brotará de la tierra". La naturaleza abre su libro y su dedo señala al pasaje central del todo y ese pasaje dice: "Sé cristiano".

Ser cristianos es nuestro destino.

Oh, afectuoso, implacable y redentor, tú eres nuestro dueño, descubro tus marcas en mi ser. Y ahora doy mi aprobación a lo que has escrito, la apruebo y lo acepto. Graba con hierro tu sello de dueño en mí. Porque no puedo vagar sin dueño y sin ser reclamado. Tu voluntad es mi aire natural. Tu mente es el lugar de mi ser. Te agradezco. Amén.

Efesios 4:11-16; Colosenses 3:10; Santiago 5:15-16; Levítico 26:14-16

El sello del dueño ya está allí

Hemos visto que Cristo es el dueño, reconozcamos esa verdad o no. Cada vez más la confesión de esa propiedad sale de labios poco dispuestos. Un médico me dijo: "Más hombres tienen úlceras estomacales por causa del miedo y la preocupación, por resentimientos y enojos. Yo sufro de una úlcera gástrica. Solía enojarme. Ahora no me atrevo a hacerlo, porque sé en dónde me golpea la ira, ¡en el estómago! Ahora bien, cuando alguno está a punto de hacerme enojar, simplemente me doy la vuelta y me marcho". Y luego citó al Dr. Harvey Cushing, el gran cirujano que dijo: "No operen el estómago de un hombre por una úlcera estomacal, operen su cabeza". Porque ese hombre está preocupado o abriga resentimientos. El Dr. Taylor de Columbia, Carolina del sur, dice: "Nunca he tenido un caso de artritis entre los negros, ni ningún caso entre los blancos excepto entre aquellos que tienen miedo y están preocupados".

"Brotará de la tierra". La fe, la buena voluntad y el amor, no son cosas impuestas; son cosas para las que hemos sido creados.

El sello del dueño está ahí, dentro de usted. Ahora tómelo por medio de la aceptación. ¿Dónde seré marcado? Pablo dice: *"En mi cuerpo"* (Gálatas 4:14). Tal vez usted ha tenido el camino cristiano pintado pero no grabado. Por eso no ha permanecido. Usted es dado a la obstinación, en lugar de ser dado al camino; es inconstante, en lugar de ser firme. Ahora todo este camino está a punto de ser quemado, empezando en el cuerpo. La civilización occidental es una civilización dispuesta, sensata y de sanos juicios, aquella que puede ser tocada, probada y olfateada. Dígale a uno de nuestra civilización: "esto lastimará tu alma" y él contestará: "¿y qué?" Pero diga: "esto te producirá una úlcera estomacal" y se sentará y prestará atención. Puesto que *estamos* dispuestos, empezaremos en el cuerpo: "imprime tu marca, oh, Cristo, en cada célula cerebral, en cada nervio y en cada tejido de la totalidad de mi vida física. Yo quiero ser marcado".

Esta oración en nuestros labios es simplemente la oración no expresada de cada parte de nuestro ser, todo lo que está dentro de nosotros clama ser cristiano, porque ese es su destino.

Maestro de gracia, me asusta el calor de tu hierro, la carne quemada me hace retroceder. Pero sé que esta vida errante y tambaleante debe llegar a su fin. Quiero algo que me marque para siempre delante de Dios y de los hombres, que ya no haya ningún error sobre mi identidad. Que el fuego de tu Espíritu me marque como tuyo para siempre. Amén.

Lucas 11:4; Efesios 4:32; Colosenses 3:13; Marcos 11:25-26

La marca de Jesús, perdón por las heridas

Ayer hablamos de que nos asusta la marca. Pero cuando vemos lo que es marcado en nosotros, ya no nos asustamos más. Porque somos marcados con "las marcas de Jesús". ¿Puede algo ser mejor que eso? Un curioso predicador oraba y daba gracias por cada miembro de la Trinidad y cuando nombró a Jesús dijo: "Oh, Dios, incluso tú no podrías hacer algo mejor de lo que hizo Él". Tenía razón. La semejanza a Cristo debe estar impresa en usted. Usted no puede tener demasiado de eso. ¿Cuáles eran algunas de las marcas de Jesús?

1. *Perdón por las heridas.* La oración más sublime nunca antes expresada, porque encarnaba al espíritu más sublime nunca antes mostrado, fue la oración: *"Padre –dijo Jesús– perdónalos, porque no saben lo que hacen"* (Lucas 23:34). El señor John Seeley dice que la marca característica y sobresaliente de un cristiano es la disposición para perdonar las heridas. Un bandido asaltó a un hombre quien le dio su billetera. "¿Con tanta urgencia necesitas dinero? Te daré un poco más", dijo el hombre entregándole su otra billetera. "Si necesitas un empleo, te ayudaré a conseguir uno". El bandido bajó su arma y dijo: "No puedo tomar tu dinero; tú eres cristiano".

   Rafael fue hecho prisionero y cumplía una condena. Un compañero prisionero dijo: "Nadie puede tener ningún rencor cuando Rafael entra en la habitación". Esa era la señal auténtica de ser cristiano. Una misionera en Japón caminaba por la franja de seguridad cuando su saco, movido por el viento, quedó atrapado en la manija de la puerta de un auto que pasaba y fue arrastrada y herida. En el hospital rogaba para que el conductor del taxi no fuera procesado y para que no le quitaran su seguro, puesto que había sido un accidente. El conductor del taxi estaba tan impresionado por esa actitud, que se hizo cargo del funeral y se convirtió en cristiano.

   Ahora usted debe ser marcado con el espíritu del perdón, por las heridas. Es algo muy, muy profundo, nunca más se vengará ni guardará resentimientos.

   La venganza y los resentimientos guardados pertenecen a un pasado muerto, ¡se han ido para siempre!

Oh, Cristo, márcame profundamente. Renuncio a todo dolor, a todo resentimiento y a toda venganza. Desde ahora en adelante, soy libre, libre del odio destructivo y de los cancerosos resentimientos. Amaré a todos, amigos y enemigos, a aquellos que me hacen bien y a los que me hacen mal. Por medio de tu gracia puedo hacer esto, pero solo por tu gracia. De ahora en adelante no permitas que ningún odio me cause problemas. Llevo tu marca. Amén.

Hechos 21:10-13; Romanos 8:28; Efesios 5:20; Lucas 6:20-23

La marca de Jesús, ninguna autocompasión

Continuamos con las marcas del Señor Jesús.

2. *Ninguna autocompasión.* Jesús les dijo a las hijas de Jerusalén cuando lloraban por él en su camino a la cruz: *"No lloréis por mí"* (Lucas 23:28). Ninguna autocompasión. Este es un negativo positivo. No puede haber ninguna autocompasión en las características cristianas. Renuncie a todo impulso de lamentarse por usted mismo, a todo sentimiento de inferioridad, a todo pedido de compasión de parte de usted y de otros. El padre de un pastor perdió su reputación por un hecho de inmoralidad. La desgracia dejó un estigma en el hijo, al menos, así se sentía el hijo. Descubrió que se sentía cada vez más disminuido en su interior y que otros usaban esto en su contra. Le hice recordar que en la genealogía de Jesús figuraba este detalle acerca de su principal ancestro: "David era el padre de Salomón por la esposa de Urías". "Por la esposa de Urías". Ese estigma. A pesar de eso Jesús nunca se lamentó por él mismo a causa de su ascendencia, ni se rindió a las inferioridades. Tomó las materias primas de la vida –algunas de ellas pueden ser muy crudas–, y las transformó en una nueva posteridad. El pastor renunció a la autocompasión, levantó su cabeza una vez más y fue liberado.

   Ahora bien, usted tiene que hacer lo mismo. Esta marca de "ninguna autocompasión" es sellada dentro de usted, para siempre. La autocompasión no tendrá arte ni parte en usted de aquí en adelante. Usted es libre. Puede decir: "De aquí en adelante, ninguna autocompasión me moleste. Tengo la marca de ser libre de ella".

3. *Gócese, a pesar de.* Cualquiera puede tener gozo por causa de; pero Jesús tenía *gozo a pesar de.* Un cristiano dijo en una de mis conferencias de mesa redonda: "Descubrí que si usted sigue a Cristo, tres cosas sucederán. (1) Será librado de todos sus temores. (2) Será absurdamente feliz. (3) Tendrá problemas". ¡La felicidad absurda era a pesar de!

   Una mujer muy inteligente, cuya vida había estado a punto de colapsar por un conflicto interior, encontró a Cristo y sus colegas le decían: "Es indecente estar tan feliz como tú estás". ¡Ellos no podían ver la fuente! Su felicidad era a pesar de todo.

Y ahora, oh Cristo, yo también debo tener impresa en mí esta marca de tu propiedad: El gozo, a pesar de. La tristeza, la desesperación y la depresión no deben tener arte ni parte en mi vida de aquí en adelante. Han sido quemados en el fuego de tu gozo. De ahora en adelante, que ninguna tristeza ni ningún pensamiento de desesperación me moleste, porque llevo en mí las marcas del gozo, a pesar de todo. Amén.

Salmo 37:1-7; Hebreos 10:35; Efesios 3:13-21; Isaías 40:31

La marca de Jesús, receptividad tranquila

Continuamos con las marcas del Señor Jesús.

4. *Receptividad tranquila.* Jesús daba constantemente, pero solo porque recibía constantemente. Un organismo puede dar tanta energía como pueda tomar, y no más. Así también usted. Jesús sabía cómo dar porque sabía cómo recibir. Su espíritu relajado mantenía libres los canales. No habían nudos apretados en su vida que bloqueaban el poder de Dios. Él vivía en un estado de pasividad alerta. Usted debe ser sellado con ese espíritu, lo que significa que esa pasividad alerta debe ser un estado continuo de la mente, en lugar de una cosa ocasional importada en periodos de descanso. Usted debe vivir relajado y debe ser receptivo.

   Wolfgang Amadeus Mozart, cuando le preguntaron cómo había encontrado sus inspiraciones musicales, dijo: "No me conozco a mí mismo y no podré descubrirlo. Cuando estoy particularmente en buenas condiciones, tal vez manejando un carruaje, o en una caminata después de una buena comida, o durante una noche de desvelo, entonces vienen a mí los pensamientos apresurados y especialmente afortunados. De dónde y cómo, eso no lo sé y no sé cómo enterarme". Él era tranquilo y receptivo y estaba en sintonía con la música. En consecuencia, la música lo tocaba dondequiera que se encontraba.

   Ahora usted es marcado con esta señal de Jesús. Usted no va a vivir una vida nerviosa, agotada y exigente; va a estar tranquilo, va a ser receptivo y libre. No es un depósito que puede agotarse porque tiene una limitada cantidad de recursos; usted es un canal, unido a una cantidad ilimitada de recursos divinos.

5. *El coraje.* El coraje de Jesús no era el coraje desesperado y emocionado de un campo de batalla, sino un coraje silencioso que continuó frente a la creciente oposición y frente a la segura crucifixión. El suyo será el mismo tipo de coraje silencioso, coraje para decir "no" a los enemigos y también a los amigos; valor para ser una minoría no popular con verdad y derecho; valor para continuar sin desmayar cuando un ser querido cae al costado del camino y el futuro es totalmente desconocido, el coraje de la confianza divina.

   Este coraje tranquilo debe ser impreso dentro de mí; nunca volveré a tener miedo de algo. ¡Soy libre!

Oh, Cristo de la fe intrépida, dame tu silenciosa confianza y valor. Que yo no sostenga mi fe; que mi fe me sostenga cuando todo lo demás se haya ido. Sella este coraje en mi carne, en mi sangre y en mis tejidos nerviosos, dentro de mí hasta que nunca más vuelva a tener miedo de algo, porque te quiero solo a ti. Amén.

2 Corintios 11:23-29; Gálatas 1:4; Romanos 5:8; 12:1

La marca de Jesús, el poder para aceptar

Continuamos con las marcas de Jesús que deben ser impresas dentro de nosotros.

6. *El poder para aceptar.* Cuando a Él le sucedían cosas, buenas o malas, podía aceptarlas. Un juez le dijo al escribano: "Hay un aumento en el uso de drogas y narcóticos y muchos duermen por el uso del opio, porque la gente no puede soportar la frustración. La gente que viene delante de mí no tiene ninguna religión, por eso se vuelven al apoyo de las aspirinas, las drogas y el licor. No pueden aceptar la frustración". Jesús pudo aceptarla, cuando la población trató de hacerlo rey y cuando hombres cegados por el odio lo pusieron en una cruz. En cada extremo Él podía aceptarla. Y ese poder para aceptarla sin importar de dónde venga va a ser impreso dentro de usted. Jamás volverá a lloriquear, ni a quejarse ni a aislarse. Tomará todo lo que venga y lo usará, para vivir de una manera insuperable.
7. *Jesús tenía cuidado de los demás.* Tenía poco cuidado con respecto a lo que a Él le sucedía, pero se preocupaba profundamente de lo que le sucedía a otros. Estaba tan profundamente sensibilizado, que cada anhelo del hombre era suyo; estaba preso en cada encarcelamiento del hombre y solo en cada soledad del hombre. Estar en contacto con Cristo es ser sensible. Y estar plenamente en contacto con Cristo es ser sensible en una escala mundial. Como lo expresa Von Hugel: "Los cristianos son personas que cuidan de los demás". Tienen cuidado más allá de la raza, la clase y el color, cuidan de todos indiscriminadamente. Ahora este mismo espíritu va a ser impreso dentro de usted. Lo librará de toda satisfacción presumida y egoísta y de la indiferencia hacia otros. Cuidará de los demás, herido en las heridas de otros y feliz en la felicidad de ellos.
8. *Jesús se dio a sí mismo.* La marca de su coronamiento era que Jesús no solo se preocupaba por los demás; se preocupaba lo suficiente para dar y no solo lo suficiente para dar, sino para darse *a sí mismo*. La prueba definitiva está ahí; nosotros damos dinero, atención, palabras, asistencia, ¿nos damos *a nosotros mismos*? Ahora esta última cualidad de la vida es impresa dentro de usted. Usted se dará a sí mismo a cada uno de cualquier raza, clase o color que lo necesite.

Oh, mi Cristo, espero ser sellado, no con alguna de tus cualidades, quiero ser marcado con tu Espíritu total. Entra en mi sangre, en mis nervios, en mis tejidos y en mi conciencia moral, en la totalidad de mi ser con la totalidad de tu ser. Porque tengo sed de ti. Un toque de ti y estoy en llamas por más, quiero todo. Puedo estar satisfecho solo cuando despierto en tu semejanza. Amén.

Romanos 8:12-15; Colosenses 3:5-10; Filipenses 3:12-14

Las patadas agonizantes de los malos hábitos

Tal vez usted se cuestione el absolutismo de la liberación descrita en el estudio de la semana pasada. "Sellado" es una palabra decisiva. Será tentado a dudar si la liberación es indiscutible y de una sola vez. No se desanime si la liberación no es de una sola vez. Habitualmente lo es. Pero a veces es gradual.

Después del Pentecostés, que había quemado muchas debilidades en Pedro, todavía quedaba el prejuicio racial. Un especial toque posterior fue necesario para eliminar eso. "El Espíritu me invita a ir con ellos, sin hacer ninguna distinción". Hay que hacer mucha limpieza después que la ciudadela ha sido tomada por Cristo, se revelan pequeños resabios obstinados y luchadores.

Cuando yo estaba en la universidad contraje una infección en la piel entre mis dedos y en mis párpados. Era tan grave que incluso se formaban entre mis dedos carnes crecidas. Y luego fui sanado. Después de haber ido a la India, en donde no existe esa irritación, cada primavera, la época en que había contraído la infección, las partes infectadas mostraban señales de picazón. Las señales eran cada vez más débiles años, tras año hasta que finalmente, después de unos veinte años, desaparecieron por completo. El mal en su vida actuará de la misma manera. Las raíces son arrancadas, pero las patadas agonizantes de los hábitos en agonía le recordarán que el mal una vez estuvo ahí. No se desaliente, las patadas son patadas agonizantes.

Una señora que había ayudado a muchos miles dentro de la salud mental y espiritual, le dice a la gente que la liberación gradual es algo como cuando las visitas ya se han marchado; se dicen adiós, y la despedida ya se ha terminado, pero de pronto los invitados, luego de dar vuelta en la esquina, vuelven para decir un último adiós. Así será con los malos hábitos; se ha dicho el último adiós, pero a menudo hay un último saludo de despedida. Pero este último es una despedida.

Lo único que vale la pena de lo que he visto en las historietas del diario de *Ana la Pequeña Huérfana*: "Ana fuera de peligro al fin... y en algún lugar de la oscura ruta, al cuidar de Ana, Katia arrojó de sí el temor que fuertemente había atrapado su mente por tanto tiempo".

Oh, Dios, quizás ese es el secreto. Al servir a otros y al perderme en las dificultades de otros también descubro que mis temores se pierden gradualmente en la ruta oscura. Sus espectros pueden perseguirme aún después de haber sido sepultados. Pero ya se han ido, se han ido para siempre. Pertenezco al presente y al futuro victorioso y no al ayer derrotado. Te agradezco. Amén.

Hechos 8:26-39; Juan 15:5, 16; Daniel 12:3; Salmo 51:12-13

Una escala para una vida contagiosa

Tener las cualidades de Jesús selladas en nuestro ser no será suficiente a menos que tengamos la cualidad del contagio. Porque el contagio hace que estas virtudes salgan a la superficie y sean puestas a disposición de otros. "Ninguna virtud que no sea entusiasta es segura; ningún corazón que no sea apasionado es puro; ninguna vida que no esté cristianizando es cristiana". Si no hay ningún flujo de salida, el flujo de entrada automáticamente se detiene.

Debemos empeñarnos deliberadamente en ser espiritualmente creativos. Tal vez estos siete pasos le ayudarán a avanzar hacia una vida contagiosa.

1. *Fui creado en la estructura interior de mi ser para ser creativo.* Si no soy espiritualmente creativo, no podré cumplir el destino de mi ser. Viviré en contra de mí mismo.
2. *Ganar a otros para una vida nueva es la expresión más alta de la actividad creativa.* Tengo la oportunidad de ser creativo en donde es más necesario. La creatividad física es negada muchas veces; la creatividad espiritual no es negada, excepto a aquellos que la niegan para sí mismos.
3. *Nada es realmente mío hasta que lo comparto con otros.* Toda expresión profundiza la impresión. Una vez más, es una ley de la mente que aquello que no se expresa muere. Quiero que esta vida sea mía, porque es el tesoro más preciado de la vida.
4. *Tendré la voluntad para evangelizar.* Hasta ahora el deseo de evangelizar ha estado en mi mente y en mis emociones; ahora entra en mi voluntad. He decidido anunciar a otros lo que me ha sido anunciado.
5. *Si tengo miedo de ser despreciado, me recordaré a mí mismo que tengo un aliado secreto en cada corazón.* Hay algo dentro de los corazones de otros que tomará partido por mí, porque el corazón fue hecho para esto.
6. *Si fallo, fallaré en hacer lo que debería hacer.* Pero tal vez el fracaso más grande es el fracaso de no hacer nada.
7. *Puedo ser indigno, pero Dios puede usar mis pecados.* Puede ser que mis pecados pasados y mi victoria sobre ellos, inspiren a otros a sentir que también pueden ser victoriosos. Lejos de pensar en mí mismo en un pedestal, me consideraré un humilde caminante que pide a otros que prueben el camino que yo pruebo.

Oh, Dios, traigo a ti esta mi vida no creativa para que tú la toques y la transformes en una vida creativa. Si mis esfuerzos vacilan, tal vez eso te dará una oportunidad más grande para trabajar; y cuando yo hable defectuosamente, quizás tú puedas hablar más claramente. No importa lo que suceda, estoy comprometido en lograr que otros se comprometan contigo. Amén.

Juan 1:43-49; 4:6-42; Marcos 13:11

Los cuatro pasos para ayudar a otros a conocer a Cristo

Tal vez usted está indeciso en cuanto a intentar ganar a otros porque no está seguro de cómo proceder. Detesto sobremanera la conocida idea de "vender la religión", suena a comercialismo, e imagina a la religión como un producto. Uno también puede hablar de "vender amistades", o de "vender apreciaciones de arte". Sin embargo, hay algunas cosas que podemos aprender de aquellos que venden bienes de consumo. He observado a los hombres que recorren los trenes para vender varios artículos. Algunos consiguen muchos clientes y otros no consiguen respuesta. Aquel que hace muchas ventas, usualmente lo hace debido a dos cosas: primero, actúa como si la mercadería que tiene fuese de verdadera importancia. Pero no debe exagerar, o tendría una reacción desfavorable. La presunción debe ser contenida. Segundo, no camina a lo largo del tren sacando la cabeza por la ventana, mira a cada pasajero como si fuera a darle una invitación personal para comprar. Importante y personal, las dos contraseñas.

El gerente de ventas de una compañía da cuatro pasos para presentar un bien de consumo. (1) ¿Qué es? (2) ¿Qué puede hacer (por usted)? (3) ¿Quién lo dice? (4) ¿Cómo puede obtenerlo?

Al presentar el camino cristiano a la gente, usted tendrá que contestar a esas cuatro preguntas. Primero: *¿Qué es*? Quizás tendrá que decirle a la persona que no es con el fin de eliminar conceptos erróneos. No es un simple conjunto de creencias que deben ser creídas, no es una organización a la que haya que asociarse, no es un rito ni una ceremonia que deba experimentarse, puede e involucra estas cosas, pero es mucho más que eso. Es una relación personal con Dios, lo cual implica un cambio, ya sea gradual o repentino, del reino del ego al Reino de Dios a través de la gracia y el poder de Cristo. La base de la vida es cambiada, del ego a Dios, usted vive en un estado, no de referencia a usted mismo, sino de referencia a Dios. La voluntad de Dios llega a ser suprema en su vida. Esa voluntad es interpretada para nosotros en Cristo. Ser cristiano es ser como Cristo, estar comprometido totalmente con Cristo en rendición y obediencia.

Oh, Cristo, ayúdame a ayudar a que otros te vean. Ellos ven tantas cosas construidas a tu alrededor que no pueden verte. Ayúdame a ayudar a alguien a establecer una relación personal contigo, a doblar las rodillas ante ti y solo ante ti. Entonces se perderán a ellos mismos y luego se encontrarán en ti. Porque tú y solo tú eres nuestra vida. Amén.

Romanos 8:14-16; 14:17; Gálatas 5:22-23; Hebreos 12:1-2

El testigo universal de este camino

Hemos llegado al segundo paso en nuestro revelar el camino cristiano a otros.

¿Qué puede hacer (por usted)?: le dará una relación personal con una persona; ya no será huérfano, ni extraño, ni estará fuera de orden con la verdadera realidad; encontrará el perdón y la limpieza de todo temor, de todo resentimiento, de toda culpa, de toda inhibición y de todo complejo; podrá sentir la unidad interior, ya no estará más en guerra con usted mismo; descubrirá que la tiranía del egocentrismo ha sido derrotada, empezará a pensar en otras personas y a ser una persona que cuida de los demás; encontrará que usted es parte de un Reino que es una realidad en sí mismo; tendrá una causa, el Reino, y esa causa estará encarnada en una persona, Cristo, el orden y la persona coincidirán y su religión enseguida será personal y social. Usted empezará a decir: ¡Eso es! Su vida será una larga verificación de su hipótesis central. Se autentificará y se verificará por sí mismo. Además, le dará poder, no solamente para soportar la dificultad, el sufrimiento y la frustración, sino para usarlos, para aceptarlos a todos dentro del propósito de su vida y transformarlos en carácter y utilidad.

Tercero: *¿Quién lo dice*? Si solo una persona por aquí y por allá avalara el camino cristiano, su valor sería puesto en duda. Pero hombres, mujeres y niños de todas las edades, de todas las regiones y en diversas circunstancias se levantan y dicen: "he intentado y lo he probado. Cristo es El Salvador, no solo porque espero que me salve del infierno y me lleve al cielo, sino porque me salva aquí y ahora de la tristeza, de la desesperación, de la insignificancia, de la falta de propósito, del pecado, de la tiranía de mí mismo y de mis pasiones y me ha hecho libre, libre". Este testigo universal de un hecho universal es una de las cosas más solemnes y confiables de la vida. Este camino es verificado en una escala mundial, funciona hasta el grado en el que el hombre lo hace funcionar. Contrariamente, la vida vivida en contra de este camino se deteriora, se enreda, se frustra, no funcionará. Si todo esto es así, entonces usted puede añadir, muy silenciosamente: "Yo también sé que funciona".

Oh, Cristo, ayúdame a ser tu testigo. Escucho por la radio la voz del evangelismo de las cosas sensatas, mientras tímidamente habla de lo que este, ese y aquel otro mecanismo hará. Sé que este es un énfasis falso en un dios falso. Ayúdame entonces a testificar de ti, oh eterna realidad, lo más claramente posible, y a hacerlo sin ningún tartamudeo de la lengua. Y ayúdame a testificar con un gozo inextinguible. Amén.

Josué 24:15; Juan 6:67-69; Salmo 55:17; Mateo 6:22

Los cinco pasos para seguir a Cristo

Ahora llegamos al último de los cuatro pasos. ¿*Cómo puedo obtenerlo*? Jesús da la respuesta en esta declaración: *"Si alguien quiere ser mi discípulo, que se niegue a sí mismo, lleve su cruz cada día y me siga"* (Lucas 9:23). Aquí tenemos cinco pasos:

1. *Decídase. "Si alguien quiere ser mi discípulo"*. Esta es la gran decisión que decide sobre todas las decisiones. En psicología lo llaman "una elección mayor", una elección que no tiene que hacer una y otra vez cada día; una elección en la que caben las elecciones menores de la vida y no una elección que cabe dentro de ellas; es la elección que organiza todo a su alrededor.
2. *Niéguese a usted mismo: "que se niegue a sí mismo"*. La palabra literalmente significa "Abandono violento", o "rechazo absoluto". "Negar" no significa renunciar a las cosas; significa una negación del ego como centro, como el factor principal, el ego ahora está subordinado y es obediente a otra voluntad, la voluntad de Cristo. El ego renuncia y Cristo se sube al trono. Usted decide que Él decida.
3. *Lleve su cruz:* "tome la cruz". Esto no significa simplemente soportar pacientemente los problemas que vienen sobre usted, es más profundo: significa que deliberadamente aceptará los problemas, el dolor, la tristeza, y el pecado, y los hará propios, con el fin de liberar a otros de ellos. Usted se ofrecerá como lo hizo una gran persona, quien la noche en que Vanzetti fue ejecutado, se acercó y puso sus manos en su cabeza y dijo: "Oh, Dios, si hay un pobre diablo que no tiene voz para hablar a favor de sus derechos, entonces puedes usar mi voz; o si hay alguien que no puede escribir sus peticiones, entonces, oh, Dios, te doy mi lapicera para que escribas por él".
4. *Mantenga su ejercicio: "cada día"*. Hay un "de una vez por todas" en esto, pero también está el ejercicio disciplinado diario.
5. *Resuma sus lealtades,* resúmalas en una devoción honesta: *"y me siga"*. Usted no sigue esto, aquello, o a tal otra persona, sigue a Cristo. Los hombres pueden decepcionarlo, Cristo no lo hará. Su fe está centrada en Cristo.

Oh, Cristo, sé que cuando te sigo a ti, sigo a una mente abierta y a una voluntad que se expande. Tú no eres estático. Cuanto más veo en ti, descubro que hay más que debe ser visto. Estoy en la gran aventura del descubrimiento eterno y del crecimiento eterno. Mi código es ahora un carácter y mi ley una vida. Te agradezco. Amén.

Salmo 109:105; 1 Samuel 3:9; Lamentaciones 3:25-28; 2 Timoteo 2:15; 3:16

Pasos para leer La Palabra

Uno de los pasos que mencionamos ayer está relacionado con el ejercicio diario. Cuando ayude a otro, haga que esa persona se enrole en la escuela de La Palabra. A bordo de un barco, vi a dos hombres empezar el día de diferentes maneras: uno, un hombre de negocios, bajaba temprano, ansiosamente tomaba la hoja informativa e iba directamente al informe del mercado de acciones. Su rostro se iluminaba o decaía, según el mercado. Su felicidad dependía de lo que sucedía, en consecuencia era inestable. Otro hombre se apoyaba sobre la baranda cada mañana mientras leía La Palabra de Dios, y luego miraba sobre el mar abierto y meditaba. Su rostro vestía la calma, el equilibrio y la fuerza. Su felicidad dependía de las relaciones eternas, no estaba sujeta a sucesos temporales.

Al leer La Palabra cada mañana, dé estos pasos:

1. *Tranquilícese.* Usted es receptivo solo cuando está relajado. Nada puede ser marcado en una conciencia tensa. Deje que cada músculo y cada célula cerebral se relaje. Esta actitud dice: “Habla, Señor, que tu siervo oye”. Si pasa precipitadamente por un bosque, verá poco. Pero quédese quieto y las ardillas bajarán de los árboles y los pájaros se acercarán y la naturaleza estará viva en cada ramita, en cada planta y en cada flor. Si está relajado y receptivo, la naturaleza se vuelve expresiva. Lo mismo pasa con La Palabra.
2. *Recuerde.* Haga estas preguntas mientras lee: (a) ¿Quién escribe? (b) ¿A quién? (c) ¿Con qué propósito? (d) ¿Qué dice? (e) ¿Cómo se aplica a mi vida? (f) ¿Cómo puedo ponerlo en práctica? (g) ¿Cuándo puedo empezar?
3. *Repase.* Si encuentra algo que habla a su condición con autoridad, entonces dele vueltas una y otra vez en su mente. Al darle vueltas en la mente, se volverá una atmósfera, luego una actitud y luego un hecho. Cuando Jesús fue presionado por la tentación en el desierto, contestó con las palabras de La Escritura. Estas palabras se habían vuelto parte suya y, en la crisis, pasaban naturalmente de una etapa de asimilación y atmósfera a una etapa de actitud y de hecho.

Oh, Cristo, déjame tener La Palabra escondida en mi corazón tan profundamente que se convierta en las fuentes ocultas de la acción, que determinen mi conducta y mi carácter. La palabra eterna hablada a través de tus palabras, déjala hablar a través de mí. Entonces viviré, actuaré y mi ser estará en lo eterno. Amén.

SEMANA 47 - SÁBADO

Salmo 1:2; 119:9, 11, 162; Malaquías 3:16

Pasos para leer La Palabra (continuación)

Continuamos con nuestros pasos para leer La Palabra:

4. *Retenga el pasaje.* No repase simplemente un pasaje que le habla a usted; deliberadamente planee retenerlo, memorícelo. Cuando un alumno de un colegio, al leer La Escritura ante una asamblea, leía el pasaje de esta manera: "Aborrecerás a los hombres por causa de mi nombre", aquellos que lo escucharon no parecían estar sorprendidos ni impresionados, porque no conocían la lección correctamente. Esa generación no había sido entrenada para memorizar La Escritura y, como resultado, era una generación muy pobre mental y moralmente.
5. *Regocíjese.* Debemos regocijarnos, porque leer La Palabra es estar en una cita con Dios. Mientras estaba sentado en mi asiento y leía La Palabra, una señora me dijo al pasar: "Usted debe amar al Autor, porque lee su palabra. Yo también amo al Autor". Enseguida nos hicimos amigos en torno al mejor amigo. Al leer La Palabra recuerde que lo que ha leído lo guiará a los pies de Cristo. La Biblia no es un libro que simplemente va desde Génesis hasta Apocalipsis, no es una línea como esta: ______, sino como esta: /, que nos lleva hasta Cristo como la meta final y la autoridad final. Estas palabras lo guían hasta Él quien es La Palabra, La Palabra hecha carne. Él daba su propia palabra final, incluso en La Escritura: *"Oíste que fue dicho (...) en la antigüedad"*, *"pero yo os digo"*. La revelación es progresiva y culmina en Cristo. Él es la prueba y el que aprueba todas las cosas. Él es La Palabra. Regocíjese en Él. Nuestra ley es una vida, nuestro código un carácter.
6. *Reordénese.* Mientras lee esta palabra, reordene su vida con la vida de Cristo. En Corea, una joven no volvió para recibir más instrucción sobre La Escritura y cuando le preguntaron por qué, la respuesta fue: "Todavía no he aprendido a practicar plenamente lo que me han enseñado". Ella sentía que debía mantenerse al tanto de lo aprendido. Totalmente correcto. El predicador de color oraba: "Sostenenos Señor, en nuestras inclinaciones". Reordene su vida cada día con La Palabra.
7. *Libere La Palabra.* Si encuentra algo que lo impacta en La Palabra, páselo a alguien ese mismo día. La repetición ayudará a la retención y ayudará a iluminar el camino del otro.

Tú, Palabra eterna, que mis palabras sean solo tu eco. Porque mis palabras son muertas a menos que haya un alma en ellas, y tú eres el alma. Ayúdame a estar empapado de tu pensamiento, encendido por tu pasión y firme con tus propósitos. Ayúdame a estar vivo y activo contigo. Amén.

SEMANA 48 - DOMINGO

Mateo 16:24-26; Lucas 14:25-35; Gálatas 2:20; Filipenses 1:20-21

Empezamos un estudio sobre las bienaventuranzas

Ayer terminamos con nuestros bosquejos para el estudio de La Palabra. Si "el estudio adecuado sobre la humanidad es el hombre", entonces el estudio adecuado sobre La Palabra es La Palabra. Haremos una pausa por un momento en las palabras de apertura del Sermón del Monte, las bienaventuranzas. Si "La Biblia es la esencia extraída de grandes almas", entonces este sermón es la esencia extraída del alma de Cristo. Él describe su espíritu en el fondo de estas palabras.

Las bienaventuranzas empiezan y terminan en donde Jesús empezó y terminó en la totalidad de su ministerio. Empiezan con el Reino (Mateo 5:3) y terminan con el Reino (v.10). Así como el Reino era la estructura en la que todas sus enseñanzas estaban establecidas, la luz en la cual todo era visto, así también el Reino es supremo aquí. El sermón describe el nuevo orden y el carácter de aquellos que son ciudadanos de ese nuevo orden. Sorokin, jefe del departamento de sociología de Harvard, después de revisar la decadencia y el fracaso de nuestro orden social, llega a la conclusión de que el nuevo orden que reemplazará el orden actual, debe tomar como modelo el Sermón del Monte. Esta es la conclusión deliberada de un sociólogo, y no solo un gesto retórico. El sermón resulta ser, no idealismo, sino lo que estábamos convencidos que era, realismo puro. El Reino es la realidad, la única realidad.

Jesús habla aquí de lo que siempre predicó: *"Buscad primeramente el Reino de Dios (...) y todas estas cosas os serán añadidas"*, tenga esto en orden y todo lo demás vendrá con claridad. ¿Pero cómo se obtiene directamente este valor supremo, reteniéndolo como una idea suprema? No sino sometiéndose a Él por ser una lealtad suprema. *"Dichosos los pobres en espíritu, porque el reino de los cielos les pertenece"*. El Reino es autoritario y demanda en el principio una renuncia, y una renuncia en lo más hondo de las profundidades, en el espíritu.

En el principio del Reino encontramos una exigencia: renunciar en el espíritu. Si no, nada pasará; pero si renunciamos, entonces todo continuará.

Oh, Dios, sé de quién son los lazos de mi corazón. Sé lo que debo hacer: debo renunciar en el centro, en mi mismo espíritu. Al ser Tu el centro, modificarás el circulo. Ayúdame a permitir que el Reino opere desde el centro de mí ser hacia la circunferencia de mis relaciones. Entonces seré un hombre controlado por el Reino. En el nombre de Jesús. Amén.

Marcos 4:1-20; Juan 1:12; 1 Corintios 1:30

El primer paso: la receptividad

Continuamos con nuestro estudio sobre las bienaventuranzas, el estudio sobre "los felices". Jesús da su receta para la felicidad y empieza con una "renuncia". Esto revierte la receta común para la felicidad, la cual usualmente empieza con "defender", "tomar", "materializar". ¿Qué receta respaldará la vida?

Ahora note que las tres primeras bienaventuranzas son receptivas en lugar de autoritarias: (1) la renuncia en el espíritu (v. 3); (2) aquellos que se lamentan por los errores, los pecados y por los fracasos personales y los de otros y lloran por la venida del Reino (v.4); (3) los humildes, o los disciplinados (v. 5).

Los tres revelan una cosa: receptividad. Todas estas virtudes son pasivas. Luego siguen tres virtudes positivas o activas: (1) los misericordiosos (v.7); (2) los de limpio corazón (v.8); (3) los que procuran la paz (v.9). Entre estos dos conjuntos de tres virtudes pasivas y activas, hay una (v.6) que es tanto pasiva como activa: *"Bienaventurados los que tienen hambre y sed de justicia"*, esa es activa, *"porque ellos serán saciados"* (Mateo 5:6 RVR 60) pasiva. Este versículo, constituido por ambas virtudes, es el pivote sobre el cual se realiza el cambio de una virtud pasiva a una activa.

Ahora note que el camino de la vida del Reino comienza con receptividad. ¿Es eso correcto? ¿No es ahí en donde toda la vida debe empezar? Las dos células, el óvulo y el esperma tienen que recibirse el uno al otro antes de poder empezar a producir vida activa. La semilla en el suelo recibe la humedad y la nutrición de la tierra y del aire antes de empezar a producir el fruto y la flor. Un organismo puede gastar tanto como pueda tomar, y no más. Si no empieza con receptividad, no puede empezar. El científico que no se sienta delante de los hechos como un niño pequeño, no está preparado para abandonar toda idea preconcebida y no está dispuesto a seguir hasta cualquier fin al que la naturaleza pueda llevarlo, no aprenderá nada. Tiene que haber renunciado, tiene que llorar porque no sabe, tiene que ser humilde, o no llegará a ninguna parte. La primer ley inmutable de la vida, material y espiritual, es: la receptividad. La vida nos confronta con las alternativas: recibir o perecer.

Oh, Dios, no me atrevo a perecer cuando puedo recibir. Y ahora, habiendo renunciado y siendo receptivo, vengo a ti. Toma mi vacío y transfórmalo en tu plenitud; toma mi necedad y transfórmala en tu sabiduría; toma mi parálisis y transfórmala en tu poder; toma mi vida y transfórmala en tu semejanza. Porque tengo hambre y sed de ti. Sí, tengo hambre y sed de ti. Amén.

Filipenses 4:13; Números 12:3-15; 2 Corintios 10:1; Tito 3:1-7; Colosenses 3:12-17

La actitud y su resultado o recompensa

Ayer dijimos que el primer paso en la vida abundante es la receptividad. ¿Qué se recibe? El que renunció en el espíritu recibe el Reino de Dios; los que lloran reciben consolación; y los mansos heredan la Tierra. La primera actitud es general, renunciar en el espíritu; y la recompensa es general, el Reino de Dios. Pero note que el versículo no dice que ellos pertenecen al Reino de Dios. Dice que el Reino de Dios pertenece a ellos, los poderes del Reino están detrás de ellos; los recursos del Reino están a disposición de ellos; la autoridad y el poder del Reino están a la orden de ellos. Están respaldados por el universo.

En el segundo paso la actitud es específica: los que lloran; y la recompensa es específica: serán consolados. Pero la palabra "consuelo" significa "afrontar juntos". Hay un sentido de unión entre lo divino y lo humano; un sentido de suficiencia, no debido a la fuerza de uno, sino debido a los recursos divinos. Usted y Cristo no tienen miedo de nada y usted puede usar todo.

En el tercer paso la actitud es nuevamente específica: los mansos; y la recompensa es específica: heredan la Tierra. Los mansos no son los débiles, son los entrenados, los disciplinados, los receptivos. Heredan no solo el cielo, sino también la Tierra. El científico con mansedumbre, hereda el mundo de los hechos. Todo gran científico es humilde, tiene que serlo, porque si fuera orgulloso, un sabelotodo en sus actitudes, la naturaleza divina le cerraría la boca como a una almeja y no le revelaría nada. Cuando el pueblo francés votó para definir quién era el francés más grande, pasaron de largo a Napoleón y ratificaron a Pasteur, cuyos descubrimientos beneficiaron a muchos. Los mansos heredaron el mundo de los afectos y la reverencia. Si el pueblo norteamericano votara por el americano más grande, indudablemente votarían por Lincoln, el gran emancipador, el humilde liberador de los oprimidos. La Tierra pertenece a los mansos porque no le responderá al orgulloso, ni al jactancioso. La Tierra en su constitución interior está hecha para trabajar de una manera cristiana y, por tanto, nadie excepto el cristiano manso puede heredarla.

Napoleón dijo: "Solo hay dos fuerzas en el mundo: el espíritu y la espada. Y el espíritu siempre conquista a la espada".

Oh, Dios, veo que la Tierra se deteriora en manos de aquellos que tratan de tomarla por la fuerza, el orgullo y el dominio. No les pertenece. Pertenece a tu Hijo y a aquellos que lo siguen con mansedumbre. Ayúdame a heredarlo a Él y entonces heredaré la Tierra y todo lo que en ella hay. Amén.

Salmo 42:1-5; 63:1-8; 107:9; Juan 7:37-39; 2 Crónicas 6:41

La justicia es nuestro aire natural

Ahora vamos de las tres cualidades receptivas a la cualidad esencial: "expresarse-recibir" y la actitud "activa-pasiva" en la declaración *"bienaventurados los que tienen hambre y sed de justicia, porque ellos serán saciados"* (Mateo 5:6 RVR60). Este grupo es de muy largo alcance, tiene mucha hambre y mucha sed, ¿pero qué pide? ¿Dinero, fama, satisfacción sexual, poder? No, ¡*justicia*! ¿El resultado? ¡Serán saciados! Los que se extienden demasiado por dinero, fama, satisfacción sexual y poder, siempre estarán insatisfechos, tienen la condena de la sed sobre ellos. Cuanto más tienen, más quieren. Los que tienen sed de justicia, sed de aquello para lo que han sido creados; en consecuencia serán satisfechos. Pero si el ojo tuviera sed de oscuridad y no de luz, la conciencia sed de error y no de la verdad, la naturaleza estética sed de fealdad y no de belleza, el corazón sed de odio y no de amor, ¿el final? Insatisfacción, frustración, conflicto, depresión.

La justicia es nuestro aire natural. Vivimos en la medida que vivimos en justicia; nos quedamos sin aliento y morimos si tratamos de vivir en el mal. Estos son los latidos alternados de la vida saludable y abundante: Se expresa para justicia, recibe satisfacción; se expresa para justicia, recibe satisfacción. Un corazón que late con este ritmo vive para siempre.

Pero el latido de la sed dirigida equivocadamente: se expresa para el mal, recibe insatisfacción; se expresa para el mal, recibe insatisfacción. Un corazón que late con ese ritmo falso, muere de un paro cardiaco y muere eternamente, perece.

Jesús dijo: *"todo el que beba de esta agua volverá a tener sed"*, aquellos que beben de las aguas de la codicia, del dinero, del poder, de la fama, de las emociones, están condenados a tener sed para siempre, volverán a tener sed inevitable e invariablemente. *"Pero"*, continuó Jesús, *"el que beba del agua que yo le daré, no tendrá sed jamás"*, ¡una vida sin esa sed agotadora! ¡Una satisfacción total y fundamental! ¡Una fuente de agua que brota para vida eterna!

Y note que dice "que brota", no es una satisfacción monótona y aburrida, sino una satisfacción que estalla con novedad y emocionante aventura.

Oh, Dios, mi Padre, tú estás dándome dos satisfacciones: la satisfacción del cumplimiento y la satisfacción del crecimiento. Estoy profundamente satisfecho contigo y además por siempre buscaré más de ti. Tú me satisfaces y me estimulas. Puedo descansar hasta que despierte en tu semejanza. Estoy tan agradecido, tan agradecido. Amén.

SEMANA 48 - JUEVES

Éxodo 33:13-15; Mateo 17:5-8; Juan 9:36-38; 12:20-21

De la virtud receptiva a la virtud activa

Proseguimos con nuestro estudio de las bienaventuranzas y llegamos a la parte positiva. Las primeras tres son receptivas; la cuarta es parcialmente receptiva y parcialmente activa; y las tres siguientes son positivas y enérgicas: (1) el misericordioso que recibe misericordia; (2) el de corazón limpio que ve a Dios; (3) los que procuran la paz que son llamados hijos de Dios.

La vida en el Reino de Dios empieza con la receptividad y termina en una actividad positiva, el pasivo se convierte en activo. Las virtudes positivas son tres: ellos ejercitan el poder misericordiosamente; han obtenido una visión primordial, ven a Dios; salen y son capaces de hacer que los hombres cambien y lleguen a soluciones pacíficas.

Lo asombroso es que cuando Jesús cambia del lado pasivo y receptivo, lo primero que menciona es el poder ejercido con misericordia. Habla de personalidades hábiles y dominantes que tienen personas a cargo, pero que ejercen ese poder con misericordia y provechosamente. ¿La receptividad trae poder sobre otros? Sí; una persona receptiva se convierte en una persona vigorosa. Los recursos divinos hacen al hombre humanamente ingenioso. Pero el vigor es constructivo y redentor, el poder es controlado por el amor, el único poder seguro. Jesús tenía todo poder, pero no lo usaba para sí mismo, no para la destrucción de los enemigos, no para atemorizar a sus oyentes, sino solo para los propósitos de la misericordia.

La segunda cualidad extrovertida es la limpieza de corazón, quien la posee tiene una visión primordial, ve a Dios. Los que son receptivos no solo pueden hacer, también pueden ver. Hay dos grandes tipos de personalidades, los que desean hacer, lograr, ejercer el poder, y aquellos que desean tener visión para conocer, para ganar el mundo de la comprensión dentro de las relaciones de las cosas. Los primeros son los hombres de acción y los segundos, los hombres de pensamiento, los pioneros, los filósofos. Ambos tipos son producidos por la receptividad y ambos son necesarios. Pero el conocimiento principal que necesitamos es el de los hombres que pueden ver a Dios, a Dios que trabaja en la redención, en la ciencia, en la belleza, en el universo moral y señorea en los asuntos de los hombres. ¡Los de limpio corazón están en la sorprendente aventura de ver a Dios en todo lugar!

Oh, Dios, debo ser limpio de corazón y decidido, para que mi visión pueda ser clara, porque quiero verte, verte en la brizna del pasto, en la procesión de las estrellas, en la lucha de la humanidad y en mi propio corazón cuando cierro la puerta y tengo una cita contigo. Allí debo verte a ti, a ti. Entonces estaré satisfecho. Amén.

Romanos 5:10-11; Mateo 5:23-24; Santiago 3:13-18; Hebreos 12:14; 2 Corintios 13:11

El centro del evangelio cristiano, la reconciliación

El de corazón no dividido ve a Dios. En donde los hombres ven materia muerta, ellos ven la delicadeza del toque del Creador; en donde otros ven la historia como una suma de eventos sin importancia, la ven como la historia de Dios; en donde otros ven la tragedia de un buen hombre que muere como mártir, ven el triunfo del Dios que redime a través de su propia muerte.

Pero no solamente ven; también tienen el poder positivo para lograr que la gente vea y cambie, y llegue a una reconciliación en un nivel más alto. La tercera cualidad positiva es la de procurar la paz: *"Bienaventurados los pacificadores "*. El receptivo encuentra el poder para reconciliar en tres direcciones, entre el hombre y Dios, entre el hombre y el hombre y entre el hombre y él mismo. Ellos tienen el poder para ayudar al hombre a estar en casa con Dios, en casa con sus amigos y compañeros y en casa consigo mismo.

Si tuviera que elegir el versículo que expresa más claramente el Evangelio cristiano, sería este: *"En Cristo, Dios estaba reconciliando al mundo consigo mismo, no tomándole en cuenta sus pecados y encargándonos a nosotros el mensaje de la reconciliación"* (2 Corintios 5:19). Dios estaba en el negocio positivo de un amor extrovertido que reconciliaba al hombre consigo mismo cuando el hombre no quería ser reconciliado. Nosotros hacemos lo que Dios hace, Él nos encomendó la misma obra de reconciliación. En dos notables pasajes, somos llamados hijos del Padre y por la misma razón: *"Bienaventurados los pacificadores, porque ellos serán llamados hijos de Dios"* (Mateo 5:9 RVR 60) y *"Pero yo les digo: Amen a sus enemigos y oren por quienes los persiguen, para que sean hijos de su Padre que está en el cielo"* (Mateo 5:44-45). Usted es más como Dios cuando reúne personas en la reconciliación. Cuando yo trataba de encontrar una base para la reconciliación entre Japón y los Estados Unidos, Admiral Nomura tomó mi mano y me dijo: "Gracias por lo que usted hace. Aquellos que tratan de reconciliar a otros hacen la obra del cielo, porque la obra del cielo es la de reconciliarnos".

Un no cristiano dio en el blanco al señalar una cualidad esencial cristiana: la reconciliación.

Oh, Dios, mi Padre, debo ser como tú. Tú reconcilias, yo debo hacerlo también. Quita de mí todo antagonismo, toda división y todo conflicto, para que aquellos con quienes me encuentre en este día puedan sentir instintivamente que yo respiro "paz". Oh, déjame respirar "paz" sobre los acalorados corazones de los hombres, para tranquilizarlos con tu amor. En el nombre de Jesús. Amén.

SEMANA 48 - SÁBADO

1 Pedro 5:5-7; Isaías 57:15; Mateo 18:1-4; Romanos 8:35-39; 1 Corintios 3:21-23

El Reino pertenece a quien recibe, al positivo

Hemos llegado al último de los "bienaventurados": *"Bienaventurados los que padecen persecución por causa de la justicia, porque de ellos es el reino de los cielos"* (Mateo 5:10 RVR 60). Este "bienaventurado" es el resultado de los otros siete. Aquellos que son tan receptivos que se convierten en positivos y extrovertidos, son estimados por otros, sus vidas llegan a ser superiores. La sociedad demanda conformismo. Si usted cae bajo sus estándares, lo castigará; si usted se levanta por sobre sus estándares, lo perseguirá. Demanda un término medio, una conformidad gris. Pero el cristiano es diferente, está por encima; su cabeza se levanta sobre la multitud; por eso lo golpean. Si la cabeza no es golpeada, es porque no está por encima de la multitud. *"¡Ay de vosotros"*, dijo Jesús, *"cuando todos los hombres hablen bien de vosotros!, porque si lo hacen, ustedes serán como ellos"* (Lucas 6:26). Por eso el cristiano debe acostumbrarse a ver su propia sangre.

¿Pero cuál es el resultado de ser tan positivo como para ser perseguido? *"De ellos es el reino de los cielos"*. Note: ellos no pertenecen al Reino de Dios; el Reino de Dios les pertenece a ellos, sus poderes están con ellos, detrás de ellos y a disposición de ellos. Note también que estas "bienaventuranzas" dicen que el Reino pertenece a dos: A *"los pobres en espíritu"*, los receptivos; y a *"los que padecen persecución por causa de la justicia"*, los que son tan positivos que son perseguidos. El Reino de Dios no pertenece solo a los receptivos, ni solamente a los positivos; pertenece a los receptivos-positivos, a los del tipo "expresarse-recibir". Son los maestros místicos que han alcanzado el equilibrio entre lo introvertido y lo extrovertido, aunque no son ni introvertidos ni extrovertidos.

Note ahora que el mundo revierte esto, empieza con una agresiva confianza en sí mismo sin receptividad. Esto pronto agota sus recursos y termina en receptividad por las circunstancias, se convierte en una presa del medio ambiente, dominado por la vida, vencido, frustrado y vacío. La vida del Reino empieza con una receptividad humilde y termina en dominio.

Oh, Dios, te agradezco porque he tomado el extremo correcto para manejar la vida, la receptividad humilde. Ahora puedo manejar el otro extremo en el logro positivo y en la salida. Nunca, nunca, debo agotar mis recursos (los recursos divinos); así nunca, nunca fallará el resultado. Soy solo el cable por el cual tu poder corre. Mantenme conectado y aislado. Amén.

SEMANA 49 - DOMINGO

Génesis 4:14; Hechos 16:25-26; Filipenses 1:12-14

Gracia en el desierto

Hay muchos que dicen: "Estoy atrapado en una red de circunstancias que me atan de pies y manos. ¿Cómo puedo tener vida abundante bajo estas circunstancias?" En respuesta le refiero un pasaje que habla de aquellos que *"hallan gracia en el desierto"* (Jeremías 31:2). Si usted encuentra gracia, debe encontrarla en el desierto. Usted está atrapado, no puede salir del desierto; entonces lo único que puede hacer es quitar el desierto de usted, para encontrar gracia en ese mismo desierto.

Las personas a quienes este pasaje fue dirigido *"hallaron gracia en el desierto"*, fueron purificados en el exilio divino y se convirtieron en el instrumento de Dios por medio de esa horrible experiencia de esclavitud nacional. ¡El desierto se convirtió en una puerta! No necesita aceptar sus circunstancias como de parte de Dios, pero puede aceptarlas como una oportunidad para que Dios las use para hacer de usted una persona creativa.

Una joven de veinte años fue confinada a estar en su cama durante un año por una enfermedad grave del corazón. La primera semana la pasó en la rebelión más amarga. Después leyó el libro *Cristo y el sufrimiento humano* y se le abrió la posibilidad de no simplemente soportar el sufrimiento y la frustración, sino también de usarlos. Fue una revelación para ella. Las cincuenta y un semanas restantes de ese año fueron maravillosas, el mejor año de su vida. Se levantó de ese año despierta en su alma y en su espíritu. Determinó tener una educación universitaria y lo hizo. Es una de las jóvenes más prometedoras y más útiles que conozco. Encontró gracia en el desierto. La frustración se volvió fructificación.

Entre los escritos más hermosos de Pablo están estas líneas: *"Yo, Pablo, escribo este saludo de mi puño y letra. Recuerden que estoy preso. Que la gracia sea con ustedes"* (Colosenses 4:18). Usted habría esperado oírle decir: "Recuerden que estoy en prisión, Dios me dé gracia". Pero no; él se expresó de otra manera: "Recuerden que estoy en prisión. La gracia sea con ustedes". He encontrado gracia en el desierto, suficiente y de sobra, te la paso.

Dios de gracia y Padre, si mis circunstancias se vuelven un desierto, entonces ayúdame a encontrar allí la gracia suficiente para mí y para dar a otros. Ayúdame a no lloriquear, a no quejarme, sino a encontrar recursos suficientes para pasar a otros. Porque sé que tu gracia es suficiente para mí, no simplemente cuando la vida es libre y abierta, sino cuando la vida se convierte en un desierto. Encontraré gracia allí. Amén.

SEMANA 49 - LUNES

Romanos 8:38-39; Filipenses 1:28-29; 1 Pedro 2:20-24

El desierto nos forma o nos quiebra

La experiencia del desierto puede formarnos o quebrarnos. A algunos los quebranta; a otros los robustece. Una persona común habla de crecientes dolores y crecientes conflictos. Los conflictos pueden ser de dos clases, primero cuando usted emerge en el lado inferior, en el lado de la derrota, y segundo cuando emerge en el lado más alto, en el lado de la victoria.

Se sabe que Jesús fue al desierto "lleno del Espíritu" y salió "en el poder del Espíritu", la plenitud se convirtió en poder bajo la presión de la tentación. El desierto de la tentación solo produjo su fortalecimiento. El maligno juega un partido perdido cuando a través de las tentaciones sólo logra fortalecerlo. Usted emerge en victoria sobre ellas. El pasaje dice:

> *–¡Vete, Satanás! –le dijo Jesús–. Porque escrito está: "Adora al Señor tu Dios y sírvele solamente a él." Entonces el diablo lo dejó, y unos ángeles acudieron a servirle.*
>
> –Mateo 4:10-11

Cuando Jesús usó la palabra "solamente" (que significa exclusivamente), entonces, "el diablo le dejó". Él no podía soportar la palabra "solamente"; cuando Jesús la pronunció, el diablo se dio la vuelta y se fue, porque sabía que tentar a un hombre que está firme en la palabra "solamente" en sincera obediencia, es solo fortalecer a ese hombre. Cada tentación fortalece las fibras de ese hombre. Él encuentra gracia y más gracia en el desierto de la tentación.

Una graciosa señora cristiana le dijo a otra: "Sé que no te gusta estar enferma. Pero yo veo que lo único que puedo hacer es conseguir algo de cada experiencia que viene a mí. Así que haz que tu enfermedad te dé algo".

No me gusta tener que esperar a la gente, pero he aprendido a hacer que la espera contribuya al formar el hábito de inmediatamente orar cada vez que tengo que esperar. Descubro que esa oración evita que mi temperamento se vuelva irritante y que, además, no desperdicie mi tiempo. La oración siempre me deja una puerta abierta en cada desierto. La posibilidad de la oración siempre está abierta, en cualquier lugar y en cualquier momento. Si usted está despierto en la noche, no se irrite, ¡ore!

Padre de gracia, ayúdame a no confundirme nunca. Si no sé que más debo hacer, ayúdame a volverme naturalmente a la oración. Entonces ningún momento será vacío ni sin fruto. Cada minuto estará lleno con la solidez de la oración. Y así la vida será conservada por el equilibrio, la calma y la victoria. Estoy agradecido porque siempre puedo encontrar gracia en cada desierto. Amén.

SEMANA 49 - MARTES

Romanos 8:26, 28, 35-37; 2 Corintios 12:7-10

Encontrar libertad a través de las limitaciones

Continuamos con nuestro pensamiento "gracia en el desierto". Todas nuestras limitaciones, nuestros desiertos, pueden ser lugares en donde encontremos gracia. Siempre he estado agradecido de haber ido a una universidad pequeña y oscura, porque me dejaba con la idea de ser una persona inculta. Supongo que aquellos que van a las grandes instituciones se sienten seguros; mencionar el nombre de la gran universidad a la que asisten los señala como instruidos. Yo no he sentido tal seguridad; por eso me he esforzado toda mi vida para llegar a ser una persona instruida. Tomo de cada momento, de cada ocasión y de cada conversación algo que pueda ayudarme en mi educación. En la lápida de un hombre estaban estas palabras: "Él murió escalando". Me gustaría tener esta inscripción en la mía: "Murió aprendiendo". La limitación ha sido la libertad. He encontrado gracia en el desierto.

La persona que descubrió y reveló al pueblo de Arkansas sus flores silvestres, es una persona que vive encerrada, una mujer lisiada por la artritis. Aunque sus manos están retorcidas y contraídas, ha pintado exquisitamente quinientos especímenes. La universidad de Harvard quiere comprar la colección, pero existe un movimiento público para comprarla para el estado de Arkansas. La señorita Whitfield alegremente sostenía sus dedos torcidos y contaba cómo, por la ley de la compensación, fue capaz de pintar esas delicadas líneas. Su alegría y su habilidad van más allá de las palabras. También encontró gracia en el desierto. ¡Una persona que vive encerrada sabe más de las flores silvestres y dónde crecen que cualquier otra persona en el Estado!

Quiero dar mi tributo de gratitud a todas las mujeres del mundo para quienes la vida pudo haber sido un desierto de soledad si no la hubieran convertido en otra cosa. En todo el mundo, ellas se han comprometido con la necesidad humana; han tomado como propio a cada niño abandonado; han iluminado familias, aunque ellas no tenían familia; han levantado cruces de cuerpos y almas de personas cargadas, mientras cargaban con la cruz de la soledad. Encontraron gracia en el desierto y la dieron a otros. ¡Que Dios las bendiga!

Oh, Cristo, tú me has mostrado cómo tomar la ortiga de la vida cuando las espinas me hieren, y cómo convertir esas mismas espinas en sensibilidad hacia las heridas de otros. Estoy en medio de un desierto. Quizás estoy en este desierto para poder ver las estrellas. Porque sé que nada podrá vencerme si permanezco victorioso en mi interior. Te agradezco. Amén.

SEMANA 49 - MIÉRCOLES

Salmo 22:1-5, 31; 23

Transformar las irritaciones en carácter

Dos mujeres ricas, cuyos esposos estaban en el negocio de la madera, se fueron a vivir en los bosques del norte. Ambas eran de grandes ciudades. Una hizo una mansión de una casa en el bosque, tenía sirvientas y mayordomos, traía a la gente de las ciudades para los fines de semana y trataba de mantener la algarabía de la ciudad a su alrededor. Pero se debilitó, el desierto se instaló en su interior. La otra vivía en una sencillez relativa, tomó interés en el empleo de la gente, se volvió uno de ellos y elevó su nivel. Es feliz y es la sal de la situación. Encontró gracia en lo que pudo haber sido un desierto.

No hay ningún provecho en luchar contra lo inevitable. Tómelo y úselo. Este lema está sobre el escritorio del director de un colegio:

Para cada mal debajo del Sol,
hay un remedio, o no hay ninguno;
si hubiera uno, haga un esfuerzo y encuéntrelo,
si no hubiera ninguno, no se preocupe por ello.

La sugerencia con respecto a un mal sin remedio: "no se preocupe por ello", es buena, pero no lo suficiente. Porque el mal sin remedio puede ser tan actual y tan insistente que usted no puede hacer nada, excepto recordarlo. Por ejemplo, está el desierto de un matrimonio desdichado. Es imposible no recordarlo, el alma es constantemente afectada cada día. ¿Qué debe hacerse?

Dos cosas son posibles: primero, examine todo el asunto otra vez. Vea si algunas de las razones de esta infelicidad matrimonial no están en usted. Sea objetivo e implacable con usted mismo. No se defienda consigo mismo. Si encuentra lugares en donde consigo está en falta, confiese la falta a su compañero. Deje que la otra persona confiese su falta. No confiese los pecados de la otra persona. Trate honestamente de encontrar una forma de acuerdo. Segundo, si no puede, entonces haga lo que hace una ostra: cuando en su caparazón tiene un grano de arena que la irrita, crea de la irritación una perla. Así también usted puede crear la perla del carácter en torno a sus irritaciones diarias. Puede encontrar gracia en el desierto.

Oh, Dios, mi Padre, vengo a ti con mi vida en el desierto. Sé que tú puedes liberarme o darme gracia para convertir el desierto en un lugar de cita contigo. Tú harás de este desierto un lugar en donde nos encontraremos diariamente y desarrollaremos la vida juntos, a pesar de todo. Te agradezco. Amén.

SEMANA 49 - JUEVES

Filipenses 4:12-13; Romanos 5:3-5; Gálatas 4:13

Haga que las calamidades sirvan

Los desiertos a menudo conducen a encontrar gracia. Milton escribió su *Paraíso perdido* cuando estaba ciego. Clifford W. Beers una vez estuvo en un manicomio. Más tarde escribió *Una mente que se encuentra a sí misma,* y fundó la Comisión Nacional para la Higiene Mental. El mentalmente desequilibrado debe mucho a un hombre que estuvo mentalmente desequilibrado.

Darwin dijo: "Si yo no hubiera sido un inválido tan grande, no hubiera hecho tanto como lo que he logrado". Carlyle dijo que escribió con "una rata mordiendo constantemente mi estómago". Un hombre fue separado de sus funciones por un problema en la cadera; mientras estuvo en cama, el empapelado de la pared al cual tenía que mirar continuamente, le dio la idea de llegar a ser un artista cómico, y se convirtió en un artista muy exitoso. Encontró gracia en el desierto.

Un poeta fracasó en la primera noche de un recital público, y al día siguiente sentía que todos lo señalaban con desprecio. Se fue a su casa y escribió su más grande e inspirador poema sobre la habilidad de "lograrlo" cuando se fracasa. Ese poema cayó en manos de un hombre en el hospital que había perdido los brazos y los pies, y lo inspiró a convertirse en un lector público y llegó a ser muy exitoso. Ambos encontraron gracia en el desierto.

Un joven sin brazos vino a una de nuestras reuniones. Él come y escribe con los dedos del pie. Un día de trabajo en la iglesia, rehusándose a ser excluido, pintó el lado de una casa parado sobre uno de sus pies y hasta la altura de su cabeza con el otro pie. Él es pastor de una iglesia universitaria. Encontró gracia en el desierto.

La Dra. María McCracken está totalmente lisiada en sus extremidades inferiores por la parálisis infantil. Los colegios médicos de los Estados Unidos no le permitieron seguir la carrera de médico, diciendo que ella nunca ejercería. Se fue a China, tomó un doctorado de medicina en Pekín, se mantuvo en la cima de su clase, volvió a la misma ciudad de Filadelfia en donde le habían negado estudiar y está practicando en una institución para niños lisiados; trabaja en una silla de ruedas.

Oh, Dios, todas estas personas han encontrado gracia en un desierto. Ayúdame a aceptar las limitaciones de cualquier tipo y a hacer de ellas estímulos para la vida y para el éxito. Que yo pueda hacer con mis limitaciones lo que el río hace con sus orillas, cuanto más cerrado está, más rápida es la corriente. ¡Oh, si oprimes mi corazón con dolor que las fuerzas de mi vida puedan fluir de lo mejor! En el nombre de Jesús. Amén.

SEMANA 49 - VIERNES

Éxodo 3:7-10; Mateo 16:2-3; Hechos 8:1, 4

Los grandes movimientos nacieron en tiempos difíciles

Los grandes movimientos vienen de períodos oscuros. Hombres que encuentran gracia en el desierto. El Dr. Kenneth S. Latourette ha localizado algunos grandes movimientos nacidos en períodos oscuros. En 1789 la revolución francesa estalló y fue seguida por las guerras napoleónicas que se extendieron desde 1792 hasta 1815. En el lapso de aquellos dolorosos años, tuvieron lugar los siguientes sucesos. En 1792: en el año del reino del terror en París, fue organizada la Sociedad Bautista Misionera, desarrollándose por el trabajo de William Carey. En 1799, cuando Napoleón estaba de regreso en Francia de su campaña en Egipto en un esfuerzo para romper las comunicaciones británicas con la India, se formó la Sociedad de la Iglesia Misionera. En 1804, cuando Napoleón amenazaba a Inglaterra con la más grande invasión que había tenido entre la operación de la armada española y el ataque nazi en 1940, la Sociedad Bíblica Británica y Extranjera fue organizada. En 1810, en el momento en que Nueva Inglaterra fuera consternada por nuestros intentos de mantener nuestra neutralidad en las guerras napoleónicas, y cuando estábamos en la víspera de nuestra segunda guerra con Gran Bretaña, se organizó la Junta Norteamericana de Comisionados de Misiones Extranjeras. En 1812, mientras que los puertos norteamericanos eran bloqueados por los británicos, *el primer grupo de misioneros norteamericanos zarpó hacia la India.*

Cuando el mundo está en su peor momento, los cristianos están en su mejor momento. En la Iglesia Harold, de Staunton, Inglaterra, hay una inscripción que dice:

> En el año 1653, cuando todas las cosas sagradas fueron destruidas o profanadas a lo largo de todo el país, esta iglesia fue construida para la gloria de Dios por Sir Robert Shirley, cuya singular alabanza era el haber hecho las mejores cosas en los peores tiempos y las esperaba en el momento más calamitoso.

Los cristianos toman los dolores y los convierten en dolores de parto, dando a luz nuevos movimientos cuando están en el desierto de la calamidad y de la limitación. Felipe tenía *"cuatro hijas solteras que profetizaban"* (Hechos 21:9). Estas jóvenes tomaron su soltería, la refinaron y la hicieron espiritualmente creativa. Produjeron una nueva esperanza, nuevas almas y nuevos movimientos.

Oh, mi Padre, me has mostrado el camino indomable. Aún en el infierno de la frustración y el dolor, tú estás ahí, para inspirar, crear y hacer victoriosos a tus hijos rendidos. Cuán agradecido estoy de que el desierto puede hacer por mí lo que el fuego hizo con los hijos hebreos, ¡solo consumió sus cadenas! Libérame, incluso por medio del fuego. Amén.

1 Juan 1:5-7; Hechos 26:16-18; Santiago 4:6-10

Los cinco pasos del desierto

Tal vez nuestro mundo en general tendrá que encontrar gracia en el desierto. En el mundo sufrimos de un dolor causado por nosotros mismos, y de una esclavitud también elegida por nosotros. Estamos en desiertos fabricados por nosotros. Tal vez encontraremos gracia en nuestros desiertos.

Como he mencionado previamente, el Dr. Sorokin, director del Departamento de Sociología en Harvard, dice que el mundo en crisis es el resultado del fracaso de un orden sensible, un orden que creyó que la única realidad era aquella que viene a nosotros a través de nuestros sentidos. La idea se ha agotado a sí misma. No es capaz de llevarnos más adelante. La vida debe formarse alrededor de otra idea. Él afirma que la idea es el Sermón del Monte.

Con el fin de hacer esta transición, Sorokin dice que la sociedad debe pasar por cinco etapas: (1) la crisis, (2) la prueba, (3) la purga, (4) el carisma, (5) la resurrección, Esta es una conclusión interesante y notable, porque el cristianismo enseña que estos son los mismos pasos que el individuo o la sociedad deben dar.

(1) *La crisis.* Así como el viejo orden se cae en pedazos, la persona o la sociedad es confrontada con la decisión de ir hacia abajo con el viejo orden o elegir un nuevo camino. Los chinos tienen para la crisis una palabra compuesta de dos palabras: peligro y oportunidad. Las dos cosas están en cada crisis.

(2) *La prueba.* Existe el consecuente sufrimiento al tener que cambiar. Esta es la prueba del arrepentimiento y del cambio. Las raíces tienen que ser arrancadas. El sufrimiento puede ser agudo.

(3) *La purga.* La limpieza de ideas viejas y de caminos viejos, especialmente las viejas ideas que llevaron a esta bancarrota. El arrepentimiento es *metanoia,* literalmente "cambio de mente", de perspectiva.

(4) *El carisma.* La gracia. Sorokin usa la palabra griega del Nuevo Testamento, porque es la gracia de Dios lo que tenemos que conseguir, un poder para vivir en nuevos caminos.

(5) *La resurrección.* La vida es renacer, individual y colectivamente. La gracia ha sido encontrada en el desierto. La vida tenía que empeorar antes de mejorar.

Tal vez usted como individuo tendrá que pasar por estos cinco pasos hasta la resurrección.

Oh, Dios, mi Padre, tú nos haces pasar por desiertos para abrir puertas. ¡Cómo debe retorcerse tu corazón al tener que hacerte a un lado para dejarnos fracasar! Pero nos amas demasiado como para dejarnos tener éxito en planes inferiores. Precipita la crisis para que podamos pasar por la prueba hasta la resurrección. Porque debemos ser nuevos, a cualquier precio. Amén.

SEMANA 50 - DOMINGO

2 Timoteo 1:7-8; 2:1-5; 4:2, 5

El objetivo de la disciplina cristiana

En los días restantes que hemos dejado para nuestras meditaciones, debemos unir los hilos de lo que hemos tejido. Quizás el versículo que resumiría lo dicho es este: *"Debes hacerlo así para que el amor brote de un corazón limpio, de una buena conciencia y de una fe sincera"* (1 Timoteo 1:5).

La disciplina cristiana: el camino cristiano es una disciplina y no simplemente una doctrina. La doctrina da dirección y contenido a la disciplina. La doctrina que no disciplina está muerta. Por tanto el cristianismo no es meramente algo en lo que usted cree, sino algo en lo que usted cree lo suficiente como para actuar en consecuencia. Su acción es su creencia, aquello en lo que usted cree lo suficiente como para ponerlo en práctica. Usted no cree en lo que no practica. La teoría y la práctica son una sola cosa. Su teoría es su práctica.

El futuro del mundo está en manos de la gente disciplinada. Los indisciplinados desperdician sus energías en ellos mismos y en sus propios enredos. Pero la declaración en cuanto a que el futuro del mundo está en las manos del disciplinado debe ser corregida con esta añadidura: el futuro del mundo está en las manos de aquellos que son disciplinados en lo supremo. Si alguno es disciplinado en algo menos que lo supremo, entonces la disciplina se agotará a sí misma, no está respaldada por lo más importante. ¿En qué es disciplinado el cristiano? El versículo precedente nos dice, "el orden divino al cual pertenece la fe". El orden divino es el Reino de Dios. Ese orden divino fue encarnado en la persona divina, Jesucristo. En consecuencia, somos disciplinados por una persona que encarna un orden, una encarnación que hace nuestra disciplina personal y social. Personal porque nos relaciona con una persona, y social porque nos relaciona con un nuevo orden encarnado en esa persona. Disciplinado en el Reino encarnado, el cristiano está obligado a adelantarse en conocimiento, a vivir más y a morir más, porque el Reino de Dios prueba cada forma de vida. ¡Podemos entregarnos sin ninguna duda a la disciplina cristiana!

Oh, Dios, esta disciplina a la que me he dado es ¡Verdadera! Ayúdame ahora a ser disciplinado en el camino sin ninguna reserva y sin ninguna duda. Que pueda arrojar al viento cada duda y cada titubeo. Como dice el hebreo antiguo: "tomo el yugo del Reino". Sé que encontraré ese yugo fácil, ¡porque es mi vida! Amén.

Juan 4:14; 2 Corintios 2:1-4; Isaías 42:7

La disciplina cristiana produce espontaneidad

Ayer vimos que la disciplina cristiana es la más alta porque nos disciplina en lo supremo, el orden divino encarnado en la persona divina. Esta disciplina es completa y totalitaria, y se extiende para controlar y redimir el pensamiento y las aspiraciones más íntimas, y se extiende hacia el margen más extremo de las relaciones. ¿Entonces produce al robot, la marioneta que baila por los hilos del Maestro divino que está atrás de los escenarios? ¡No! ¡Mil veces no! La realidad es exactamente lo opuesto. Porque cuando usted cumple con esta voluntad, cumple con usted mismo. Pablo expresa la espontaneidad en estas palabras: "Pero el propósito de la disciplina cristiana es el amor que fluye", la disciplina produce espontaneidad, el amor "fluye".

Esto es lo que los totalitarios intentan lograr y no pueden. No pueden producir un amor que fluya. Sus métodos producen un odio que fluye. Tienen que sentarse en la tapa. Dios quita la tapa. "Ama a Dios y haz lo que quieras". Usted es perfectamente libre, porque es libre para hacer lo que debe hacer. Sus deseos y decisiones se ajustan con la naturaleza de la realidad, en consecuencia usted vive a favor del universo y no contra él. Permítase empaparse con esta declaración: "Lo más alto en Cristo es lo más profundo en la naturaleza". Si es así, entonces "La gracia y la realidad recibieron a Jesucristo", la gracia y la realidad son inseparables. Cuando usted está en la gracia, está en el corazón de la realidad. Ahora deje que esta declaración se establezca en usted: "las sabias decisiones armonizan con las verdades fundamentales de la naturaleza humana". Cuando usted toma la sabia decisión de ser disciplinado por el Reino de Cristo, armoniza con las verdades fundamentales escritas en usted por ese Cristo. *"Sin él, nada de lo que fue hecho hubiera sido hecho"* (Juan 1:3). En consecuencia, la disciplina cristiana produce la persona más verdaderamente espontánea y natural en el mundo, el cristiano verdadero. La ley termina en una libertad, "el amor fluye". El cristiano es un pozo artesiano.

Dios y Padre, renuncio a los amores menores y desenfrenados de mi ego, con el fin de encontrar un amor disciplinado hacia ti. En ese amor caminaré en la tierra como vencedor, sin ningún temor, porque no quiero nada excepto a ti. Tú reúnes mis discordias dentro de tu armonía; los caminos accidentados y llenos de baches de mi vida dentro de tu ritmo; mis conflictos interiores dentro de tu gran y envolvente paz. Te agradezco. Amén.

SEMANA 50 - MARTES

2 Corintios 13:8; Salmo 1:3-5; Judas 12; Mateo 13:6

"¡Se ha apartado de ti el fruto que con toda el alma codiciabas!"

Ayer vimos que la vida cristiana es la manera de vivir natural y con sentido común. Lo opuesto es verdad. Todo mal carga sobre sí la condena de la decadencia. Tenemos este agudo pasaje: *"Se ha apartado de ti el fruto que con toda el alma codiciabas"* (Apocalipsis 18:14). El fruto del deseo del alma está maduro y, quién iba a decirlo, se ha apartado. Cuando el mal promete mucho, nos decepciona. "Mantiene la palabra de promesa en nuestro oído y la rompe en nuestra esperanza". La codicia termina en disgusto, "El fruto que con toda el alma codiciabas se ha apartado". El dinero, después que usted se ha esforzado mucho y ha trabajado para ello, se convierte en preocupación y en ansiedad: *"Se ha apartado de ti el fruto que con toda el alma codiciabas"* (Apocalipsis 18:14). Recientemente en el tren, un joven soldado le estaba diciendo a otro: "¿Sabes cómo acabaste tu fiesta? ¡Salpicando con tu vómito a una señora que estaba frente a ti!" "¡Por Dios!", murmuró horrorizado el otro: "Y le prometí a mi chica que iba a dejarlo". Esa es una fiesta sin fiesta, *"Se ha apartado de ti el fruto que con toda el alma codiciabas"*. Justo cuando usted piensa que lo tiene, ¡ya no está! ¡Nada, excepto el fruto del Mar Muerto en sus manos!

Hay otro pasaje en Apocalipsis 17:11: *"La bestia, que antes era, pero ya no es"*. Esa es la biografía de cada "Bestia" con "B" mayúscula y cada "bestia" con "b" minúscula: "la Bestia que era y no es", "no será". El mal no tiene futuro, era y no es. Solo lo bueno era, es y será, tiene un pasado, un presente y un futuro. El mal, por su propia naturaleza, es autodestructivo. Es un intento de vivir en contra de la naturaleza de la realidad y termina solo en autodestrucción. Por eso el Nuevo Testamento dice que los pecadores "perecen", perecen aquí y ahora, las fuerzas de la vida colapsan, se desintegran. Cada persona mala se entrega, incapaz de sobrevivir. No obedecerá a la ley de la supervivencia; por eso, perece. Romanos 7:5 dice: *"Porque cuando nuestra naturaleza pecaminosa aún nos dominaba, las malas pasiones que la ley nos despertaba actuaban en los miembros de nuestro cuerpo, y dábamos fruto para muerte"*. *"Fruto para muerte"*, justo cuando el fruto está maduro, se pudre. Y la "muerte" está con "M" mayúscula, es una ley universal.

Tú, afectuoso gobernante, tú no nos dejarás descansar en la autodestrucción. Siempre estás dejándonos ver que tu camino es nuestro camino, pero nosotros no vemos. En consecuencia, sufrimos. Pero no nos dejes solos, tierno amador de nuestras almas. Tú estás salvándonos por medio de difíciles negativas. No ablandes esos rechazos, porque son tu gracia preventiva, que impide nuestra ruina. Te agradezco, te agradezco. Amén.

Génesis 18:23-32

El mal es un parásito en lo bueno

Debemos pasar un día más señalando lo autodestructivo del mal, porque muchos tienen la idea de que la bondad es esclavitud y que el mal es libertad. Pero sabemos que el mal es libertad solo para meternos en problemas con nosotros mismos.

Le insistía a un político que abandonara una relación amorosa ilícita que sostenía con una mujer, porque a través de esa situación destruía su propio hogar, el hogar de otro y enredaba su propia vida. Para evitar mi exigencia, me habló de un general inglés que había sido desafiado por el Grupo Oxford con sus cuatro absolutos: la honestidad absoluta, la pureza absoluta, la generosidad absoluta y el amor absoluto, pero que no estaba preparado para construir su vida sobre estos absolutos. Así que, con el fin de evitar este desafío, el general, medio humorísticamente y con algo de seriedad, dijo que él iba a organizar otro movimiento, el Movimiento del Grupo Cambridge, y sus principios serían los opuestos: deshonestidad absoluta, impureza absoluta, egoísmo absoluto y odio absoluto. El político pensaba que yo iba a reírme, pero contrariamente contesté:

–¿Por qué no? ¿Por qué no te dedicas a hacer el mal y lo haces absoluto? ¿Por qué estás tan indeciso y tan vacilante? ¿Por qué no pecas haciendo todo el esfuerzo?

–Oh, no –contestó el político– no podríamos hacer absoluto al mal; porque si lo hiciéramos, no funcionaría.

–Ah, –le contesté– has revelado el caso. Todo mal tiene que tener el bien suficiente a su alrededor para poder flotar. Es un parásito en algún bien. El mal puro sería autodestructivo.

Usted no puede construir una sociedad sobre una deshonestidad absoluta, porque nadie confiaría en nadie; impureza absoluta, la sociedad se deterioraría; egoísmo absoluto, porque nadie pensaría en otra persona; odio absoluto, porque el odio es centrífugo. Por tanto, cada hombre deshonesto es un parásito en la honestidad de algún hombre honesto, cuya honestidad sostiene a la sociedad unida el tiempo suficiente como para que el hombre deshonesto practique su deshonestidad; cada hombre impuro es un parásito en la pureza de algún hombre puro y esta pureza guarda a la sociedad de la podredumbre y la hace suficientemente habitable, de tal manera que el hombre impuro pueda practicar su impureza en la sociedad. El mal no puede existir en donde no hay ningún bien a su alrededor que lo mantenga activo.

Oh, Dios, ayúdame a librarme de los parásitos del mal en mi vida. El bien dentro de mí une a mi mundo el tiempo suficiente como para que el mal exista. Déjame cumplir con la declaración de Pablo: "Demuestro en cada parte de mí un verdadero ministro de Dios". "En cada parte", no dejes que haya partes decadentes en mi vida; has que todas las partes estén sanas y bajo tu control. En el nombre de Jesús. Amén.

1 Tesalonicenses 5:23; 2 Corintios 5:14, 17; Colosenses 3:12-14

Toda la naturaleza disciplinada por el amor

Volvemos nuevamente al objetivo de la disciplina cristiana, el cual es *"el amor nacido de corazón limpio, y de buena conciencia, y de fe no fingida"* (1 Timoteo 1:5). Note que es un amor que fluye de la personalidad total, *"un corazón limpio"*, la naturaleza emocional; *"de una buena conciencia"*, la naturaleza volitiva; *"de una fe sincera"*, la naturaleza intelectual.

La personalidad se expresa en tres fases: el intelecto, el sentimiento y la voluntad. Por eso la disciplina cristiana produce un amor que fluye, no de una parte del ser, sino de la totalidad del ser. Este es el eco de las palabras de Jesús, quien dijo que el máximo mandamiento es *"ama al Señor tu Dios con todo tu corazón"*, la naturaleza afectiva; *"con toda tu alma"*, la naturaleza volitiva; *"con toda tu mente"*, la naturaleza intelectual; *"y con todas tus fuerzas"*, la naturaleza física (Mateo 12:30).

El hombre debe practicar lo más supremo en el mundo, el amor, y debe hacerlo con cada parte de su naturaleza.

Amar con cada parte de nuestra naturaleza es importante; de otro modo, uno se desarrolla desequilibradamente. La "fuerza" se refiere a lo físico, pero también podría referirse al resto de la personalidad. Debemos amar a Dios con la fuerza de la mente, con la fuerza de la emoción, con la fuerza de la voluntad. Si usted lo ama con la fuerza de la mente y la debilidad de la emoción, ese amor desequilibrado produce al intelectual en la religión, carente de fuerza emocional y de súplica emocional. Amar al Señor con la fuerza de la emoción y la debilidad de la mente crea al sentimental en la religión. Amar a Dios con la fuerza de la voluntad y la debilidad de la emoción crea al hombre de acción, pero carente de amabilidad. El único cristiano verdaderamente fuerte es aquel que deja que el amor tome la totalidad de su naturaleza, él ama con la fuerza de la mente, con la fuerza de la emoción, con la fuerza de la voluntad, con la fuerza del cuerpo, de tal manera que todo el ser es atrapado por una ardiente pasión de amor. Así como los rayos se concentran en nuestro enfoque por medio de una lente, así el cristiano enciende el amor y la devoción en otros. Se vuelve contagioso. El disciplinado hace discípulos.

Mi consagración será la lente que concentre todo en un enfoque de amor. Entonces y solo entonces, podré encender a otros. Encenderé a otros. Porque sé que mi disciplina es llevarme más allá de mí mismo, para poder ser libre para levantar e inspirar a otros. Y, además, déjame encontrar liberación de toda contradicción, de todo objetivo opuesto, y déjame arder, arder por ti. En el nombre de Jesús. Amén.

SEMANA 50 - VIERNES

Filipenses 2:3, 5; 4:7; 1 Corintios 2:16

La mente es la llave

Dijimos que la totalidad de la persona debe ser disciplinada, el intelecto, los sentimientos, la voluntad y el cuerpo. ¿Cuál es la llave? Pablo dice: *"No se amolden al mundo actual, sino sean transformados mediante la renovación de su mente. Así podrán comprobar cuál es la voluntad de Dios, buena, agradable y perfecta"* (Romanos 12:2). Al parecer, la llave es la mente. Porque el versículo dice: *"No se amolden al mundo actual, sino sean transformados mediante la renovación de su mente"*. Muchos dirían que la naturaleza transforma la mente; y hay mucha verdad en eso, porque nosotros a menudo pensamos con nuestras emociones, la mente busca razones para justificar actitudes. No obstante, la mente es el maestro transformador. "Como un hombre piensa... tal es él".

La Asociación Médica Norteamericana informa que los jugadores de fútbol aumentaron su resistencia un 200% en tres semanas al tomar pastillas azucaradas las cuales ellos pensaban que tenían gelatina, pero en realidad no tenían y tampoco tenían nada que los médicos pensaran que podría aumentar la resistencia. A otros jugadores de fútbol les dieron pastillas azucaradas que contenían la gelatina química y ácido aminoacético, de los cuales se informa que pueden aumentar la resistencia. Ellos también mejoraron un 200%, pero no superaron a los muchachos de las pastillas de azúcar. "Como un hombre piensa... tal es él".

Si usted piensa que está vencido, lo está. La mente renueva la naturaleza y también renuncia a la derrota de la naturaleza. Pero, con los cristianos, todo esto no significa superarse uno mismo sin la ayuda de nadie. Porque la parte siguiente del versículo dice: *"Así podrán comprobar cuál es la voluntad de Dios"*. Aquí la mente está vinculada a la voluntad de Dios, no es una mente que busca jugar trucos mentales por sí misma, porque eso pronto se deteriora. Usted puede "hacerse una broma" hasta aquí, pero no más lejos. Solo cuando está unido a la realidad puede seguir hasta el fin del camino. La mente cristiana se une con la voluntad de Dios y, en consecuencia, logra tocar los recursos verdaderos para una vida verdadera. De este modo, la mente está entre la voluntad de Dios y la naturaleza, y es la llave para la unión de la naturaleza con la voluntad de Dios. La mente cambia la opción en una dirección o en otra, lo une a usted a los recursos infinitos, o lo enreda en su propio e inútil ego. "Como un hombre piensa en su interior... tal es él".

Oh, Dios, quita de mi mente todo derrotismo, todo temor y toda entrega en mí mismo. Y dame una mente que tome de la mano a la vida y la lleve a la afirmación, al éxito, a la victoria y a los recursos infinitos de Dios. Dame una mente que preste atención a su negocio más importante, descubrir la voluntad de Dios, porque la voluntad de Dios es la tierra natal de la mente. Llévame a casa. Amén.

SEMANA 50 - SÁBADO

Josué 1:5-9; Hechos 4:13, 29; 5:41-42

Disciplinados más allá de la timidez

Antes de terminar con el estudio sobre la disciplina cristiana de esta semana, debemos ver otro pasaje sobre la disciplina escrito para la misma persona, para Timoteo: *"Por lo cual te aconsejo que avives el fuego del don de Dios que está en ti por la imposición de mis manos. Porque no nos ha dado Dios espíritu de cobardía, sino de poder, de amor y de dominio propio"* (2 Timoteo 1: 6-7). El primer pasaje (1 Timoteo 1:5) empieza con la disciplina, y este termina con la disciplina. El camino cristiano empieza y termina en la disciplina, la disciplina produce una vida disciplinada. La disciplina puede estar tan escondida en el hábito y en la perspectiva que puede llegar a ser casi imperceptible, así como uno puede mirar en línea recta a través de las hélices de un avión que por girar tan rápido y tan rítmicamente no pueden verse. El fin de la disciplina cristiana es esconderla en el hábito, en el subconsciente, de tal manera que la persona disciplinada parezca ser y sea espontánea. La espontaneidad creativa de un músico es una disciplina coordinada que se ha convertido en una segunda naturaleza.

Pablo habla de aquello que oscurece la vida espiritual más que cualquier otra cosa: la timidez. Si tuviera que darme un regalo a mí y a otros, sin duda alguna elegiría recibir y dar coraje. Porque muchas personas se oscurecen por la falta de coraje más que por la falta de cualquier otra cosa, y necesitan reavivar la luz del don divino. Ante todo, el coraje para tomar de Dios lo que Él ofrece. Ese es el coraje supremo: pagar el precio y tomar el regalo. Para eso se necesita coraje, porque eso cambia toda la base de la vida, de la autosuficiencia a la suficiencia de Dios. Luego el siguiente paso: el coraje para enfrentar al mundo con este apropiado don de Dios, y creer que esto y solo esto suplirá cada necesidad aún cuando los hombres intenten patéticamente métodos impracticables.

Cuando viajaba a China en 1937, en medio de regiones que eran bombardeadas, este versículo venía a mí reiteradamente: *"Pero tú sé sobrio en todo, soporta las aflicciones, haz obra de evangelista, cumple tu ministerio"* (2 Timoteo 4:5). Aquí en los Estados Unidos, enfrentando la reconstrucción, tengo que repetirlo una y otra vez.

Oh, Dios, mi Padre, dame el coraje constante de Jesús, quien continuaba silenciosamente, en calma y sin temor alguno, aún cuando el fin del camino significaba el desastre. Yo no tengo que tener éxito. Simplemente tengo que ser fiel a lo mejor que sé. El éxito y el fracaso están en tus manos. Debo ser fiel a cualquier precio, ya sea que tenga éxito o que fracase. Dame el coraje para fracasar, si es necesario, haciendo lo mejor que sé. Amén.

SEMANA 51 - DOMINGO

Hechos 1:1-8; Gálatas 1:15-24; Juan 15:15-19

"¡Su mandato!"

Nos acercamos al final del recorrido en nuestro ciclo del año en busca de la vida abundante. Debo hacer una pausa con mis camaradas de camino para meditar en dos versículos que me han hablado como un insistente estribillo durante muchos años: *"Teniendo a Dios por testigo, el cual da vida a todas las cosas, y a Cristo Jesús, que dio su admirable testimonio delante de Poncio Pilato, te encargo que guardes este mandato sin mancha ni reproche hasta la venida de nuestro Señor Jesucristo"* (1 Timoteo 6:13-14).

¡Su mandato! Usted tiene un mandamiento que no ha sido dado a ningún otro, es único y diferente, porque usted es único y diferente. Dios abre un libro nuevo de revelación a través de su carácter y de su vida. Si usted no responde, si no lo revela y frustra los propósitos de Dios, ese libro de revelación nunca será descubierto y el mundo será más pobre y usted también. La iglesia de Laodicea tenía una carta escrita que había recibido de Pablo (Colosenses 4:16), pero se perdió y nunca fue dada a la Iglesia como muchas otras epístolas que recibió. ¿Por qué se perdió? Tal vez porque la iglesia de Laodicea no era *"ni fría ni caliente"* (Apocalipsis 3:15). Esta iglesia tibia no tenía la visión ni la lealtad para ver el significado de esa carta; así que la dejó perder. ¡Qué poder hubiera dado al mundo esta iglesia si hubiera estado espiritualmente viva y alerta! Su nombre pereció con la carta y solo quedó como un símbolo de "lo que pudo haber sido". ¡Perdió su mandamiento! Acabo de ver a un hombre que se está quedando ciego; y como las sombras se aproximan a él y la vida exterior se desvanece, no tiene nada en su interior, excepto un vacío. Cuando le dije que tendría que vivir "en su interior", suspiró y dijo que ahí no había nada. Había perdido su mandamiento y a sí mismo. Había perdido el propósito y la persona. Si hubiera tomado el propósito, ahora su persona interior sería rica, estaría completa, sería suficiente y sería esencialmente inamovible mientras lo exterior se va desvaneciendo. Este es el tesoro más importante, su mandamiento, guárdelo y si todo lo demás se va, usted tiene lo único que realmente interesa.

Padre de gracia, tengo un mandamiento dado por ti. Siento ese mandamiento en mis huesos. Tengo algo en el centro de mi vida que me da sentido y significado. Ayúdame a organizar la vida en torno a esa verdad central y no alrededor de alguna insignificancia. Porque si lo hago, entonces tendré un incesante torbellino en torno a un vacío central. ¡Aviva la idea de ser enviado! En el nombre de Jesús. Amén.

SEMANA 51 - LUNES

Filipenses 1:20-21; 2 Corintios 5:9-10; Romanos 8:11

"Su mandato sin mancha"

Hemos hecho una pausa para ver el mandamiento; hoy debemos ver la última parte de la frase: *"Guarda el mandato sin mancha"*. ¿Sin mancha de qué? Empezaremos en la periferia y trabajaremos hacia el centro.

1. *Guarde su mandamiento sin la mancha de los alimentos físicos innecesarios.* Digo "innecesarios" porque muchos de ellos pueden ser evitados por la vida apropiada y por las actitudes correctas, tanto mentales como espirituales. En un mundo sujeto a la muerte, el cuerpo se deteriora tarde o temprano; así que usted no puede ser un absolutista con respecto al cuerpo. Puede serlo con respecto al alma, porque el alma no necesariamente está sujeta a la ruina, el cuerpo sí lo está. Pero aunque usted puede estar enfermo, no tiene ningún derecho a estar más enfermo de lo que tiene que estar. Algunas personas pasan la enfermedad de la mente y del alma a sus cuerpos. Uno de los más notables médicos de una gran ciudad me dijo: "En mi clínica hemos confirmado que el 75% de las personas que vienen a nosotros estarían bien si solo cambiaran sus actitudes. Ellos provocan alteraciones funcionales en sus sistemas a través de los errores morales y las malas actitudes espirituales". Una carta de una señora muy instruida y muy inteligente llegó esta mañana. Me decía que cuando su esposo empezó a prestarle atención a otra mujer, le brotó un eczema en la piel. Pero cuando entregó el temor y la preocupación a Dios, el eczema desapareció.

El Dr. W. C. Álvarez, el especialista en el estómago de la Clínica Mayo, dice que el 80% de las dificultades estomacales que vienen a ellos no son orgánicas, sino funcionales. Las actitudes equivocadas mentales y espirituales causaron una alteración funcional en la digestión. Una señora vino a verme y dijo: "Tiene razón; he vivido con mi yerno por cinco años y él contrajo una úlcera y yo una artritis. Las tensiones fueron las responsables". Una joven fue llevada al hospital para ser operada por un problema intestinal. Ahí descubrieron que ella se preocupaba demasiado por las noticias que recibía de su hermano, quien se estaba volviendo loco. Cuando renunció a este temor, salió bien del hospital. La alteración era el resultado del temor y la preocupación.

Oh, Dios, sé que mi cuerpo está hecho para la fe y para la confianza y no para la preocupación, ni para la ansiedad ni para el temor. Por eso ayúdame a ayudar a mi cuerpo a estar en su mejor forma para ti. Que pueda alimentarlo con la confianza y la fe tanto como con la comida física. Que yo pueda ilustrar las palabras de Pablo: "Que la vida de Jesús se manifieste en mi cuerpo". Que eso sea literalmente cierto. Que esa vida inunde cada célula cerebral, cada tejido y cada nervio con la calma y la fe. Amén.

Filipenses 4:4-7; Mateo 6:24-34; 1 Pedro 5:7

Su mandato libre de la mancha de la preocupación y el temor

Ayer insistimos en que para tener el mejor cuerpo Dios puede ayudarnos, debemos alimentarlo con la mejor comida mental y espiritual. La fe es comida y la preocupación y el temor son veneno.

2. *Guarde su mandamiento sin la mancha de la preocupación y el temor*. La preocupación no es simplemente debilidad; es maldad. Es ateísmo. Dice que Dios se ha resignado y que tenemos que sostener unido al mundo por medio de nuestras preocupaciones. Sucede lo opuesto. Los que se preocupan destruyen su mundo. Tienen los cuerpos más débiles. Los que se preocupan tienen el pecho contraído, dicen los médicos. Aquellos que tienen una pensión vitalicia viven de cinco a seis años más que aquellos que no la tienen. No son exterminados por la preocupación. Ayer un hombre me habló de su úlcera estomacal. "¿Usted ha estado preocupándose, no?", le dije. Y me contestó, "¿cómo lo sabe? Me he preocupado toda la vida". Un juez tenía que estar a dieta rigurosa mientras atendía casos; pero cuando lo dejaban salir al lago en una barca a vela por varios días, podía digerir cualquier cosa, ¡incluso carne de cerdo con frijoles! La preocupación alteraba su digestión. La preocupación, por tanto, es un pecado, un pecado contra Dios y contra nosotros mismos. Una mamá me dijo que llegó a estar tan ansiosa porque su hijo tenía que ir al frente de batalla, que solo de la posibilidad la envió a la cama por tres días, "enferma de preocupación".

Los temores habitualmente son causados por uno mismo. Los bebés tomarían serpientes sin temor si no hay señales de miedo en los rostros de quienes están alrededor. Imponer el temor en los niños es un crimen. No lo haga usted ni permita que otros lo hagan. Viva por la alegría y no por el temor. Muy pocas preocupaciones viven mucho a menos que usted las alimente cuidadosamente. El Dr. George Matthew Adams habla de un hombre que había apartado una hora de su tiempo, "la hora de la preocupación". Inmediatamente después de la cena se iba a su biblioteca y se sentaba para preocuparse en serio. ¡Pero no podía hacerlo según lo previsto! La idea era absurda. Un hombre tenía un "árbol de la preocupación" en su patio frontal en donde colgaba sus preocupaciones antes de entrar en la casa. Para el cristiano ese "árbol de la preocupación" es la cruz. Cuelgue allí todas sus preocupaciones.

Oh, Cristo, cuelgo todas mis preocupaciones en tu cruz. Comparado con aquella cruz, ¿qué he llevado alguna vez? E incluso si yo llevara esa cruz, sé que de ello vendría a mí lo que vino a ti, ¡una resurrección! Nada puede hacerme temer. Tengo una llave en mi mano, la llave de la vida, tu cruz. Con ella puedo abrir lo que fuere. Te agradezco. Amén.

Tito 3:3-8; Levítico 19:16-18; 1 Juan 2:9-11; 3:15; 4:20

Libre del odio y de los resentimientos

3. *Guarde su mandamiento sin la mancha del odio y los resentimientos.* Los odios envenenan el aire y a nosotros, si se lo permitimos. Una vaca corría furiosamente con ira y temor. Finalmente pudieron atraparla y calmarla para luego ordeñarla. Pero un niño alimentado con esa leche murió. La ira había convertido esa leche en veneno. Hoy nosotros alimentamos a nuestra gente mental, espiritual y físicamente, con el veneno de las actitudes odiosas que engendramos. Cuando un bebé recién nacido no puede aumentar su peso corporal, el Dr. Luther Emmett Holt, un famoso especialista en bebés, invariablemente deja esta prescripción: "Este bebé debe recibir amor cada tres horas". El médico descubrió que los bebés están hechos para el amor y no para el odio ni para la indiferencia y cuando no reciben amor, no crecen normalmente. A una joven sueca la habían dejado plantada en la calle, le habían devuelto el anillo allí. Estuvo en cama durante seis años, quedó inválida. El resentimiento la volvió una inválida. Al final de los seis años, a través de un amigo, fue inducida a entregar todo el asunto a Dios. Se levantó de su invalidez y hoy es una persona radiante y útil.

Una refinada e instruida mujer me dio su mano izquierda y dijo: "No he estado en guerra con otros, sino conmigo misma; por eso tengo esta artritis".

¿Entonces cómo podemos librarnos del odio y los resentimientos? Frances Ridley Havergal, quien escribiera tantos hermosos himnos, tenía tan mal carácter que solía estar en el piso golpeándose la cabeza en sus berrinches. ¿Cómo obtuvo la calma, el equilibrio y la buena voluntad? Haciendo lo que todos debemos hacer, es decir: identificar el odio y los resentimientos y sacarlos. Hable con la persona involucrada y pídale perdón; y luego simple y humildemente entregue esos odios y esos resentimientos a Cristo, pidiéndole que los sepulte a kilómetros de profundidad en la cruz. ¡Y Él lo hará! Usted da el consentimiento para que sean eliminados y el Señor dará el poder. Los odios se disolverán en el amor de Cristo.

La fe cristiana se muestra completamente sana cuando insiste en no albergar ningún tipo de resentimiento. La psicología dice lo mismo.

Cualquier cosa Dios, excepto el odio. Lo he conocido en mi tiempo y lo mejor que hace es marcar una cicatriz en el alma y desgastar el corazón. Debemos superar el odio porque caerá con los años, todas las cosas pueden sobrevivir, solo el hombre niega el amanecer. Dios, estoy enfermo de odio y de la pérdida que produce. Déjame ser el amigo de mi hermano. Amén.

Efesios 4:29-32; 1 Pedro 3:8-11; Lucas 23:33-34; Filemón 10-19

Libre de actitudes ásperas

4. *Guarde su mandamiento sin la mancha de las actitudes ásperas.* No solo debemos ser libres del odio, sino también de la aspereza. Tratamos de hacer bien a la gente por medio de actitudes ásperas. Eso no tendrá éxito. ¿Puede Satanás echar fuera a Satanás? ¿Puede usted, actuando como el diablo, echar al diablo de la gente? Nunca hubo una relación amorosa entre dos odios, ni dos odios jamás lograron relaciones amigables. "Usted no puede tener a su hermano para destruirlo".

Pablo dice: *"La actitud de ustedes debe ser como la de Cristo Jesús"* (Filipenses 2:5). ¿Cómo nos trata Él? "Con toda la consideración de Cristo". ¿Podría haber algo más afectuoso que esa frase, "la consideración de Cristo"? Había un espíritu particular a su alrededor. Él y otros hacían y decían las mismas cosas y con todo había una diferencia. Había una fragancia de gracia en torno a lo que Él hacía y decía, que hacía al hecho y a la palabra algo diferente. El hecho y la palabra tenían un alma. ¡Y qué alma!

Pablo termina una de sus epístolas de esta manera: *"La gracia de nuestro Señor Jesucristo sea con vosotros"* (1 Tesalonicenses 5:28). ¿Cuando nosotros escribimos decimos: "La gracia de nuestro Señor Jesucristo sea contigo"? ¿O lo que escribimos siempre deja un aguijón? Maude Royden dice: "Cuando tengas duda con respecto a la guía, haz algo con mucho afecto".

Aún un perro puede mostrar el espíritu con el que usted hace alguna cosa. Láncele un hueso y él escapará con ese hueso sin menear la cola. Pero llámelo para acariciar su cabeza y luego darle un hueso, su cola se moverá demostrando su gratitud y aprecio. Los trabajadores del socorro social recibían los agradecimientos del gobierno ruso en Moscú. Por último, vinieron los cuáqueros y el maestro de ceremonias dijo: "Otros pueden haber alimentado más que estos, pero los cuáqueros envolvían cada botella de leche en una envoltura de buena voluntad". Las envolturas hacían diferentes los regalos de los Cuáqueros; y la gente nunca se olvidó, porque el sabor continuaba aún después de que la comida se había terminado. Por lo tanto, salga y haga algo hoy, algo que nadie haría excepto un cristiano, y asegúrese de hacerlo de una manera cristiana.

Oh, Cristo, tu consideración me desajusta. Me lleva a lo profundo de mí. Por eso ayúdame a considerar a todos. No permitas que yo deje que la actitud y la conducta de la otra persona determinen mi conducta y mi actitud. Que yo sea incansablemente manso y amable, sin importar lo que pueda recibir a cambio. Porque sé lo que conseguiré a cambio. Mi "paz se volverá a mí". Si ellos no la toman yo la tomaré. Te agradezco. Amén.

Hebreos 13:5-6; 1 Timoteo 6:6-8; Santiago 2:1-4

Libre de la mancha del prejuicio

Ayer consideramos las actitudes ásperas. La más hermosa bendición y la más ampliamente usada en el cristianismo, fue usada por Pablo para bendecir a la gente que encontraba defectos en él, diciendo que su "presencia corporal" era "débil" y su "discurso despreciable". ¡Qué tentación de pagarles con la misma moneda! Sin embargo, él dice: *"Que la gracia del Señor Jesucristo, el amor de Dios y la comunión del Espíritu Santo sean con todos ustedes"* (2 Corintios 13:14). No es de extrañar que esa bendición viviera en los corazones de millones, porque Pablo era cristiano en respuesta a las actitudes no cristianas. El espíritu con el que usted hace algo determina la naturaleza de ese algo. Observe ese espíritu, haga con gracia lo que tiene gracia.

5. *Guarde su mandamiento sin la mancha de los prejuicios.* ¡Cómo nos empobrecemos por medio de nuestros prejuicios! Cuando era niño yo estaba lleno de prejuicios contra las remolachas, no me gustaba su color. Si no me hubiera esforzado en pasar las barreras de mi prejuicio, me hubiera impuesto un empobrecimiento de por vida. El prejuicio del color también nos aísla del enriquecimiento mental y espiritual a través de la gente de otro color.

Dios es un gran artista; por eso creó muchos colores. Nosotros no somos de buen gusto; por eso insistimos en un solo color, el blanco. Hacemos una religión del hecho de ser blancos. Es una religión falsa y cruel. Alguien tenía un cantero con tulipanes en el que había todos los colores excepto uno. Entonces inventó un tulipán negro que hacía resaltar a todos los otros colores. El prejuicio contra el color negro hubiera empobrecido ese cantero con tulipanes. El prejuicio racial nos empobrece.

6. *Guarde su mandamiento sin la mancha de la autocompasión y la queja.* Hablamos de enfermedades como "quejas", pero las enfermedades muchas veces salen de las quejas. Sienta pena por usted mismo y pronto tendrá un ego del cual vale la pena compadecerse.

Pablo dice: *"He aprendido a contentarme cualquiera que sea mi situación"* (Filipenses 4:11). La frase es "contentarme en ello" y no "con ello" como muchas veces citó. Muchas veces él no estaba contento con la situación, sino a pesar de la situación. Tenía contentamiento a pesar de, en todo lugar, bajo cualquier condición. Porque dependía de su estado interior.

Dios de gracia, ayúdame a vivir en un estado que triunfe sobre todo ambiente y toda condición. Entonces ninguna autocompasión jamás me invadirá para corromper lo profundo de mi alma. Porque, ¿cómo puedo tener lástima de mí mismo cuando tú estás dentro de mí? Con la seguridad de esa verdad, puedo sobrevivir a todo. Te agradezco. Amén.

Juan 7:37-39; 4:13-14; Efesios 3:14-19; 5:18

Libre de la mancha de la vacuidad

7. *Guarde su mandamiento sin la mancha de tener un vacío.* Esta es la mancha más frecuente en el alma cristiana, simplemente un vacío. No somos malos, simplemente no somos suficientemente buenos. Carecemos del contagio vital, y de la reserva suficiente. En Texas, en donde la lluvia a veces es desesperadamente necesaria, alguien le preguntó a un guardabosque sobre unas nubes que se veían en el cielo. Él las miró, sacudió su cabeza y contestó: "Son nubes vacías que van a la deriva". ¡Nubes vacías que van a la deriva! ¡Cuántos de nosotros somos exactamente el equivalente moral y espiritual de aquello! Cuando la gente necesita tan desesperadamente la lluvia refrescante de la vida abundante, nosotros estamos simplemente vacíos y sin rumbo. Un ministro dijo con un suspiro: "Cuando usted usa la palabra 'suficiencia' me hace temblar, porque es una palabra que no conozco, yo no soy suficiente".

En el pasaje citado Pablo dice que usted debe guardar su mandamiento sin mancha a la luz de dos hechos: primero, *"Teniendo a Dios por testigo, el cual da vida a todas las cosas"*, ¿en presencia de la plenitud abundante de Dios, guarda tu mandamiento sin la mancha de qué? Al parecer, de la vacuidad. Con todos estos recursos de Dios, ¿por qué estar vacíos cuando puede unirse a estos recursos? La vida no es una conquista, es una obtención. En esa obtención usted encuentra la conquista. Pero intente la conquista sin la obtención y todo lo que producirá será una actividad irritante. Un amigo dio a sus hermanas una preciosa casa y todo estaba preparado para que la ocuparan, las cosas estaban instaladas, listas para cocinar, pero descubrió que la tubería principal de la calle no había sido conectada. Todo el equipo era inútil sin la conexión con la energía. La vida viene a través de la unión con el poder. Un ministro de color se levantó en nuestra reunión y citó estas líneas:

> Entiéndase completamente;
> piense en usted correctamente;
> ore usted mucho;
> ¡déjese ir!

Bien, pero el "dejarse ir" es tanto primero como último. Usted se rinde al poder, luego el poder se rinde a usted.

Oh, Dios, sálvame del error más grande de estar vacío en un mundo de necesidad humana. Porque muchos me miran buscando ayuda, que ellos no busquen en vano. Como el hombre a la medianoche, pido pan para el hombre que en su viaje ha venido hasta mí. Dame pan. No puedo volver vacío al que está vacío. Amén.

SEMANA 52 - DOMINGO

2 Corintios 11:23-31; Hechos 20:16-27; 22:17-22

Testificar ante nuestro Poncio Pilato

Usted y yo hemos llegado a la última semana de nuestro peregrinar juntos. Debemos estudiar juntos la última parte del pasaje sobre cómo guardar nuestro mandamiento sin mancha. En presencia de dos cosas debemos guardar ese mandamiento: (1) *"Teniendo a Dios por testigo, el cual da vida a todas las cosas"*, en presencia de los abundantes recursos de Dios, guarde su mandamiento sin la mancha de la vacuidad, de la incapacidad. Si no lo hace, entonces se lastimará y lastimará a otros. (2) En la presencia de *" Cristo Jesús, que dio su admirable testimonio delante de Poncio Pilato"* en presencia de esta vida plena y abundante, derramándola ante la oposición.

Hemos considerado lo primero; ahora debemos pasar a lo segundo. No es suficiente poseer vida abundante; esa vida abundante debe ser testificada y vivida en presencia de algún Poncio Pilato, algo que está en contra de esta vida nueva y encontrarlo decididamente significa que esta vida nueva se teñirá de carmesí en una cruz. Este asunto de ser cristiano en un mundo de esta clase no es ninguna tarea fácil. Tenemos que encontrar el equivalente a Pilato. ¿Y eso qué significará?

Para descubrir su significado debemos preguntar, no *quién* crucificó a Cristo, sino *¿qué?* Preguntar quién encarnó a qué. Siete pecados encarnados para crucificar a Jesús. (1) La cobardía moral por el interés personal, Pilato. (2) Los intereses establecidos de las clases, los sacerdotes. (3) La envidia, los sacerdotes. (4) Las amistades incrédulas, Judas. (5) La ignorancia, la multitud. (6) La indiferencia, la multitud. (7) El militarismo con prejuicios raciales, los soldados romanos.

Lo más probable es que usted tendrá que vivir su vida abundante frente al mal encarnado en una o más de estas formas. Cuando lo haga, entonces esta vida abundante conocerá su cruz. Esa cruz no puede eludirse. Si se evita, entonces se evita también su continuación, la resurrección. Si usted llega a ser una personalidad recesiva, que rehúsa enfrentar a la oposición tomando la línea de menor resistencia, entonces nunca será una personalidad resucitada. Ninguna cruz, ninguna vida.

Dios y Padre, veo que debo enfrentarme a la vida si es que quiero tener vida. Ayúdame a tener el poder "para tomarla". Sálvame de todo aislamiento y de toda falta de iniciativa espiritual. Ayúdame a estar en calma y a ser equilibrado frente a la oposición, y ayúdame a ganar siendo atractivo. Que nada de esto me envenene, ni me dé "acidez del alma". En el nombre de Jesús. Amén.

SEMANA 52 - LUNES

Gálatas 3:26-28; Mateo 9:9-13

Testificar ante los intereses de la clase social

Ayer vimos que tendríamos que vivir esta vida nueva frente a la oposición. Usted tendrá que enfrentar a su Pilato. Querrá terminar cosas, digamos a favor de una comunidad, y la cobardía moral por un interés personal, lo bloqueará. Los hombres en la vida pública, por intereses privados, mirarán alrededor para ver cómo lo que usted planea hacer los afecta a ellos y decidirán en base al interés personal. Usted ha crucificado sus planes en la cruz del interés personal. ¿Qué es lo que tiene que hacer? Enfrentar a sus oponentes con las mismas armas de ellos, ¿pelear fuego contra fuego? El que pelea fuego contra fuego, seguro se quemará. En una batalla de bestias, la bestia más grande gana. Mantenga sus actitudes cristianas, son su verdadero recurso. Siempre hay un riesgo abierto, algo por lo que usted tiene que sufrir y, si es necesario, morir a su Pilato, como Jesús hizo con el suyo. Jesús conquistó a Pilato por no ser como él. Quebrantó a Pilato dejando que quebrantara su cuerpo mientras mantenía un espíritu inquebrantable. Ese espíritu inquebrantable quebrantó a Pilato y a su imperio. Ese espíritu quebrantará a todo lo que se le oponga. Jesús no estaba en una prueba ese día, Pilato lo estaba. Y cuando Pilato dijo: *"Lo que he escrito, escrito está"* (Juan 19:22), lo que escribió fue su propia sentencia, e inconscientemente proclamó la majestad de Jesús. "Soy parte de esa fuerza que constantemente busca hacer el mal, sin embargo, crea el bien", dice Goethe en *Fausto.*

Una vez más, usted tendrá que testificar de su profesión ante los intereses establecidos de las clases. Tendrá que enfrentar a sus sacerdotes principales. Las actitudes equivocadas pueden estar encarnadas en una clase tanto como en una persona. Muchas veces los hombres piensan según los intereses de las clases, en lugar de pensar como personas. Hay "una guerra de clases" y los obreros no la crearon, simplemente proclamaron lo que encontraron. Es triste decir que muchos obreros procedieron a encarnar los intereses de las clases que deploraban en otros. Dos intereses de clases jamás hicieron una hermandad. ¿Qué le queda a usted? Usted puede sufrir y morir, si es necesario, por los intereses encarnados de la clase, con el fin de tener una sociedad sin clases, el Reino de Dios.

Oh, Cristo, dame el poder para enfrentar a la religión amargada y egoísta y a morir por ello, si es necesario. Porque esta clase no sale sino es con oración, ayuno y una cruz. Guarda mi alma de todo interés por la clase social, del pensamiento y las actitudes de la clase social, y ayúdame a testificar en contra de estas cosas con la palabra, los hechos y las actitudes. Que pueda ser un hermano de los hombres y no un hermano de una clase social. Amén.

SEMANA 52 - MARTES

Juan 13:21-30; Mateo 10:34-36; Salmo 41:9

Testificar ante amistades incrédulas

Ayer vimos que mientras Jesús continuaba en su camino, el sistema de explotación de la gente por los líderes religiosos peligraba, los intereses de la clase social estaban involucrados. Pero también ellos eran envidiosos y estaban celosos del creciente poder de Jesús. La gente los abandonaba y se reunía alrededor de Jesús. Jesús fue crucificado por una cita equivocada.

Muchas veces nosotros también seremos crucificados por las palabras equivocadas. Un líder religioso contó una historia despectiva sobre otro líder religioso, y cuando la verdad de esa historia fue cuestionada y se mostró su falsedad, el líder se rió de ello y dijo: "Bien, de todos modos, es una buena historia". Lo era, aunque dejaba la reputación de otro sangrando por la herida. La envidia torció esa historia. Oh, no, solo se retorció como una serpiente.

Usted será crucificado en las palabras equivocadas, en las malas interpretaciones y en los motivos mal representados. ¿Qué puede hacerse? ¿Enfrentar maltrato con maltrato? Dos ofensas nunca hicieron una hermandad. Dos palabras conflictivas jamás crearon una amistad cálida. No; usted es un cristiano. *"No imitarán ustedes las costumbres de Egipto, donde antes habitaban, ni tampoco las de Canaán, adonde los llevo"* (Levítico 18:3). Usted puede hacer lo que Jesús hizo. Murió por los hombres que mentían con respecto a Él. Las mentiras de ellos perecieron. Él seguía vivo. Lo mismo se aplicará en usted. Una mentira es una luna menguante; la verdad es una luna creciente. Una mentira entra en las tinieblas; la verdad entra en la luz.

Una vez más, usted debe testificar ante las amistades incrédulas, su Judas. A menudo aquellos que meten la mano en el mismo plato lo traicionarán. Cuando son llamados por el dinero, por la posición o por intereses personales, se alejan. No es fácil evitar amargarse por aquellos que una vez fueron camaradas en una causa y que ahora son indiferentes, o están en el otro lado. ¿Qué podemos hacer? todavía podemos hacer lo que Cristo hizo en la historia de Fidor M. Dostoyevski: Cristo vino a predicar en una ciudad de España. El gran inquisidor lo arrestó y dijo: "¿Por qué regresaste? Dejaste todo a la iglesia, vete". Cristo no respondió, sino que vino y besó sus labios marchitos de noventa años de edad y se marchó.

Oh, Cristo, ayúdame a hacer simplemente eso, o el equivalente a eso, a aquellos que me traicionan. Y ayúdame a no traicionar a nadie más para que tu beso abrasador no esté en mis labios. De hecho, eso sería un castigo. Podría soportar cualquier cosa, excepto esa. Admirable amador y juez de mi alma, tu beso de amor me recuerda mi beso de traición. Ayúdame a ser auténtico. Amén.

SEMANA 52 - MIÉRCOLES

Romanos 10:1-4; 1 Timoteo 1:12-15; Hechos 3:12-21; 17:22-34

Testificar ante la torpe ignorancia

Tal vez tendremos que testificar de nuestra profesión ante otra de las cosas que crucificaron a Jesús, la ignorancia en la multitud. Por tres años Él había hablado como ningún hombre habló, se había derramado a sí mismo de noche y de día para que la gente pudiera *ver*. Incluso su círculo íntimo no lo entendió y suspirando dijo: *"¿Cuánto tiempo más estaré con vosotros y cuanto más os tendré que soportar?"* (Mateo 17:17). Al fin, la ignorancia de la multitud lo crucificó. Ellos eligieron a Barrabás, literalmente, barAbba, "Hijo del Padre" y crucificaron a Jesús, quien era también barAbba, "Hijo del Padre". Eligieron a un rebelde patriótico del lugar y crucificaron al Redentor del mundo.

Cuando nos encontramos con la oposición ignorante, ¿qué debemos hacer? En este tiempo en el que hay una presión para lograr una amnesia temporal de la mente, ejercida por personas inteligentes, ¿qué podemos hacer? Bien, tendremos que hacer lo que Jesús hizo. Él oró: *"Padre, perdónalos; porque no saben lo que hacen"* (Lucas 23:34). Y luego murió por ellos. Nosotros podemos hacer lo mismo. Y algún día la resurrección vendrá. En una conferencia en la India, recuerdo haber rogado por un mover de Dios que reconstruiría la Iglesia Metodista del mundo. Mi propuesta fue "puesta en la mesa" con un golpe. Luego, veinte años después, fue levantada de la mesa y adoptada casi exactamente, para la estructura mundial de la iglesia. Usted puede esperar. Los años y los siglos hablarán contra las horas. *"Lo que es nacido de Dios, vence al mundo"*, todo lo que es nacido de la ignorancia perece. Sea paciente. Algún día las piedras que le arrojan a usted serán reunidas y transformadas en un monumento a su visión y a su previsión. Abrace la verdad en estas palabras: *"Y no sólo en esto, sino también en nuestros sufrimientos, porque sabemos que el sufrimiento produce perseverancia; la perseverancia, entereza de carácter; la entereza de carácter, esperanza"* (Romanos 5:3-4). Note los pasos: sufrimiento, perseverancia, carácter y esperanza. La esperanza está basada en la sólida realidad del carácter probado; y el versículo 5 añade: *"Y esta esperanza no nos defrauda"*. Con una esperanza basada en esa sólida realidad, podemos esperar, porque esa esperanza nunca, nunca nos desilusionará. ¡Aquí la esperanza no es una droga!

Oh, Dios, sabemos que esta esperanza no puede desilusionarnos, porque si no obtenemos nada más de la situación, tenemos el carácter que queda; y la comunión del carácter contigo es el cielo aquí y ahora, no importa lo que haya en el exterior. Te agradezco porque somos invencibles. Podemos soportar la oposición ignorante. Déjala venir. Amén.

Mateo 5:43-48; Romanos 12:10; 14:15; 13:8; 1 Juan 4:7-21

Los cristianos son personas que cuidan a otros

Tal vez el versículo más cruel de la literatura es: *"Y (...) estaban allí mirando de lejos"* (Mateo 27:55). La multitud se acomodó en una insensible indiferencia y lo observaban pasar por sus agonías. Es más fácil enfrentar a la oposición que a la indiferencia. Usted tendrá que testificar de su profesión ante las personas indiferentes. A la persona indiferente no le interesa ninguna de esas cosas. ¿Qué puede hacerse cuando la gente es indiferente?

Solo una cosa es posible hacer, mantener el cuidado. Los cristianos son personas que cuidan a la gente que no se interesa por los demás. El amor no cambia, no importan los cambios en la otra persona. Permitir que otra gente y las circunstancias determinen su conducta y sus actitudes, es convertirse en un simple reflejo, en la suma total de las actitudes de otros.

Tal vez tendremos que hacer lo que un santo moderno sugirió: "Sé tan humilde que no puedas ser humillado". Me dijeron que en la cordillera de los Andes, cuando las cabras se encuentran unas a otras en una angosta cornisa por donde es imposible pasar, una se arrodilla para que la otra pase por arriba de ella, para la seguridad de ambas. Tal vez usted tendrá que arrodillarse para dejar que la gente pase por encima de usted. Note que dije "arrodillarse", no "rendirse". Hay una diferencia, al arrodillarse usted se postra a los pies de Cristo en lugar de rendirse ante el mandato del hombre. Arrodillarse es algo voluntario y a favor de Cristo. Un puente es algo por donde la gente camina, pero nos lleva de algo hacia algo. Si usted va a ser un puente entre la indiferencia del hombre y su despertar, un puente que pasa entre grupos y razas, caminarán sobre usted. El hijo de un juez, un joven médico talentoso y altamente entrenado, fue a China como médico misionero. Mientras atendía los casos de tifus, fue herido y asolado por esa enfermedad. Cuando escuchó que había una mujer que moriría si no fuera sometida a una operación de cesárea, pidió ser llevado hasta la sala de operaciones. Lo sostenían, una persona de cada lado, mientras operaba y salvaba la vida de la mujer y la de su bebé. Pero la impresión fue demasiado para él, en dos días había fallecido. Él cuidaba de otros. Tal vez la mujer nunca lo supo y tal vez tampoco le importó. Pero él lo hizo, eso fue suficiente.

Oh, Cristo, tú nos cuidaste aún cuando la multitud mostraba una gran indiferencia y solo te miraba. Ayúdame a cuidar de esa manera. Cuando todo lo que amo es pisoteado por indiferentes pies, ayúdame a seguir calladamente para esperar tu proceso de resurrección. Puedo esperarte. Amén.

Colosenses 3:9-11; Hechos 10:34, 44-48; 11:12

Testificar ante el poder del prejuicio racial

Hemos llegado a la última de las siete cosas que crucificaron a Jesús y que pueden crucificarnos a nosotros, el militarismo con prejuicio racial, los romanos. Los romanos despreciaban a los judíos. *"¿Soy yo judío?"* (Juan 18:35), se burlaba Pilato. Cuando los soldados romanos prendieron a Jesús, "El Rey de los Judíos", ellos se burlaban de los judíos en la persona de su rey. Se burlaban de una nación, en Él. Entonces Jesús tomó el escarnio dirigido a los judíos y lo cargó por los mismos judíos que pedían a gritos que lo crucificaran.

¿Qué debemos hacer en presencia del prejuicio racial, unido al poder? Podemos llegar a amargarnos y a entristecernos, o podemos hacer lo que Jesús hizo, sufrió y murió por los mismos hombres que se burlaban de Él. ¡Esa posibilidad siempre está abierta!

Ayer hablé con un cocinero negro muy inteligente, un graduado en química de una gran universidad del Estado. Él dijo: "Tenía grandes esperanzas mientras era un estudiante, pero después de tratar en vano por dos años de conseguir un trabajo como químico o como farmacéutico, abandoné y me convertí en cocinero". El prejuicio racial extinguió esas grandes esperanzas y lo condenó a ser cocinero. Hace algunos días, un profesor de color me dijo que sus hijos saludaban a la bandera y terminaban: "Con libertad y justicia para todos, excepto para mí". El "excepto para mí" lo decían en voz baja.

¿Qué puede hacerse? Podemos hacer lo que Jesús hizo. Eso siempre es seguro. Él murió por los mismos romanos que lo odiaban. ¿Cuál fue el resultado? ¡Una raza de esclavos lleva al mundo cautivo! De una raza de esclavos vino la libertad más grande del mundo. Roma y su poderío militar perecieron, mientras que Judea, en la persona del Cristo, vive en los corazones de las multitudes.

En Taiwan había una tribu que tenía la costumbre de matar a un hombre cada año y levantar su cabeza hacia sus ancestros. Un intérprete chino preguntó: "¿Por qué?" Cuando le dijeron el por qué, añadió: "El año próximo van a matar a un hombre de gorro rojo". Al año siguiente el jefe le disparó a un hombre de gorro rojo. ¡Era el intérprete! La costumbre se detuvo. Ahora el intérprete es venerado como un dios. Algún día vamos a construir monumentos en nuestros corazones a los "mozos de equipaje (de gorro rojo)", quienes llevaron nuestros bolsos en sus manos y sufrieron nuestros insultos raciales en sus corazones.

Oh, Cristo, te agradezco porque llevaste todos estos insultos raciales en tu corazón y de ese mar de odio emergió el Hijo del Hombre, más allá de la raza y más allá del insulto. Ayúdame a hacer lo mismo. Ayúdame a identificarme con los menos privilegiados y con los despreciados y a no tomar ningún privilegio que ellos no puedan tomar. Y tal vez la costumbre sea quebrantada por aquella cruz. Amén.

SEMANA 52 - SÁBADO

Isaías 25:8-9; 1 Juan 5:4-5; 1 Corintios 15:51-58; 2 Corintios 2:14

¡Es mañana!

Hablamos acerca de la cruz, ¿es esa la última palabra? ¡No! La última palabra de Dios en los asuntos humanos no es la cruz, sino la resurrección; no la derrota, sino la victoria.

El editor de un gran diario, señaló dos cajones de su escritorio y dijo: "En un lado de ese escritorio hay una Biblia y en el otro lado hay una máquina de escribir. Trato de hacer que los dos lados de este escritorio hablen la misma cosa. Porque sé que si lo que escribo en mis editoriales coincide con lo que dice en ese libro, lo que escriba seguirá viviendo; pero si no está en armonía con ese libro, perecerá". Esa es nuestra fe. En todo lo correcto está escrita la palabra "resurrección", todo lo equivocado tiene escrita la palabra "muerte".

Alguien le preguntó al brillante Bashford por qué, cuando él podría ser un obispo influyente en los Estados Unidos, había elegido ser sepultado en China y contestó: "Porque creo en la resurrección". Esa resurrección se convirtió en un hecho. "Mucha gente maquina y planea estar en la mediocridad, mientras que de vez en cuando alguno se olvida de sí mismo dentro de la grandeza". ¡Bashford era uno de ellos!

El Dr. George Washington Carver, el santo científico de color, quien ha hecho más por la agricultura del sur que cualquier hombre vivo o muerto, blanco o de color, quería ser un artista hasta que un profesor le dijo: "George, tu pueblo necesita agricultura más que arte". Entonces guardó los pinceles en un baúl y no volvió a verlos por varios años. Se perdió en las necesidades de su pueblo. Y ahora inconscientemente ha pintado su imagen en los corazones de todos nosotros. Se olvidó de sí mismo dentro de la grandeza.

Ayer, mientras meditaba en un discurso, fui tentado a enfadarme con algunos ministros que perturbaron mi tranquilidad. Pero en el rincón de mi oído escuchaba la historia de un muchacho quien repentina e inesperadamente entró en un oscuro túnel cuando viajaba en el tren. Cuando el tren salió de la oscuridad, el sol brillaba y el muchacho exclamó, "¡Madre, es mañana!". Tal vez esa sea nuestra meditación final: de cada interrupción, de cada disturbio, de cada frustración, de cada tristeza y de cada túnel oscuro debemos rescatar un "Mañana". ¡Eso es vida abundante!

Oh, Cristo, te agradecemos porque la última palabra no es el inútil recuerdo de las derrotas de ayer, ni de las dificultades de hoy, sino que la última palabra es el mañana que amanece. Contigo, "lo mejor aún está por venir". ¡Saludamos el amanecer con alegría! Porque tenemos el mañana dentro de nosotros. "El Espíritu Santo me hace poner mis hombros en su lugar". Amén.

Hechos 15:22-31

Una escala para las decisiones grupales

Existen dos métodos para tratar de llegar a una decisión grupal, uno es el competitivo y el otro es el cooperativo. En el competitivo usted impulsa sus ideas de una manera u otra, las discute, emite un voto y la mayoría carga con la decisión. Habitualmente esto deja atrás una minoría disgustada que siente que su verdad se ha perdido en la decisión. En el método cooperativo usted viene con la idea de tratar de reunir las verdades parciales en una síntesis mayor, para llegar a una conclusión grupal. Esto no deja ninguna minoría disgustada.

Con el fin de obtener esa decisión grupal, hemos desarrollado la siguiente técnica a través de años de experimentación en nuestro lugar de reunión:

(1) *Los miembros son disciplinados en el pensamiento de la conclusión grupal y no en el triunfo personal de alguien.* Esto une a los miembros en un pensamiento relajado y receptivo. La voluntad de encontrar un acuerdo está presente.

(2) *Un período de silencio corporativo en el que bajamos las barreras y nos volvemos receptivos.*

(3) *La presentación del asunto en cuestión.* Esto se hace no en un espíritu argumentativo, sino en el espíritu de querer una solución.

(4) *Otro período de silencio corporativo.* Esto da al grupo tiempo para pensar y no llegar a juicios precipitados.

(5) *El presidente pasa por el círculo y pide a cada miembro su punto de vista.* La reunión no está abierta a una discusión general, porque eso permitiría que la mayoría establezca el debate y haga que la discusión subsiguiente gire alrededor de las opiniones de ellos y no en torno al tema en cuestión. Este método ofrece la misma oportunidad a todos.

(6) *Si hay unanimidad práctica, hay otro período de silencio para ver si en ese momento se puede emitir un voto.*

(7) *Si no hay unanimidad suficiente, la decisión se posterga hasta el día siguiente, para que Dios pueda hablarnos en el subconsciente mientras dormimos.*

(8) *Si después de un día de postergación todavía no tenemos un pensamiento en común, emitimos un voto mayoritario si la decisión es imperativa.*

(9) *El presidente se expresa solo después que los demás ya se hayan expresado.*

En el método cooperativo hacemos dos veces la cantidad de trabajo que haríamos con el competitivo. El método cooperativo es la manera en la que debemos vivir, fuimos creados para ello, está escrito en la composición de las cosas.

Oh, Dios, enséñanos a llegar a un pensamiento común. Ayúdanos a renunciar a la voluntad de dominar. Que todas nuestras decisiones se ajusten al patrón: "Le pareció bien al Espíritu Santo y a nosotros". Ayúdanos a encontrar tu pensamiento en cada asunto. En el nombre de Jesús. Amén.

Hechos 18:3; 20:34-35; 2 Tesalonicenses 3:6-10

Descanso a través del trabajo práctico

En nuestra sociedad hemos establecido la meta de llegar a un punto en donde no tengamos que trabajar. Tal persona es "muy estática", puede vivir sin trabajar, otros trabajan para él. Es un objetivo falso. Los resultados ahora se ven como una reacción violenta. Las personas que no van a trabajar se deterioran. O son nerviosas y sufren de neurosis, o después de haberse consumido a sí mismos y en mal estado físico, se arraigan en una existencia aburrida. En ambos casos hay un deterioro. La naturaleza parece forzar a la gente al trabajo. Y con razón, porque sin el trabajo no hay salud mental, ni del alma ni del cuerpo.

Los sanatorios han sido impulsados a incluir la "terapia ocupacional" para ayudar a que la gente que vive nerviosamente enfadada pueda volver al equilibrio y a la salud. Esa es la némesis: una civilización que hizo que el objetivo final del esfuerzo consista en librarse de la necesidad de trabajar, ¡y ahora tiene que pagar a médicos para que los hagan volver a trabajar!

La vida abundante debe incluir alguna forma de actividad creativa con las manos. Nuestras reuniones cristianas incluyen en ellas un período diario para el trabajo práctico como una parte integral de nuestro cultivo espiritual. Esto rompe la barrera entre aquellos que trabajan con sus manos y aquellos que no. Trabajar juntos con las manos hace del trabajo manual una buena forma de casta superior. No hacerlo sería una mala forma de casta inferior. Los grandes hombres de negocios, médicos, profesores, obispos, que trabajan con sus manos con obreros de la producción, encuentran una camaradería nunca antes conocida. Mi trabajo era salir con un palillo puntiagudo y una bolsa, para levantar papeles. Hoy, dondequiera que voy veo papeles. ¡Soy consciente del papel! A veces tengo un impulso casi irresistible de saltar de un taxi para limpiar las sucias aceras y canales de nuestras ciudades. Adquiera el hábito de realizar algún trabajo práctico cada día. Luego organice sus comunidades en escuadrones de trabajo voluntario, primero para limpiar la comunidad y luego para trabajar en proyectos de mejoramiento.

El hecho de conseguir que las personas de una comunidad trabajen juntas con sus manos para el bien de esa comunidad, establece el cimiento para la camaradería en todo lo demás.

Oh, Hijo de un carpintero y carpintero, quita nuestro falso orgullo de ser capaces de ordenar el trabajo de otros, y ayúdanos a unirnos a ti para hacer de nuestras comunidades, lugares de salud y belleza, verdaderas ciudades de Dios. Hoy te ofrezco mis manos. Amén.

1 Corintios 6:9-10; 1 Timoteo 4:8-12; 2 Timoteo 2:22

Una escala para las decisiones en cuanto a la recreación

La vida debe tener sus ritmos. Debe haber períodos para la creación y para la recreación. Mucha creación sin ninguna recreación entorpece a las personas. Porque la vida está hecha, en su composición interior, para trabajar y para jugar. Puesto que esta es una necesidad inherente, entonces la recreación debe ser elegida cuidadosamente; porque la recreación puede destruir, o puede re-crear.

(1) *Ninguna recreación debería ser un fin en sí misma, debería contribuir con los fines para los cuales usted vive realmente.* Hacer de la recreación un fin en sí misma es derrotar los propósitos de la recreación. Si usted preserva la recreación como un fin, la perderá como recreación, se convertirá en una pérdida.

(2) *Cualquier recreación que tome de una parte de su vida para añadir a otra, es falsa.* Por ejemplo, si toma de sus horas necesarias de sueño no es una recreación, sino un exceso y, por lo tanto, una pérdida. Más grave aún, si toma de su vida moral y espiritual para añadir a su vida física, entonces es una trampa y un engaño. La recreación debe recrear a la totalidad de la persona.

(3) *Cualquier recreación de la cual usted tiene que recuperarse es una recreación falsa.* La recreación debe dejarlo a usted con un sentido de elevada vitalidad en la totalidad del ser.

(4) *Cualquier recreación que lo deja con un sentido de desilusión moral lo dejará físicamente desilusionado, hay una reacción.*

(5) *La recreación costosa generalmente es costosa en más que una forma.* Cultive los placeres simples y económicos.

(6) *El sábado es psicológicamente sano como un medio de quietud y recuperación.* Convertirlo en un día agitado para ir de un lugar a otro, es falso. Un dicho ha surgido de ese hecho: "Es una gran vida si usted no la consume el fin de semana".

(7) *Una película y todo lo demás, debe ser juzgada según la dirección que la película le señale.*

(8) *Cualquier recreación que sea simplemente para matar el tiempo, lo matará a usted.* Debajo de muchas mesas de juego están sepultadas las esperanzas muertas de lo que usted pudo haber sido, mate el tiempo y el tiempo lo matará a usted.

(9) *Los juegos de azar no son una recreación, es un intento de conseguir algo por nada y eso no es recreación, es pecado.*

(10) *Cualquier recreación en la que Cristo no pueda ser recibido no es para un cristiano.* Haga de su recreación una re-creación.

Oh, Cristo, vengo a ti en busca de guía, porque quiero que mi recreación sea una parte integral de mi vida para ti y no un feriado moral. Someto toda mi recreación a ti; elige entre ellas cuáles son verdaderas y necesarias, y deja que el resto se queme en el fuego de mi amor por ti. Amén.

Génesis 1:1; Filipenses 3:12-14; 1 Corintios 9:24-27

Meditación para el año nuevo

Dé dirección a su vida al empezar el año nuevo. Pedro dijo: *"Guardaos de esta generación perversa"* (Hechos 2:40), una generación que no iba a ninguna parte, una generación a la deriva. Esa generación sin propósito acabó con el repentino propósito de crucificar a Jesús. "Un hombre perdido –dijo José Conrad–, es un hombre perdido en la insignificancia de las situaciones".

No es suficiente permitir un nuevo comienzo; debe poner algo en él. ¿Qué? ¿Usted en el centro y a su alrededor la vida esquematizada? En ese caso, se cumplirán estas palabras: "Los hombres que se doblegan ante la nada no pueden soportar la carga de ellos mismos"; "El tedioso egoísmo de nuestros días"; "Hombres incapaces de soltarse de sus manos".

Estas palabras hacen eco de las palabras de Jeremías, *"Se fueron tras lo que nada vale, y en nada se convirtieron"* (Jeremías 2:5). Si el ídolo es un ser vacío, entonces la vida se vuelve vacía con él.

Ponga su mano en la mano de Dios cuando empiece el año nuevo. En consecuencia, el nuevo año será una nueva aventura cada mañana y una silenciosa bendición cada noche. Usted estará vivo en cada parte de su ser. Será consciente de Dios y del hombre.

Dios, déjame ser consciente.
No permitas que tropiece ciegamente en los caminos,
simplemente estar a salvo a través de los días,
ni siquiera buscar a tientas otra mano,
ni siquiera preguntar por qué todo fue planeado,
la mirada hacia el suelo sin buscar la luz,
el alma que nunca desea un vuelo con alas desenfrenadas.
Por favor, mantenme entusiasmada solo para hacer mi parte.
Dios, déjame ser consciente.

Dios, déjame ser consciente.
Apuñala mi alma furiosamente con el dolor de otros,
déjame caminar viendo el horror y la imperfección.
Deja que mis manos, buscando a tientas, encuentren otras manos.
Dame el corazón que profetiza, que entiende.
Dame el valor, herido, para pelear.
Inúndame con el conocimiento, empápame en la luz.
Por favor, mantenme entusiasmada solo para hacer mi parte.
Dios, déjame ser consciente.

Miriam Teichner

Juan 15:13; Romanos 5:6-11; Juan 19:16-18

Meditación para el Viernes Santo

¿Por qué el Viernes Santo tiene que suceder? ¿Simplemente sucedió o era inevitable en este mundo? Era inevitable.

No fue un tipo de acontecimiento accidental ni marginal; surgió de la naturaleza de los hechos. Tenía que suceder. Porque es una ley de la vida que en donde el amor encuentra el pecado en el ser querido, en la unión de ese pecado y ese amor, una cruz de dolor es colocada. Es la naturaleza del amor que se insinúa en los pecados y las tristezas del ser amado, y los hace propios. Si no hace esto, entonces no es amor. Todo amor tiene la condena de sangrar cada vez que el objeto de su amor está equivocado. Usted puede decir que solo el culpable debe sangrar y no el inocente, que es injusto. Sin embargo, justo o injusto, es una realidad. Si le dijera a una madre cuyo hijo parte su propio corazón y el de ella por su rebeldía: "Madre, es injusto que usted tenga que sufrir de esta manera. Usted es inocente; su hijo es el culpable". ¿No diría esa madre en respuesta: "Sufrir por mi hijo, ¿es injusto? Es la maternidad la que exige eso". ¿En el nombre de una justicia legal negaría usted a esa madre el privilegio de ser noble, el privilegio de ser madre? Hay una justicia superior a la justicia legal, una justicia en la cual es correcto para el fuerte, a costa de sí mismo, salvar al débil; es correcto para el santo salvar al impío. Esta es la ley de la justicia superior.

Si Dios es amor, entonces, cuando ese amor encuentra pecado en nosotros, los seres queridos, ese amor está obligado a llevar en su corazón una cruz de dolor. Es inevitable. El Viernes Santo es la cruz exterior hablándonos de la cruz interior del corazón de Dios. En Alemania hay un Cristo que fue pintado durante los días de la hambruna después de la Primera Guerra Mundial, y ese Cristo está herido también por el hambre. Eso es auténtico. Cristo tiene hambre con el hambriento. Él es culpable en el pecador. Él lo hace propio. Eso es expiación.

En Sudamérica me dieron una piedra que tenía una cruz en su centro, la naturaleza había formado esa cruz ahí. La cruz está en el corazón de nuestras relaciones, está construida en las cosas. Es "el plano del universo". Dondequiera que el amor encuentra pecado, el amor sufre. Ese es el significado de la cruz.

Oh, Cristo, estoy postrado en el polvo. Si mi pecado es tuyo, ¿entonces cómo puedo pecar otra vez? No lo haré. Oh, Galileo, tú me has conquistado. No puedo estar de pie delante de este amor conquistador. Me postro para siempre a tus pies. Amén.

1 Corintios 15

Meditación para el día de Pascua

"Plantó un jardín al oriente del Edén" (Génesis 2:8). En la Biblia hay cuatro sucesos notables en jardines.

1. *El jardín de la trasgresión.* En la frescura de la mañana cuando Dios caminaba en el jardín del Edén, Adán y Eva tuvieron miedo y se ocultaron de Dios. Tenían miedo, porque la desobediencia había entrado en ese jardín.
2. *El jardín de la conciencia confrontada.* Cuando Acab, el rey, tomó la viña de Nabot y fue a tomarla en posesión, estaba con un espíritu alegre. Su plan había tenido éxito, la viña era suya. Pero de la viña surgió el estilo áspero del profeta Elías, la conciencia de la nación. *"¿Me has encontrado, enemigo mío?"* (1 Reyes 21:22), clamó el avergonzado Acab. Elías siempre estropeaba los bien trazados planes del mal. Cuando usted encuentra el jardín del mal, debe tomarlo con una conciencia indignada que lo levante y lo confronte. Esa es la mosca en la miel.
3. *El jardín de la duda divina.* Este es el jardín de Getsemaní, en donde Jesús duda del precio de la redención del hombre. Pero si es el jardín de la duda, es también el jardín de la decisión. *"Levantaos, vámonos"* (Mateo 26:46), a encontrar el problema, la cruz.
4. *El jardín de la victoria divina.* Este es el jardín de la tumba vacía y del Señor resucitado. Usted y yo ya no necesitamos caminar en el jardín de la trasgresión, ni en el jardín de la conciencia confrontada, porque como nuestro Maestro ha pasado por el jardín de la duda divina hasta el jardín de la victoria divina, nosotros también podemos caminar por ese jardín con el Señor resucitado.

Cuando volvió la venta de alcohol después de la prohibición, un llamativo turista llamó a un viejo portero negro que estaba parado en la entrada de un hermoso parque: "¿Es este un jardín de cerveza?" El negro contestó: "No señor, este no es ningún lugar para el pecado, porque Dios ha caminado en este jardín". De hoy en adelante, podemos decir: "Este mundo y mi corazón, no son lugares para el pecado, porque Dios ha caminado en este jardín".

Guarde ese jardín para Él y solo para Él.

Oh, Señor resucitado, camina en el jardín de mi vida y entonces estará dedicado para siempre, será un lugar que no admite el pecado. Es el lugar de la vida, de la vida eterna. Soy inmortal, porque mi jardín es el jardín del Señor. La vida vive aquí. Te agradezco. Amén.

Juan 1:14, 18; 14:8-9; Mateo 1:18-25

Meditación para nuestra Navidad

Un niño estaba frente a un cuadro de su padre ausente se volvió a su madre y melancólicamente dijo: "Me gustaría que mi padre saliera del cuadro".

Este pequeño expresó el anhelo más profundo del corazón humano. Nosotros que hemos visto la imagen de Dios en la naturaleza estamos agradecidos, pero no satisfechos. Queremos que nuestro Padre salga del cuadro impersonal y que nos encuentre como persona. "Lo impersonal no dejó ninguna amarra en mi corazón", dice Tulsi Das, el gran poeta de la India. Nunca lo hace, porque el corazón humano es personal y quiere una respuesta personal.

"¿Por qué los principios no lo hacen? ¿Por qué necesitamos a un Dios personal?", preguntó alguien. Bien, suponga que usted se acerca a un niño que llora por su madre y le dice: "No llores pequeño; te estoy dando el principio de la maternidad". ¿Se secarán las lágrimas y el rostro del niño brillará? Difícilmente. El niño hará caso omiso de su principio de maternidad y llorará por su madre. Todos queremos, no un principio ni un cuadro, sino a una persona.

El Padre *ha* salido del cuadro. La palabra *se hizo* carne. Ese es el significado de la Navidad. Jesús es Emmanuel, Dios con nosotros. Él es el acercamiento personal de lo invisible. Nos quedamos casi sin aliento cuando la imagen sale del cuadro. No nos atrevíamos a soñar que Dios era como Cristo. Pero lo es. Así como analizo químicamente el diminuto rayo solar y descubro en él la composición química del inmenso Sol, así miro el carácter y la vida de Jesús y sé cómo es el carácter de Dios. Él es como Cristo.

"Usted tiene una ventaja", dijo el Dr. Hu Shih, el padre del Movimiento del Renacimiento en China, "todas las ideas del cristianismo han llegado a estar encarnadas en una persona". Sí y la ventaja adicional de nuestra fe, es esta: "La palabra Navidad debe hacerse carne en mí. Yo también debo ser la palabra hecha carne. Yo debo ser una Navidad en miniatura".

El espíritu cristiano es el espíritu de la Navidad que se extiende durante todo el año. Es la actitud hacia cada persona... el espíritu de cada acción.

Padre de gracia, así como tú has salido del cuadro, ayúdame en este día a salir del cuadro, y permite que alguien vea en mí el significado de una Navidad. Que yo pueda ser el mensaje de la Navidad. Amén.